왈츠 이후

Thirty-Years' Development
International Relations Theory After Kenneth N. Waltz

국제정치이론의 변화와 발전

이근욱 지음

한울
아카데미

책머리에

이 책을 처음 구상한 것은 2004년 6월이었다. 대학원 수업을 구상하면서 왈츠(Kenneth N. Waltz)의 주장을 중심으로 국제정치이론을 체계적으로 소개하겠다는 생각을 했고, 이에 기초하여 2학기 대학원 수업을 진행했다. 하지만 구상은 구상에 머물렀을 뿐 실질적인 진전은 거의 없었다. 다만 수업을 진행하는 과정에서 왈츠 이론의 다양한 측면과 영향력에 다시 한 번 놀랐고, 그 때문에 더 많은 연구가 필요함을 깨달았다. 언젠가는 이런 형태의 책을 쓰겠다는 다짐을 했지만, 다짐은 다짐에 그쳤으며 오랫동안 행동에 옮기지 못했다.

2007년 1월에 와서야 비로소 책을 쓰기 위한 준비를 시작했다. 왈츠 이론과 그 영향 그리고 개별 국제정치이론가들이 집중적으로 조명하고 있는 왈츠 이론의 다양한 측면에 대한 내용을 정리했다. 그해 여름까지 왈츠를 포함해 모두 13명의 이론가를 선정했으며, 개별 이론가들의 기본 주장을 한 쪽씩 정리한 기본 계획을 마련했다. 하지만 이후 다시 진전이 없었다. 우연한 기회에 연세대학교 국제대학원의 최아진 교수와 명지대학교 북한

학과 황지환 교수에게 기본 계획을 보여주었고 조언을 들어 계획서를 수정했다. 기존 연구를 읽고 왈츠 저서를 다시 탐독하면서, 글을 쓰기보다는 글을 쓰는 준비만을 하며 시간은 계속 흘러갔다.

2008년 1월이 되었다. 왈츠의 『Theory of International Politics(국제정치이론)』가 출간된 것이 1979년이니 다음 해인 2009년이 출간 30주년이 되는 해라는 데 생각이 미치자 마음이 급해졌다. 그때까지 구상 및 준비 단계에만 있었던 책을 이제는 정말 '써야 한다'는 절박감에 글을 쓰기 시작했다. 그리하여 2008년 6월 28일 왈츠 부분에 대한 첫 번째 원고를 완성했다. 이후 글을 쓰는 데 확실한 데드라인이 정해졌다. 2009년 출판을 하기 위해서는 2009년 여름까지 원고를 완성해야 하며, 그렇게 하려면 2008년에 최소한 원고의 절반 이상을 완성해야 한다는 계산이 나왔다. 역시 데드라인이 정해지자 작업은 빨라졌다. 그렇게 우여곡절 끝에 원고를 완성할 수 있었다.

이 과정에서 여러 사람들의 도움을 받았다. 서강대학교 정치외교학과 대학원의 송한욱, 윤소영, 석혜림, 배기현 석사들과 이장욱 박사는 계획 단계에서 많은 도움을 주었다. 또한 대학원 석사과정의 이한얼 씨와 정민경 씨, 학부의 고아라 씨는 직접 원고를 읽고 의견을 제시해주었다. 드디어 여름이 시작될 시기에 원고를 완성했고, 이전에 다른 프로젝트로 출판한 인연이 있는 도서출판 한울에서 다시 필자의 원고를 책으로 내주었다. 특히 그 과정에서 기획을 담당하는 윤순현 씨와 편집을 담당하는 최규선 씨가 많은 도움을 주었다. 서강대학교 정치외교학과의 다른 교수님들께서도 성원해주셨다.

가장 많은 도움을 준 것은 가족이다. 우선 지금까지 키워주신 부모님과 결혼을 통해 맺어진 장모님께 깊은 감사를 드린다. 나의 자랑스러운 아내

조영진 박사는 글을 쓰는 남편을 홀몸이 아닌 상황에서 적극적으로 도와주었다. 자신의 몸이 무거운 상황에서, 또 아이가 태어난 상황에서 연구와 집필에 필요한 시간을 낼 수 있게 도와주었던 것에 진심으로 감사의 마음을 전한다. 이 책은 지난 2008년 11월에 태어난 내 딸 다경(多耿)에게 바친다.

2009년 8월

이근욱

차례

제3부 • 국내정치의 중요성과 국제정치이론

서론
왜 오늘날 왈츠를 보아야 하는가

이 책은 30년 전인 1979년에 출판된 어떤 학자의 이론을 중심으로 국제정 치이론을 재구성한 연구서이다. 하지만 이 책은 기존 국제정치이론 교과서 나 연구서와는 다른 형태를 띤다. 이 책은 국제정치이론 전반을 다루지는 않는다. 왈츠(Kenneth N. Waltz)라는 국제정치이론가 한 명을 중심으로, 그 의 이론에 반론을 제시하거나 보완을 시도한 학자 12명을 골라 집중 조명 했다. 따라서 국제정치이론에서 배제된 부분이 분명히 존재한다. 모든 이 론적 대조와 분석은 왈츠를 중심으로 이루어졌으며, 12명의 학자를 서로 비교하기보다는 왈츠와의 비교를 통한 간접 비교 및 분석을 시도했다.

1. 연구의 소재와 주제

이러한 특이성 때문에 다음에 대한 답이 있어야 한다. 왜 왈츠를 집중 분 석해야 하는가? 그리고 왈츠를 분석함으로써 우리가 얻을 수 있는 지식은

---

* 이 책의 내용은 이근욱, 「왈츠 이후 국제정치이론의 변화와 발전」, ≪사회과학연구≫, 제17집 2호 (2009), 94~127쪽에 논문 형태로 수록되었다.

무엇인가?

우선 '왜 왈츠인가'라는 질문, 즉 이 책의 소재(素材, material)에 대해 논할 필요가 있다. 제목이 말해주듯 이 책은 국제정치이론이 왈츠 이후 어떻게 변화했는지를 검토한다. 국제정치이론의 발전에서 왈츠가 중요한 이유는 그가 오늘날 국제정치이론에서 사용하는 가장 중요한 개념을 제시했기 때문이다. 지금부터 30년 전인 1979년 왈츠는 국제정치이론을 국제적 무정부 상태(anarchy)라는 개념에 기초해 재구성했다.[1] 왈츠가 제시한 국제적 무정부 상태 개념에 대해 일부 학자들은 이것이 국제정치를 이해하는 로제타스톤(Rosetta Stone)이라고 평가한다.[2] 나폴레옹(Napoléon Bonaparte)의 이집트 침공 과정에서 발견된 비석인 로제타스톤은 그리스어 해석과 함께 고대 이집트 상형문자로 새겨져 있었다. 1822년에 프랑스 학자 샹폴리옹(Jean François Champollion)이 그 내용을 해석하는 데 성공했으며, 그의 업적으로 오늘날 우리는 고대 이집트 기록을 쉽게 이해할 수 있다.[3]

마찬가지로 국제적 무정부 상태 개념을 정확하게 파악한다면 국제정치를 이해하는 것이 가능하다. 물론 이러한 해석에 동의하지 않을 수 있으며,

---

[1] Kenneth N. Waltz, *Theory of International Politics* (Reading, MA: Addison-Wesley, 1979).

[2] Charles Lipson, "International Cooperation in Economic and Security Affairs," *World Politics*, Vol. 37, No. 1 (October 1984), p. 22.

[3] 1799년 7월 나폴레옹의 이집트 점령군은 나일강 하구의 항구 도시 로제타(Rosetta, Rashid)에서 진지를 구축하다가 로제타스톤을 발견했다. 1798년 7월 나폴레옹은 2만 5,000명의 프랑스군을 지휘하여 이집트를 점령했으나 고립되었고, 결국 부대를 포기하고 1799년 8월 이집트를 탈출해 프랑스로 귀환했다. 이후 프랑스의 이집트 점령군은 1802년 6월 영국군에 항복하고 프랑스로 귀환했으며, 그 과정에서 영국이 로제타스톤을 차지했다. 로제타스톤은 현재 대영박물관(British Museum)에 전시되어 있다.

국가행동과 국제정치를 이해하기 위해 다른 논리를 제시할 수 있다. 하지만 이 과정에서 기존의 논리, 특히 대부분의 학자들이 동의하는 논리가 지닌 문제점을 제시하고, 자신의 새로운 해석이 국제정치와 국가행동을 더욱 잘 설명 또는 예측한다는 사실을 보여주어야 한다. 즉, 왈츠는 국제정치이론의 출발점을 제시했고, 바로 이러한 측면에서 왈츠의 이론은 중요하다. 우리가 샹폴리옹을 기억하는 것은 그가 고대 이집트 기록 전체를 해석했기 때문이 아니라, 이를 해석할 수 있는 기초를 제공했기 때문이다. 왈츠도 완벽한 국제정치이론을 제시하거나 명쾌하게 국제정치를 설명하지는 못했다. 하지만 그는 국제정치이론의 기초를 제공했다. 즉, 국제적 무정부 상태 개념이 로제타스톤이라면, 왈츠는 샹폴리옹에 비교할 수 있다.

영국의 철학자 화이트헤드(Alfred North Whitehead)는 "서양철학의 전통은 플라톤에 대한 주석이다(The safest general characterization of the European philosophical tradition is that it consists of a series of footnotes to Plato)"라고 주장했다.[4] 이러한 주장을 플라톤 철학에 대한 지나친 강조라고 치부할 수 있지만, 플라톤이 서양철학에서 차지하는 중요성 자체를 부정할 수는 없다. 비슷한 관점에서, 오늘날의 국제정치이론은 사실상 왈츠라는 한 이론가의 업적에서 출발했다. 그리고 그 이후의 국제정치이론은 '왈츠 이론에 대한 주석(footnotes to Waltz)'으로 볼 수 있다. 플라톤 이후의 서양철학자들이 플라톤을 비판·분석하면서 논의를 전개했듯이, 왈츠 이후의 국제정치이론가들도 왈츠 이론의 문제점을 지적하거나 수정하고 발전시켰으며 대안적인 이론을 제시했다.

그렇다면 지난 30년 동안 국제정치이론은 어떻게 변화했는가? 그리고

---

4) Alfred North Whitehead, *Process and Reality: An Essay in Cosmology,* David Ray Griffin and Donald W. Sherburne (eds.) (New York: The Free Press, 1978), p. 39.

앞으로의 발전 방향은 어떠한가? 이것이 이 책의 기본 질문이다. 오늘날 국제정치이론은 매우 다양하며, 상당히 혼란스럽다. 예컨대 일부 이론들은 설명력을 높이기 위해 상충되는 독립변수를 사용하거나 측정이 어려운 독립변수에 의존한다. 다른 이론의 독립변수를 사용해 자신의 이론적 정체성을 훼손하기도 한다.[5] 이러한 문제를 해결하기 위해서는 지금까지의 이론 발전 과정을 정확하게 파악할 필요가 있다.

다음으로 이 책의 주제(主題, theme)와 관련해, 왈츠를 분석함으로써 얻을 수 있는 지식이 무엇인지에 대해 답변할 필요가 있다. 모든 이론적 논의는 변화하며, 여기에 국제정치이론도 예외는 아니다. 그리고 이러한 이론의 변화는 크게 이론이 설명하고자 하는 현실의 변화와 이론의 논리적 발전이라는 두 가지 힘으로 추진된다. 첫 번째 힘인 현실의 변화가 이론이 살아남기 위해서 외부 환경에 적응하는 과정에서 나타난다면, 두 번째 힘인 이론의 변화는 외부 환경과는 무관하게 이론가들 사이의 논쟁을 통해 이루어진다. 첫 번째 변화의 힘은 국제정치이론에 충격을 주고 기존 이론에 커다란 변화와 발전으로 나타난다면, 두 번째 변화의 힘은 이론가들의 일상적인 노력을 통해 기존 이론의 설명 방식과 논리 및 변수 등에서 작은 변화로 축적된다. 변화는 대부분 이렇게 축적된 이론적 성과에 기초해서 이루어지며, 따라서 내부 논리의 일관성과 정합성을 좀 더 향상시키고, 새로운

---

5) Stephen Brooks, "Dueling Realisms," *International Organization,* Vol. 51, No. 3 (Summer 1997), pp. 445~478; Gideon Rose, "Neoclassical Realism and Theories of Foreign Policy," *World Politics,* Vol. 51, No. 1 (October 1998), pp. 144~172; Jeffrey Taliaferro, "Security Seeking under Anarchy: Defensive Realism Revisited," *International Security,* Vol. 25, No. 3 (Winter 2000/01), pp. 128~161. 이러한 경향에 대한 강력한 비판으로는 다음 연구가 있다. Jeffrey W. Legro and Andrew Moravcsik, "Is Anybody Still a Realist?," *International Security,* Vol. 24, No. 2 (Fall 1999), pp. 5~55.

기술을 동원해 기존 주장을 새로운 방식으로 더욱 정교하게 전개하려는 노력은 매우 중요하다.

국제정치이론의 수학화(數學化, formalization)는 이러한 내부 논리에 따른 이론 발전의 대표적인 현상이다. 물론 수학을 지나치게 많이 사용하면 일반 대중과 국제정치 연구가 괴리되고, 수학을 사용해 추가로 얻는 학문적 발전이 미약하며, 무엇보다 수학을 사용하는 학자들이 매우 강력한 파벌을 형성하고 학계를 장악하고 있다는 비판이 존재한다. 하지만 수학화로써 국제정치이론이 더 정교하게 발전했으며, 이러한 내부 발전이 긍정적인 변화라는 사실은 부정할 수 없다.[6)]

수학, 특히 통계학 분석이 국제정치에 수용되면서 많은 데이터를 처리하는 것이 가능해졌으며, 이와 같은 이론 내부의 방법론적 혁신으로 이전에는 주목받지 못했던 주장이 국제정치의 핵심으로 부상하기도 한다. 가장 대표적인 사례는 민주평화론(democratic peace theory)이다. 민주주의 국가들은 서로 전쟁을 하지 않는다는 주장은 1795년 칸트(Immanuel Kant)가 처음 제시했고, 20세기 초 미국의 윌슨(Woodrow Wilson) 대통령이 이를 제창했지만, 국제정치이론가들은 대부분 이러한 사고방식을 이상주의(Idealism)라고 매도했다. 1960년대 들어와 통계학이 국제정치 연구에 적극적으로 수용되면서 다양한 분석이 시도되었고, 결국 1980년대 초반 '민주주의 국가들은 서로 전쟁하지 않는다'는 사실에 대한 본격적인 연구가 시작되었다.[7)]

---

6) 정치학 일반의 수학화를 둘러싼 논쟁에 대해서는 Kristen Renwick Monroe (ed.), *Perestroika!: The Raucous Rebellion in Political Science* (New Haven, CT. Yale University Press, 2005)가 있다. 또한 국제정치이론 내부에서도 비슷한 논의가 있었다. Michael Brown (ed.), *Rational Choice and Security Studies: Stephen Walt and His Critics* (Cambridge, MA: The MIT Press, 2000).

7) 이와 관련된 자세한 사항은 러셋과 민주평화론을 다루는 제6장에서 설명한다.

즉, 이전에는 그 중요성이 인정되지 않았던 주장이 이론 자체의 발전을 통해, 특히 새로운 방법론의 도입을 통해 중요성이 인정되고 정교하게 발전한 것이다.

현실 세계의 변화에 따른 국제정치이론의 변화를 무시할 수 없으며, 이론의 변화는 현실 세계의 변화를 상당 부분 반영한다. 그러나 지면과 시간의 제약으로 현실 세계 변화에 따른 국제정치이론의 변화는 또 다른 연구를 필요로 한다. 특히 2001년 이후의 국제정치를 이해하기 위해서는 9·11 테러 공격과 그에 대한 미국의 대응(War on Terror)을 분석해야 하며, 동시에 미국의 이라크전쟁(American War in Iraq)을 논의해야 한다. 예컨대 국제정치이론 및 안보연구에서 가장 중요한 학술지인 ≪International Security≫에는 이라크전쟁, 테러리즘, 대량파괴무기와 관련된 논문이 많이 게재된다. 2001년 9월 미국에 대한 테러 공격이 있은 직후인 2001년 겨울호(Vol. 26, No. 3)에서 2009년 봄호(Vol. 33, No. 4)까지 모두 30권이 발간되어 총 168편의 논문이 게재되었다. 그 가운데 42.86%인 72편의 논문이 이라크전쟁, 테러리즘, 대량파괴무기와 관련된 것이었다.

그러나 이 책은 현실 세계의 변화에 따른 국제정치이론의 변화보다는 국제정치이론 내부의 변화에 초점을 맞추려고 한다. 즉, 현실 세계 변화와는 독립적으로 왈츠가 제시한 국제정치이론에 대한 찬성과 반대, 응용과 비판, 개선과 대체를 위한 순수 학문적인 노력을 분석해보고자 한다. 이와 같은 이론 내부의 변화는 현실을 설명하고 정책을 세우는 데 직접적인 도움이 되지 않을 수 있지만, 현실을 파악하고 정책을 분석하는 데 기본이 되는 논리를 제공하기 때문에 중요하다.

2. 누가 포함되는가

이러한 소재와 주제를 바탕으로, 이 책에서는 왈츠와 그 이후의 주요 이론가 12명의 주장 및 내부 논리를 분석해볼 것이다. 그렇다면 어떠한 기준에서 이론가들이 선정되었는가? 그 선정 기준은 자의적이지 않은가? 이러한 부분에 대한 설명이 필요하다. 선정 기준은 "왈츠 이론에 기초해 자신의 이론을 전개한 저서가 있는 중요한 이론가 12명"이다. 다음과 같은 네가지 부분에서 자의성이 부분적으로 개입되었다.

첫째, 이론가 '12명'이라는 숫자는 자의적으로 선정했다. 10명일 수도 있으며 25명일 수도 있다. 다만 12명으로 제한한 것은 그 숫자가 '적절하다'는 매우 주관적인 판단에 따른 것이다. 둘째, 또 다른 자의적 또는 편향이 존재하는 부분은 저서 또는 편저(book)의 존재라는 선정 기준이다. 이 책에서 분석하는 국제정치이론가들은 모두 자신의 저서를 남겼다. 즉, 이론적으로 훌륭하고 뛰어난 업적을 이루었다고 해도 학술지 논문(article)으로 업적을 발표한 학자는 제외했다.[8] 대표적으로 피어런(James Fearon)을 들 수 있다. 그는 국가들 사이의 이견(disagreement)을 해결하는 방법으로서 비용이 소요되는 전쟁과 비용이 소요되지 않는 협상이 있다고 보고, 모든 경우에 전쟁이 아닌 협상을 통해 이견을 해결할 수 있으나, 협상이 실패하기 때문에 전쟁을 하게 된다고 주장했다. 즉, 전쟁은 협상이 실패하는 경우에 발생하며, 따라서 전쟁이 발생하는 원인은 협상이 실패하는 요인과 논리적으로 동일하다고 지적했다. 이러한 견해는 전쟁을 새로운 시가에서 매우 합리적으로 설명하며, 따라서 많은 후속 연구로 이어졌다. 하지만 피어

---

8) 이 책에서 분석하는 오이(Kenneth A. Oye)의 경우 저서가 아닌 편저(edited volume)를 중심으로 다룬다. 그 중요성 때문에 예외적으로 선정한 것이다.

런은 저서를 집필하지 않았기 때문에, 이 책에서는 관련 사안에 대해서만 피어런의 주장을 부분적으로 소개하는 데 그쳤다.[9]

셋째, 왈츠 이론에 기초해 자신의 이론을 전개해야 한다는 기준에 따라 왈츠와는 상당 부분 독립적으로 국제정치이론을 전개한 학자들은 제외했다. 대표적 이론으로는 패권안정이론(hegemonic stability theory)을 들 수 있다. 국제경제가 안정적이기 위해서는 하나의 안정자(stabilizer)가 필요하며, 안정자는 국제경제가 원활하게 운영되기 위해서 필요한 공공재(public goods)를 독점적으로 공급한다고 본다. 또한 국제체제의 안정성은 패권국(hegemon)이 있어야 유지되며, 패권국이 교체되는 경우에 대규모 전쟁이 발생한다고 주장한다.[10] 패권안정이론은 상당 부분 왈츠의 이론과는 모순되는 시각을 보인다. 왈츠는 모든 국가가 동일한 기능을 수행하며 국제체제에서는 기능적 분업(functional differentiation)이 존재하지 않는다고 보았다. 그러나 패권안정이론은 다른 국가들과는 달리 패권국 또는 안정자가 국제경제와 정치를 안정적으로 유지하는 책임을 진다고 보았다.[11] 1980년

9) James D. Fearon, "Rationalist Explanations for War," *International Organization*, Vol. 49, No. 3 (Summer 1995), pp. 379~414. 이 논문은 극히 예외적으로 서평(book review)이 아닌 논문평(article review)으로 이어졌다. Erik Gartzke, "War is in the Error Term," *International Organization*, Vol. 53, No. 3 (Summer 1999), pp. 567~587; Jonathan Kirshner, "Rationalist Explanations for War?," *Security Studies*, Vol. 10, No. 1 (Autumn 2000), pp. 143~150.

10) Charles P. Kindleberger, *The World in Depression, 1929~1939* (Berkeley, CA: University of California Press, 1986); Robert Gilpin, *War and Change in World Politics* (Cambridge: Cambridge University Press, 1981).

11) 국제경제체제의 안정을 위해 패권국은 다음과 같은 공공재를 공급한다. 첫째, 경기순환의 충격을 완화할 수 있는 방어적 대출정책(countercyclical lending), 둘째, 후진국 수출품에 대한 패권국의 국내시장 개방, 마지막으로 그리고 가장 중요한 것은 위기가 발생할 경우 이를 수습하는 최종 대부자(lender of last resort) 역할이다.

대 왈츠가 제시한 국제정치이론과 더불어 길핀(Robert Gilpin) 등이 제시한 패권안정이론은 국제정치 연구에서 핵심 주제였으며, 특히 패권이 쇠퇴한 이후에도 국제경제의 안정성과 국가 간 협력이 유지될 수 있는지에 대해 많은 논의가 존재했다. 하지만 이러한 연구는 왈츠 이론에 초점을 맞춘 이 책에서는 제외되었으며, 따라서 편향이 있을 수 있다.

마지막 편향은 '중요한' 이론가라는 부분에 있다. 이 책에서는 중요성을 판단하는 데 이른바 '객관적 지표'를 사용하지는 않았다. 결국 필자의 지식과 그것에 기초한 주관적 판단에 의존할 수밖에 없다. 하지만 다음 같은 조사 결과는 최소한의 객관성은 유지되었다는 것을 보여준다. 2005년 12월 미국의 국제관계 전문지인 ≪Foreign Policy≫는 가장 영향력 있는 국제정치이론가 25명을 선정했다.[12] 1위에서 5위는 코헤인(Robert O. Keohane), 왈츠, 웬트(Alexander Wendt), 헌팅턴(Samuel P. Huntington), 미어세이머(John J. Mearsheimer)이며, 이 책에서는 4위인 헌팅턴을 제외한 나머지 4명의 이론가를 집중 분석한다. 또한 이 책에서 연구 대상이 되었던 다른 학자로는 러셋(Bruce Russett, 9위), 왈트(Stephen M. Walt, 22위), 스나이더(Jack Snyder, 23위) 등이 있다. 즉, 이 책에서 다루는 이론가 13명 가운데, 7명이 가장 중요한 이론가 25명에 포함되었다.[13]

---

12) Susan Peterson, Michael J. Tierney and Daniel Maliniak, "Inside the Ivory Tower," *Foreign Policy*, No. 151 (November/December 2005), pp. 58~64. 전체 순위는 다음과 같다. 코헤인-왈츠-웬트-헌팅턴-미어세이머-나이(Joseph Nye)-저비스(Robert Jervis)-부에노 드 메스키타(Bruce Bueno de Mesquita)-러셋-길핀-카젠스타인(Peter Katzenstein)-크래스너(Stephen Krasner)-로즈노(James Rosenau)-러기(John Ruggie)-도일(Michael Doyle)-피어런-월러스타인(Immanuel Wallerstein)-콕스(Robert Cox)-모겐소(Hans Morgenthau)-후쿠야마(Francis Fukuyama)-싱어(J. David Singer)-왈트-스나이더-액설로드(Robert Axelrod)-호프만(Stanley Hoffmann). 이 가운데 스나이더, 액설로드, 호프만은 공동 23위이다.

중요성의 측면에서 많은 훌륭한 연구가 제외되었으며, 단순히 주석에서 언급되고 말았다. 대표적으로 세력균형이 변화하는 과정에서 양극체제가 지니는 불안정성을 강조한 코플랜드(Dale Copeland)의 연구, 민주주의 국가들은 군사력을 동원해 다른 국가를 쉽게 위협하지는 못하지만 일단 위협하기로 결정하면 민주주의 정치체제 특유의 투명성 덕분에 더욱 효과적으로 강압외교(coercive diplomacy)를 전개한다는 슐츠(Kenneth A. Schultz)의 연구, 그리고 게임이론을 사용하며 안보딜레마 상황에서의 국가행동을 분석한 키드(Andrew Kydd)의 연구가 있다.[14]

3. 분석의 성격

이 책은 왈츠와 그 이후의 국제정치이론가 12명, 총 13명의 국제정치이론가를 통해서 1979년 이후 국제정치이론의 변화와 발전을 분석한다. 이론가들이 왈츠 이론을 어떻게 변화·발전시켰는지에 초점을 맞추고 논의를 진행하기 때문에, 선정된 이론가들에 따라서 왈츠 이론의 다른 부분이 부각된다. 그리고 그에 따라서 13명의 이론을 해설하고 동시에 오늘날의 관점에서 재해석한다. 즉, 왈츠 이론을 12명의 다른 이론가에 비추어 모두 12개

---

13) 또한 안보딜레마와 공격방어균형을 강조한 저비스, 민주주의 평화를 처음으로 체계적으로 주장한 도일, 국제협력의 가능성을 분석한 액설로드 등 3명의 이론은 이 책에서 간접적으로 분석된다. 따라서 25명 중 직간접적으로 분석 대상이 된 학자는 모두 10명이다.

14) Dale Copeland, *Origins of Major War* (Ithaca, NY: Cornell University Press, 2000); Kenneth A. Schultz, *Democracy and Coercive Diplomacy* (Cambridge: Cambridge University Press, 2001); Andrew H. Kydd, *Trust and Mistrust in International Relations* (Princeton, NJ: Princeton University Press, 2005).

의 다른 측면에서 분석하고, 지난 30년 동안 국제정치이론의 변화와 발전에 기초해 다시 해석하는 것이다. 이러한 측면에서 이 책은 모두 13개의 서평이라고 볼 수 있다. 개별 서평은 왈츠라고 하는 국제정치이론가의 주장의 다른 측면에 대한 분석이다. 그리고 지금까지의 국제정치이론 변화와 발전 과정을 추적하고, 새로운 변화와 발전 방향을 검토하고자 한다.

이 책은 외교정책이나 군사정책에 대한 분석은 시도하지 않는다. 국제정치이론의 궁극적인 목표는 국가행동(states' behavior)을 예측하는 것이며, 외교정책 또는 군사정책에 대한 분석 자체는 국제정치이론의 핵심적인 부분이다. 그러나 필자는 이 책을 통해 국가행동을 예측하는 데 필요한 논리적 수단과 그 발달 과정을 설명하고자 하며, 이것이 국가행동을 더욱 정교하고 분석적으로 설명하는 데 도움이 되기를 바란다.

초점은 왈츠 이후 국제정치이론의 변화와 발전에 맞추어진다. 모든 변화가 발전은 아니었지만, 발전은 변화 없이는 이루어질 수 없다. 하지만 변화와 발전은 항상 출발점을 필요로 한다. 따라서 첫 번째로 논의할 국제정치이론가는 당연히 왈츠이다. 그렇다면 왈츠의 기본 주장은 무엇인가?

제1부
국제정치 '이론'의 시작
– 왈츠

국제정치에 대한 논의는 매우 오래되었다. 국제정치학은 고대 그리스의 역사가인 투키디데스(Thucydides)에서 시작되었고, 그가 집필한『펠로폰네소스전쟁사(History of the Peloponnesian War)』는 국제정치에 관한 가장 오래된 업적으로 불린다. 하지만 2009년 현재 논의되는 국제정치에 대한 이론적 논의는 왈츠에서 유래되었다. 특히 왈츠가 제시한 국제체제의 무정부성 개념은 국제정치이론의 토대가 되었으며, 거의 모든 이론은 이것에 기초해 논의가 이루어졌다. 나폴레옹의 이집트 원정에서 발견된 로제타스톤과 그에 대한 샹폴리옹의 해석 덕분에 고대 이집트 문명에 대한 지식을 얻을 수 있었듯이, 왈츠는 국제정치 논의에 필요한 핵심 개념을 제시했다.

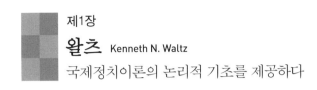

제1장
왈츠 Kenneth N. Waltz
국제정치이론의 논리적 기초를 제공하다

Theory of International Politics

Reading, MA: Addison-Wesley, 1979

오늘날 우리가 '국제정치이론'이라고 부르는 이론체계는 사실상 왈츠의 연구 성과에 기초하고 있다. 왈츠 이론에 100% 찬성하는 학자는 없으며, 모든 학자들이 그의 연구를 비판하거나 수정하려 했다. 이러한 과정에서 오늘날의 국제정치학이 만들어졌다. 따라서 오늘날의 국제정치이론을 정확하게 이해하기 위해서는 왈츠의 국제정치이론을 이해해야 한다.

1. 국제정치학의 탄생과 핵심 질문:
국가행동을 탈규범적으로 어떻게 이해하는가

국제정치학은 국가행동에 대한 탈규범적 평가와 정책 조언의 필요성에서 출발했다. 지금과 같은 체계적인 지식까지는 아니었지만, 외교정책을 논의하기 위한 다양한 '지혜'는 예전부터 존재해왔다. 이 분야에서 가장 오래된 저술은 중국 춘추전국시대 종횡가(縱橫家)의 저작, 인도 카우틸리아

(Kautilya)가 기원전 4세기에 저술한 『아타샤스트라(Arthashastra)』 등이 있다. 가장 대표적인 저술로는 16세기 초 유럽에서 나온 마키아벨리(Nicolló Machiavelli)의 『군주론(The Prince)』을 꼽을 수 있다. 하지만 이러한 저술들은 논리적이고 연역적인 체계를 가진 이론이 아니라 국가경영과 관련된 경험적인 지혜를 모은 통치학(statecraft)이었다.

이러한 저술들이 강조했고 오늘날에도 매우 중요한 개념으로 부각되는 것이 바로 국가이익(national interest)이다. 현재와 유사한 국가이익 개념은 1630년대 프랑스에서 처음으로 제시되었다. 1618년 현재의 독일 지역에서 프로테스탄트와 가톨릭 세력 간에 벌어진 삼십년전쟁(Thirty Years' War) 당시, 가톨릭 국가인 프랑스는 프로테스탄트 세력을 지원했다. 이러한 결정은 가톨릭 추기경이자 수상이었던 리슐리외(Cardinal et duc de Richelieu)의 주장에 따른 것으로, 종교적 신념보다는 국가 전체의 이익을 위한 것이었다. 이 결정에 대해 프랑스 내 가톨릭 세력은 종교적 신념을 무시했다는 이유로 강력히 반발했다. 그러나 리슐리외는 "국가의 행동은 개인의 이성이 아니라 국가이성(Raison d'état, Reason of State)에 따라 이루어진다"라고 주장하면서 가톨릭 세력인 스페인-오스트리아 제국의 확장을 저지했다.[1]

위와 같은 국가이익 개념의 출발점에서 다음 두 가지 사안이 부각된다. 우선 국가이익으로 정당화되는 국가의 행동은 개인적 차원의 규범으로는 평가할 수 없다는 점이다. 종교적 신념과 국가이성의 명령이 다르듯이, 국가의 행동은 국가의 이익을 위한 것이어야지 개인의 도덕이나 행동 기준에

---

1) Friedrich Meinecke, *Machiavellism: The Doctrine of Raison d'Etat and Its Place in Modern History* (Boulder, CO: Westview, 1984). 그리고 리슐리외의 외교정책에 대해서는 William F. Church, *Richelieu and Reason of State* (Princeton, NJ: Princeton University Press, 1972)가 있다.

얽매여서는 안 된다. 둘째, 국가이익 또는 국가이성은 국가의 행동이 어떠한 방향으로 이루어져야 하는지를 제시하는 정책 조언 기능을 수행한다. 따라서 국가이성은 단순히 개인 차원의 도덕을 무시하고 항상 무자비하게 행동하는 것이 아니라, 제한된 경우에 개인 차원의 도덕과 규범에서 벗어나 국가정책을 조언하고 결정한다는 사실을 의미한다.

통치학의 일부였던 국제정치학이 정치학 내부의 독립된 분야로 자리 잡기 시작한 것은 1930년대이며, 카(Edward Carr)와 모겐소(Hans Morgenthau)가 큰 공헌을 했다. 1939년 카는 『20년간의 위기(Twenty Years' Crisis)』라는 저술에서 1920~1930년대 국제정치의 현실과 위선적인 측면을 지적했다.[2] 특히 그는 법률주의(legalism)의 명분을 내세워 만들어진 국제연맹(League of Nations)을 공격하면서 국제법과 국제기구를 통한 국제분쟁의 예방정책은 유토피아적인 발상이라고 보았다. 또한 이러한 이상주의(utopianism)가 실제로는 미국과 영국 등 강대국의 이익을 반영하고 보호하기 위한 수단이라고 주장하면서, 군사력이나 경제력과 같은 현실적인 힘의 중요성을 강조했다. 하지만 이 과정에서 카는 ― 세상에 존재하는 모든 기준은 절대적인 정당성이 없으며 실질적인 이익을 보호하기 위한 위선적 수단이라는 ― 극단적 상대주의와 허무주의에 빠지고 말았으며, 그 결과 실증적인 정책 평가 기준을 제시하지 못했다. 이러한 문제점은 나치 독일의 팽창에 대한 용인과 1938년 9월 체코슬로바키아 분할을 사실상 승인한 뮌헨협정(Munich Agreement)에 대한 지지로 이어졌다.

오늘날과 같은 국제정치학의 창시자는 역시 모겐소이다. 그는 독일 태생으로 1937년 나치정권을 피해 미국으로 망명하여 시카고 대학에서 국제

---

2) Edward Hallett Carr, *The Twenty Years' Crisis, 1919~1939: An Introduction to the Study of International Relations* (New York: Harper Torchbooks, 1964).

정치학을 강의하면서 국제정치학을 정치학 내부의 독립 분과로 만들어냈다. 그는 '힘으로 정의되는 국가이익'을 강조했고, 1948년에 저술한 『국제정치(Politics among Nations)』에서 국제정치학을 최초로 체계화했다.[3] 그는 정치적 현실주의(political realism)를 강조하면서 다음과 같은 여섯 가지 원칙을 제시했다. ① 정치적 현실주의는 정치가 인간의 본성에 기초한 객관적 법칙을 따른다고 보며, ② 힘의 측면에서 정의되는 이익이 정치적 현실주의의 가장 중요한 개념이며, ③ 힘의 측면에서 정의되는 이익은 객관적인 범주로 존재하고, ④ 도덕의 중요성을 인정하지만 동시에 현실에서 존재하는 정치와 도덕 사이의 긴장관계를 인정하며, ⑤ 세상을 지배하는 보편적 도덕원칙은 없다고 판단하고, ⑥ 도덕을 무시하는 인간은 짐승에 가깝지만 그렇다고 해서 정치가 항상 도덕에 종속될 필요는 없다고 본다. 이후 30년 동안 모겐소의 저술은 국제정치학 수업에서 필수 교재로 사용되었으며, 지금까지도 가장 중요한 연구 가운데 하나로 꼽힌다.

2. 전쟁의 원인: Man, the State, and War

이러한 배경에서 1959년 왈츠는 자신의 박사학위 논문이자 국제정치학에서 당시까지 가장 체계적인 저술인 『Man, the State, and War(인간, 국가, 전쟁)』을 출판한다.[4] 왈츠는 개별 전쟁의 원인이 아닌 일반적인 차원에서 전쟁이 반복되는 이유에 대해 질문을 던지면서, 정확한 정책 처방을 위해

---

3) Hans J. Morgenthau, *Politics among Nations: the Struggle for Power and Peace*, Brief Ed. (New York: McGraw-Hill, 1993).

4) Kenneth N. Waltz, *Man, the State, and War: A Theoretical Analysis* (New York: Columbia University Press, 1959).

왈츠의 세 가지 이미지

구분	전쟁의 원인	주창자
첫 번째 이미지	인간 본성	홉스, 스피노자, 모겐소
두 번째 이미지	국내체제	칸트, 윌슨, 레닌
세 번째 이미지	국제적 무정부성	투키디데스, 루소

서는 먼저 논리적으로 타당한 분석이 이루어져야 한다고 강조했다. 그는 당시까지 제시되었던 전쟁의 원인을 세 가지 이미지로 분류했다.

첫 번째 이미지(The First Image)는 전쟁이라는 현상을 인간의 본성에 의한 것으로 설명하려는 시도이다. 이러한 주장을 제기한 학자로는 초기 기독교 사상을 정립한 아우구스티누스(St. Augustine), 17세기 영국의 정치사상가로서 『리바이어던(Leviathan)』이라는 저서를 남긴 홉스(Thomas Hobbes), 같은 시기 네덜란드의 정치사상가인 스피노자(Baruch Spinoza), 20세기 정치사상가인 니부어(Reinhold Niebuhr), 모겐소 등이 있다. 이들은 인간의 공격 성향이 전쟁의 원인이라고 보았으며, 이러한 본성이 변화하지 않는 한 평화는 불가능하다고 보았다.

두 번째 이미지(The Second Image)는 전쟁이라는 현상을 인간의 본성이 아니라 어떠한 정치체제 또는 경제체제가 지닌 내부적인 특성으로 설명하는 주장이다. 두 번째 이미지에 포함될 수 있는 인물로는 독일의 철학자 칸트(Immanuel Kant), 제1차 세계대전 당시 미국 대통령이었던 윌슨(Woodrow Wilson), 소련 공산혁명의 지도자였던 레닌(Vladmir Lenin) 등이 있다. 이에 따르면, 어떠한 국가가 전쟁을 하는 원인은 그 국가의 정치체제가 민주적이지 않거나(칸트, 윌슨) 경제체제가 자본주의적이기 때문(레닌)이다. 영구평화를 실현하기 위한 조건으로 칸트와 윌슨은 민주주의의 전 세계적인 확산을, 레닌은 세계 공산혁명의 필요성을 강조했다.

세 번째 이미지(The Third Image)는 전쟁이 인간의 본성이나 특정 체제의 내부적 특성이 아니라 국제체제의 무정부성(anarchy) 때문에 발생한다는 주장이다. 대표적 학자로는 기원전 430년경에 시작된 아테네와 스파르타 간 펠로폰네소스전쟁(Peloponnesian War)을 기록한 고대 그리스 역사가 투키디데스(Thucydides)와 18세기 프랑스의 정치사상가로 사회계약론 등을 남긴 루소(Jean-Jacques Rousseau)가 있다. 투키디데스는 펠로폰네소스전쟁이 빠르게 증가하는 아테네의 힘에 대한 스파르타의 두려움 때문에 일어난 것이라고 진단했다. 한편 루소는 전쟁의 원인을 설명하면서, 무인도에 표류한 사람들이 굶주림을 해결하기 위해 사슴을 잡으려고 협력하지만 협력이 어렵다는 사실을 설명한 '사슴사냥(Stag Hunt)'의 비유를 제시했다. 특정 국가 또는 개인의 공격성이 문제가 아니라, 다른 사람이 협력을 하지 않을지도 모른다는 두려움 때문에 협력이 무너진다는 주장이었다. 즉, 전쟁의 근본 원인은 국가보다 상위에서 국제관계를 조율하고 특정 국가의 의무 위반을 처벌할 수 있는 세계정부가 존재하지 않는 무정부 상태이다. 따라서 생존을 위한 유일한 방법은 개별 국가의 자조행동(self-help)이며, 국제정치의 무정부 체제가 사라지고 세계 정부가 수립되어 위계질서(hierarchy)가 등장해야만 영구 평화가 실현된다.

세 가지 이미지와 그에 따른 분류법은 50여 년이 지난 지금까지도 널리 사용된다. 어떤 이론이 인간의 본성이나 개인의 역할을 강조하는 경우 첫 번째 이미지 이론이라고 지칭하며, 국내정치 또는 경제체제 변수에 기초해 국가의 행동을 설명하는 경우에는 두 번째 이미지 이론이라고 부른다. 그리고 국제체제 또는 국제구조를 강조하는 이론은 세 번째 이미지 이론이라고 한다. 이러한 분류에 따라서 어떠한 이미지의 변수가 더욱 중요한지에 대한 분석 수준(level of analysis) 논쟁은 현재도 계속되며, 특히 국내 변수와

국제체제 변수의 상대적 중요성에 대해 다양한 논의가 집중되었다.[5]

3. 국제적 무정부 상태와 국제정치에서의 경쟁

1979년에 왈츠는 국제정치학 사상 가장 중요한 저서인『Theory of International Politics』를 출판하여 국가행동을 설명하는 국제정치이론의 논리적 기초를 제공했다. 그는 국가의 행동을 국내적 원인으로 환원하여 설명하는 두 번째 이미지를 환원주의(reductionism)라고 비판하면서, 대신 국제체계 차원에서 국가행동을 설명하려고 시도했다. 이를 바탕으로 왈츠는 국가행동을 분석할 수 있는 논리적 구조를 다음과 같이 제시했다.

1) 국제정치의 무정부성

국제정치를 기존의 국내정치이론으로는 설명할 수 없는 것은 국제정치에는 중앙권위체가 존재하지 않기 때문이다. 국제정치와 국내정치를 가르는 체계적인 차이는 국내정치에는 개인보다 상위에 존재하는 중앙정부(central government)가 존재하지만 국제정치에는 개별 국가 상위에 어떠한 중앙권위체(centralized authority)도 없다는 사실이다. 물론 정부는 최소한 개별 국민의 묵시적 동의로 만들어지며, 민주주의 국가에서 이러한 동의는 선거를 통해 나타난다. 동시에 이러한 동의는 대개 다수결 원칙에 따라 형성되며, 설사 국민이 지금의 정부에 반대한다고 해도 정부의 권위에는 복

---

5) 반면 개인에게 초점을 맞춘 국제정치이론 분석은 매우 드물다. 첫 번째 이미지 이론의 중요성을 강조하는 최근 노력으로는 Daniel L. Byman and Kenneth M. Pollack, "Let Us Now Praise Great Men: Bringing the Statesman Back In," *International Security,* Vol. 25, No. 4 (Spring 2001), pp. 107~146이 있다.

종한다. 중앙정부의 존재는 경찰과 군대, 법원과 같은 정부기관을 통해 드러난다. 만약 개인들 사이에 문제가 발생하면, 예컨대 계약을 체결했지만 계획대로 이행하지 않을 경우 피해를 입은 개인은 개별적으로 해결하지 않고 경찰과 법원에 호소해 그 계약을 강제 집행할 수 있다. 하지만 개인들은 폭력을 행사할 수 없으며, 폭력 수단은 경찰과 군대로 상징되는 국가가 독점한다. 만약 개인이 폭력을 사용하는 경우에는 정당방위 등 극히 예외적인 경우를 제외하고 폭력을 행사한 개인을 처벌한다.

하지만 국제정치에는 이러한 역할을 하는 중앙정부 또는 중앙권위체가 존재하지 않는다. 모든 국가는 평등하며 적어도 자신의 영토 내부에서는 최고 권위인 주권(sovereignty)을 가진다. 국가는 자신의 권한을 제한하는 부분에 대해 개인보다는 훨씬 더 보수적으로 행동한다. 국가는 자신이 동의하지 않은 결정은 따르지 않는다. 또한 국제정치에서는 폭력 수단을 독점하고 있는 세계정부가 존재하지 않으며, 개별 국가가 어느 정도씩 폭력 수단을 보유하고 있다. 물론 국가 간 폭력 사용은 1990년 8월 이라크의 쿠웨이트 침공 때와 같이 유엔의 결의를 거쳐 국제사회의 무력 제재 대상이 되기도 한다. 하지만 국내정치의 경우에서처럼 경찰과 검찰이 자동적으로 개입하여 이를 처벌하지는 않는다. 예를 들어 지난 2003년 3월 미국과 영국은 상당 부분 모호한 유엔안전보장이사회 결의안 1441을 원용해 이라크를 침공했지만, 당시 유엔사무총장이었던 아난(Kofi Annan)은 미국의 침공이 '엄격하게는 불법적(illegal) 행동'이었다고 주장했다.[6] 그러나 이라크 독재정권에 대한 미국의 '불법적' 군사력 사용은 처벌되지 않았다. 한편 국가들 사이에 체결된 계약은 순수하게 국가의 자발적인 의사에 의해서만 이

---

6) Patrick E. Tyler, "The Reach of War: U.N. Chief Ignites Firestorm by Calling Iraq War 'Illegal'," *The New York Times,* September 17, 2004.

행 가능하다. 이행을 거부하는 경우 개별 당사국이 보복 조치를 취할 수 있지만, 국내정치와는 달리 경찰과 법원에 소송을 제기하고 국가의 집행 능력에 기초해 계약을 강제 집행하거나 계약 위반을 사유로 특정 국가를 처벌할 수는 없다.[7]

'국제체제의 무정부성(international anarchy)'은 개별 주권국가보다 상위의 권위체가 존재하지 않는다는 뜻이다. 하지만 이것이 곧 국제정치가 혼란(chaos) 또는 무질서(disorder)라는 주장은 아니다. 국제정치의 무정부성은 단순히 국제정치를 분석하기 위해 국제체제의 '질서가 어떻게 구성되어 있는지를 살펴보는 원칙(ordering principle)'이다. 이에 따르면 국제체제는 전체를 구성하는 개별 단위체보다 우월한 단위가 존재하는 위계질서의 국제체제와 개별 단위체 상위에 어떠한 단위체도 존재하지 않고 전체를 통괄하는 단위가 없는 무정부적 상태의 국제체제로 나뉠 뿐이다. 바로 이러한 측면에서 국제적 무정부 상태는 일상적으로 '무정부 상태'라는 표현에 내포된 혼란과 무질서, 극단적인 위험 등의 부정적인 의미를 지니지 않는다. 또한 '위계질서'라는 표현에도 '위계'라는 단어가 내포한 경직성과 권위주의 등의 부정적인 의미나 질서와 안전과 같은 긍정적인 의미는 없다.

따라서 국제정치의 무정부성은 흔히 이야기하는 '무자비한 국제정치'가 아니다. 특히 왈츠는 국제정치가 상당히 안정적일 수 있다고 보았다.

---

7) 계약 이행을 거부하는 국가를 다른 계약 당사국이 국제사법재판소(International Court of Justice: ICJ)에 제소할 수 있다. 하지만 계약 이행을 거부하는 국가는 국제사법재판소의 최종 판결을 이행하지 않을 가능성이 있다. 당사국은 이 경우에 유엔 안전보장이사회에 이러한 거부(계약 이행 거부와 국제사법재판소 판결 이행 거부)에 대해 제소할 수 있으며, 안전보장이사회는 계약 이행을 명령하고 제재를 결정할 수 있다. 하지만 제재를 가했는데도 계약 이행을 지속적으로 거부한다면 문제는 여전히 존재한다.

'국제정치의 무정부성'은 기본적으로 국제정치가 지니는 체계의 질서 구성과 관련된 것으로서, 실질적 내용은 포함하지 않은 순전히 형식에 관한 개념이다. 즉, 형식상 국가 상위의 권위체가 없기 때문에 무정부적 국제정치라고 표현할 뿐, 실질적으로는 상당한 안정과 평화 그리고 질서가 유지되기도 한다. 물론 국가 상위의 권위체가 존재하지 않기 때문에 혼란과 무질서가 나타날 가능성도 존재한다. 그러나 이러한 혼란과 무질서는 국제정치의 무정부성이 가져오는 필연적인 결과는 아니다.

이와 같이 무정부성 개념은 실질적 내용 없이 형식으로서만 중요성을 지니므로 다른 영역에도 적용할 수 있다. 예를 들어 미시경제학 또한 개별 소비자와 생산자 상위의 권위체가 존재하지 않고 개별 행위자의 행동이 자발적인 계약과 준수 의사를 통해서만 완결되어 모든 거래가 이루어진다고 본다. 미시경제학이 상정하고 있는 세계에는 경찰이나 군대, 법원으로 대표되는 국가는 존재하지 않는다. 그렇지만 미시경제학의 세계에 엄청난 혼란과 무질서는 등장하지 않으며, 보이지 않는 손(invisible hand)이 작동하고 최종적으로 일반경쟁균형(general competitive equilibrium)이 나타난다.

그러나 국제체제가 무정부적이기 때문에 국가는 자조를 가장 중요한 행동 원칙으로 삼는다. 국가 상위의 단위체가 존재하지 않으므로 자신의 안전에 문제가 발생할 경우에는 스스로 문제를 해결해야 한다. 위계적인 국내체제에서는 안전에 문제가 발생할 경우 경찰이나 법원에 자신의 안전을 위탁할 수 있으며, 대부분의 경우 개인은 안전을 지키기 위해 자신의 자원을 소모하지 않는다. 즉, 국가 내부에서 개인의 안전은 공공재(public goods)로서, 개인 상위의 권위체인 국가가 사회 구성원 전체에게 안전을 공급해야 하며, 모든 개인은 세금의 형태로 그 비용을 납부한다. 반면 국제체제에서는 국가 상위의 단위체가 존재하지 않기 때문에 안전 유지를 위한 세금이 부과되지 않으며, 개별 국가들은 자신의 안전을 스스로 확보해야 한다. 그러나 이러한 자조의 원칙이 국제적 무정부 상태가 위험하기 때문에 필연적으로 나타나는 것은 아니다. 국제정치에서 발생하는 문제들은 국제적 무정부 상태가 혼란 또는 무질서를 초래하기 때문에, 즉 국제적 무정부 상태의 실질적인 내용이 혼란 또는 무질서이기 때문에 발생하는 것도 아니다. 이는 자신의 안전을 상위 단위체의 행동에 의존할 수 없다는 국제체제의 구조적 형식에서 초래된 결과이다.

2) 국가기능의 동일성과 분업의 부재

국제체제가 무정부적이기 때문에, 국제정치의 행위자인 국가들은 국내정치의 행위자들과는 달리 기능적 분업에 참여하지 않는다. 그 대신 모든 국가는 안보(security)를 확보하기 위해 노력한다. 이러한 주장에는 크게 다음의 두 가지 함의가 있다. 첫째, 국제정치에서 국가가 추구하는 최종 가치는 정치적 독립의 수호와 국토 보존, 즉 '생존'이다. 그 이외의 목표는 가장 중요한 가치인 안보를 위한 수단에 지나지 않는다. 왈츠 이전에 많은 국제정치학자들은 국가가 과연 힘(power)을 추구하는지 아니면 안보를 추구하는지에 대해 논쟁을 했다. 모겐소는 국가가 힘을 추구하며 이러한 경향은 인간 본성에 내재되어 있는 이기적인 속성 때문이라고 설명했다. 하지만 왈츠는 국가가 힘을 추구하는 것은 힘을 가질 경우 자신이 더 안전해진다고 믿기 때문이며, 힘 자체는 효용이 없다고 주장했다. 모든 경제활동의 최종 목표는 소비이며 저축은 미래의 소비를 위한 투자라는 사실과 같이, 국가는 자신의 안전을 최종 가치로 추구하고 이를 달성하기 위한 수단으로서 힘을 추구한다고 보았다.

둘째, 왈츠는 기능적 분화를 설명하면서 국내정치와 국제정치의 차이를 논했다. 개별 행위자보다 상위의 권위체가 존재하는 정치체제의 대표적인 사례는 연방국가(federal state) 또는 국가연합(confederate state)으로서, 개별 정치 단위 상위에 중앙정부가 존재한다. 미국의 경우 워싱턴에 위치한 연방정부(federal government)는 개별 주정부(state government)에 안보를 제공하고, 대신에 주정부는 연방정부가 필요로 하는 여러 가지 재화와 서비스를 제공한다. 즉, 캔자스는 밀을 생산해 워싱턴에 식량을 제공하고, 워싱턴은 군사력을 구축해 캔자스에 안보를 제공한다. 이와 같이 국내정치의 개별 단위는 서로 다른 기능을 특화하여 각자의 생산품을 교환한다.[8]

국제정치에서는 이러한 기능 분화와 특화, 교환이 불가능하다. 국제경제학은 특화와 교환을 설명하면서 비교우위(comparative advantage)를 강조한다. 특히 헥셔-올린정리(Hecksher-Ohlin theorem)에 따라 노동이 상대적으로 풍부한 국가는 노동집약적인 재화의 생산에 비교우위를 보이며, 자본이 상대적으로 풍부한 국가는 자본집약적인 재화의 생산에 비교우위를 지닌다. 개별 국가는 각자 자신이 비교우위를 지닌 재화의 생산을 특화하여 생산품을 교역한다. 다시 말해 노동집약적 국가는 노동집약적 재화를 수출하고 자본집약적 재화를 수입하며, 자본집약적 국가는 자본집약적 재화를 수출하고 노동집약적 재화를 수입한다. 이러한 이론에서는 식량이나 에너지원과 같이 국가의 생존에 필수적인 재화라 하더라도 모든 국가는 다른 국가와의 교역을 통해 이를 확보한다. 즉, 경제적 상호의존(economic inter-dependence)이 나타나며, 경제교류를 통해 통합이 유지된다.

그러나 국제교역은 경제적인 영역에 국한될 뿐 정치적인 영역에까지 확

---

8) Kenneth N. Waltz, "The Myth of National Interdependence," Charles Kindleberger (ed), *The International Corporation: A Symposium* (Cambridge, MA: The MIT Press, 1970), pp. 205~223.

산되지 않는다. 다시 말해 경제적 상호의존의 효과는 경제 영역에 국한된다. 정치 영역에서는 강대국과 약소국 사이의 이와 같은 기능 분화와 특화 그리고 재화의 교역은 존재하지 않는다. 경제적 영역에서와는 달리 국가는 자신이 상대적으로 잘할 수 있는 정치적 기능에 특화할 수 없다. 모든 국가들은 공통적으로 자신의 안보를 확보하려고 노력한다. 따라서 경제 영역과는 달리 국제정치에서 모든 국가는 동일한 기능을 수행한다.

기능 분화가 일어나지 않고 모든 국가들이 안보 추구라는 동일한 기능을 수행하는 국제체제의 특성에서 다음과 같은 주장을 논리적으로 도출할 수 있다. 첫째, 왈츠 이론에서 모든 국가는 소극적인 안보만을 추구한다. 즉, 자신의 현재 상태를 유지하고자 노력할 뿐, 적극적으로 자신의 세력권을 확대하거나 팽창하려고 시도하지는 않는다. 바로 이러한 측면에서 왈츠가 상정하는 국가는 '안보추구자(security-seeker)'이지 '팽창주의 국가(greedy state)'는 아니다. 즉, 현재의 세력균형과 그에 따른 제도적 상황에 만족하거나 최소한 적극적으로 군사력을 행사해 현재 상황을 변경하려고 시도하지는 않는 '현상유지 국가(status-quo power)'이지, 현재 상태에 불만을 품고 적극적으로 군사력을 행사해 이를 바꾸려고 하는 '현상타파 국가(revisionist state)'는 아니다.

둘째, 국제적 무정부 상태가 사라지고 위계질서가 존재하는 국제체제를 상정할 수 있다. 이 경우 국제체제에는 개별 국가보다 상위의 권위체가 존재하고 개별 국가는 자신의 안보를 위해서 자조 이외의 방법을 사용한다. 경찰과 군대, 법원 등의 기능을 하는 조직이 국제체제에도 존재하며, 세금과 같이 중앙권위체가 부과하는 강제적인 자원동원이 이루어진다. 이러한 국제체제는 무정부적이 아니라 유정부적이며, '제국질서(imperial order)'라고 부를 수 있다. 이는 식민지 보유와 정복전쟁 등으로 대표되는 '제국주의

(imperialism)'와 다른 '위계질서적 국제체제(hierarchical international system)'
이다. 전통적으로 유럽과 동아시아에 이러한 제국질서가 존재했으나, 유럽
에서는 1500년경에, 동아시아에서는 19세기 말에 제국질서가 무너졌고,
이후 평등한 주권국가로 구성된 무정부적 국제체제가 성립되었다.

3) 국가들 사이의 상대적인 힘의 균형과 국제체제의 구조

국제체제는 개별 주권국가 상위의 단위체가 없다는 측면에서 무정부적
이다. 국제체제를 구성하는 개별 국가는 자신의 안보를 추구하며 정치 영
역을 특화하지 않고 분업에 참가하지 않는다는 측면에서 동일한 기능을 수
행한다. 무정부적 국제체제 또는 안보를 추구하는 국가 등은 변화하지 않
는 상수(常數, constant)이다. 국제정치학에서 설명하고자 하는 대상인 국가
의 행동 또는 특정 국제체제의 안정성은 변화하는 변수(變數, variable)이다.
하지만 논리적인 차원에서 상수를 가지고는 변수를 설명할 수 없다. 즉, 국
제체제와 국가의 기능 또는 성향이라는 요인만으로 국가의 행동을 설명하
는 것은 불가능하며, 따라서 국제정치의 변화를 설명하기 위해서는 변수,
좀 더 정확하게는 독립변수가 필요하다.

왈츠는 국가행동의 독립변수로서 '상대적 힘의 배분(distribution of relative
power)'을 제시했다. 흔히 '세력균형(balance of power)'이라고 매우 모호하게
지칭되는 전통적인 개념이 왈츠의 이론에서는 가장 핵심적이고 과학적인
독립변수로 발전했다.[9] 왈츠는 "세력균형이론이야말로 국제정치에 대한

---

[9] 왈츠 자신이 지적한 바와 같이 세력균형은 매우 다양한 것을 지칭한다. 하스(Ernest
Haas)는 여덟 개의 용례를 찾아냈으며, 라이트(Martin Wright)는 아홉 개의 다른
의미로 사용된다고 지적한다. 하지만 이와 같이 세력균형이 지닌 의미의 다양성 때
문에 세력균형이 과학적 이론으로 발전하는 데 많은 어려움이 있다.

명확한 정치적 이론이다"라고 단언하면서, 세력균형이론은 개별 국가의 특정 정책을 설명할 수는 없지만 "국가들이 행동을 사전 조율하지 않는 경우에 나타나는 국제적 결과를 설명하는 이론"이라고 주장했다.[10] 어떤 국가의 특정 정책을 설명하기 위해서는 세력균형이론이 아니라 다른 이론이 필요하다. 또한 단순히 국가들 사이의 상대적 힘의 배분이라는 하나의 독립변수로는 충분하지 않고, 더 많은 숫자의 독립변수가 필요하며, 동시에 각각의 독립변수 사이에 나타나는 상호작용을 정확하게 예측할 수 있어야 한다. 반면에 국제체제의 안정성을 예측하는 데는 세력균형 또는 상대적 힘의 배분이라는 독립변수만으로도 충분하다.

한 국가의 힘이 증가하는 경우에 주변 국가들은 세력균형을 유지하기 위해서, 부상하는 국가에 대항한다. 왈츠는 이러한 국가의 행동을 '균형유지(balancing)'라고 불렀으며, 이와는 반대로 부상하는 국가에 영합하는 행동을 '편승(bandwagoning)'이라고 불렀다. 강력한 국가가 부상하는 경우 국가들은 새로운 강대국이 최종적으로 승리해 모든 국가를 복속하는 상황을 막기 위해서 편승보다는 균형유지를 시도한다. 동맹국을 선택할 때 강력한 국가보다는 상대적으로 힘이 약한 국가를 지원해 전체적인 균형을 유지하고자 한다. 국가행동의 가장 중요한 목적은 안보인데, 강력한 국가에 편승하는 것은 자칫 장기적으로 자신의 안보를 위험에 빠뜨릴 수 있기 때문이다. 강력한 국가와 동맹을 체결함으로써 상대적 힘을 키울 수 있지만, 힘은 안보를 추구하는 수단이며 힘을 가지기 위해서 최종 목표인 안보를 희생하지 않는다. 즉, 국가는 힘의 극대화(power maximization)가 아니라 안보 극대화(security maximization)에 따라 행동하며, 동맹국을 선택하는 과정에서 국

---

10) Waltz, *Theory of International Politics*, pp. 117, 122에서 인용했다.

가들은 편승보다는 균형유지를 추구한다.

세력균형은 국제적인 생존경쟁으로 이어지며, 덕분에 모든 국가들은 비슷한 형태와 특성을 띠게 된다. 우선 무정부적 국제체제의 경쟁에서 살아남지 못하는 국가는 적자생존(survival of the fittest)의 원칙에 따라 사라진다. 1500년대 서부 유럽에는 약 500개의 정치 단위(political entity)가 존재했다. 그러나 1900년대에 이르러서는 25개의 국가만이 살아남았다. 즉, 400년 동안 오직 5%만이 생존했다.[11] 또 다른 방식은 모방이다. 모든 국가는 국제체제에서 특별히 성공적으로 생존하는 국가의 방식을 그대로 따라 한다. 국가들은 이러한 학습을 통해 생존경쟁에서 살아남기 위한 가장 효율적인 국내적 자원동원 방식과 국제적 행동 양식을 수용하며, 그 결과 비슷한 형태로 변화한다. 성공적인 국가의 시스템은 모든 국가로 퍼져나가고, 모든 국가는 성공적인 국가를 모방한다. 이러한 압력을 거부하는 국가는 소멸한다. 따라서 국가 내부의 특성이나 문화와 정치체제 등의 차이는 국제체제에서는 무의미하다. 국가들은 가장 효율적인 방법을 채택하기 때문에 국내적인 차이는 국제적인 차이로 이어지지 않는다.

4. 국제체제의 구조에 따른 위험성

세력균형은 국가의 행동과 국제체제의 안정성을 결정한다. 국제체제는

---

11) Charles Tilly, "Reflections on the History of European State-Making," Charles Tilly (ed.), *The Formation of National States in Western Europe* (Princeton, NJ: Princeton University Press, 1975), p. 24. 이 문제에 대한 최근 연구로는 Tanisha M. Fazal, *State Death: The Politics and Geography of Conquest, Occupation, and Annexation* (Princeton, NJ: Princeton University Press, 2007)이 있다.

공통적으로 무정부성을 띠며, 국가는 안보를 추구한다는 측면에서 서로 동일한 기능을 수행하기 때문에, 유일하게 변화하는 것은 상대적인 힘의 배분이다. 왈츠는 힘의 배분이 이루어진 상태를 '국제체제의 구조(structure of international system)'라고 지칭했으며, 개별 국제체제의 구조에서 나타나는 강대국의 숫자, 즉 극(極, pole)의 숫자로 상대적 힘의 배분을 측정했다. 예컨대 두 개의 강대국이 존재하는 경우에는 '양극체제(bipolar system)', 넷 또는 다섯 개의 강대국이 존재하는 경우에는 '다극체제(multipolarity)', 하나의 강대국만이 존재하는 경우에는 '일극 또는 단극체제(unipolarity)'라고 명명했다.

무정부적 국제체제에서는 전쟁이 발생한다. 개별 국가는 스스로 안보를 지키기 위해 노력하며, 이 과정에서 불필요한 경쟁과 전쟁이 일어난다. 저비스(Robert Jervis)는 "자신의 안보를 지키기 위한 행동이 다른 국가의 안보를 저해하는 상황"을 '안보딜레마(security dilemma)'라고 명명했다.[12] 국가들은 자신의 안보를 추구하기 위해 개별적으로 군사력을 증강하는 것과 같은 행동을 취하지만, 이러한 행동은 다른 국가의 대응 조치를 불러오며, 전체적으로 개별 국가의 안보를 저해하는 결과를 초래한다. 이 과정에서 개별 국가들은 서로를 더욱 의심하게 되어 결국 피할 수 있었던 군비경쟁 또는 전쟁이 발생한다. 즉, 왈츠는 국가들의 공격적인 행동은 국가가 공격적인 목표를 추구하기 때문이 아니라 순수하게 자신의 안보를 추구하는 과정에서도 나타난다고 보았다. 서로에 대한 의심이 축적되고 불신이 심화되면서 순전히 자신의 안보를 위한 방어적 행동이라도 공격적인 결과를 초래한다는 것이다. 물론 공격적인 목표를 추구하는 경우에는 공격적인 결과가

---

12) Robert Jervis, "Cooperation Under the Security Dilemma," *World Politics*, Vol. 30, No. 2 (January 1978), pp. 167~214.

초래되지만, 왈츠는 공격적인 목표를 추구하는 국가가 존재하지 않는다고 해도 공격적인 결과가 나타날 수 있다고 강조했다.[13]

왈츠는 강대국 간에 벌어지는 전쟁에 초점을 맞추어 국제체제의 안정성을 설명했고, 국제체제의 구조 즉 강대국의 수 또는 극성(polarity)에 따라 국제체제의 안정성이 결정된다고 주장했다. 왈츠가 관심을 가졌던 부분은 다극체제와 양극체제 가운데 어떠한 국제체제의 구조가 더 안정적인가 하는 것이었다. 1979년 당시에도 많은 학자들이 다극체제가 안정적인지 아니면 양극체제가 안정적인지에 대해 논쟁했다. 20세기에 한정해서 볼 때, 1945년 이전의 다극체제에서는 미국-러시아/소련-영국-프랑스-독일 등의 강대국이 지속적으로 존재했으며, 시기에 따라 오스트리아-이탈리아-일본 등도 강대국의 반열에 올랐다. 이와 같이 6개 이상의 강대국이 존재하는 다극체제에서 세계대전이 두 번 발발해, 모두 1억 명에 가까운 군인과 민간인이 생명을 잃었으며 수천만 명의 부상자가 발생했다. 그런데 1945년을 기점으로 강대국은 미국과 소련 단 두 개로 줄어들었으며, 국제체제의 구조는 양극체제로 변화하고 강대국 전쟁은 사라졌다. 1945년 이후에도 한국전쟁과 베트남전쟁이 있었으며, 중동에서는 이스라엘과 아랍 국가들 간 전쟁이 최소 네 번 발생했다. 그러나 1914년 6월 오스트리아-헝가리 제국 황태자 부부 암살과 직후 외교적 위기가 확대되어 제1차 세계대전이 발발했던 것과는 달리, 1945년 이후의 전쟁은 국지화되었으며 대

---

13) 즉, 왈츠 이론에서는 공격적인 국가가 존재하지 않는 상황에서도 불확실성 때문에 전쟁이 벌어질 수 있다. 이러한 논의는 다음 논문에서 체계적으로 제시된다. Kenneth N. Waltz, "The Origins of War in Neorealist Theory," in Robert Rotberg and Theodore Rabb (eds.), *The Origin and Prevention of Major War* (Cambridge: Cambridge University Press, 1989), pp. 39~52.

규모 전쟁으로 확대되지 않았다. 이러한 현상은 '장기적 평화(The Long Peace)'라고 부른다.[14]

경험적 차원에서 나타난 양극체제하 강대국 전쟁의 부재에 대해 왈츠는 다음과 같이 설명한다. 첫째, 양극체제에서는 동맹국으로 인한 '불필요한 전쟁'이 발생하지 않는다. 양극체제에서는 동맹국의 중요성이 낮고, 양극을 구성하는 강대국은 군사적 상호의존(military interdependence)보다는 군사적 독립성(military independence)을 누리기 때문이다. 예를 들어 다극체제였던 1914년 오스트리아-헝가리 제국은 황태자 부부 암살에 세르비아 정부가 개입했다고 판단해 응징을 결정했고, 동맹국 독일의 지원을 요청했다. 독일은 세르비아가 자신에게 직접적인 위협은 되지 않는다고 보았지만, 유일하게 남은 동맹국이었던 오스트리아-헝가리 제국을 위해 군사력을 동원했다. 이로써 독일은 세르비아를 지원하는 러시아와 대립하고 러시아의 동맹국인 프랑스를 공격했다. 이처럼 동맹 관계 때문에 필요하지 않은 전쟁을 하는 것을 '연루(連累, entrapment)'라고 부르며, 반대로 동맹 관계가 존재하지만 결정적 순간에 동맹 의무를 지키지 않는 경우를 '방기(放棄, abandonment)'라고 지칭한다.[15] 방기 또한 다극체제에서 일어나며, 어떠한 위협 요인이 발생했을 때 위협에 대한 대응 조치를 동맹국들이 서로 미루는 경우를 일컫는다. 1938년 9월 나치 독일은 체코슬로바키아를 위협했지만, 체코슬로바키아의 동맹국이었던 프랑스와 우호 관계를 유지했던

---

14) '장기적인 평화'는 개디스(John Lewis Gaddis)가 처음 사용했다. John Lewis Gaddis, "The Long Peace: Elements of Stability in the Postwar International System," *International Security*, Vol. 10, No. 4 (Spring 1986), pp. 99~142.

15) 연루와 방기는 다음 연구에서 더욱 정교하게 발전된다. Glenn H. Snyder, "The Security Dilemma in Alliance Politics," *World Politics*, Vol. 36, No. 4 (July 1984), pp. 461~495.

영국은 독일에 대항하는 책임을 서로 미루었다. 하지만 강대국이 단 두 개만 존재하는 양극체제에서 두 개의 강대국은 서로 대립하며 상대방을 제외하고는 다른 강대국이 없기 때문에, 이러한 연루와 방기는 나타나지 않는다. 1914년 독일의 행동을 바꾸었던 오스트리아–헝가리 제국 정도의 비중을 지닌 강대국도 없으며, 1938년 독일의 팽창에 대한 책임을 미룰 정도의 강대국도 존재하지 않는다. 따라서 양극체제에서는 서로를 직접 공격하지 않는 한 동맹국 때문에 강대국 사이의 전면전쟁이 발생하지 않는다.

둘째, 양극체제에서는 다극체제보다 서로의 의도에 대한 불확실성이 낮아 강대국 관계에서 혼선이 빚어질 가능성이 적다. 두 개의 강대국만이 존재하는 양극체제에서 강대국은 서로에 대해서만 관심을 기울이면 되고 주변의 중소국가를 무시할 수 있다. 다른 국가들이 중요하지 않고 동맹국도 큰 의미를 지니지 못하기 때문에, 양극을 구성하는 강대국은 각자 자신의 군사력 확충을 통해 안보를 추구한다. 즉, 균형유지를 위해서 자신의 힘을 사용하는 내부적 균형유지(internal balancing) 전략을 채택하지, 동맹국에 의지하는 외부적 균형유지(external balancing) 전략을 사용하지는 않는다. 상대방의 움직임만을 주시하고 상대방이 보내는 다양한 신호를 해석해 의사소통을 정확하게 함으로써 불확실성을 제거할 수 있으며, 그 결과 최소한 세계대전은 방지할 수 있다. 반대로 다수의 강대국이 존재하는 다극체제에서는 모든 강대국의 행동을 주시하고 의도를 파악하기 위해 많은 노력을 기울여야 하며, 이 과정에서 실수와 오해가 발생하기 쉽고, 결과적으로 강대국 관계에서 혼선이 빚어진다. 하지만 양극체제에서는 강대국 관계가 양자 관계로 매우 단순화되며, 따라서 안정적이다.

셋째, 양극체제에서 나타났던 '장기적인 평화'는 냉전 시기 국제체제에서 미국과 소련이라는 두 개의 강대국에 힘이 집중되어 있었기 때문이었지, 핵무기라는 새로운 무기가 등장했기 때문에 나타난 현상만은 아니었다. 물론 핵무기의 등장이 미국과 소련 사이에 전쟁을 억제하는 요인으로 작용하기는 했다. 핵전쟁은 전 세계적으로 엄청난 피해를 가져오기 때문에 승리라는 개념은 무의미하며, 따라서 협상을 통해 문제를 해결하게 된다. 한편 선제공격을 당하는 경우에도 잔존 핵전력을 사용해 보복공격이 가능하기 때문에 쉽게 전쟁을 시작할 수 없게 된다. 즉, 위기 상황에서도 선제공격의 필요성이 줄어들고 보복이 가능해졌기 때문에, 외교 협상을 포기하고 군사력 사용을 서두르지는 않는 것이다. 하지만 '장기적인 평화'를 설명하는 데 더욱 중요한 것은 강대국이 여섯 개 정도에서 두 개로 감소했다는 국제체제의 구조 변화이다. 다시 말해 핵무기를 보유하지 않은 양극체제보다 핵무기를 보유하고 있는 다극체제에서 강대국 전쟁의 가능성은 더욱 높다는 것이다.

특히 왈츠는 핵확산(nuclear proliferation)에 반대하지 않았다. 냉전 기간에 미국과 소련이 핵무기를 이용해 서로를 억지(deterrence)하는 데 성공했으며, 이러한 측면에서 왈츠는 핵무기가 평화를 가져온다고 보았다. 그리고 핵무기를 보유한 국가들은 핵무기의 엄청난 파괴력 때문에 매우 조심스럽게 행동한다고 주장했다.[16] 상대방을 기습 공격해 핵전력(nuclear arsenal)을 파괴하려고 해도 전체 핵전력을 파괴했는지 확신할 수 없으며, 만약 단 하나의 핵무기라도 남아 있다면 핵무기 보복이 가능해진다. 또한 핵무기를

---

16) 왈츠는 기본적으로 핵확산(spread of nuclear weapons)에 찬성했다. Scott D. Sagan and Kenneth N. Waltz, *The Spread of Nuclear Weapons: A Debate Renewed* (New York: W.W. Norton & Company, 2003); Kenneth N. Waltz, "Nuclear Myths and Political Realities," *American Political Science Review*, Vol. 84, No. 3 (September 1990), pp. 731~745.

제조할 정도의 기술이 있는 국가는 상대적으로 안정적인 지휘 및 통제체제(command and control system)를 구축할 수 있다. 이러한 주장에는 모든 국가가 기본적으로 안보를 추구하는 현상유지 국가라는 왈츠 이론 특유의 가정이 깔려 있다. 설사 다른 국가를 공격하려고 해도, 상대방의 핵보복 가능성 때문에 쉽게 억지된다는 것이다.[17]

5. 왈츠 이론의 발전

왈츠는 국제정치를 국내 변수 또는 인간의 본성으로 환원하지 않고 설명하는 논리적인 방법을 찾으려고 했다. 이 과정에서 왈츠는 30년이 지난 현재까지 사용되는 국제정치 논의에 대한 이론적 기초를 구축했다. 국제정치는 그 체제상 개별 국가보다 상위의 권위체가 존재하지 않는다는 의미에서 무정부 상태이며, 따라서 모든 국가는 자신의 안보를 추구하고 기능적 분업은 존재하지 않는다. 이것이 국내정치와 국제정치의 가장 큰 차이이다. 국제정치의 유일한 변수는 국가들 사이에 힘이 어떻게 배분되어 있는가이다. 힘의 배분, 즉 세력균형에 따라 강대국의 숫자로 정의되는 국제체제의 구조와 극성이 결정된다. 그리고 두 개의 강대국만이 존재하는 양극체제가 여러 개의 강대국이 존재하는 다극체제보다 안정적이다.

이러한 측면에서 왈츠의 이론이 비관적인 것은 아니다. 국제체제의 구조에 따라서 안정성이 결정되기 때문에, 경우에 따라서는 낙관적인 전망도 가능하다. 가장 쉽게 생각할 수 있는 현실주의적 낙관론은 중국의 부상이

---

17) 이러한 왈츠의 주장에 대해 많은 학자들이 반론을 제기했다. 국제정치학계에서 왈츠의 주장에 동의하고 핵확산에 찬성했던 학자로는 또 다른 저명한 국제정치이론가인 미어세이머(John J. Mearsheimer)가 있다.

가져오는 결과이다. 많은 사람들이 중국의 부상이 국제체제의 불안정 요인으로 작용한다고 보며, 이러한 비관적인 전망에는 충분한 근거가 있다. 이미 2,500년 전에 투키디데스는 펠로폰네소스전쟁의 원인을 설명하면서 부상하는 강대국이 일으키는 위험에 대해 논했다. 하지만 왈츠 이론, 특히 양극체제의 안정성의 측면에서 바라본다면, 중국의 부상은 미국과 중국이라는 두 개의 강대국이 존재하는 또 다른 양극체제로 이어지고 국제체제의 안정성을 가져온다. 특히 미국과 중국이 핵무기를 보유하고 있으므로, 양극체제의 안정성은 핵무기가 지닌 전쟁 억지 효과를 통해 더욱 강화될 수 있다.[18] 즉, 왈츠 이론을 엄격하게 적용하면, 중국의 부상은 냉전 시기와 같은 양극체제를 가져오며, 냉전 시기와 같이 강대국 전쟁이 없는 '장기적인 평화'로 이어질 수 있다는 '낙관적인 결론'에 도달한다.

왈츠의 주장은 매우 간단하며 동시에 논리적이다. 왈츠 이론은 국제정치의 핵심 개념을 이해하고 국가행동에 미치는 영향을 추상적으로 이해하는 데 큰 도움을 주었다. 물론 국제체제의 무정부성은 변화하지 않기 때문에 강대국의 숫자가 변화하는 구조 차원의 변화만 설명할 수 있을 뿐 체제 차원의 변화는 설명할 수 없다는 측면에서, 그의 이론은 정태적이다. 더욱이 국제체제에서 힘이 어떻게 배분되어 있는지를 지칭하는 국제체제의 구조 또는 극성이라는 하나의 독립변수를 사용했기 때문에 설명력에 상당한 한계가 있다. 이러한 한계를 극복하기 위해 왈츠가 제시한 논리를 토대로 다양한 국제정치이론이 발전했다. 이후 거의 모든 국제정치이론 논의는 왈츠의 이론을 보완하거나 개량하려 했고, 그의 이론에 대한 반박이나 비판으로부터 출발했다. 이렇듯 왈츠 이론을 둘러싼 다양한 논의 속에서 현재

---

18) Aaron L. Friedberg, "The Future of U.S.-China Relations: Is Conflict Inevitable?," *International Security*, Vol. 30, No. 2 (Fall 2005), pp. 7~45.

우리가 알고 있는 국제정치이론의 대부분이 만들어졌다. 이러한 측면에서, 왈츠 이론에 동의하는지 동의하지 않는지는 차치하고서라도, 그것이 향후 국제정치이론의 발전에 압도적인 영향력을 행사하고 크게 공헌했다는 사실은 부인할 수 없다.

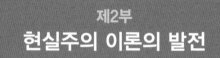

제2부

현실주의 이론의 발전

왈츠는 국제정치에서 가장 중요한 개념을 제시했다. 거의 모든 학자들이 국제체제의 무정부성 개념을 수용하지만 동시에 왈츠 이론의 문제점을 지적한다. 왈츠 이론의 경험적 한계와 이론적 문제점을 지적하고 보완하려는 노력은 특히 왈츠 이론을 완전히 대체하기보다는 주요 부분을 수용하고 이른바 '현실주의' 이론체계를 유지하려는 학자들에 의해 이루어졌다. 그 결과 오늘날 현실주의는 다양하게 발전했다. 무정부적 국제체제가 매우 위험하다고 판단하는 미어세이머의 공격적 현실주의와, 무정부적 국제체제 자체는 그다지 위험하지 않다고 판단하는 반 에베라의 방어적 현실주의가 존재한다. 또한 무정부적 국제체제 자체에 대해서는 뚜렷한 의견을 제시하지 않고 국가행동을 더욱 잘 설명하기 위해 왈츠 이전의 이론가들이 사용했던 국가이익과 유형을 추가 독립변수로 도입한 스웰러의 신고전적 현실주의도 중요한 주장이다. 한편 동맹 문제에 대해 왈츠 이론을 비판하면서, 동맹은 세력균형이 아니라 위협에 기초해 만들어진다고 주장했던 왈트 또한 현실주의 이론 발전에 중요한 역할을 했다.

제2장
반 에베라 Stephen Van Evera
군사전략은 국가의 행동을 결정한다

Causes of War: Structures Power and the Roots of International Conflicts

Ithaca, NY: Cornell University Press, 1999

인류 역사의 방향을 결정하는 데 군사기술(military technology)은 중요하다. 등자(鐙子, stirrup)의 발명 이후 고대 유럽 세계의 기병과는 다른 형태의 기병 전력이 등장했고, 그리스-로마의 밀집보병대(phalanx)는 중세의 중장기병으로 대체되었다. 그리고 고대 유럽 사회의 민주주의적 정치사회 구조는 귀족 중심의 중세체제로 대체되었다. 중세 귀족으로 구성된 중장기병은 머스킷(musket) 소총을 갖춘 보병의 밀집화력에 취약했고, 그 결과 중세 유럽은 근대 절대주의체제로 바뀌었다. 독일의 사회학자 베버(Max Weber)는 근대 국가의 핵심인 관료제가 군사조직의 변화와 그에 따른 국가 공공재정 제도의 발전으로 등장했다고 보았다.[1] 그렇다면 군사기술에 의한 거시적

---

1) 특히 베버가 강조했던 사항은 군사기술의 변화와 이에 따른 관료조직의 발전, 그리고 새로운 군사기술에 필요한 기율(discipline)의 등장이었다. Max Weber, *Economy and Society: An Outline of Interpretative Sociology* (New York: Bedminister, 1968), p. 972; Max Weber, "The Meaning of Discipline," *From Max Weber: Essays in Sociology* (London:

역사 변화는 국가의 행동이라는 미시적 차원에서 어떠한 형태로 나타나는가? 특히 군사기술의 특성(공격이 유리한지 아니면 방어가 유리한지)은 국가의 행동에 어떠한 영향을 주는가?

이러한 질문을 둘러싼 논의는 1980년대의 특수한 배경에서 시작되었다. 당시 미사일 유도 기술이 발전해 목표물을 더욱 정밀하게 공격할 수 있게 되면서, 미국의 핵전략은 소련의 도시를 공격하는 보복 중심의 목표 설정(countervalue targeting)에서 소련의 핵전력(nuclear forces)을 파괴하는 선제공격 중심의 목표 설정(counterforce targeting)으로 변화했다. 소련의 핵전력을 공격하는 핵전략은 미국의 피해를 예방할 수 있다는 장점이 있었다. 하지만 상대의 무기를 공격하기 때문에 위기 상황에서 협상보다는 '너무 늦기 전에 군사력을 사용해야 한다'는 압력이 나타나기 쉽고, 그 결과 전쟁 가능성이 있었다. 많은 전문가들은 이러한 문제점을, 특히 공격적인 전략이 지닌 단점을 지적했다. 특히 많이 거론되었던 사례는 제1차 세계대전으로 이어졌던 1914년 '7월 위기(July Crisis)'였다. 제1차 세계대전은 피할 수 있었지만, 당시 강대국이 공격적 군사전략을 지니고 있었기 때문에 발발했다고 지적되었고, 위기 상황에서 발생했던 여러 문제가 국제정치학에서 주목을 받았다. 이 때문에 공격적 군사전략이 존재하는 상황에서 국가들이 보여준 행동의 변화가 중요한 사안 가운데 하나로 부각되었다.

반 에베라(Stephen Van Evera)는 1970년대에 제기된 '공격방어 균형(offense-defense balance)'이라는 개념을 사용해 국가의 행동을 설명했다. 즉, 국제체제의 구조와 더불어 국가의 행동에 영향을 주는 변수로서 공격에 유리한 또는 방어에 유리한 군사기술을 분석했고, 덕분에 기존의 국제정치이

Routledge & Kegan Paul, 1974), pp. 253~264.

론들보다 더욱 정교하게 국가의 행동을 설명하게 되었다. 또한 위기 상황에서 국가들이 나타내는 다양한 행동 양식을 분석하면서, 공격 중심의 군사전략이 지닌 위험성을 경고하고 대화와 타협을 통한 위기 극복을 강조했다. 그렇다면 반 에베라는 왈츠 이론의 어떠한 부분을 수정했는가?

1. 왈츠와 반 에베라 – 핵심 질문:
공격방어 균형은 어떠한 역할을 하는가

왈츠는 국가행동을 결정하는 변수를 개별 국가가 지닌 상대적 힘이라고 보았다. 무정부적 국제체제에서는 자신의 생존을 위해 상대방에게 어느 정도의 힘이 있는지에 신경을 쓰며, 세력균형이라 불리는 상대적 힘이 결정적인 독립변수로 작용한다. 상대적 힘 또는 세력균형은 개별 국제체제의 구조로 나타난다. 또한 강대국의 숫자로 정의되는 극성에 따라, 다섯 또는 여섯 개의 강대국이 존재하는 다극체제, 두 개의 강대국이 존재하는 양극체제, 하나의 강대국만이 존재하는 일극 또는 단극체제로 나뉜다. 강대국 전쟁의 가능성으로 측정되는 국제체제의 불안정성은 다극체제에서 가장 높고, 양극체제에서 상대적으로 낮으며, 일극 또는 단극체제에서는 가장 낮다.

하지만 반 에베라는 다음 세 가지 측면에서 왈츠 이론에 대한 수정을 제안했다. 첫째, 반 에베라는 국가행동을 결정하는 변수는 단순히 총량적 수준(aggregate level)에서 추정하는 상대적 힘이 아니라 개별 상황에서 사용되는 특정한 군사적 힘(military power)이라고 보았다. 특히 반 에베라는 왈츠 식의 신현실주의가 국가행동의 세밀한 부분을 정확하게 예측하지 못하는, 이른바 이론적 결정력 부족(indeterminacy)을 지적하면서, 현실주의의 발전을 위해 제한적인 수정이 불가피하다고 역설했다. 즉, 국가의 상대적 힘을 정확하게 측정하기 위해서는 개별 국가가 지닌 군사력을 공격과 방어의 측면에서 측정해야 한다는 주장이다. 동일한 총량적 힘을 가지고 있다고 해도 공격 능력이 강화된 군사력을 가진 경우와 방어 능력에 집중된 군사력을 보유한 경우는 국가행동에서 커다란 차이를 보이기 때문이다.

둘째, 반 에베라는 군사기술의 중요성을 강조했다. 본래 왈츠는 군사기술에 대해서는 논의하지 않았다. 군사기술이 국가가 지닌 힘의 전체적인 크기에 미치는 영향에 대해서는 인정하지만, 군사기술의 차이에 따라 국가행동이 달라진다고 보지 않았다. 그러나 군사기술이 방어보다 공격에 유리한 상황과 공격보다 방어에 유리한 상황은 분명히 차이를 보인다. 반 에베라는 바로 이와 같은 공격 우위(offensive advantage) 또는 방어 우위(defensive advantage)의 군사기술이 국가행동과 국제체제의 안정성에 미치는 영향에 대해 분석했다.

셋째, 왈츠는 국제정치를 분석하는 데 국가 내부의 속성은 중요하지 않다고 주장했다. 이른바 두 번째 이미지 이론은 국제정치 자체에서 나타나는 특유의 움직임을 포착하지 못한다고 보았다. 국제체제에서 나타나는 군사기술 분포(distribution of military technology)라는 관점에서 볼 때, 군사기술은 국제정치 특유의 사안이므로 두 번째 이미지보다는 세 번째 이미지에 해당하며, 왈츠도 이와 같이 세 번째 이미지의 일부로 군사기술을 이해했다. 하지만 반 에베라는 군사기술이 국제체제적 요인이 아니라 국내정치적 요인에 의해서 결정된다고 보았으며, 군사기술을 국내정치와 국가의 대외행동 또는 국제정치를 연결하는 매개변수(intervening variable)로 취급했다. 즉, 반 에베라는 세 번째 이미지가 아니라 두 번째 이미지에 가까운 이론을 제시했다.

대표적 사례로 제1차 세계대전 직전의 상황이 있다. 1914년 이전 기관총, 철조망, 대포와 같은 군사기술은 공격보다는 방어에 유리한 방어 우위의 기술적 상황을 가져왔다. 즉, 군사력을 창출하는 경우 동일한 군사자원을 가지고도 공격용 군사력보다는 방어용 군사력을 더욱 많이 만들어낼 수 있었으며, 군사작전 시 공격보다 방어작전에서 더 적은 사상자가 발생했다.[2] 그런데 19세기 말과 20세기 초 유럽 강대국이 점차 민주화되면서 군사 영역을 제외하고는 귀족 세력의 영향력이 감소했으며, 귀족 세력의 최후 보루인 군부는 자신의 영향력을 유지하기 위해 기술에 기초한 방어 우위보다 애국심에 기초한 돌격전술과 공격정신을 강조하는 공격 우위의 군사전략을 채택했다. 또한 대규모 조직인 군사조직이 지닌 조직 자체의 이해(organizational interest)가 작용했다. 방어작전을 하는 경우에는 다양한 요인을 고려하게 되어 상당한 불확실성이 나타나며 무엇보다 상대방에게 주도권을 넘겨주게 되지만, 공격작전을 입안한다면 불확실성을 줄이고 주도권을 행사할 수 있다.[3] 즉, 제1차 세계대전 직전 군사전략과 그에 따른 국가의 행동은 군사기술과 같은 객관적 요인, 국제체제적 요인, 국가 내부의 사회구조 또는 군사조직의 이익과 같은 요인에 의해 결정되었다.

---

2) 공격방어 균형의 측정 문제는 다음 논문에서 좀 더 상세하게 다루고 있다. Charles L. Glaser and Chaim Kaufmann, "What is Offense-Defense Balance and How Can We Measure It?," *International Security*, Vol. 22, No. 4 (Spring 1998), pp. 44~82.

3) 군사조직의 공격 선호 성향에 대해서는 다음과 같은 연구가 있다. Barry R. Posen, *The Sources of Military Doctrine: France, Britain, and Germany between the World Wars* (Ithaca, NY: Cornell University Press, 1984); Jack L. Snyder, *The Ideology of the Offensive: Military Decision Making and the Disasters of 1914* (Ithaca, NY: Cornell University Press, 1984). 하지만 Elizabeth Kier, *Imaging War: French and British Military Doctrine Between the Wars* (Princeton, NJ: Princeton University Press, 1997)는 매우 설득력 있는 반론을 제시한다.

2. 공격방어이론과 안보딜레마

에베라가 제시하는 이론은 흔히 공격방어이론(Offense-Defense Theory)으로 불리며, 국가의 행동이 군사기술에 따라 달라진다고 본다. 이 주장의 이론적 기초는 안보딜레마이론이다. 안보딜레마는 '자신의 안전을 위해 취한 조치가 주변 국가의 안전을 저해하는 상황'으로, 다른 국가를 침략할 의도 없이 자신의 생존을 보장하기 위해서 군사력을 증강하는 경우에도 다른 국가가 위협을 느끼게 되는 상황이다. 이러한 상황이 발생하는 원인은 상대방이 안보를 추구하는 '현상유지 국가'인지 아니면 팽창을 추구하는 '현상타파 국가'인지 정확히 파악할 수 없기 때문이다. 즉, 오인이나 오해가 아니라 상대방에 대해서 정확하게 알 수 없다는 불확실성(uncertainty) 때문에, 방어적으로 안보를 추구하는 행동도 의도와는 달리 공격적 또는 팽창을 추구하는 행동으로 인식될 수 있다.

1950년 허츠(John Herz)가 처음으로 안보딜레마라는 표현을 사용했지만 널리 사용되지 않았다. 1978년 저비스(Robert Jervis)가 체계화하면서 안보딜레마는 국제정치학에서 가장 중요한 개념으로 정착되었다.[4] 특히 저비스는 안보딜레마를 국가들이 경쟁할 수밖에 없는 비극적인 상황으로 묘사하는 데 그치지 않고, 완벽하게 극복할 수는 없지만 강도를 완화할 수는 있는 상황으로 개념화했다. 즉, 안보딜레마의 강도는 상수(常數, constant)가 아니라 변수(變數, variable)이며, '공격방어 균형'과 '공격방어 구분 가능성(offense-defense distinction)'이라는 두 가지 변수에 의해 달라진다.

---

4) John Herz, "Idealist Internationalism and the Security Dilemma," *World Politics*, Vol. 2, No. 2 (January 1950), pp. 157~180; Robert Jervis, "Cooperation Under the Security Dilemma," *World Politics,* Vol. 30, No. 2 (January 1978), pp. 167~214.

첫 번째 결정 요인인 공격방어 균형은 공격이 방어보다 유리한 공격 우위 상황과 방어가 공격보다 유리한 방어 우위 상황으로 나뉜다. 공격이 유리한 상황에서는 상대 국가의 기습공격으로 치명적인 타격을 받을 수 있지만, 방어가 공격보다 유리한 방어 우위 상황에서는 상대 국가가 기습공격을 한다고 해도 치명타를 입지는 않는다. 즉, 공격방어 균형은 해당 국가가 직면한 전략적 취약성(strategic vulnerability)을 결정한다. 두 번째 결정 요인인 공격방어 구분 가능성은 공격과 방어를 구분할 수 있는 구분 가능 상황과 구분할 수 없는 구분 불가능 상황으로 나뉜다. 구분 가능 상황에서는 상대 국가의 군사력 구축 형태를 보고 상대가 공격 의도를 가지고 있는지 아니면 방어 의도를 가지고 있는지를 어느 정도 파악할 수 있다. 즉, 공격방어 구분 가능성은 상대 의도에 대한 불확실성에 영향을 준다.

두 가지 결정 요인에 따라 안보딜레마는 다음 네 가지 경우로 구분된다. 첫 번째 상황은 공격이 우위를 가지고 공격과 방어를 구분하는 것이 불가능한 경우이다. 공격 우위로 기습공격을 당할 경우에는 치명적인 피해를 입게 되며 동시에 공격방어 구분 불가능으로 상대방의 의도를 파악하지 못하기 때문에 가장 위험한 상황이다. 반면 가장 안전한 상황은 방어가 우위를 가지고 공격과 방어를 구분할 수 있는 상황으로, 방어 우위로 기습공격의 피해가 크지 않으며 동시에 공격방어 구분 가능성으로 상대의 의도를 어느 정도 파악할 수 있다. 세 번째 상황은 방어 우위 상황이지만 공격과 방어를 구분할 수 없는 상황이다. 방어 우위로 기습의 피해는 크지 않으나 공격과 방어를 구분할 수 없으므로 상대의 의도를 파악할 수 없다. 마지막 경우는 공격이 유리하고 공격과 방어를 구분할 수 있는 상황이다. 공격이 유리하기 때문에 기습공격의 피해가 크지만 공격과 방어를 구분할 수 있기 때문에 상대방의 의도를 어느 정도는 파악할 수 있다.[5]

안보딜레마에 대한 저비스의 설명

구분	공격 우위	방어 우위
공격방어 구분 불가능 상황	이중 위험 상황: 안보딜레마 정도가 가장 높음	안보딜레마 상황이지만 안보에 필요한 조건들이 양립할 수 있는 중간 정도의 위험 상황
공격방어 구분 가능 상황	안보딜레마 상황은 아니지만 공격이 가능함 현상유지 국가는 침략국과 다른 정책을 따를 수 있는 중간 정도의 위험 상황	이중 안정 상황: 안보딜레마 정도가 가장 낮음

자료: Robert Jervis, "Cooperation Under the Security Dilemma," World Politics, Vol. 30, No. 2 (January 1978), p. 211.

어떠한 군사기술이 존재하는지에 따라서 개별 국가가 직면한 안보딜레마 상황의 특성이 달라진다. 공격 우위의 군사기술이 존재한다면 안보딜레마 상황은 전반적으로 악화되며, 공격방어 구분 가능한 군사기술이 존재하는 경우에는 상황이 전반적으로 개선된다. 안보딜레마를 완벽하게 극복할 수는 없지만, 이러한 요인을 적절하게 이용한다면 상황을 개선할 수 있다. 평화를 구축하기 위해 군사력을 통제하고 공격용 무기(offensive weapons)를 감축하면 상대의 취약성이 완화된다. 그리고 상대방의 의도를 파악하기 위해 공격과 방어를 구분할 수 있는 군사기술이 필요하며, 결과적으로 사찰(inspection)이 더욱 중요해진다.

왈츠는 안보딜레마 개념에 대해 특별히 언급하지 않았다. 저비스의 연구가 출판된 다음 해에 출간된 『Theory of International Politics』에서 왈츠는 안보딜레마를 단 한 번 언급하고 개념을 소개했을 뿐이다. 참고문헌에

---

5) 엄격하게 논하자면, 안보딜레마는 공격방어 구분 불가능 상황에서만 존재한다. 공격방어 구분 가능 상황에서는 상대의 의도를 파악할 수 있기 때문에 불확실성이 줄어들고, 따라서 '자신의 안전을 위해서 취한 조치가 다른 국가의 안전을 저해하는' 안보딜레마가 나타나지 않는다.

서도 저비스의 기념비적인 논문은 언급하지 않았다. 하지만 왈츠가 저비스의 주장을 완전히 무시한 것은 아니었다. 오히려 왈츠의 주장은 저비스의 주장과 많은 부분에서 유사하며, 특히 국가 간 경쟁이 특정 국가의 공격적 성향 때문이 아니라 국제체제에서 나타나는 불확실성 때문에 발생한다고 보는 측면에서 공통점이 있다. 왈츠는 모든 국가가 안보를 우선적으로 추구하지만 상위 단위체가 존재하지 않는 무정부적 국제체제에서 경쟁을 하게 된다고 보면서 국제체제적 측면을 강조했다면, 저비스는 국제적 무정부성을 언급하지 않고 단순히 국가가 대립하고 있는 상황에서 상대방 의도에 대한 불확실성과 그것이 불러오는 결과를 논하면서 공격방어 균형과 공격방어 구분 가능성에 초점을 맞추었다. 즉, 왈츠와 저비스는 국가행동을 다른 측면에서 분석했지만, 그 결론은 매우 유사했고 지난 30년간 두 학자의 이론은 국가행동을 설명하는 데 가장 중요한 출발점이었다.

반면 일부 학자들은 안보딜레마 논의에 대해 다음과 같은 두 가지 측면에서 비판한다. 첫 번째로, 미어세이머(John Mearsheimer)와 스웰러(Randall Schweller) 등은 안보딜레마가 존재하지 않는다고 본다. 미어세이머는 국제적 무정부 상태에서 모든 국가들은 자신의 안전을 지키기 위해 노력하며, 따라서 상대적 힘을 극대화하려고 하기 때문에 무한정 경쟁한다고 주장했다. 또한 스웰러는 안보딜레마가 상대적으로 쉽게 극복될 수 있다고 보면서, 현실의 안보경쟁은 현상유지 국가들 사이에서 불확실성 때문에 비극적으로 발생하기보다는 국가가 팽창을 추구하기 때문에 나타나는 의도된 현상이라고 파악한다. 즉, 모든 국가가 방어적으로 안보만을 추구하지는 않으며, 적어도 한 국가는 경쟁을 바라고 있다고 본다. 두 번째 비판은 안보딜레마의 핵심 개념인 공격방어 구분 가능성이 무의미하다는 주장이다. 공격과 방어는 구분할 수 없기 때문에 공격방어 균형도 공격 우위인지 방어 우위인지를 측정할 수 없다는 것이다. 미어세이머는 모든 무기가 공격과 방어에 사용된다고 주장했고, 국가는 필요한 경우에 필요한 무기와 전술을 만들어내기 때문에 공격방어 우위가 국가의 행동을 결정하는 것이 아니라 국가의 행동에 따라서 공격방어 우위가 결정된다고 보았다.

안보딜레마 개념의 유용성을 강조하는 학자들도 있다. 첫째, 국가들 사이에서 상대방 국가가 현상유지 국가인지 현상타파 국가인지 유형을 구분하기 어렵다. 이러한 어려움은 단순한 오해 또는 오인 때문이 아니라 국가들이 서로에 대해서 정확하게 알지 못한다는 불확실성과 다른 국가보다는 자신에 대해 더 많이 알고 있는 상황인 정보의 비대칭성(asymmetric information) 때문에 가중된다. 즉, 상대방에 대해 정확하게 알 수 없으므로 현상유지 국가라 하더라도 자신의 안전을 위해 취한 조치가 상대방의 안전을 저해하는 안보딜레마가 발생한다. 둘째, 모든 무기가 공격과 방어에 사용될 수 있지만 효율성에는 분명히 차이가 있으며, 따라서 공격에 더욱 효과적인 무기와 방어에 더욱 효과적인 무기로 구분할 수 있다. 또한 국가는 이미 존재하는 무기와 전술을 그대로 사용해야 한다는 점에서 자신의 필요에 따라 공격 우위 또는 방어 우위를 만들어낼 수 없기 때문에, 공격방어 균형은 국가행동에 영향을 준다.

3. 공격 우위의 위험성

반 에베라는 공격방어 구분 가능성이 존재한다고 상정하고 공격방어 우위 개념을 통해 국제정치를 분석한다. 국제체제가 변화하지 않고 강대국의 숫자와 극성에 차이가 없이 국제체제의 구조가 그대로 유지되는 상황에서도 공격 우위 상황과 방어 우위 상황은 다음과 같은 차이를 만들어낸다. 우선 국가의 행동에 차이가 있다. 국가들은 방어가 유리한 방어 우위 상황보다 공격에 유리한 군사기술이 존재하는 공격 우위 상황에서 더욱 공격적으로 행동한다. 공격 우위 상황에서 국가들은 협력 관계를 유지하여 군사력을 증강하지 않고 있을 때 상대가 군사력을 일방적으로 증강한다면 단기적으로 매우 취약한 상황에 직면한다. 상대방의 의도에 대한 불확실성이 불러오는 위험은 더욱 증가하고, 자신의 안보를 위해서 취한 조치로 주변 국가의 안보가 저해되는 안보딜레마 상황이 악화된다.

둘째, 국제체제의 안정성에서도 차이가 드러난다. 다극체제에서 공격 우위 상황이 존재하면, 국제체제의 위험성과 강대국 전쟁의 가능성은 더욱 증가한다. 하지만 군사기술이 공격보다는 방어에 유리하다면 다극체제에서 발생하는 불안정성은 완화된다. 국제체제의 구조가 동일하다고 해도 공격 우위 상황은 방어 우위 상황보다 더욱 위험하기 때문에 공격 우위의 양극체제가 방어 우위의 양극체제보다 위험하다. 방어 우위의 다극체제와 공격 우위의 양극체제 가운데 어떤 구조가 더욱 위험한지에 대해 정확하게 알 수는 없지만, 방어 우위의 양극체제가 가장 안정적이고 공격 우위의 다극체제가 가장 불안정하다고 할 수 있다.

공격 우위의 군사기술은 다음과 같은 네 가지 경로를 통해 더 공격적인 국가의 행동을 유발하고 국제체제의 안정성을 저해한다. 첫째, 공격 우위 상황에서는 전쟁 시 쉽게 승리할 수 있다는 잘못된 낙관론(false optimism)이 널리 퍼진다. 방어보다 공격이 유리하다면 상대에 대한 공격은 성공할 가능성이 커지며, 전쟁 수행 비용이 줄어들고, 승리의 가능성 또한 증가한다. 공격 우위에 의해 전쟁에 대한 낙관론이 등장하고, 국가들이 외교와 타협을 통해 문제를 해결하기보다는 전쟁을 통해 갈등을 해소하려고 하며, 전쟁 빈도가 증가한다. 즉, 공격이 유리하면 국가들은 군사력을 더욱 많이 사용하고, 더욱 공격적으로 행동함으로써 국제체제의 안정성을 해친다.

둘째, 공격 우위 상황에서는 선제공격을 하려는 전술적 성급함(jumping the gun)이 나타난다. 상대의 공격을 기다리기보다는 자신이 먼저 상대방을 공격하는 경우에 상대에게 치명적 타격을 주고 주도권을 장악할 수 있는 선제공격의 이점(preemptive advantage)이 강화된다. 이러한 이점은 순수하게 전술적 또는 군사적인 차원에 국한되며, 대개의 경우 전략적 또는 정치적 고려 사항을 압도하지는 못한다. 방어 우위 상황에서는 상대방이 선제공격을 하는 경우에도 치명적인 타격을 입지 않고, 따라서 어느 정도는 느긋하게 위기를 관리하고 대화를 통해 갈등을 해소할 수 있다. 하지만 공격 우위 상황에서는 전술적인 선제공격의 이점이 전략적인 신중성을 압도해 전쟁을 유발할 수 있다. 특히 이러한 문제점은 위기 상황에서 두드러진다. 결국 공격 우위의 상황에서 위기는 정치적 또는 전략적 고려보다는 순수한 군사적 또는 전술적 고려에 의해서 관리되며, 국가들은 대화와 타협보다는 전쟁을 통해 위기를 해결하려고 하여 상대의 기습공격에 대한 공포(reciprocal fear of surprise attack)를 느끼게 된다. 즉, 공격이 유리하면 선제공격의 이점이 증가하고 군사력 사용 가능성이 증가하여, 위기가 전쟁으로 발전할 가능성이 커진다. 이에 따라 국제체제의 안정성은 더욱 저해된다.

셋째, 공격 우위 상황에서 국가들은 세력균형의 변화(power shift)에 적응하기 어려워진다. 세력균형의 변화는 여러 문제를 야기하지만 방어보다 공격이 유리한 상황에서는 그 문제가 더욱 악화된다. 쇠퇴하는 국가에는 자신이 지닌 힘의 우위를 이용해 부상하는 도전국에 대한 예방전쟁을 일으켜 상대를 파괴할 수 있는 '기회의 창(window of opportunity)'이 열린다. 하지만 시간이 지나면 이러한 기회는 사라지고 부상하는 국가가 힘의 우위를 차지한다. 이 경우 예방전쟁은 불가능해지며 자신이 상대의 위협에 노출되는

'취약성의 창(window of vulnerability)'이 열린다. 이러한 상황에서 방어에 유리한 군사기술을 가지고 있다면, 힘의 차이가 존재한다고 해도 심각한 문제로 악화되지 않는다. 상대적 힘에서 불리하다고 해도 군사적 위협은 크게 완화되지만, 동시에 상대적 힘에서 유리하다고 해도 상대방을 압도하기 어려워진다. 반면 공격이 더욱 유리하다면 상대적 힘에서 자신이 열위에 있는 경우에 발생하는 취약성의 창과 힘의 우위에 있을 때 나타나는 기회의 창은 더욱 위험한 결과를 초래하며, 국제체제의 불안정성을 강화한다.

넷째, 국가가 자신이 정복한 주변 국가의 자원을 계속 축적(cumulative resources)하는 상황에서 팽창은 추가 팽창으로 이어진다. 하지만 대외팽창으로 항상 국가의 가용 자원이 증가하는 것은 아니다. 새롭게 정복한 국가에서 행정력과 군사력을 유지하기 위해서는 추가 비용을 지출해야 하며, 더욱이 정복 과정에서 점령지의 생산 시설이 파괴되면 점령지에서 필요한 자원을 동원하기 어려워진다. 방어 우위에서는 정복전쟁을 통해 팽창하는 국가는 자신이 사용할 수 있는 자원의 양이 늘어나지 않는 상황에 처하게 되며, 결국 정복전쟁을 일으킬 가능성은 줄어든다.[6]

공격 우위가 존재하는 경우 이와 같은 네 가지 경로를 통해서 국가는 더욱 공격적으로 행동하고 국제체제는 더욱더 불안해진다. 무엇보다도 공격 우위의 압력은 안보딜레마를 악화시킨다. 반 에베라는 이러한 네 가지 경로와 함께 안보딜레마의 악화로 발생하는 결과로서 다음의 11가지를 제시했다. 첫째, 국가들은 더욱 기회주의적으로 팽창한다. 둘째, 국가들은 상대

---

6) 브룩스(Stephen G. Brooks)는 산업혁명이 완결되고 경제가 지식 중심으로 변모하면서 정복을 통해 자원을 축적하는 것이 매우 어려워졌다고 본다. Stephen Brooks, *Producing Security: Multinational Corporations, Globalization, and the Changing Calculus of Conflict* (Princeton, NJ: Princeton University Press, 2005), pp. 161~206.

적으로 취약하기 때문에 공격적인 의도가 없다고 해도 자신의 생존을 위해서 팽창하려 한다. 셋째, 취약성이 증가하기 때문에 다른 국가가 생존을 위해 팽창한다고 해도 이에 격렬하게 저항한다. 넷째, 선제공격의 이점이 증가한다. 다섯째, 기회의 창과 취약성의 창이 커지며 예방전쟁의 위험 또한 증가한다. 여섯째, 국가들은 강압적으로 행동하며 타협하지 않고 '기정사실(fait accompli)'을 다른 국가에 강요한다. 일곱째, 국가들은 협상에서 양보하지 않으며 따라서 많은 경우 외교를 통해 갈등을 해소하지 못한다. 여덟째, 외교와 국방 정책을 둘러싸고 비밀이 많아지면서 군사적인 측면에서 오인과 오판의 가능성이 증가한다. 아홉째, 다른 국가의 실수를 이용하려는 유인이 증가하기 때문에 실수가 발생하는 경우 상당한 피해로 이어진다. 열째, 군비경쟁은 더욱 격화되고 통제하기 어려워진다. 마지막으로 앞에서 논의한 열 가지 효과는 상승작용을 통해 더욱 강화된다. 결국 안보딜레마는 더욱 악화되며, 자신의 현상유지 성향을 상대에게 확신하기 위한 설득 조치(reassurance)는 실패한다.

4. 국제정치의 위기와 제1차 세계대전

오스트리아-헝가리 제국의 황태자 부부가 암살되어 제1차 세계대전으로 이어졌던 1914년 7월 위기와 소련이 쿠바에 핵미사일을 배치하면서 발생한 1962년 10월의 쿠바 미사일 위기(Cuban Missile Crisis)는 국제정치학에서 가장 많은 분석이 이루어졌던 사례이다. 이 가운데 반 에베라는 1914년 7월 위기에 초점을 맞추어 당시에 존재했던 공격 우위에 대한 믿음(perceived offensive advantage) 때문에 위기가 수습되지 못하고 전쟁이 발생했다고 보았다. 피할 수 있었던 전쟁이 공격 우위에 대한 믿음과 그에 기초한 군사력 구조 때문에 발생했다고 주장했으며, 이러한 시각에서 1980년대 미국의 핵전략 또한 비판했다.

1980년대 초반 미국은 독립다탄두 미사일(Multiple Independently Targetable Reentry Vehicle: MIRV)을 배치하면서, 소련의 도시보다는 소련이 보유한 핵무기를 공격하는 선제공격 중심의 목표 설정을 추진했다.[7] 도시 대신 군사목표물을 공격하면 사상자를 현저하게 줄일 수 있으며, 동시에 핵전쟁이 일단 발생한 경우 전쟁을 조기에 종결지을 수 있다. 반대로 자신의 군사목표물이 공격당할 수도 있다. 국가는 군사력을 상실하기 전에 가능한 한 빨리 군사력을 사용하려고 하며, 위기 상황에서 냉정하게 외교적 해결책을 모색하기 어려워진다. 즉, 미국이 군사목표물에 대한 공격 능력을 확보한 이후에 미국과 소련 사이에 위기가 발생하면, 소련은 미국의 선제공격으로 자신의 핵전력이 파괴될 가능성을 두려워해 미국을 먼저 공격하게 되며, 미국 역시 소련이 선제공격할 가능성을 두려워해 소련을 공격하게 된다.[8]

---

7) 논란의 핵심이 되었던 것은 1986년 정식 배치되어 보통 MX 미사일이라고 불렸던 피스키퍼(Peacekeeper) 미사일이었다. 이전의 미니트맨(Minuteman) 미사일이 세 개의 핵탄두를 운반할 수 있었다면, MX-피스키퍼 미사일은 열 개의 핵탄두를 운반할 수 있었다. 특히 전략무기제한협정(SALT I)으로 미사일의 상한선이 만들어진 상황에서 새로운 미사일 기술은 핵전력을 증강해주는 효과가 있었으며, 따라서 소련에 더욱 위협적이었다.

8) 이러한 가능성은 냉전 말기에 현실화될 뻔했다. KAL007기 격추 등으로 긴장이 고조된 상황에서 1983년 11월 2일 북대서양조약기구(NATO)는 '유능한 궁수(Operation Able Archer)'라는 매우 현실적인 기동훈련을 시작했다. 소련은 '유능한 궁수' 기동훈련을 자신에 대한 미국의 핵공격 준비 조치로 파악했고, 전략 토겟군을 포함해 전체 소련군에 비상경계령을 하달했다. 일상적으로는 절대 허용되지 않으나, 소련 폭격기는 엔진에 시동을 걸고 핵폭탄을 탑재한 상태로 활주로에서 72시간을 대기했으며, 동독과 폴란드 주둔 소련군은 최고 수준의 전투대비태세를 기동훈련 기간 유지했다. 하지만 11월 11일 '유능한 궁수' 훈련이 끝나면서 위기는 사라졌다.

미국과 소련 어느 누구도 핵전쟁을 바라지는 않지만 더욱 정밀한 미사일의 등장으로 공격이 방어보다 유리해지면서 위기관리가 어려워지고 전쟁 가능성은 증가한다.

이러한 배경에서 제1차 세계대전 발발에 대한 분석은 1980년대 초반 국제정치학과 안보연구의 발전에 매우 중요한 역할을 했다. 특히 1984년은 제1차 세계대전이 발발한 지 70주년이 되는 해로서 안보 분야 최고 권위의 학술지인 ≪International Security≫는 1984년 여름호에서 제1차 세계대전을 집중적으로 분석했다.[9] 반 에베라는 바로 이 ≪International Security≫ 특집을 통해 제1차 세계대전 발발에 대한 자신의 분석을 제시했고, 오늘날 공격방어이론의 기본 틀을 만들었다.

특히 반 에베라와 많은 국제정치이론가들은 위기관리 측면에 초점을 맞추었다. 전쟁은 특정 목표를 달성하기 위한 수단이며 그 자체는 어떠한 효용도 없는 폭력과 파괴에 지나지 않는다. 동일한 목표를 달성할 수 있다면 당사국은 전쟁 수행에 소요되는 비용을 절약하기 위해서 전쟁을 피하고 타협을 통해 갈등을 해소한다. 가장 극적인 사례는 1962년 10월의 쿠바 미사일 위기이다. 10월 15일 미국은 소련이 쿠바에 핵미사일을 배치했다는 사실을 인지했고, 10월 22일 케네디(John F. Kennedy) 대통령은 텔레비전 연설을 통해 이를 공개하면서 쿠바 봉쇄를 선언했다. 당시 미국은 전쟁을 벌여서라도 쿠바에 있는 소련의 핵미사일을 제거하려고 했고, 소련은 쿠바

---

9) 게재된 논문들은 다음 해인 1985년 단행본으로 출판되었다. Steven E. Miller (ed.), *Military Strategy and the Origins of the First World War: An International Security Reader* (Princeton, NJ: Princeton University Press, 1985). 이후 논쟁은 계속되어 1991년에 추가 논문을 보완한 증보판이 출판되었다. Steven E. Miller, Sean M. Lynn-Jones and Stephen van Evera (eds.), *Military Strategy and the Origins of the First World War*, Revised and Expanded Edition (Princeton, NJ: Princeton University Press, 1991).

주둔군이 공격을 받을 경우 핵무기 사용과 동시에 베를린 공격을 계획했다. 하지만 핵전쟁의 피해 규모가 막대하기 때문에 미국과 소련은 섣불리 군사력을 사용하지 못했다. 결국 10월 28일 소련은 쿠바에서 미사일을 철수하겠다고 선언했고, 6개월 후 미국도 터키에 배치했던 핵미사일을 철수했다. 이로서 냉전 시기 최대의 위기가 무사히 극복되었다.[10]

하지만 1914년 7월 당시 유럽 강대국들은 오스트리아-헝가리 제국 황태자 부부 암살 사건을 외교를 통해 해결하지 못했고, 1,000만 명에 가까운 전사자와 800만 명의 실종자, 2,000만 명 이상의 부상자 등 총 4,000만 명에 달하는 전투 사상자를 낳은 제1차 세계대전이 발발했다. 암살 사건 일주일 후 오스트리아-헝가리 제국은 동맹국 독일에 지원을 요청했고, 독일은 7월 5일과 6일 절대적인 지원을 약속했다. 오스트리아-헝가리 제국은 7월 23일 세르비아 정부에 최후통첩을 전달했으나 세르비아가 이를 거부하자 7월 28일 전쟁을 선언했다. 7월 30일 러시아가 세르비아를 지원하기 위해 모든 군사력을 동원하는 총동원령(general mobilization)을 발동하면서 발칸반도의 위기가 확대되었다. 독일은 7월 31일 총동원령을 선포했고, 8월 1일에는 러시아에 대해, 8월 3일에는 프랑스에 대해 전쟁을 선언했다. 이어 독일이 슐리펜 계획(Schlieffen Plan)을 실행에 옮기면서 중립국 벨기에를 침범해 프랑스를 공격하자 영국은 8월 4일 독일에 대해 전쟁을 선포했다.

1914년 7월 위기는 외교협상 또는 특정 국가의 일방적인 양보로 해결되지 못하고 전쟁으로 이어졌다. 기본적으로 다극체제는 양극체제에 비해 안정성이 떨어지지만, 더욱 결정적이었던 것은 당시 방어보다 공격이 더 유

---

10) 쿠바 미사일 위기에 관해서는 Graham T. Allison and Philip D. Zelikow, *Essence of Decision: Explaining the Cuban Missile Crisis,* 2nd Edition(New York: Longman, 1999) 라는 매우 뛰어난 연구가 있다.

리하다는 인식이 팽배해 국제체제의 안정성이 더욱 악화되었다는 사실이다. 이와 더불어 다음의 두 가지 특징이 부각된다. 첫째, 당시 유럽 강대국들은 자신의 동맹국을 강력하게 지원했다. 제2차 세계대전 직전 유럽 국가들은 기존 국제 질서를 파괴하고 팽창하려는 나치 독일에 직면했다. 하지만 영국, 프랑스, 소련 등의 유럽 강대국은 개입하지 않았고 책임을 회피(buck-passing)했다. 반면 1914년 유럽 강대국들은 오스트리아-헝가리 제국이 세르비아에 대해 전쟁을 선포하자 일주일 이내에 전쟁에 참가했다. 즉, 강대국들은 전쟁 위험을 감수하면서까지 동맹 의무를 적극적으로 준수(chain-ganging)했다. 동일한 다극체제에서 나타난 동맹협력의 차이에 대해 크리스텐센(Thomas J. Christensen)과 스나이더(Jack L. Snyder)는 공격방어 균형에 대한 인식이 결정적인 역할을 한다고 주장했다.[11] 1914년과 같이 공격이 유리하다고 인식하는 경우에는 동맹국을 더욱 강력하게 지지하지만, 1938~1939년과 같이 방어가 유리하다고 인식하는 경우에는 동맹국을 지지하기보다 공격적인 국가를 억제하는 책임을 서로에게 전가한다. 하지만 1938년 9월 뮌헨 위기(Munich Crisis) 당시 영국의 정책결정자들은 지상 전투에서의 방어 우위보다는 독일 공군의 폭격 위험과 공격 우위를 더욱 심각하게 고려했다. 즉, 경험적인 차원에서 공격방어이론에 기초한 크리스텐센과 스나이더의 주장은 오류라는 의견도 존재한다.[12]

둘째, 일단 위기가 발생한 상황에서 국가들은 상대방의 선제공격을 극

---

11) Thomas J. Christensen and Jack Snyder, "Chain Gangs and Passed Bucks: Predicting Alliance Patterns in Multipolarity," *International Organization*, Vol. 44, No. 2 (Spring 1990), pp. 137~168.

12) Gerald Geunwook Lee, "I See Dead People: Air-Raid Phobia and Britain's Behavior in the Munich Crisis," *Security Studies*, Vol. 13, No. 2 (Winter 2003/2004), pp. 230~272.

단적으로 두려워했다. 1939년 영국, 프랑스, 소련 등은 독일이 주도권을 행사하도록 방관했고 독일의 선제공격을 그다지 두려워하지 않았다. 그러나 1914년 7월에 외교적 위기가 군사 충돌로 격화되자 유럽 대륙 최대의 지상군을 보유하고 있던 독일과 러시아는 전략적으로 신중하게 행동하기보다 상대를 선제공격하기 위해 군사적 조치를 서두르기 시작했다. 이러한 전략적 성급함 때문에 외교교섭에 필요한 시간이 절대적으로 부족했으며, 초기 전투에서 주도권을 장악하기 위해 병력 동원과 같은 군사적 조치를 취했다. 병력 동원은 부분동원령(partial mobilization)으로도 충분했지만 군사조직의 비밀주의와 경직적인 사전 계획으로 인해 부분동원령이 아닌 총동원령을 발령했으며, 위기는 이전과는 전혀 다른 차원으로 확대되었다.

러시아가 총동원령을 발령하자 모든 문제는 군사적인 측면에서만 다루어지기 시작했다. 독일은 러시아가 총동원령을 이용해 단기적일지라도 군사적 우위를 점할 것을 극단적으로 우려했고, '너무 늦기 전에 독일도 동원령을 발동해야 한다'는 공포에 휩쓸렸다. 또한 지난 10년 동안 러시아가 지속적으로 군사력을 증강하면서 독일이 장기적으로 불리해졌으며, 독일은 자신이 지닌 단기적인 군사력 우위를 이용해 가능한 한 빨리 안보를 확보해야 한다는 생각을 하게 되었다. 반면에 러시아는 자신이 동원령 발동을 지체한다면 독일이 먼저 병력을 동원해 전쟁을 개시함으로써 주도권을 장악할 것이라고 두려워했다. 즉, 취약성의 창과 기회의 창이 동시에 존재하는 상황에서 상대의 선제공격에 치명타를 입을 수 있다는 공포심이 국가행동을 지배했다. 무엇보다도 방어보다 공격이 유리하다는 인식이 널리 퍼지면서 개별 국가들이 직면한 안보딜레마가 더욱 악화되었다.[13]

---

13) 이와 같은 제1차 세계대전 해석에 대해서는 아직도 논쟁이 계속되고 있다. 이 주제와 관련된 가장 최근 연구로는 Keir A. Lieber, "The New History of World War

5. 공격방어이론의 발전: 안보딜레마의 극복

반 에베라의 논의는 제1차 세계대전 발발과 1980년대 미국 핵전략에 대한 비판적 분석에서 출발했으나 거기에 머무르지 않고 다양한 분야에서 응용될 수 있는 개념으로 발전되었다. 안보딜레마 논의가 국제적 무정부 상태에서 개별 국가가 직면하는 불확실성과 전략적 상황을 분석하는 데 유용했다면, 공격방어이론은 상황을 분석하는 데 그치지 않고 위기관리, 동맹 협력, 대외팽창과 같은 국가의 행동과 정책을 좀 더 다양하게 설명한다.

공격방어이론은 방어적 현실주의(defensive realism)의 핵심적인 부분이다. 미어세이머가 제시한 공격적 현실주의(offensive realism)는 국제적 무정부 상태를 크게 위험하다고 보는 반면, 방어적 현실주의는 국제적 무정부 상태가 상당히 안전하다고 상정한다. 따라서 국가들이 대외팽창을 해야만 하는 국제체제의 압력은 존재하지 않으며, 공격 우위나 국내적 이익집단의 로비 등과 같은 다른 원인에 의해 팽창이 일어난다. 방어보다 공격이 유리한 상황에서 국가들은 더 많이 팽창하려 하며, 팽창 비용이 지배자에게 집중되는 완전한 독재체제(autocracy)나 국가 전체에 확산되는 민주체제(democracy)보다는 비용을 다른 집단에 전가할 수 있는 과두체제(oligarchy)에서 팽창이 나타난다.[14]

I and What It Means for International Relations Theory," *International Security*, Vol. 32, No. 2 (Fall 2007), pp. 155~191 그리고 Jack Snyder and Keir A. Lieber, "Correspondence: Defensive Realism and the "New" History of World War I," *International Security*, Vol. 33, No. 1 (Summer 2008), pp. 174~194이 있다.

14) 대외팽창을 이러한 시각에서 분석한 대표적인 연구로는 Jack Snyder, *Myths of Empire: Domestic Politics and International Ambition* (Ithaca, NY: Cornell University Press, 1991)이 있다.

공격방어이론은 '상대적 이익에 대한 우려(concerns for the relative gains)'를 설명하는 데도 중요한 역할을 한다. 협력으로 얻는 이익의 절대적 크기보다 상대적 배분이 더욱 중요하다는 주장은 현실주의에서 국제협력의 가능성을 낮게 평가하는 주요 논거이다. 절대적으로는 이익이 되나 협력의 이익을 배분하는 데 상대적으로 불리하다면, 장기적인 안보 위협이 발생할 수 있다. 그러나 이러한 문제가 늘 나타나는 것은 아니며, 배분의 효과가 축적되어 세력균형을 변화시키고 군사력균형 자체가 역전되는 경우에만 한정적으로 나타난다. 공격 우위 상황에서는 상대적 이익에 대한 우려가 악화되지만, 방어 우위에서는 상대적 이익에서 불리하고 세력균형의 변화가 일어난다고 해도 안보 위협은 크지 않다. 즉, 상대적 이익에 대한 우려는 상수가 아니라 공격방어 균형에 따라 달라지는 변수이다.[15]

하지만 공격방어이론에는 다음과 같은 문제점이 있다. 군사기술 자체는 국가정책의 수단인 전쟁을 위한 도구이므로 국가정책에 의해 쉽게 구성될 수 있다. 공격적으로 행동하는 또는 공격적으로 행동해야 하는 국가는 공격 우위의 군사기술을 만들어낼 수 있으며, 반대로 방어적으로 행동하는 그리고 방어적으로 행동해야 하는 국가는 방어 우위의 군사기술을 만들 수 있다. 공격방어이론은 군사혁신이 어느 정도 쉽게 일어날 수 있는지에 따라서, 즉 새로운 군사기술을 얼마나 쉽게 만들어낼 수 있는지에 따라 그 적실성이 달라진다.[16] 만약 군사혁신이 어렵고 필요한 군사기술을 쉽게 만

---

15) 상대적 이익에 대한 논의는 Joseph Grieco, "Anarchy and the Limits of Cooperation: A Realist Critique of the Newest Liberal Institutionalism," *International Organization*, Vol. 42, No. 3 (Summer 1988), pp. 485~507에서 시작되었다. 하지만 Robert Powell, "Absolute and Relative Gains in International Relations Theory," *American Political Science Review*, Vol. 85, No. 4 (December 1991), pp. 1303~1320은 이것의 논리적 문제점을 매우 정확하게 지적한다.

들어내지 못한다면 공격방어이론은 그 독자성을 유지할 수 있다. 그러나 군사혁신이 용이하다면 공격방어이론의 독립변수인 군사기술의 속성은 국가의 행동에 영향을 주지 못하며, 독립변수가 아니라 국가행동과 목표에 의해 결정되는 종속변수이다. 그리고 공격방어이론 자체는 독립변수와 종속변수가 도치되는 '내생성(內生性, endogeneity)' 문제에 직면한다.[17]

또한 공격방어이론은 모든 국가의 유형을 동일하다고 보았으며, 특히 공격적인 성향을 지닌 현상타파 국가가 존재하지 않는다고 상정한다. 따라서 국가의 행동은 군사기술의 특성에 의해서 결정되며, 방어적인 현상유지 국가도 공격 우위 상황에서는 공격적으로 행동한다고 보았다. 즉, 공격 우위의 군사기술과 방어적 현상유지 성향이 공존하는 경우에 군사기술이 국가의 행동에 더욱 강력한 영향을 미친다는 주장이다. 하지만 이 부분에 대해서는 많은 논란이 존재한다. 어떠한 힘이 국가행동에 더욱 강력하게 작용하는지에 대한 경험적 연구가 필요하지만, 아직까지 이를 성공적으로 검증한 성과는 거의 없으며, 순수하게 이론적 차원의 논의만이 가능하다.

공격방어이론은 안보딜레마에서 출발해 이를 더욱 발전시켰다. 하지만 안보딜레마의 핵심 요소인 공격방어균형과 공격방어 구분 가능성 중 공격방어균형에만 집중하고 또 다른 요소인 공격방어 구분 가능성을 충분히 분

---

16) 군사혁신에 대해서는 다음과 같은 연구가 중요하다. Stephen Peter Rosen, *Winning the Next War: Innovation and the Modern Military* (Ithaca, NY: Cornell University Press, 1991); Allan R. Millett and Williamson Murray (eds.), *Military Innovation in the Interwar Period* (Cambridge: Cambridge University Press, 1996); Stephen Biddle, *Military Power: Explaining Victory and Defeat in Modern Battle* (Princeton, NJ: Princeton University Press, 2004).

17) Keir A. Lieber, *War and the Engineers: the Primacy of Politics over Technology* (Ithaca, NY: Cornell University Press, 2005).

석하지 않았다. 공격방어균형을 파악하기 위해서는 우선 공격과 방어를 구분할 수 있어야 하며, 구분이 불가능한 상황에서 공격방어균형은 객관적 기술이 아니라 단순히 주관적 인식에 지나지 않는다. 공격과 방어를 구분할 수 있다면 군사력을 관찰함으로써 상대의 의도를 파악할 수 있고 안보 딜레마도 완화할 수 있다. 특히 공격 우위 상황에서 의도적으로 방어 중심의 군사력을 구축한다면, 상대에게 자신의 현상유지 의도를 전달함으로써 불확실성 문제를 개선할 수 있다. 반 에베라는 이러한 부분을 집중적으로 분석하지 않았지만 많은 학자들이 이론적 가능성을 제시하고 있다.[18]

---

18) 대표적인 시도로는 Charles L. Glaser, "Realists as Optimists: Cooperation as Self-Help," *International Security*, Vol. 19, No. 3 (Winter 1994), pp. 50~90; Andrew H. Kydd, "Trust, Reassurance, and Cooperation," *International Organization*, Vol. 54, No. 2 (Spring 2000), pp. 325~357; Evan Braden Montgomery, "Breaking Out of the Security Dilemma: Realism, Reassurance, and the Problem of Uncertainty," *International Security*, Vol. 31, No. 2 (Fall 2006), pp. 151~185 등이 있다.

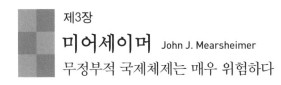

제3장
미어세이머 John J. Mearsheimer
무정부적 국제체제는 매우 위험하다

The Tragedy of the Great Power Politics

New York: Norton & Com., 2001

월츠는 국제적 무정부 상태에서 개별 국가보다 상위의 권위체가 존재하지 않으며, 따라서 국가들은 자신의 안보를 추구한다고 주장했다. 하지만 국제적 무정부 상태가 혼란(chaos)이나 무질서(disorder)를 의미하는 것은 아니며, 단지 세계정부가 존재하지 않는 상태라고 규정했다. 즉, 국가가 무정부적 국제체제에서 자신의 안보를 추구하는 것이 자신의 안보가 직접적으로 위협받기 때문은 아니다. 그렇다면 자신의 안보가 직접적으로 위협받지 않는 상황에서, 그리고 국제적 무정부 상태가 위험하지 않은 상황에서 왜 국가는 자신의 안보를 추구하는가? 이러한 월츠의 주장은 타당한가? 국제적 무정부 상태는 어떠한 의미를 가지는가? 그리고 국가행동을 결정하는 가장 중요한 힘은 무엇인가?

미어세이머(John J. Mearsheimer)는 월츠 이론을 계승했지만 동시에 상당 부분을 변형하여 이와 같은 질문에 대해 매우 논리적인 답변을 제시했다. 그는 국제적 무정부 상태는 기본 정의의 차원에서는 위험하지 않으나, 무정부 상태에서 발생하는 다양한 특징이 서로 결합하면서 매우 위험한 상황이 초래된다고 보았다. 그리고 국가는 위험한 국제적 무정부 상태에서 항상 두려워하고 다른 국가의 행동을 견제하기 때문에 국제정치의 비극적 현상이 나타난다고 주장했다. 미어세이머의 이론은 현실주의의 일부분으로서 오늘날 '공격적 현실주의(offensive realism)'라고 불리며, 현실주의 이론의 중요한 부분을 구성하고 있다. 그렇다면 미어세이머는 왈츠의 이론 가운데 무엇을 계승하고 변형했으며, 어떠한 이론적 발전을 이루었는가?

1. 왈츠와 미어세이머 – 핵심 질문: 국제적 무정부 상태는 안전한가

국제적 무정부 상태의 기본 정의에 대해 대부분의 국제정치이론가들은 일치된 의견을 보인다. 즉, 국제적 무정부 상태란 단순히 '국가보다 상위의 단위체가 존재하지 않는 상황'이며, 국제정치를 분석하기 위해서 국제체제의 질서가 어떻게 구성되어 있는지를 살펴보는 원칙(ordering principle)이다. 여기서 국제적 무정부 상태 개념은 국가의 행동이나 국가가 사용하는 수단에 대한 언급 없이 순수하게 국제체제의 구성 측면에 초점을 맞추고 있다. 국제적 무정부 상태에서 국가들이 공격적으로 행동한다거나 또는 세력균형을 유지하기 위해서 행동한다는 등의 주장은 무정부 상태의 개념에는 포함되어 있지 않은 것이다. 이러한 부분은 국제적 무정부 상태가 다른 요인과 결합됨으로써 초래되는 결과이며, 자동적으로 그리고 처음부터 국가의 행동을 규정하지는 않는다.

논리적인 측면에서 볼 때 다음의 두 가지 문제가 발생한다. 첫째, 국제적 무정부 상태를 국가보다 상위의 단위체가 없다고 규정한다면, 국가의 행동을 설명하기 위해서는 추가 변수가 필요하다. 무정부적 국제체제가 단순히 국제체제의 구성 측면에서만 정의되는 경우에 국가는 자신의 안전에 위협을 느낄 이유가 없다. 두 개의 무정부적 국제체제가 존재한다고 가정하자. 첫 번째 국제체제는 모든 국가가 뉴질랜드나 아이슬란드와 같은 섬나라로 구성되어 있다. 여기서 국가들은 바다라는 지리적인 장벽이 가져오는 안보 혜택을 누리며 상대적으로 쉽게 안보를 유지할 수 있어 상당히 느슨하게 행동한다.[1] 두 번째 국제체제에서 국가들은 독일, 프랑스 등과 같이 모두 지리적으로 연결되어 있고 바다나 사막 또는 산맥과 같은 장벽이 존재하지 않는다. 여기서 국가들은 첫 번째 국제체제와는 달리 상당히 높은 수준의 안보 위험에 직면하며 자신의 안보를 지키기 위해 경쟁할 것이다. 즉, 국제체제의 무정부성에서는 동일하지만, 지리적인 차이에 의해서 국가들이 느끼는 안보 위협과 그에 따른 국가들의 행동이 달라진다. 즉, 무정부적 국제체제에서 국가의 행동을 설명하기 위해서는 국가보다 상위의 단위체가 존재하지 않는다는 사실 이외에도 지리적인 변수가 추가로 필요하다.

둘째, 국제적 무정부 상태가 위험하지 않다면 국가는 자신의 안보를 추구하지 않는다. 자신의 안보를 추구하는 모든 행동은 자원을 소모하기 때문이다. 군사력 구축이나 동맹 결성 등의 조치는 상당한 정도의 국방예산을 필요로 하며, 이러한 예산은 복지나 투자에 사용될 수 있는 자원을 전용해서 만들어진다. 앞에서 사용했던 가정을 원용하자면, 지리적으로 분리되어 있어 상대적으로 안정적인 첫 번째 국제체제와 지리적으로 연결되어 있어서 상대적으로 안보 위험이 높은 두 번째 국제체제의 국방예산은 큰 차

---

1) 아이슬란드는 상비 군사력을 보유하고 있지 않으며, 미국과의 합의에 따라 미국이 안보를 담당한다. 또한 상비 군사력이 없기 때문에 군사비 지출 또한 없다. 뉴질랜드는 상비 군사력을 보유하고 있지만, 전체 국내총생산(GDP)의 1% 정도를 군사비로 사용한다.

이를 보인다. 첫 번째 사례의 국가들은 두 번째 사례의 국가들에 비해서 더욱 적은 양의 자원을 자신의 안보를 위해서 사용한다. 이러한 문제는 흔히 국방-소비 및 투자 자원배분(gun vs butter problem)이라 부르며, 안보 위협이 없는 경우에는 모든 자원을 현재의 소비와 미래의 소비를 위한 투자에 사용하고, 국방을 위해서는 극소량의 자원만을 배분한다.[2] 국내 사회를 떠올리면, 상대적으로 안전한 국가의 개인들은 자신의 안전을 지키기 위해서 무기를 구입하지 않는다. 하지만 치안이 불안해지면 자위용 전기충격기 또는 권총 등의 소형 무기를 구입하는 데 상당한 자원을 사용한다. 국제체제에서도 동일한 논리가 적용된다. 만약 무정부적 국제체제가 위험하지 않다면 국가들은 자신의 현재와 미래의 소비를 위해서 자신이 사용할 수 있는 모든 자원을 사용하며, 안보를 위해서는 자원을 거의 사용하지 않는다. 즉, 국제적 무정부 상태가 위험하지 않다면 국가들은 안전이 보장되어 있기 때문에 안보를 추구하지 않는다는 역설적인 결과가 도출된다.

왈츠는 이와 같은 논리적 문제를 인식하지 못했다. 그는 국제적 무정부 상태에 대해 국가보다 상위의 단위체가 존재하지 않는 것이라고 규정했고, 이후의 국제정치이론가들은 이러한 왈츠의 규정을 그대로 수용했다. 하지만 그러한 왈츠의 규정에도 불구하고 앞서 언급한 문제는 존재하며, 이에 대한 논리적인 답변이 필요하다. 즉, 국제적 무정부 상태는 과연 어떠한 특징을 지니는가? 국제적 무정부 상태가 위험하다면 어떠한 논리에서 이러한 위험이 도출되는가? 상대적으로 위험한 국제적 무정부 상태에서 국가들은 어떻게 행동하는가? 미어세이머는 바로 이와 같은 문제를 검토했다.

이에 대해서 미어세이머는 국제적 무정부 상태가 그 자체 정의에서부터

---

[2] 이에 대한 보다 분석적인 논의로는 Robert Powell, "Guns, Butter, and Anarchy," *American Political Science Review*, Vol. 87, No. 1 (March 1993), pp. 115~132이 있다.

그리고 본질적으로 위험하지 않다고 주장한다. 하지만 여러 요인이 복합적으로 작용한 결과 국제적 무정부 상태는 매우 위험하다고 본다. 국가들은 자신의 안보를 위해 상당한 자원을 소모하며 안전을 위해서 힘을 극대화하고 팽창하며 패권을 추구한다. 이와 같이 국제적 무정부 상태가 결과적으로 위험하다고 인식하는 현실주의 이론을 공격적 현실주의라고 하며, 가장 대표적인 이론가가 미어세이머이다. 반면 국제적 무정부 상태가 위험하지 않다고, 좀 더 정확하게는 국제적 무정부 상태가 항상 위험하지는 않다고 보며, 다른 변수에 의해서 그 위험도가 변화한다고 보는 현실주의 이론을 방어적 현실주의(defensive realism)라고 부른다.

2. 국제적 무정부 상태의 안정성

미어세이머는 국제적 무정부 상태가 그 자체로는 위험하지 않다는 왈츠의 주장에 전적으로 동의한다. 무정부적 국제체제는 오직 국가보다 상위의 단위체가 존재하지 않으며 모든 국가는 절대주권을 가진다는 측면에서 완전히 평등하다는 사실만을 의미한다. 따라서 무정부적 국제체제 자체는 전혀 위험하지 않다. 그러나 미어세이머는 국제적 무정부 상태가 내포한 다음의 다섯 가지 구성 요소 또는 가정이 복합적으로 작용해 결과적으로 매우 위험한 상황이 초래된다고 본다.[3]

---

3) 논리적으로 국제적 무정부 상태가 매우 위험하다면 국가들은 안보를 위해서 일종의 사회계약을 체결하고 세계정부(World Leviathan)를 구성한다. 하지만 현실적으로 세계정부가 존재하지 않는다는 사실 자체는 국제적 무정부 상태가 그다지 위험한 상황은 아니라는 점을 반증한다. Duncan Snidal, "Political Economy and International Institutions," *International Review of Law and Economics*, Vol. 16, No. 1 (March 1996), pp. 121~137.

첫째, 국제체제는 무정부 상태이다. 여기서 무정부 상태란 모든 국제정치학자들이 동의하는 국가보다 상위의 단위체가 존재하지 않는 상황이다. 둘째, 모든 국가는 어느 정도의 공격적 군사력을 보유한다. 모든 무기는 공격에 사용될 수 있으며, 방어적 무기라도 공격에 사용될 수 있다. 또한 모든 무기가 사라진다고 해도 국가는 쉽게 무기를 만들어낼 수 있으며, 동시에 순수하게 맨손으로 다른 국가의 국민을 공격할 수 있다. 셋째, 상대 국가의 의도(intention)를 완전히 파악할 수는 없다. 어느 정도의 불확실성은 항상 존재한다. 넷째, 모든 국가는 생존을 중요시한다. 다섯째, 국가는 합리적으로 비용과 편익을 비교해 행동한다. 이와 같은 무정부적 국제체제에 대한 다섯 개의 가정 가운데 어느 것도 국제적 무정부 상태가 위험하다고 규정하지 않는다. 다섯 개의 가정이 복합적으로 작용하면서 국제적 무정부 상태가 가지는 다음 세 개의 특성이 드러난다.

국제적 무정부 상태에서 나타나는 첫 번째 특성은 국가가 위험에 빠졌을 때 도움을 청할 수 있는 단위가 존재하지 않는다는 사실이다. 개인보다 상위의 단위체가 존재하는 국내체제에서 개인은 급박한 위기가 발생한 경우 경찰이나 소방서에 도움을 요청할 수 있다. 모든 개인은 외부 침입자가 있는 경우나 자신이 위해(危害)를 입을 가능성이 있는 경우 경찰에, 그리고 화재 또는 자연재해의 경우 소방서에 도움을 요청할 수 있다. 하지만 국제체제에서 국가들은 긴급 상황에서 다른 단위체에 호소하지 않고 모든 문제를 자신의 힘으로 처리해야 하는 자조의 원칙에 따라 행동한다. 긴급 상황이 외부의 침략이든 아니면 지진과 같은 자연재해든 상관없이 국가는 자신의 힘으로 자기 자신을 지키고 재해를 극복해야 한다.

두 번째 특성은 국제적 무정부 상태에서 국가들은 상대를 두려워하게 된다는 것이다. 자기 자신을 스스로 지켜야 하기 때문에 모든 주변 국가를

미어세이머의 국제적 무정부 상태

국제적 무정부 상태 가정	국제적 무정부 상태의 결과
무정부 상태 어느 정도의 공격 능력 보유 불확실성 존재 생존 합리적 행동	자조 두려움 힘의 극대화

두려워하게 되는 것이다. 이와 같은 두려움은 국가의 모든 행동을 결정한다. 여기서 도출되는 세 번째 특성은 모든 국가는 자신의 상대적 힘을 극대화(relative power maximization)하려고 한다는 것이다. 국제적 무정부 상태에서는 긴급 상황이 발생할 경우 어느 누구에게도 의지할 수 없기 때문에, 안보를 유지하는 가장 확실한 방법은 다른 어느 국가보다도 강력한 힘을 보유하는 것이다. 즉, 국제적 무정부 상태에서 자신이 안전하다고 느끼는 유일한 국가는 세계에서 가장 강력한 국가인 패권국뿐이다. 따라서 모든 국가는 단순한 정복욕 때문이 아니라 자신의 생존을 위해서 자신이 지닌 상대적 힘을 극대화하고 안보를 위한 수단으로서 패권을 추구한다.

미어세이머는 세계에 존재하는 모든 국가를 자신이 처한 상황에 만족하지 않고 계속 팽창하는 현상타파 국가로 상정한다. 모든 국가는 현재 보유한 힘에 만족하지 않고 주변 국가보다 조금이라도 더 많은 힘을 가지려고 노력한다. 자신의 힘을 증가시키기 위해 모든 기회를 이용하고 주변 국가의 힘을 약화시키며, 모든 국가를 잠재적 경쟁자로 보고 신경질적으로 반응한다. 협력을 통해 공통의 이익을 추구할 수 있다고 하더라도 협력이 상대 국가에 더욱 많은 이익을 가져온다면 협력을 거부하고 상대방이 더욱 많은 이익을 거둘 가능성을 사전에 봉쇄한다. 상대 국가의 의도를 완벽하게 파악할 수 없는 상황에서 상대방이 더욱 많은 이익을 거두는 경우에 그 국가가 현재는 자신에게 우호적일 수 있지만 미래에는 적국으로 변화할 가능성이 있기 때문이다. 모든 국가는 공격 능력을 보유하고 있고 모든 무기가 공격적 특성을 가지기 때문에, 상대적 힘에서 열위에 놓일 경우에는 미래의 안보가 위험에 빠질 수 있다.

월츠와 미어세이머의 논의는 국제적 무정부 상태의 특성에서 큰 차이를 보인다. 월츠는 국제적 무정부 상태의 중요성을 강조했지만, 이것이 국가의 행동에 미치는 영향에 대해서는 엄격하게 분석하지 않았다. 오히려 국제적 무정부 상태의 의미와 국내적 위계질서의 차이에 대해 논했으며, 특히 질서 구성의 원칙으로서 무정부 상태와 위계질서를 구분했다. 개별 국가 또는 개인보다 상위의 권위체가 존재하는지 여부에 따라서 무정부 상태와 위계질서로 구분했지만, 실질적 의미는 부여하지 않았다. 국제적 무정부 상태에서는 국가보다 상위의 권위체가 존재하지 않지만, 그렇다고 해서 국제적 무정부 상태가 자동적으로 엄청난 혼란이나 무질서로 이어지지는 않는다. 국가는 자신의 안전을 확보하기 위해서 자구의 원칙에 따라 행동한다. 이것이 월츠가 이론화한 국제적 무정부 상태이다.

미어세이머는 무정부적 국제체제에 대한 논의를 심화시키면서 추가 가정을 도입했다. 앞에서 거론한 미어세이머의 다섯 가지 가정 가운데 월츠는 무정부 상태에 대한 첫 번째 가정과 국가가 생존을 중시한다는 네 번째 가정, 그리고 국가가 합리적이라는, 국제정치학 이론의 거의 대부분이 수용하는 다섯 번째 가정에 명시적으로 또는 묵시적으로 동의했다. 그러나 모든 국가가 어느 정도의 공격적 군사력을 가진다는 두 번째 가정과 상대 국가의 의도를 완벽하게 예측할 수 없다는 세 번째 가정은 월츠가 거론하지 않았던 것으로 미어세이머가 새롭게 도입했다. 그리고 이 두 가지의 가정이 이후의 논의에서 매우 큰 차이를 가져왔다. 이러한 측면에서 월츠와 미어세이머가 동일한 가정에서 출발했지만 서로 다른 결론에 도달했다는 주장은 잘못된 것이다. 또한 미어세이머의 현실주의와 협력에 초점을 맞추는 제도주의(institutionalism) 등의 이론체계가 국제정치에 대해 다른 평가를 하는 근본적인 이유도 바로 이론의 출발점인 가정이 다르기 때문이다.

우선 모든 국가는 어느 정도의 공격적 군사력을 가진다는 가정에 대해서 논의하자. 어느 정도의 공격적 군사력이 존재한다는 가정에 따라 모든 국가는 항상 군사적 위협에 노출되어 있으며, 국제적 무정부 상태에서 나타나는 안보 위협이 더욱 강화된다. 국가보다 상위의 단위체가 존재하지 않는다고 해도 항상 위협에 노출되어 있지 않다면 국가들은 상당 부분 '안일하게' 행동할 수 있으며, 국제체제의 무정부 상태가 지닌 문제가 악화되지 않는다. 자조의 원칙에 따라 행동하더라도 항상 위협에 직면하고 있는 국가와 위협에 직면하지 않을 수 있는 국가는 행동 양식에서 큰 차이를 보인다. 예를 들어 국가들이 공격적 군사력을 전혀 보유하지 않은 국제체제를 상정해보자. 완벽하게 작동하는 방어 능력이 있어서 상대방이 군사력을 사용한다고 해도 자신의 안전을 지킬 수 있거나 완벽한 보복 능력이 있어서 상대방의 군사력 사용을 억지할 수 있다면 국가들은 무정부적 국제체제에서도 안보 위협을 인식하지 않는다. 자조의 원칙에 따라 스스로가 안보를 지켜야 하지만, 안보 위협 자체가 존재하지 않는다면 국제적 무정부 상태의 실질적인 의미는 변화한다. 그러나 어느 정도의 공격적 군사력이 존재한다면 국제적 무정부 상태에서 국가들은 상당한 안보 위협에 직면한다. 주변 국가의 공격을 완벽하게 방어하거나 사전에 완벽하게 억지할 수 없다면 '안일하게' 행동하는 것은 치명적인 위험을 초래할 수 있다.

또 다른 가정은 상대 국가의 의도를 정확하게 파악할 수 없으며 어느 정도의 불확실성이 존재한다는 것이다.[4] 상대방이 어떠한 의도를 가지고 있는지 모른다면 현재로서는 안보 위협이 없다고 해도 장기적으로는 안보 위협이 발생할 수 있다. 지금 당장은 무기를 가지고 있지 않다고 해도 상대의 의도가 공격적이라면 새롭게 군사력을 건설하여 안보 위협이 발생할 수 있다. 하지만 상대의 의도를 파악할 수 있다면 이러한 문제는 발생하지 않거나 발생한다고 해도 대응할 수 있다. 상대의 의도가 방어적이라면 현재 그리고 미래에도 안보 위협은 존재하지 않는다. 상대의 공격적인 의도를 파악할 수 있다면 주변 국가들은 억지 또는 방어를 위한 군사력을 건설하여 대응할 수 있다. 즉, 국제적 무정부 상태라고 해도 상대의 의도를 알 수 있는 경우와 알 수 없는 경우에 국가의 행동은 큰 차이를 보인다. 상대의 의도를 파악할 수 있다면 상대가 앞으로 어떠한 행동을 할 것인지 알 수 있고, 따라서 대비가 가능하다. 상대가 방어적인 의도를 가진다면 상당 부분 안심하고 안보에 대한 투자 수준을 낮출 것이다. 상대가 공격적인 의도를 가진다면 자신의 군사력을 증강함으로써 안보를 유지하는 것이 가능하다. 하지만 상대의 의도를 파악할 수 없다면, 상대가 앞으로 어떻게 행동할 것인지를 예측할 수 없고 모든 국가를 의심하게 된다. 상대의 의도에 대응한 적절한 대책을 세울 수 없으며, 최악의 상황에 대비한 군사력 증강을 하게 되고, 이는 다른 국가의 불안감을 키우는 악순환을 초래한다.

이러한 국가행동의 차이는 국가의 속성에 대한 왈츠와 미어세이머의 이론적 차이로 이어진다. 왈츠 이론에서 모든 국가는 자신의 안보를 우선적으로 추구하며 동시에 안보 이상의 목표는 추구하지 않는 현상유지 국가이다. 오직 자신의 생존을 지키기 위해 방어적이고 수동적으로 행동할 뿐,

---

4) 이러한 가정은 모든 국가는 어느 정도의 공격적인 군사력을 가진다는 가정과 함께 매우 현실적인 가정이지만, 다른 모든 이론적 가정과 같이 가정의 유용성은 현실 적합성이 아니라 이론적 정치성과 현실 설명력에 의해서 평가된다.

상대방을 적극적으로 속이고 팽창하지는 않는다. 그러나 미어세이머는 모든 국가가 현상타파 국가라고 단언한다. 모든 국가는 안보를 추구하며, 무정부적 국제체제에서 안전을 확보하는 가장 효과적인 방법은 가장 강력한 국가, 즉 패권국이 되는 것이다. 패권국만이 현재 상태에 만족하며, 다른 모든 국가들은 현재 상태의 변화를 바라며 자신의 상대적인 힘을 증가시키려고 한다. 패권국을 제외한 모든 국가가 현상타파 국가이기 때문에 모든 국가는 갈등하고 안보 문제와 관련해 서로 경쟁한다.

왈츠와 미어세이머는 동일한 가정에서 출발하지는 않았다. 왈츠가 명시적으로 언급하지 않았던 부분에 대해 미어세이머는 다른 가정을 추가했으며, 이에 기초해 국제체제의 무정부성과 그에 따른 국가행동 등에 대해서 상당히 새로운 이론체계를 구축했다. 그러나 기본적으로 미어세이머는 왈츠가 강조했던 부분을 수용했으며, 특히 국가의 상대적인 힘, 즉 강대국의 숫자로 정의되는 극성의 중요성을 인정했다. 두 개의 강대국이 존재하는 양극체제가 다섯 또는 여섯 개의 강대국이 존재하는 다극체제에 비해 더욱 안정적이라고 본다. 바로 다음에서 논의하는 미어세이머 이론에서 이러한 부분을 집중적으로 분석하고자 한다.

3. 상대적인 힘과 국가의 행동

국가의 힘(power)에는 다양한 차원이 있다. 모든 국제정치이론이 힘의 중요성을 강조하지만, 힘이 무엇인지에 대해서는 명확하게 답을 내놓지 않는다. 국제정치학의 아버지라고 불리는 모겐소는 힘을 '다른 국가의 행동을 지배하는 능력'이라고 정의하면서, 힘은 그 자체로 가치를 지닌다고 보았다. 그리고 지리, 자연자원, 산업생산력, 군사력, 인구, 국민성, 국민의 사기, 외교와 정부의 통치 능력 등을 힘의 주요 결정 요인으로 지목했다. 반면 왈츠는 힘이 어떤 결과에 대한 통제권이나 군사력의 직접적인 사용이 아니라고 지적하면서, 힘을 '특정 결과를 가져오는 수단인 능력의 분포(distribution of capabilities)'라고 정의했다. 즉, 힘은 다양한 요인의 복합적인 작용에 의해 결정되는 최종 결과 또는 결과에 대한 통제권이 아니라, 그 결과를 추구할 수 있는 수단이자 능력이다.

미어세이머는 왈츠의 정의를 수용했다. 하지만 국가가 가지는 그리고 국제정치에서 국가행동에 영향을 주는 힘은 군사력(military power)이며, 특히 공군력(air power)이나 해군력(naval power)이 아니라 지상군 군사력(power of army)이라고 보았다. 그리고 지상군 군사력은 문화, 정치체제, 국민성 등의 요인보다도 국가의 인구 규모(size of population)와 경제력(economic power)에 의해 결정된다고 보았다. 매우 간단하게 측정할 수 있는 인구 규모와는 달리 경제력은 다음의 두 가지 기준으로 측정된다. 1960년 이전에는 철강 생산량과 에너지 소비량으로, 1960년 이후에는 국민총생산(GNP)으로 개별 국제체제에 존재하는 강대국의 숫자를 파악하고 그에 따라서 국제체제의 극성을 판별했다.

이러한 주장은 왈츠 이론에서 나타나지 않는다. 왈츠는 군사력의 중요성에 대해서는 인정했지만, 무엇이 군사력을 구성하고 어떠한 종류의 군사력이 핵심적으로 작용하는지에 대해서는 논의하지 않았다. 그는 "군사력은 다른 국가의 공격을 억지하는 데 사용된다"고 지적했지만, 그 이상의 주장은 전개하지 않았다. 그러나 미어세이머는 육군 또는 해병대와 같은 지상군(ground troops)만이 상대 국가의 행동을 변화시킬 수 있다고 주장하면서 지상군 군사력의 중요성을 강조했다. 그는 이러한 주장을 뒷받침하기 위해 상대 국가의 행동을 변화시키는 수단으로 공군력을 사용하는 전략폭격(strategic bombing)과 해군력을 이용하는 해상봉쇄(naval blockade)의 효과를 검토했다. 전략폭격이나 해상봉쇄를 통해 상대 국가에 고통을 줄 수는 있지만, 근대 국가는 대부분 수용할 수 있는 고통의 한계가 높기 때문에 전략폭격과 해상봉쇄가 효율적이지 않다고 주장했다.[5] 상대의 영토를 물리적으로 점령하고 장악하는 지상군만이 상대의 행동을 변화시킬 수 있다.

즉, 미어세이머는 국가행동을 설명하는 데 작용하는 유일한 변수는 개별 국가의 군사력이며, 국가들 사이에서 벌어지는 협력은 매우 일시적인 것에 지나지 않는다고 보았다. 공동의 목표를 이루기 위해서 자신의 정책을 변화시키는 '협력(cooperation)'은 가능하지만, 이러한 정책 조정은 개별 상황과 그 상황에 따른 국가의 상황적 이익이 조화(harmony)되는 경우에만 유지된다. 국가들의 이익을 조화시켜 협력을 유지하는 것이 자신에게 가장 큰 이익을 가져올 경우에는 협력이 가능하다. 그러나 어느 정도의 갈등 요인이 있을 경우에는 다음의 두 가지 이유에서 협력이 유지되지 않는다.

첫째, 이익에 대한 갈등이 존재한다면 상대방을 속이고 단기적으로 많은 이익을 얻을 수 있다. 따라서 모든 국가는 상대방을 배신한다. 설사 내가 상대방을 배신하지 않는다고 해도 상대방이 먼저 배신할 가능성이 있기 때문에 예방 차원에서 그리고 상대방의 배신으로 불필요한 피해를 입지 않기 위해 협력을 거부한다. 즉, 협력 계약의 집행(enforcement) 문제 때문에 협력이 이루어지지 않는 것이다. 둘째, 상대가 배신할 가능성을 제거한다고 해도, 협력의 이익을 어떻게 분배할 것인지의 문제가 협력을 저해한다. 어떠한 이익 분배에서도 더욱 많은 이익을 지속적으로 축적하는 국가가 나

---

5) 공군력의 한계에 대해서는 Robert A. Pape, *Bombing to Win: Air Power and Coercion in War* (Ithaca, NY: Cornell University Press, 1996)와 같은 연구가 있다. 하지만 해군력의 한계, 특히 해상봉쇄(naval blockade)에 대해서는 뚜렷한 연구가 없다.

타나며, 이는 시간이 지나면서 세력균형 자체를 바꾸게 된다.[6] 그러므로 불리한 위치에 놓인 국가는 새로운 힘의 균형에서 야기될 안보 위협을 고려해 처음부터 협력 자체를 거부한다. 설사 협력 이익 전체를 포기해야 한다고 해도, 상대적 측면에서 자신의 입장이 불리해지고 이 때문에 안보 위협이 발생할 수 있으므로 사전에 이를 봉쇄하려는 것이다.[7]

미어세이머는 동맹(alliance) 역시 매우 일시적이고 단편적인 협력의 결과라고 단언한다. 공통의 적 또는 외부 위협에 직면한 국가들은 자신의 안전을 지키기 위해 보유 군사력을 통합하고 동맹을 체결한다. 즉, 동맹은 공통의 적과 외부 위협에 대항하기 위한 수단이며, 필요에 따라 쉽게 바꿀 수 있는 도구이다. 결혼에 비유하자면 동맹은 상속과 같은 권리관계를 공식적으로 인정받는 법률혼이 아니다. 단순히 사랑하기 때문에 같이 살다가 사랑이 식으면 헤어지는 동거와 유사하다. 동맹은 필요한 경우에 체결되지만, 필요가 없어지면 쉽게 해체된다. 그리고 그것은 국가정책의 수단이자

---

6) 가장 공평하다고 볼 수 있는 50대 50의 배분에서도 상대적 이익 배분의 문제가 발생한다. 50대 50으로 이익을 '공평하게' 배분하는 경우에도, 협력이 지속되면서 상대적으로 우위에 있는 국가는 힘의 격차가 줄어드는, 즉 상대적으로 불리한 상황에 처한다. 따라서 이 경우에 상대적인 힘에서 우위에 있는 국가는 자신의 우위를 유지하기 위해 협력 자체를 거부하거나 더욱 많은, 즉 '공평하지 않은' 배분을 요구한다. 하지만 이 경우에 상대적으로 힘의 열위에 있는 국가는 협력을 거부하거나 자신들이 최소한 50%를 확보할 수 있는 이익 배분을 요구한다. 따라서 국제협력의 가능성은 그만큼 줄어든다.

7) 이 문제에 대해서는 Joseph M. Grieco, "Anarchy and the Limits of Cooperation: A Realist Critique of the Newest Liberal Institutionalism," *International Organization*, Vol. 42, No. 3 (Summer 1988), pp. 485~507가 집중적으로 다루고 있다. 반면 Robert Powell, "Absolute and Relative Gains in International Relations Theory," *American Political Science Review*, Vol. 85, No. 4 (December 1991), pp. 1303~1320은 이러한 미어세이머와 그리코 주장의 논리적 문제점을 잘 지적하고 있다.

도구이기 때문에 정책을 결정하는 이익의 영향을 받으며, 국가이익 자체를 결정하지는 않는다. 이익이 일치하지 않는다면 아무리 동맹국이라 해도 지원하지 않으며, 상황 변화로 이익이 일치하면 동맹국이 아니더라도 지원한다. 즉, 동맹은 단기적인 편의를 위해서만 이루어지며, 장기적인 이익은 상정하지 않는다. 19세기 중반 영국의 정치가였던 팔머스톤(Lord Palmerston)의 주장과 같이 국제관계에서는 "영원한 적도 영원한 친구도 없으며, 오직 영원한 이익(permanent interests)만이 존재한다".

4. 국제체제의 구조에 따른 안정성 변화와 강대국 전쟁

국가보다 상위의 단위체가 존재하지 않는 무정부적 국제체제는 매우 위험하며, 국가들은 자신의 안전을 지키기 위해 자신의 힘에 의존한다. 동시에 다른 국가들에 비해 상대적으로 더욱 많은 힘을 가지려고 하며, 따라서 가장 강력한 패권국을 제외한 모든 국가는 현재 상태에 만족하지 않고 변화를 추구하는 현상타파 국가이다. 강대국 사이의 전쟁은 바로 이러한 경쟁과 변화 추구의 불가피한 결과이지만, 국제체제의 구조, 즉 극성에 따라서 상당한 차이를 보인다.

모든 국가는 패권을 추구하며, 특히 전 세계를 포괄하는 세계 패권보다는 자신이 위치한 지역 또는 대륙에서 가장 강력한 국가로 부상하여 지역 패권(regional hegemony)을 추구한다.[8] 패권의 추구가 안전을 확보하려는

---

8) 미어세이머는 2001년 현재 세계에서 미국만이 아메리카 대륙에서 압도적인 힘을 가진 지역 패권국이라고 규정하며, 다른 지역에서는 아직까지 지역 패권국이 존재하지 않는다고 본다. 다만 유럽에서 독일과 러시아, 아시아에서 중국과 인도 그리고 일본이 잠재적으로 패권국이 될 수 있다고 주장하지만, 미국을 제외하고는 어느

행동이라는 측면에서 모든 강대국은 다른 강대국 또는 주변 국가를 경계한다. 국가는 필요에 따라서 전쟁을 수행하며, 특히 힘의 균형이 변화하는 상황에서는 너무 늦기 전에, 즉 자신이 더욱 불리해지기 전에 예방전쟁을 감행하기도 한다. 하지만 이러한 경향은 항상 존재하기 때문에, 강대국 전쟁이 발생하는 조건에 대해서는 엄밀한 답변을 줄 수 없다. 국제적 무정부 상태는 변화하지 않는 상수이지만 — 즉, 국제체제는 항상 무정부 상태이지만 — 전쟁은 특수한 상황에서만 발생하는 변수이다. 따라서 이 부분을 설명하기 위해서는 변수가 필요하며, 그 변수가 바로 국제체제의 구조이다.

몇 개의 강대국이 존재하는지에 따라서 국제체제의 구조를 양극체제와 다극체제로 나누고, 개별 강대국 사이에 어느 정도의 힘의 격차가 존재하는지에 따라서 균형이 존재하는지 아니면 불균형이 존재하는지로 구분할 수 있다. 즉, 균형적 양극체제(balanced bipolarity), 불균형한 양극체제(unbalanced bipolarity), 균형적 다극체제(balanced multipolarity), 불균형한 다극체제(unbalanced multipolarity)라는 네 개의 국제체제의 구조를 상정할 수 있지만, 현실적으로 불균형한 양극체제는 존재하지 않기 때문에 실제로는 세 개의 국제체제의 구조만이 존재한다. 이 가운데 균형적 양극체제의 경우 강대국 전쟁이 가장 적게 일어난다는 측면에서 가장 안정적이며, 불균형한 다극체제의 경우에는 강대국 전쟁이 가장 많이 일어나기 때문에 가장 불안정하다.

양극체제에서 강대국 전쟁은 일어나지 않는다. 양극체제를 구성하는 두 개의 강대국은 경쟁하더라도 서로 전쟁은 하지 않으며, 강대국이 약소국을 침공하는 전쟁만이 발생한다. 다극체제에 비해 양극체제는 강대국의 숫자

국가도 확고한 패권을 구축하지 못하고 있다고 본다.

가 적고, 따라서 강대국 사이에 분쟁이 야기되는 경우도 줄어든다. 강대국 사이의 힘의 불균형도 양극체제에서는 크지 않지만, 다극체제에서는 강대국의 수가 많기 때문에 상대적으로 힘의 불균형이 증가한다. 다극체제에서도 힘의 균형이 존재한다면 어느 정도의 안정이 유지될 수 있다. 하지만 특정 국가가 매우 강력해지면 힘의 불균형이 발생하고, 패권 부상국에 대항하는 연합체가 빠른 속도로 등장해 결과적으로 갈등이 빚어진다. 또한 어떤 강대국이 빠른 속도로 쇠퇴할 경우에 이 국가를 분할하려는 다른 강대국들의 경쟁이 결국은 갈등으로 이어진다. 즉, 불균형한 다극체제에서는 국가행동의 가장 중요한 결정 요인인 두려움이 증폭되며, 따라서 국가들은 공격적으로 행동한다. 하지만 균형적 다극체제나 양극체제에서는 어느 정도까지는 국가들의 두려움이 완화되기 때문에 갈등이 줄어든다.[9]

20세기에 세계는 두 번에 걸친 국제체제의 구조 변화를 경험했다. 첫 번째 변화는 1945년을 기점으로 다극체제가 양극체제로 바뀐 것이다. 1945년 이전에는 두 번의 세계대전이 존재했지만, 그 이후에는 미국과 소련의 전면전쟁은 없었다는 사실에서 나타나듯 강대국 전쟁의 빈도는 감소했다. 1945년 이후에도 강대국이 참가한 전쟁은 있었다. 그러나 이러한 전쟁은 국제체제 전체를 포괄하는 대규모 전쟁으로 확대되지는 않았다. 두 번째 변화는 1980년대 후반 미국과 소련의 안보경쟁이었던 냉전이 종식되는 과정에서 나타났으며, 양극체제가 일극체제(unipolarity)로 변화했다.

---

9) 하지만 세력균형 자체가 빠르게 변화한다면, 변화를 보충하고 안정을 유지할 강대국의 수가 적은 양극체제가 더욱 위험하다. Dale C. Copeland, "Neorealism and the Myth of Bipolar Stability: Toward a New Dynamic Realist Theory of Major War," *Security Studies*, Vol 5, No. 3 (Spring 1996), pp. 29~89; Dale Copeland, *Origins of Major War* (Ithaca, NY: Cornell University Press, 2000).

1990년 미어세이머는 자신의 이론에 기초해 냉전 이후 세계에 대해서 예측했다. 그는 국제체제의 구조가 냉전 기간의 양극체제에서 다극체제로 변화할 것이라고 진단하고, 강대국 전쟁의 가능성은 1945년 이전의 세계에서처럼 증가할 것이라고 보았다.[10] 미어세이머의 예측은 결과론적으로 틀렸다. 하지만 이러한 오류는 이론에서 발생한 것이 아니라 국제체제의 구조가 변화하는 방향에 대해 잘못된 진단을 내렸기 때문이었다. 미어세이머는 양극체제가 다극체제로 변화한다면 강대국 전쟁은 증가한다고 주장했고, 역사적으로도 다극체제에서 양극체제로 변화하면서 강대국 전쟁의 빈도는 절대적으로 감소했다. 하지만 현실에서 국제체제의 극성은 냉전 이전과 같은 다극체제로 회귀하지 않고 오히려 미국이 유일한 강대국으로 자신의 위치를 강화하는 일극체제로 변화했으며, 이 때문에 국제체제에서 강대국 전쟁의 빈도가 감소하고 안정이 유지되었다.[11]

특히 주목할 만한 사항은 미어세이머가 핵확산에 찬성했다는 사실이다. 냉전 이후의 다극체제와 강대국 전쟁이라는 비관적 전망을 제시하면서, 이를 교정하는 방법으로 제한적인 핵확산(limited nuclear proliferation)을 제안했다. 즉, 핵확산이 제한적으로, 특히 통일 독일에 핵무기를 허용하는 형태로 이루어지면 전쟁이 벌어질 경우 핵무기가 사용될 가능성이 커질 것이므로, 핵무기의 파괴력을 두려워한 유럽 강대국들이 전쟁을 감행하지 못할 것으로 보았다. 한편 소련이 붕괴하면서 우크라이나, 벨라루스, 카자흐스

---

10) John J. Mearsheimer, "Back to the Future: Instability in Europe after the Cold War," *International Security,* Vol. 15, No. 1 (Summer 1990), pp. 5~56.

11) 이러한 현상을 일극체제의 안정성이라고 지칭한다. William C. Wohlforth, "The Stability of a Unipolar World," *International Security*, Vol. 24, No. 1 (Summer 1999), pp. 5~41. 한편 미국 중심의 일극체제에 대한 논의로는 Niall Ferguson, *Colossus: The Price of America's Empire* (New York: The Penguin Press, 2004)가 있다.

탄 등은 러시아와 함께 냉전의 유산으로 소련의 핵전력을 상속받았고, 이를 어떻게 '처리'할 것인지가 매우 중요한 정책 사안으로 등장했다.[12] 이에 대해 미어세이머는 러시아라는 강력한 이웃과 과거 원만하지 않은 역사적 경험을 가진 우크라이나는 핵무기를 그대로 보유해야 한다고 주장했다. 이를 통해 동부 유럽에서의 안정성이 유지될 수 있다고 보았다.[13]

5. 공격적 현실주의의 등장과 발전 가능성

미어세이머의 이론에는 문제점이 있다. 그렇지만 미어세이머는 현실주의 이론가 가운데 가장 논리적이다. 미어세이머만큼 국제체제의 무정부성이 지닌 의미를 철저하게 분석한 이론가는 없다. 미어세이머는 왈츠가 제시한 국제체제의 무정부성을 계승해 그것이 국가행동에 미치는 영향을 분석했으며, 이에 기초해 국제정치를 설명하고 예측하고자 했다. 현실주의 이론가들은 대부분 왈츠가 강조했던 국제체제의 구조, 즉 상대적 힘과 함께 추가 독립변수를 사용하여 국가의 행동을 더욱더 정교하게 설명하려고 시도한다. 주로 사용되는 추가 독립변수는 공격방어 균형(offense-defense balance), 국가의 유형(types), 외부에 대한 인식(perception) 등이다. 이 때문에

---

12) 이러한 핵무기는 1995년까지 모두 러시아에 이전되었으며, 미국은 러시아와 협력해 우크라이나 등의 국가에 핵무기를 포기하는 조건으로 많은 경제적·기술적 지원을 했다. 이에 대해서는 John Shields and William C. Potter (eds.), *Dismantling the Cold War: U.S. and NIS Perspectives on the Nunn-Lugar Cooperative Threat Reduction Program* (Cambridge, MA: The MIT Press, 1997)이라는 연구가 있다.

13) John J. Mearsheimer, "The Case for a Ukrainian Nuclear Deterrent," *Foreign Affairs,* Vol. 72, No. 3 (May/June 1993), pp. 50~66. 이에 대한 직접적인 반론으로는 Steven E. Miller, "The Case Against a Ukrainian Nuclear Deterrent," *Foreign Affairs,* Vol. 72, No. 3 (May/June 1993), pp. 67~80이 있다.

일부 이론가들은 현실주의가 현실주의로서의 정체성을 상실하고 '초소형 현실주의(minimal realism)'로 퇴보한다고 비판한다.[14] 하지만 미어세이머는 추가 변수를 도입하지 않고 왈츠가 사용했던 국제체제의 구조라는 하나의 독립변수만으로 국가의 행동을 설명한다. 이러한 시도는 내부의 모순 때문에 완벽하게 성공하지는 못했다.[15] 그럼에도 미어세이머 덕분에 학자들은 국가행동의 결정 요인에 관해 더욱 많은 것을 알게 되었고, 다양한 연구 대상을 찾아낼 수 있었다.

왈츠가 외교정책에 대해서 관심을 표명하지 않고 이론적인 측면에서만 국제정치를 분석했던 것에 반해, 미어세이머는 정책 분야에서 '강경한' 의견을 개진했다. 그는 중국을 미국 패권에 도전하는 세력으로 규정하고 이를 억제해야 한다고 주장했다. 중국에 대한 투자와 무역을 억제하고 동시에 미국의 동맹국 가운데 일본, 한국과 같이 중국과 지리적으로 인접한 국가들이 '중국 위협'에 적극 대처하도록 미국 군사력을 철수할 것을 제안했다. 동아시아에 주둔하고 있는 미국 군사력을 철수하면 일본과 한국은 중국에 대비해 자신들의 군사력을 증강하게 되며, 만약 중국 문제를 둘러싸고 무력 충돌이 발생할 경우에 미국은 최후의 순간까지 기다리다가 역외균형자(offshore balancer)로서 개입해 모든 국가를 제압하고 자신의 이익을 관

---

14) Jeffrey W. Legro and Andrew Moravcsik, "Is Anybody Still a Realist?" *International Security,* Vol. 24, No. 2 (Fall 1999), pp. 5~55.

15) 미어세이머의 저술에 대해서는 다음과 같은 서평이 있다. Glenn H. Snyder, "Mearsheimer's World—Offensive Realism and the Struggle for Security: A Review Essay," *International Security,* Vol. 27, No. 1 (Summer 2002), pp. 149~173; Gerald Geunwook Lee, "To Be Long or Not To Be Long—That is the Question: A Contradiction in Time-Horizon of Offensive Realism," *Security Studies,* Vol. 12, No. 2 (Winter 2002/2003), pp. 196~217.

철해야 한다는 것이다.16) 하지만 미어세이머의 정책 처방이 항상 공격적이지는 않다. 미어세이머는 자신의 이론에 기초하여 부시 행정부의 이라크 침공에 반대했다. 사담 후세인이 핵무기를 보유한다고 해도 미국과 이라크 주변 국가들은 이라크 침공을 통한 정권 교체가 아니라 봉쇄 또는 억지를 통해서 평화를 유지할 수 있다는 것이다.17) 또 다른 연구에서 미어세이머는 미국이 중동 지역에서 이스라엘을 지원하는 것은 안보상의 이유에서가 아니라 미국 국내정치에서 강력한 영향력을 행사하고 있는 '이스라엘 로비(Israel Lobby)' 때문이라고 주장했다.18)

미어세이머가 제시한 이론은 왈츠의 주장에서 출발했으나 상당히 다른 방향으로 발전했다. 새로운 가정이 추가되면서 왈츠가 제시했던 국제체제의 무정부성과는 사뭇 다른, 미어세이머 특유의 국제체제의 무정부성이 나타났으며, 공격적 현실주의가 등장했다. 이러한 변화는 학문적 발전을 가져왔으며, 변화를 둘러싼 토론과 비판은 이론의 정교화와 더욱 많은 발전으로 이어졌다. 미어세이머는 왈츠의 이론에 대해 현실주의 이론가들 중에서 가장 강력하고 논리적인 설명을 제시했으며, 현실주의 이론의 발전에

---

16) John J. Mearsheimer, "The Future of the American Pacifier," *Foreign Affairs,* Vol. 80, No. 5 (September/October 2001), pp. 46~61. 역외균형자가 중립을 지킬 때 얻을 수 있는 이익에 관해서는 다음의 연구가 있다. Eugene Gholz and Daryl Press, "The Effects of Wars on Neutral Countries: Why It Doesn't Pay to Preserve the Peace," *Security Studies,* Vol. 10, No. 4 (Summer 2001), pp. 1~57. 하지만 왈츠가 주장한 양극체제의 안정성이라는 관점에서 바라보면, 중국의 부상은 또 다른 양극체제와 안정적인 국제체제로 이어질 수 있다.

17) John J. Mearsheimer and Stephen M. Walt, "An Unnecessary War," *Foreign Policy,* Vol. 134 (January/February 2003), pp. 51~59.

18) John J. Mearsheimer and Stephen M. Walt, *The Israel Lobby and U.S. Foreign Policy* (New York: Farrar, Straus and Giroux, 2007).

크게 기여했다. 또한 정책 문제에 대해서도 자신의 이론체계에 기반을 두고 매우 논리적인 정책 대안을 제시했다.

미어세이머가 제시한 국제정치는 어둡다. 국제적 무정부 상태에서 모든 국가는 생존을 위해 경쟁하며 모든 국가를 두려워한다. '강대국 정치의 비극'이라는 자신의 저서 제목과 같이 국제정치는 냉혹하고 비극적인 강대국 경쟁에 지나지 않는다. 문제는 이러한 서술이 현실에 존재하는 국가들 사이의 다양한 협력과 국제법 및 국제제도의 역할을 무시하고 있다는 사실이다. 현실에서 나타나는 협력은 미어세이머의 주장처럼 단순히 일시적으로 그리고 각자의 이익이 일치하기 때문에 나타나는 것은 아니다. 공통의 이익을 위해 국가들이 현실에 존재하는 수많은 갈등을 해결하는 과정에서 정책 조정이 나타나고 협력이 이루어진다. 장기적인 협력도 존재하며, 동맹국의 이익을 위해 자신의 이익을 희생하거나 극단적인 경우에는 필요하지 않은 전쟁까지 치르는 경우도 존재한다. 이러한 부분에 대한 분석이 부족하다는 사실은 미어세이머의 한계인 동시에 그가 세운 이론체계가 특유의 장점을 갖기 위해 불가피하게 지불했던 비용이다.

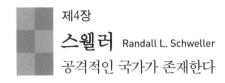

제4장
스웰러 Randall L. Schweller
공격적인 국가가 존재한다

Deadly Imbalances: Tripolarity and Hitler's Strategy of World Conquest

New York: Columbia University Press, 1998

왈츠는 국제적 무정부 상태에서 모든 국가는 동일한 목표를 추구한다고 주장했다. 즉, 물질적인 측면에서 개별 국가보다 상위의 권위체가 존재하지 않으며, 국가들은 자신의 안보라는 동일한 이익을 추구한다. 상황에 따라 안보 이상의 다른 이익을 추구할 수 있지만, 기본적으로 안보가 가장 중요한 그리고 가장 기본적인 이익이다.[1] 이어서 왈츠는 국가 간의 갈등은 모두가 자신의 안보를 추구하는 경우에도 나타날 수 있다고 지적했다. 국제적 무정부 상태에서 국가들은 서로 의심하며, 상대의 의도에 대한 완벽한 정보를 가지고 있지 않기 때문에 불확실성을 극복할 수 없다. 다시 말해 심리적인 왜곡이나 편견 등이 아니라 정보가 부족하다는 합리적인 이유에

---

[1] '안보 이외의 이익'이 아니라 '안보 이상의 이익'이라는 표현을 사용한 이유는 다음과 같다. 스웰러는 국가가 기본 이익인 안보를 넘어 팽창, 정복, 침략 등의 이익을 갖는다는 점을 강조한다. 따라서 '이상'이라는 표현을 통해 단순히 이익이 다르다는 점과 더불어 이익의 서열이 존재한다는 사실을 시사하고자 한다.

서 상대방을 의심하게 된다. 물론 안보 이상의 다른 목표를 추구하는 국가도 존재할 수 있지만, 개별 국가의 상대적 힘이라는 변수 하나만으로도 국가의 행동을 설명하기에 충분하다. 국제체제의 안정성은 상대적 힘이 두 개 국가에 집중된, 즉 두 개의 강대국이 존재하는 양극체제에서 높은 반면, 여러 개의 강대국이 존재하는 다극체제에서는 낮다.

이러한 왈츠의 주장은 타당한가? 국제적 무정부 상태에서 국가들이 추구하는 목표는 동일한가? 국가들은 국제적 무정부 상태에서 나타나는 불확실성과 의심을 영원히 극복할 수 없는가? 또한 다극체제가 불안정하고 양극체제가 안정적이라면, 세 개의 강대국이 존재하는 삼극체제(tripolarity)는 어떠한가? 스웰러(Randall Schweller)는 이와 같은 질문을 던졌으며, 이에 답을 하는 과정에서 이전과는 다른 독립변수를 사용한 그리고 논리 구조에 차이가 있는 그만의 국제정치이론을 제시했다.

스웰러의 주장은 각 국가의 목표에 차이가 있다고 본다는 측면에서 왈츠의 구조적 현실주의(structural realism) 또는 신현실주의(neorealism)와 다르다. 특히 개별 국가의 목표(objective)나 이익(interest)을 강조했던 고전적 현실주의(classical realism)를 되살렸다는 측면에서 신고전적 현실주의(neoclassical realism)라고 불린다.[2] 또한 왈츠가 국제체제에서 상대적 힘의 배분 상태에 집중해 세력균형(balance of power)이론을 제시했다면, 스웰러는 국제체제에서 이익이 어떻게 배분되어 있는지에 초점을 맞추어 이익균형(balance of interest)이론을 제시했다. 그러나 스웰러는 기존 현실주의 이론을 완전히 거부하지는 않았으며, 기존 이론의 틀 내에서 추가 독립변수를 사용해 왈츠 이론에서 나타나는 문제점을 보완했다.

---

2) Gideon Rose, "Neoclassical Realism and Theories of Foreign Policy," *World Politics*, Vol. 51, No. 1 (October 1998), pp. 144~172.

1. 왈츠와 스웰러 – 핵심 질문: 모든 국가는 동일한가

왈츠에 따르면 국제적 무정부 상태에서 모든 국가는 안보를 추구한다는 측면에서 동일한 이익을 가진다. 국가는 안보 이상의 이익을 추구하기도 하지만, 가장 기본적인 이익은 안보이다. 팽창을 추구하는 국가도 존재하지만, 기본적으로는 국가안보가 유지되어야 한다. 국가의 이익 및 유형이나 인간의 공격적 본성을 강조했던 고전적 현실주의와는 달리 신현실주의는 국제체제의 무정부성에 초점을 맞추어 국가의 행동을 설명한다. 모든 국가가 안보를 추구하는 경우에도 개별 국가보다 상위의 단위체가 존재하지 않기 때문에 국가들은 경쟁한다. 이러한 경쟁은 특정 국가가 공격적으로 행동한다면 더욱 악화되지만, 공격적으로 행동하지 않는 경우에도 가능하며 모두가 안보만을 추구하는 상황에서도 불가피하다. 즉, 왈츠는 국제적인 경쟁이 발생하는 원인을 파악하면서 국가이익 또는 유형이라는 변수를 사용하지 않았다. 그 대신에 모든 국가는 안보를 우선적으로 추구한다는 매우 엄격한 가정을 사용한다.

그러나 이러한 가정은 현실과는 다르다.[3] 상당수 국가들은 안보와는 직접적인 관련이 없는 부분에 자원을 사용하며, 정치적 위신(prestige) 때문에 스포츠 등에 투자한다. 1988년 서울 올림픽에서 1위는 금메달 55개의 소련, 2위는 금메달 37개를 획득한 동독이 차지했다. 3위는 금메달 36개를 따낸 미국, 4위는 금메달 12개를 획득한 한국이었다. 당시 전체 금메달 숫

---

3) 이론에서 사용하는 가정은 현실을 추상화하는 것이므로 현실과는 차이가 있다. 따라서 가정을 평가하는 기준은 그것이 현실과 부합하는지가 아니라 현실을 어느 정도 잘 설명하고 예측할 수 있는가이다. 이러한 측면에서 모든 국가가 안보를 우선적으로 추구한다는 왈츠의 가정은 타당하다.

자는 241개였으며, 소련과 동독 등은 어려운 경제 사정에도 엘리트 스포츠에 엄청난 투자를 감행해 국가적 위신을 세웠다. 그러나 소련과 동독은 4년 후 1992년 바르셀로나 올림픽에 참가하지 못했다. 1991년에 소련은 해체되었고, 공산국가 동독은 1989년 베를린 장벽이 무너지면서 1990년 11월에 서독의 일부로 합병되었다. 즉, 서울 올림픽 1위와 2위는 '죽어버렸다'. 서울 올림픽 상위 10위 가운데 소련, 동독, 헝가리, 불가리아, 루마니아 5개국을 통치했던 공산정권은 모두 소멸했다. 금메달 7개로 8위를 기록해 서울 올림픽에서 프랑스와 이탈리아보다 좋은 성적을 거두었던 루마니아에서는 1989년 혁명이 발발했고, 공산당 정권의 지도자 차우셰스쿠 (Nicolae Ceauşescu) 대통령이 12월 25일에 처형되었다. 서울 올림픽에서 동독은 37개의 금메달을, 서독은 금메달 11개를 획득했다. 그렇지만 통일 이후인 1992년 통일 독일의 금메달 성적은 33개로 줄었고, 2008년 베이징 올림픽에서 독일이 따낸 금메달은 16개에 지나지 않았다.[4]

올림픽 금메달은 안보에 어떠한 도움도 주지 않는다. 서울 올림픽에서 가장 많은 메달을 따낸 국가는 해체되었고, 2위를 차지한 또 다른 국가는 그 나라보다 적은 숫자의 금메달을 획득한 국가에 합병되었다. 루마니아가 체조와 사격, 레슬링, 조정, 여자 1,500미터 육상에서 따낸 금메달은 1년 후 차우셰스쿠 공산정권이 붕괴하는 과정에서 어떠한 안전보장도 해주지 못했다.[5] 소련과 동독, 루마니아는 그들 나라의 안전을 위해 스포츠가 아

---

4) 금메달 숫자에 대한 정보는 http://www.olympic.org/uk/games/past/table_uk.asp?OLGT＝1&OLGY＝1988과 http://www.olympic.org/uk/games/past/table_uk.asp?OLGT＝1&OLGY＝1992 (검색일: 2008년 11월 19일)에서 참조했다.

5) 루마니아가 획득한 금메달에 관해서는 http://en.wikipedia.org/wiki/Romania_at_the_1988_Summer_Olympics (검색일: 2008년 11월 19일)를 참조했다.

닌 다른 분야에 더욱 많은 자원을 투자함으로써 국민들의 불만을 무마하거나 비밀경찰 및 군대와 같은 정권 안정 수단을 강화했어야 했다. 그런데 정권 또는 국가안보를 위해 사용될 수 있었던 자원을 '위신'을 세우기 위해 스포츠에 투자했고 올림픽에서 더 많은 금메달을 따려고 노력했다. 즉, 몇몇 국가의 자원배분은 국방과 소비 및 투자 자원(gun vs. butter)이 아니라 국방과 위신(gun vs. medal)을 중심으로 이루어졌다. 이와 같이 개별 국가들은 자원배분에서 서로 다른 성향을 보인다.

스웰러는 모든 국가가 안보를 가장 중요한 목표로 삼는다는 왈츠의 주장을 수정했다. 안보가 중요한 목표이지만 일부 국가들은 팽창과 같은 안보 이상의 목표를 가진다고 보았다. 즉, 대부분의 국가는 자신의 안전만을 추구하지만, 어떤 국가들은 영토 확장을 추구하며 다른 국가를 침략한다고 지적했다. 이처럼 팽창적이고 공격적인 국가를 현상타파 국가라고 지칭하며, 반대로 안보만을 추구하는 방어적인 국가를 현상유지 국가라고 부른다. 가장 대표적인 현상타파 국가로는 나치 독일을 들 수 있다. 1933년 히틀러가 집권한 이후 12년 동안 독일은 주변의 모든 국가를 침공하며 전 세계 강대국을 상대로 전쟁을 벌였으나 1945년에 패망했다. 나치 독일이 추구했던 최소한의 목표는 유럽 대륙에서 생존권(Lebensraum)을 확보하는 것이었으며, 이를 위해 소련을 포함한 동부 유럽에 대해 정복전쟁을 벌였다. 소련을 침공하기 이전인 1941년에 독일은 이미 프랑스와의 전쟁에서 승리했고 폴란드 중부에서 스페인 국경 그리고 노르웨이에서 북부 아프리카에 이르는 지역을 통제하는 서부 유럽 최고의 강대국으로서, 이탈리아와 헝가리, 루마니아 등의 동맹국을 거느리고 있었다. 하지만 독일은 패권적 지위를 유지하면서 자신의 안전을 확보하기보다는 추가 팽창을 시도했고, 1941년 6월 소련을 침공했으나 결국 패망했다.

이와 함께 스웰러는 국가의 '이익'이라는 추가 변수를 사용해 삼극체제의 안정성을 논의한다.[6] 왈츠는 세 개의 강대국이 존재하는 국제체제에 대해서는 명시적으로 논의하지 않았다. 다만 다극체제가 불안정하고 양극체제가 안정적이라면, 가운데에 위치한 삼극체제에서는 강대국 숫자를 고려했을 때 중간 정도의 안정성이 나타날 것이라고 추정해볼 수 있다. 국제체제의 안정성 측면에서 삼극체제는 특이하다. 양극체제나 다극체제에서 현상타파 국가의 존재는 큰 의미가 없다. 양극체제의 강대국 사이에는 불확실성이 낮으며, 다극체제에서는 불확실성이 높다. 이에 반해 삼극체제의 불확실성은 중간 정도이며, 강대국의 숫자만으로 국제체제의 안정성을 판단할 수는 없다. 따라서 추가 변수가 필요한데, 스웰러는 개별 국가의 이익이라는 변수를 추가해 삼극체제의 안정성을 분석했다. 국제체제의 구조가 삼극체제로 동일하더라도 현상타파 국가가 몇 개 존재하느냐에 따라 안정성이 달라진다. 만약 하나의 국가만이 현상타파적이라면 현상유지적인 나머지 두 국가는 연합해 현상타파 국가를 억지하고 안정을 유지한다. 반면 현상유지 국가가 하나라면 현상타파적인 두 개의 국가는 서로 힘을 합해서 남은 하나의 현상유지 국가를 공격한다. 이러한 차이를 설명하기 위해서는 단순히 상대적 힘의 배분(balance of power)과 국제체제의 구조라는 변수만으로는 충분하지 않으며, 이익이 어떻게 배분되어 있는지(balance of interest)에 초점을 맞추어야 한다.

---

6) 스웰러가 논의하는 이익 개념은 흔히 이야기하는 '국가이익(national interest)' 개념과는 다르다. 스웰러는 어떤 국가가 현재의 세력균형 상태에 만족하는지 불만족하는지를 이익이라는 개념으로 논의하고 있으며, 이는 해당 국가의 유형(type)과 본질적으로 동일하다.

2. 고전적 현실주의의 부활

1979년 왈츠는 기존 이론과는 다른 새로운 이론을 제시했다. 왈츠 이전의 국제정치이론은 국가의 유형을 중요한 변수로 사용했다. 예를 들어 모겐소는 모든 국가는 권력을 추구하며, 현상유지 정책(status-quo policy)과 제국주의 정책(imperialistic policy)이라는 두 가지 정책을 상황에 따라 선택한다고 보았다. 또한 상대적 힘과 추구하는 정책에 따라 국가를 약소국과 강대국 그리고 현상유지 국가와 제국주의 국가로 구별했다. 키신저(Henry Kissinger)는 나폴레옹전쟁 이후의 비엔나 회의(Congress of Vienna)에 대한 분석에서 당시의 국가를 기존 체제의 변화를 노리는 혁명주의 국가(revolutionary state)와 기존 체제를 유지하려는 보수주의 국가(conservative state)로 분류해 이전의 약소국과 강대국이라는 구분과 함께 사용했다.[7] 이러한 논의는 1970년대까지 널리 존재했으며, 왈츠 이전의 현실주의라는 측면에서 고전적 현실주의라고 부른다.

하지만 왈츠는 이러한 분류를 거부하고 순수하게 상대적 힘이라는 하나의 기준으로 국가의 행동을 설명했다. 국제체제하에서 상대적 힘이 배분되어 있는 상태를 강조했으며, 이에 따라 국제체제의 구조, 즉 극성을 집중분석했다. 따라서 왈츠의 이론을 고전적 현실주의와 비교하여 신현실주의 또는 국제체제의 구조를 강조한다는 측면에서 구조적 현실주의라고 지칭한다. 저비스 또한 안보딜레마에 대한 논의에서 국가의 성향은 고려하지

---

7) Hans J. Morgenthau, *Politics among Nations: the Struggle for Power and Peace*, Brief Ed. (New York: McGraw-Hill, 1993); Henry Kissinger, *A World Restored: Metternich, Castlereagh and the Problems of Peace 1812~1822* (London: Weidenfeld & Nicolson, 1999).

않은 채 국가의 행동을 설명했다. 자신의 안보를 위한 조치가 주변 국가의 안보를 저해하는 안보딜레마 상황에서 핵심 변수는 상대방 의도에 대한 불확실성(uncertainty)과 선제공격을 받은 경우에 나타나는 취약성(vulnerability)이다.[8] 현상타파 국가는 자신의 안전을 위한 조치를 취하기보다는 주변 국가를 공격하려고 하기 때문에 불확실성보다는 오히려 확실성(certainty)이 존재한다. 즉, 왈츠와 저비스가 제시한 이론 논의에서는 국가의 행동을 설명하는 데 개별 국가의 목표는 고려할 필요가 없다.

반면 스웰러는 국가이익 또는 목표를 핵심 독립변수로 부각시켰다. 국가행동을 분석하기 위해서는 국제체제의 구조나 안보딜레마 등으로는 충분하지 않으며, 개별 국가의 이익 또는 유형이 추가로 필요하다고 보았다. 동일한 국제체제의 구조에서 현상유지 국가와 현상타파 국가는 서로 다르게 행동하며, 안보딜레마도 현상유지 국가와 현상타파 국가 사이에서 달리 작동한다고 주장하면서 다음과 같은 논리를 전개했다. 첫째, 신현실주의 이론은 모든 국가를 현상유지 국가로 보는 현상유지 편향(status-quo bias)이 있다고 지적한다. 즉, 국가가 최종적으로 추구하는 것은 힘이 아니라 안보이며, 국가는 자신의 상대적 힘의 극대화(relative power maximization)보다는 안보 극대화(security maximization)를 목표로 한다. 스웰러는 이와 같이 모든 국가의 성향이 동일하다고 상정하는 왈츠의 이론에 편향이 있다고 본다.[9]

둘째, 왈츠의 신현실주의 이론은 안보딜레마를 극복하는 것이 매우 어

---

8) 안보딜레마에 관해서는 Robert Jervis, "Cooperation Under the Security Dilemma," *World Politics*, Vol. 30, No. 2 (January 1978), pp. 167~214 그리고 Charles L. Glaser, "The Security Dilemma Revisited," *World Politics*, Vol. 50, No. 1 (October 1997), pp. 171~201이 중요하다.

9) Randall L. Schweller, "Neorealism's Status Quo Bias: What Security Dilemma?," *Security Studies*, Vol. 5, No. 3 (Spring 1996), pp. 90~121.

럽다고 본다. 만약 모두의 안보가 보장된다면 국가들은 자신의 안전이 확보되었기 때문에 더 이상 경쟁하지 않으며 현상(現狀, status-quo)을 유지하려고 한다. 하지만 왈츠는 이러한 상황은 유지되지 못하며 국가들은 결국 경쟁한다고 주장하면서도 이에 대해 논리적으로 설명하지 않았다.[10] 하지만 스웰러는 안보딜레마를 극복하는 것이 상대적으로 쉽다고 판단했다. 모든 국가가 현상유지 국가라면 서로 의사소통을 하고 정보를 제공하면서 각자 자신의 안보를 위해 행동한다고 설득할 수 있다고 본다. 현상유지 국가에게 정보 부족에서 발생하는 안보딜레마의 극복은 공통의 이익으로 간주되지만, 현상타파 국가는 자신의 공격적인 성향을 숨기기 때문에 안보와 관련된 의사소통과 정보 제공을 꺼린다. 즉, 안보를 추구하는 국가들은 안보딜레마를 극복하지만, 안보 이상의 공격적인 목표를 추구하는 국가가 존재하는 경우에 안보 부분의 경쟁이 발생한다. 그러나 이러한 경쟁은 모두가 피하고 싶지만 어쩔 수 없이 나타나는 딜레마가 아니라, 적어도 하나의 국가가 공격적인 성향을 띠기 때문에 나타나는 자연적인 현상이므로 안보딜레마가 아니라 안보경쟁(security competition / rivalry)이다.

스웰러는 이러한 이론적 주장에 기초해 고전적 현실주의를 부활시켰으며, 따라서 그의 이론을 신고전적 현실주의라고 부른다. 상대적 힘의 배분을 단일한 독립변수로 사용하기보다 국가가 추구하는 이익 또는 목표를 추

---

10) 따라서 글레이저(Charles L. Glaser)는 왈츠의 논의가 모든 국가는 경쟁한다는 편향(competition bias)을 보이며, 뚜렷한 이유 없이 안보딜레마를 극복하기 어려운 것으로 가정한다고 비판했다. Charles L. Glaser, "Realists as Optimists: Cooperation as Self-Help," *International Security*, Vol. 19, No. 3 (Winter 1994), pp. 50~90. 이러한 '경쟁 편향' 비판은 스웰러가 지적한 현상유지 편향과 논리적으로 상반된다. 하지만 스웰러와 글레이저는 서로 다른 이론적 입장을 유지하고 있기 때문에 이러한 충돌은 불가피하다.

가 독립변수로 고려했다. 스웰러는 자신의 주장을 이익균형이론이라고 지칭하면서, 왈츠의 세력균형이론과 대비했다. 특히 국가이익 개념은 동맹에 대한 행동을 잘 설명해준다. 왈츠는 국가들은 자신의 생존을 도모하기 위해서 가장 강력한 국가에 균형유지(balancing)를 시도하며 약한 국가들이 동맹을 체결한다고 보았다. 하지만 스웰러는 공격적으로 행동하는 국가는 안전보다는 이익을 위해서 동맹을 체결하며, 가장 강력한 국가에 대항하기보다는 오히려 편승하여 강력한 국가와 힘을 합한다고 보았다. 1940년대 영국, 미국, 소련 등은 독일의 힘이 강화되자 이에 대항해 동맹을 맺었지만, 이탈리아는 독일의 힘에 편승해 자신의 영향력을 강화하려고 시도했다. 스웰러는 국가의 이익이라는 추가 변수를 이용해 국가의 행동, 특히 외교정책을 더욱 정교하게 설명했다.

3. 국가의 유형과 국제정치 구조

국가가 추구하는 이익이 다르다는 점을 고려한다면, 국가의 유형 또한 달라진다. 스웰러는 상대적인 힘과 함께 추구하는 이익에 따라서 국가를 구분했다. 상대적인 힘에 따라 강대국과 준강대국(less great powers) 또는 약소국으로 나누고, 추구하는 이익에 따라 현상유지 국가와 현상타파 국가로 구분할 수 있다. 스웰러는 상대적 힘을 완전히 무시하지 않았으며, 다만 개별 국가가 추구하는 이익이라는 변수를 추가했을 뿐이다. 즉, 스웰러는 왈츠 이론을 완벽하게 대체하기보다는 왈츠 이전의 현실주의 이론이 사용했던 변수를 다시 도입해서 왈츠 이론을 보완하고자 했다.

변수를 추가하면 현실을 더욱 정교하게 설명하는 것은 가능하지만 이론의 간결성(parsimony)은 저해된다. 이론의 간결성이란 어떤 이론에서 사용하는 독립변수의 숫자를 뜻하며, 적은 수의 독립변수로 현실을 설명하고 예측하는 경우에 간결하다고 한다. 왈츠의 이론은 상대적 힘이라는 단일 독립변수를 사용하고 있기 때문에 매우 간결한 반면, 스웰러 이론은 상대적 힘과 국가의 성향이라는 두 개의 독립변수를 사용하기 때문에 간결성이 떨어진다. 독립변수의 숫자가 증가하면 이론의 간결함이 감소하는 문제 외에도 독립변수 간에 충돌 또는 간섭이 벌어질 가능성이 늘어난다.[11]

스웰러는 자신의 이론에서 상대적 힘과 이익이 서로 독립적으로 작용한다고 보았다. 하지만 많은 국가는 상대적 힘이 증가하면서 점차 공격적 또는 팽창적인 경향을 보인다. 제2차 세계대전 이전까지 거의 모든 강대국은 자신의 군사력과 경제력이 증가하자 주변 국가를 침략했고, 상대적 힘이 증가하면서 현상타파 성향을 드러냈다. 한 예로 19세기 후반 동아시아에서 일본은 자신의 상대적 힘이 증가하자 중국 및 러시아와 전쟁을 벌였으며 결국 조선, 만주, 대만에 식민제국을 건설했다. 다시 말해 당시 일본의 경우에는 상대적 힘과 이익이 서로 독립적이지 않았으며 상대적 힘의 증가가 국가의 이익을 팽창적인 방향으로 규정했다고 볼 수 있다. 만약 이러한 추론이 옳다면 스웰러의 두 가지 독립변수는 서로 연결되어 있으며 독립변수가 추가될 필요는 없다. 그러나 독립변수가 서로 독립적이라면, 즉 어떤 국가의 상대적 힘이 증가한다고 해도 현상타파 국가로 변화하지 않고 현상유지 국가에 머무른다면, 독립변수를 추가하는 것은 도움이 된다.

중요한 문제는 상대적 힘이 약하지만 현상타파 성향을 지닌 국가와 상

---

11) 통계학에서는 독립변수들이 서로 밀접한 상관관계(correlation)를 이루는 상황을 다중공선성(multicollinearity)이 나타난다고 표현한다. 이것은 두 개 이상의 독립변수가 존재하는 상황에서 흔히 발생하며, 독립변수의 정확한 효과를 측정할 수 없도록 한다.

대적 힘이 강한데도 현상유지 성향을 그대로 간직하는 국가의 존재 여부이다. 강력한 힘을 지닌 현상타파 국가와 약소국으로서 현상유지 성향을 지닌 국가는 쉽게 상정할 수 있다. 예를 들어 나치 독일과 같이 지역 최고의 강대국으로서 자신의 '생존권'을 장악하기 위해 주변 국가 전체를 상대로 전쟁을 수행했던 국가가 존재한다. 스웰러는 이와 같은 현상타파 강대국을 늑대(wolf)라고 지칭했다. 반면 1930년대 벨기에, 네덜란드, 노르웨이, 알바니아 등과 같이 약소국으로서 현상유지 성향을 띠었던 국가가 존재하며, 스웰러는 이러한 국가들을 양(lamb)이라고 불렀다. 강대국으로서 현상유지 성향을 가진 국가로는 1930년대 당시 영국과 프랑스가 있으며, 이들은 제1차 세계대전의 승리자로서 자신들의 기득권을 보호하고 기존 체제를 유지하려고 했다. 스웰러는 이러한 국가들을 사자(lion)라고 불렀다. 이에 반해 현상타파 성향을 지닌 준강대국으로 당시 이탈리아를 들 수 있다. 그는 이런 국가를 자신이 직접 사냥할 힘은 없지만 늑대처럼 강한 힘을 지닌 맹수가 다른 짐승을 사냥하면 이를 돕거나 남은 고기를 뜯어 먹는 자칼(jackal)에 비유했다. 또한 여우(fox)는 제한적인 현상타파 성향을 지닌 강대국으로, 여우라는 이름에 걸맞게 상당히 교활하고 기회주의적으로 행동하는 국가로서, 1930년대 소련을 사례로 들었다. 스웰러는 그 밖에도 부엉이·매(owl/hawk)라는 범주로 현상유지에 찬성하는 준강대국을, 그리고 비둘기(dove)로 제한적인 현상유지 성향을 가진 강대국과 준강대국을 제안했다. 특히 흥미로운 것은 현상타파 또는 현상유지 어디에도 관심을 보이지 않는 강대국 타조(ostrich)이다. 1930년대 당시 고립주의를 주장하면서 유럽 대륙 문제에 관여하지 않고, 아메리카 대륙에서의 독자적인 영향력 유지와 경제공황 극복에 전력을 기울이던 미국이 이에 해당한다.[12]

이와 같이 스웰러는 개별 국가가 지닌 상대적 힘과 현상유지 또는 현상

국가의 유형

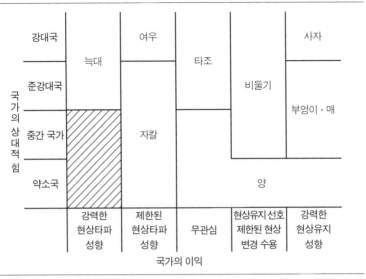

자료: Randall L. Schweller, *Deadly Imbalances: Tripolarity and Hitler's Strategy of World Conquest* (New York: Columbia University Press, 1998), p. 85.

타파 성향이 독립적으로 존재한다고 지적했고, 그에 따라 국가의 유형을 여덟 개 정도로 구분해 동물에 비유했다. 그리고 이러한 동물의 조합, 즉 서로 다른 상대적 힘과 서로 다른 성향의 국가들의 조합에 따라서 국제체제의 안정성 자체도 변화한다고 보았다. 세 개의 강대국이 존재하는 삼극체제는 기본적으로 불안정하지만, 그러한 불안정성의 크기는 삼극체제 각각의 극을 이루는 강대국이 지닌 현상유지 또는 현상타파 성향에 따라 큰 차이를 보인다. 강대국 세 개의 힘이 어느 정도 비슷하다면(A=B=C), 현상유지 국가의 숫자에 따라서 안정성은 달라진다. 두 개 또는 모든 강대국이

---

12) 타조는 맹수가 가까이 다가오면 도망치지만 경우에 따라서는 가만히 웅크리고 앉아 머리와 목을 땅에 붙이면서 숨으려고 한다. 뜨거운 기후와 지형 때문에 가만히 웅크리고 있는 타조는 흙무더기처럼 보인다.

현상유지 국가라면 안정적이지만, 두 개의 강대국이 현상타파 국가라면 국제체제는 매우 불안정해지며, 모두가 현상타파 국가라면 불안정성은 극대화된다.

또한 강대국들이 보이는 상대적 힘의 차이도 삼극체제에서 중요한 의미가 있다. 왈츠는 양극체제의 안정성을 논의하면서, 두 개의 강대국이 존재하는 경우에 두 강대국의 힘이 어느 정도 차이가 있다고 해도 큰 문제는 아니라고 보았다. 냉전 기간에 미국과 소련은 상대적 힘에서 차이를 보였지만, 다른 국가들에 비해 월등한 군사력과 경제력을 갖췄으므로 강대국으로 군림했고 국제체제의 안정성을 유지했다. 하지만 삼극체제에서 월등히 강력한 국가(A)가 하나 있고, 다른 두 강대국(B와 C)의 힘이 비슷하며, 이들이 연합하면 강력한 초강대국을 제압할 수 있는 경우(A>B=C, A<B+C)에는 어떤 국가가 현상타파 국가인지에 따라서 안정성이 달라진다. 초강대국만이 현상유지 국가일 경우에는 현상타파 국가인 B와 C가 연합해 현상유지 국가인 A를 공격하면 국제체제에서 대규모 강대국 전쟁이 발생한다. 그러나 초강대국을 포함해 두 개의 국가가 현상유지 국가라면 국제체제에서는 A와 B 또는 A와 C 연합이 만들어져 나머지 현상타파 국가를 억지한다. 반면 두 개의 강대국이 비슷한 힘을 가지며 남은 하나의 강대국은 상대적 힘에서 떨어지는 경우(A<B=C)가 있다. 여기서 A만이 현상유지 국가라면 B와 C는 연합해 A를 공격 및 분할하며, 결국에는 두 개의 현상타파 국가만이 존재하는 매우 불안한 양극체제로 바뀐다. 그러나 또 다른 현상유지 국가가 존재한다면 A와 B 또는 A와 C가 연합해 현상타파 국가를 견제하면서 안정성이 유지된다. 삼극체제에서 어느 정도의 균형이 유지되기 위한 조건은 상대적 힘에서 균형이 전혀 이루어지지 않은 경우(A>B>C, A<B+C)이다. 이때에는 모든 국가가 현상타파 국가라고 해도 서로 상대를

견제하기 때문에 전쟁이 쉽게 발생하지 않는다. 가령 가장 약한 C만이 현상유지 국가라면 A와 B가 연합해 C를 분할하지만, 그 직후 강력해진 A가 B를 공격하기 때문에 이를 예상한 B는 처음부터 C와 연합해 A를 견제한다. 즉, 삼극체제의 안정성은 상대적 힘의 배분과 국가의 성향에 의해 결정된다.

1930년대 유럽에서 나타난 것이 바로 매우 불안정한 삼극체제였다. 당시 유럽에는 프랑스와 영국을 중심으로 현상유지를 바라는 강대국 연합이 하나 존재했다. 독일은 강력한 현상타파 성향을 지닌 또 다른 강대국이었으며, 소련은 세 번째 강대국이었지만 독일과는 달리 현상타파 성향은 그다지 강하지 않았다. 즉, 당시의 유럽 국제체제 구조는 영국과 프랑스라는 사자가 독일이라는 늑대와 소련이라는 여우에 포위된 삼극체제였다. 미국이라는 또 다른 잠재적 강대국이 존재했지만, 미국은 대서양을 장벽으로 삼고 타조처럼 주변 상황에 관심을 보이지 않았다. 결국 현상유지 성향의 강대국 사자는 늑대와 여우에 직면해 고립되었으며, 1930년대 나치 독일의 팽창과 최종적으로 제2차 세계대전이라는 비극이 초래되었다.

4. 위협에 대한 대응과 동맹의 작동

동맹은 국제정치에서 매우 중요한 현상이며, 왈츠는 이것을 균형유지를 위한 두 가지 방법 가운데 하나로 보았다. 모든 국가는 위협을 받을 경우 내부적으로 좀 더 많은 자원을 동원해 더욱 강력한 군사력을 만들어내는 내부적 균형유지를 선택하거나 다른 국가와 군사동맹을 체결해 안보를 지키는 외부적 균형유지를 추구한다. 왈츠는 위험의 근원이 강력한 힘을 지닌 강대국의 존재이며, 특히 강대국들은 다른 강대국에 대항해 동맹을 추구한다고 보았다. 즉, 왈츠는 세력균형을 강조했다. 반면에 왈트(Stephen Walt)는 국가가 직면하는 위험의 근원이 강력한 힘을 보유한 강대국이 아니라 동시에 공격적 의도까지 지닌 위협(threat)이라고 규정했다. 국가는 강대국에 대항해 동맹을 체결하기보다 상대적 힘이 약할지라도 위협적인 국가에 대항하는 동맹을 추구한다고 보았다. 세력균형이 아니라 위협균형(balance of threat)이 중요하다는 것이 왈트의 기본 입장이다.13)

하지만 왈츠와 왈트의 동맹 이론은 동맹의 기본 목적이 개별 국가의 안보라는 측면에서 공통점이 있다. 모든 국가는 자신의 안전을 가장 우선적으로 추구하며, 자신의 안전을 위해 가장 강력한 국가 또는 가장 위협적인 국가에 대항하는 동맹을 추구한다. 반면 스웰러는 국가들이 안보 이상의 다른 이익도 추구하며, 현상유지 국가 이외에 현상타파 국가도 존재한다고 보았다. 동맹을 체결하는 경우에 현상유지 국가들은 자신의 안전만을 고려하지만, 현상타파 국가들은 안전과 함께 자신의 팽창주의적 이익까지 고려해 행동한다. 현상유지 국가들의 동맹은 현상유지와 외부 위험에 대한 억지(deterrence) 또는 방어(defense)를 주요 목적으로 삼지만, 현상타파 국가들의 동맹은 현상타파와 특정 국가에 대한 침략을 위해 만들어진다. 즉, 방어동맹뿐만 아니라 공격동맹도 존재한다.

동맹이 만들어지는 원리도 다르다. 왈츠와 왈트 이론에서 동맹은 균형유지를 위한 수단이지만, 스웰러는 동맹, 특히 공격동맹을 팽창을 위한 수단으로 파악한다. 즉, 스웰러는 동맹 분석에서 공격적으로 행동하는 국가와 힘을 합쳐서 다른 국가를 공격할 가능성까지도 포괄했다. 왈츠는 이러한 현상은 균형유지에 반대되는 개념으로 편승이라고 규정하면서 강대국

---

13) Stephen M. Walt, *The Origins of Alliances* (Ithaca, NY: Cornell University Press, 1987).

차원에서는 거의 일어나지 않는다고 했다. 하지만 스웰러는 편승은 상대적으로 흔히 나타나며, 특히 현상타파 국가의 경우에 더욱 자주 나타난다고 보았다. 안보를 위한 동맹(balancing for security)과 함께 이익을 위한 편승(bandwagoning for profit)이 존재한다.[14] 위험이 발생할 경우에 국가들은 균형유지와 편승 외에도 거리 두기(distancing), 책임 전가(buck-passing), 포용(engagement), 동맹국 통제(binding) 등 다양한 방식으로 행동한다. 극단적 현상타파 강대국인 늑대는 현상유지 강대국인 사자와 대결하지만, 제한적 현상타파 강대국인 여우 또는 준강대국인 자칼은 사자와 정면 대결하기보다는 늑대와 사자가 싸우기를 기다렸다가 사자가 질 경우에 이를 공격한다. 즉, 이러한 기회주의 국가는 늑대의 승리가 확실해질 경우에 나타난다. 반면 세력균형의 변화에 무관심한 강대국인 타조는 문제가 발생할 때 이를 외면하며, 거리를 두고 방관한다. 현상유지 국가는 위험에 직면했을 때 상황에 따라 다른 국가로 하여금 위험 요인을 제거하게 하고 자신은 무임승차(free ride)한다. 또한 위험 자체를 포용해 근원을 제거하거나 균형유지를 선택한다. 이러한 다양한 대응 전략은 일률적으로 결정되지 않으며, 상대적 힘과 국가의 이익에 따라서 달라진다.

1930년대 유럽과 동아시아 강대국의 행동은 가장 적절한 사례이다. 병력과 군사비 지출로 측정하는 군사력(military power), 철강 생산과 에너지 소비를 기준으로 평가하는 산업생산력(industrial power), 도시 및 총인구로 파악하는 인구(demographic power)의 측면에서 볼 때, 1938년 당시 강대국은 미국, 독일, 소련이며, 준강대국은 영국, 프랑스, 일본, 이탈리아이다. 하지만 영국과 프랑스는 연합하여 행동했으며, 미국은 대서양 건너편에 위치

---

14) Randall L. Schweller, "Bandwagoning for Profit: Bringing the Revisionist State Back In," *International Security*, Vol. 19, No. 1 (Summer 1994), pp. 72~107.

했기 때문에 유럽 대륙의 강대국은 독일, 소련, 영국-프랑스 연합의 삼극 체제였다.[15] 현상타파 국가를 이전 전쟁 처리에 대해 강력하게 반발(bitter dissatisfaction)하거나 기존 질서가 만들어진 다음에 상대적 힘이 강력해지면서 더욱 많은 배당(greater benefit)을 요구하는 국가로 정의한다면, 현상타파 국가로는 독일, 소련, 일본, 이탈리아가, 현상유지 국가에는 영국, 프랑스, 미국 등이 해당되었다. 당시 독일의 군사력이 빠르게 증가했고 영국과 프랑스의 현상유지 연합은 다른 국가와 힘을 합해서 독일의 팽창을 막으려고 했다. 하지만 미국은 고립주의를 표방하면서 유럽의 세력균형에 무관심한 타조였으며, 소련과 이탈리아는 각각 여우와 자칼로서 늑대인 독일이 영국과 프랑스 연합의 사자와 싸우는 경우에 자신의 몫을 챙기려고 기회를 엿보고 있었다. 동아시아 최고의 강대국 일본은 또 다른 자칼로 멀리서 사자를 공격하거나 본격적인 싸움이 벌어지기를 기대했다. 이탈리아와 일본은 유럽 대륙에서의 소란과 독일의 본격적인 팽창을 틈타 만주, 중국, 에티오피아, 알바니아, 동남아시아 등을 침략했다. 유럽 대륙의 또 다른 강대국인 소련은 독일에 상응하는 강력한 현상타파 성향을 가지고 있지는 않았지만 당시의 세력균형에 불만을 품고 있었고, 따라서 늑대가 혼란을 일으키면 여우로서 자신의 몫을 챙기려 했다. 나치 독일과 공산주의 소련은 정치

---

15) 영국과 프랑스를 하나의 강대국 연합으로 묶었다는 측면에서 스웰러의 분석은 상당히 특이하다. 영국과 프랑스는 단일하게는 강대국인 극(pole)으로서의 지위를 차지하지 못했지만, 연합할 경우에는 독일-소련-미국 등의 강대국 정도의 힘을 가졌다고 본다. 그러나 대부분의 학자들은 당시 국제체제를 다극체제로 보고 영국과 프랑스 사이에 벌어졌던 책임회피(buck-passing)를 강조한다. Thomas J. Christensen and Jack Snyder, "Chain Gangs and Passed Bucks: Predicting Alliance Patterns in Multipolarity," *International Organization*, Vol. 44, No. 2 (Spring 1990), pp. 137~168.

이념에서는 적대 국가였지만 서로 협력했다. 독일이 폴란드를 침략해 제2차 세계대전이 발발하기 직전인 1939년 8월 말에 독일과 소련은 불가침조약을 체결했으며, 이는 이후 동맹으로 발전했다. 즉, 여우는 상대적으로 힘이 떨어진 그리고 멀리 떨어진 사자와 연합하지 않았다. 오히려 강력한 힘을 가진 그리고 지리적으로 가까운 늑대와 힘을 합쳐 사자를 공격하고 양과 비둘기, 부엉이·매 등을 사냥했다. 결국 1939년 9월 폴란드는 독일과 소련의 침략을 받아 분할되었으며, 발트 해 지역의 리투아니아, 라트비아, 에스토니아는 소련에 합병되었다. 영국과 프랑스의 현상유지 연합은 전쟁에서 패배해 프랑스는 강대국의 지위를 상실했고, 1941년 6월 독일이 소련을 공격할 때까지 늑대와 여우는 공존했다.

5. 스웰러 이론의 발전

왈츠는 국제적 무정부 상태를 강조하면서, 모든 국가는 안보를 추구한다는 측면에서 동일하며 국가의 행동과 국제정치는 국제체제의 구조인 상대적 힘의 배분 또는 강대국의 숫자를 통해서 파악할 수 있다고 보았다. 스웰러는 국가의 상대적 힘과 더불어 추가 독립변수로서 국가의 이익을 도입해 국가의 행동을 왈츠보다 더욱 정교하게 설명했다. 왈츠가 외교정책보다는 국제정치의 전반적인 경향을 설명했다면, 스웰러는 개별 국가의 행동또는 외교정책까지도 설명할 수 있었다. 이렇게 설명력이 강화된 이유는 고전적 현실주의에서 사용했으나 왈츠가 기각했던 국가이익, 좀 더 분석적으로는 개별 국가의 현상유지와 현상타파 유형 분류를 다시 도입했기 때문이다.

많은 학자들이 개별 국가의 성향을 고려할 필요가 있는지에 대해 논의한다. 왈츠는 모든 국가가 동일하게 현상유지 성향을 띠기 때문에 국가의 유형을 논할 필요가 없다고 보았다. 이 경우에 국가들의 갈등은 주로 불확실성에 의해서 발생한다. 하지만 미어세이머는 세계의 패권국을 제외한 모든 국가가 현상타파 성향을 보인다고 주장했다. 전 세계를 지배하는 패권국은 존재하지 않고, 모든 국가는 현상타파 국가이며 기회가 주어진다면 항상 팽창하거나 공격적으로 행동하므로, 국가의 유형은 고려할 필요가 없다. 현상타파 국가들의 충돌은 불가피하며, 추가 변수는 불필요하다.

한편 국가의 유형을 고려하는 것이 필요하다고 보는 학자도 존재한다. 자신의 안전을 위해 취한 조치가 주변 국가의 안전을 저해하는 안보딜레마 상황에서 자신의 현상유지 성향을 주변 국가에 정확히 보여줄 수 있다면 안보딜레마는 극복할 수 있다. 하지만 국가들 간 의사소통과 설득이 매우 어렵다면 안보딜레마는 지속적으로 작용한다. 이 부분에 대해 논의를 전개하는 많은 학자들은 국가의 유형은 다르며 현상유지 국가와 현상타파 국가를 구분해야 한다고 본다. 현상유지 국가 사이에 발생하는 안보딜레마는 정보를 충분히 제공하고 설득하면 극복할 수 있지만, 현상타파 국가들 사이에 나타나는 안보경쟁의 악화는 오직 억지와 봉쇄를 통해서만 예방할 수 있다. 즉, 상대 국가의 유형에 따라 대응 방안이 달라지며 잘못된 대응은 문제를 악화시킬 수 있다.

정책적인 차원에서 이러한 주장은 매우 중요하다. 특정 국가가 다른 국가와 대립하는 상황에서 이 국가의 대응이 상대 국가의 유형에 따라 달라진다면 상대 국가의 정확한 유형을 먼저 파악해야 한다. 상대방이 현상유지 국가라면 유화적인 정책을 취하면서 모두가 현상유지 국가라는 사실을 납득시켜야 한다. 이를 위해서는 어느 정도 양보가 불가피하며, 특히 스스로 현상타파 국가라면 도저히 수용할 수 없을 정도의 양보를 해야 한다.[16]

그러나 상대방이 현상타파 국가라면 양보를 통해서는 문제를 해결할 수 없으며, 강력한 군사력과 외교적 연합을 통해 상대의 공격적인 행동이 용납되지 않고 반드시 처벌된다고 위협해야 한다. 정책 조합이 잘못되면, 즉 현상타파 국가에 억지가 아닌 양보라는 정책 처방이 이루어지면 억지실패(deterrence failure)가 발생하며, 현상유지 국가에 양보가 아닌 위협이 가해지면 결국 피할 수 있었던 위기가 고조(spiral)된다. 두 가지 경우 모두 피할 수 있었던 전쟁의 발생 가능성이 증가하는 것이다.

북한에 대한 정책을 논할 때에도 이러한 부분은 중요한 의미가 있다. 김대중 및 노무현 행정부와 같은 자유주의 진영은 북한을 자신의 안전을 추구하는 현상유지 국가로 파악한 것이다. 따라서 햇볕정책 및 포용정책 등을 통해서 한국은 북한을 흡수통일하지 않을 것이며, 한국은 현상타파 국가가 아닌 현상유지 국가임을 설득하려고 노력했다.[17] 반면 보수주의 정치세력과 이명박 행정부는 햇볕정책 및 포용정책에 반대했고, 북한을 현상유지 국가가 아닌 현상타파 국가로 파악했다. 따라서 일방적인 양보를 통해 북한을 설득하기보다는 북한을 경계하는 정책을 추진했다. 문제는 북한에 대한 정책 대립에서 가장 중요한 부분인 북한의 유형에 대해 체계적인 논의가 존재하지 않는다는 사실이다. 이러한 쟁점에 대해 자유주의 및 보수주의 진영 모두는 자신들의 정치적 신념에 기초한 정책 선택을 감행했으

---

16) Andrew H. Kydd, *Trust and Mistrust in International Relations* (Princeton, NJ: Princeton UniversityPress, 2005).

17) 김대중 및 노무현 행정부 당시 북한에 대한 경제적 지원이 국내적으로 많은 논란이 되었다는 사실은 역설적으로 김대중 및 노무현 행정부가 북한 정권에 대해 한국 행정부의 현상유지 성향을 설득하는 데 많은 도움이 되었다. 국내적으로 완벽한 합의가 이루어져 북한 지원에 모든 정치세력이 찬성했다면, 북한은 김대중 및 노무현 행정부의 성향을 정확하게 파악하는 데 어려움이 있었을 것이다.

며, 실제 북한의 행동에 대한 객관적인 분석을 하지 않았다. 북한의 유형을 파악하기가 쉽지는 않으나 이에 대한 엄격한 논의는 필수적이며, 앞으로 대북정책에 대한 논의는 바로 여기서 출발해야 한다.[18]

---

18) 특정 국가의 유형을 파악하기 위한 다양한 논의 가운데 가장 체계적인 시도는 Alastair Iain Johnston, "Is China a Status-Quo Power?," *International Security*, Vol. 27, No. 4 (Spring 2003), pp. 5~56이다.

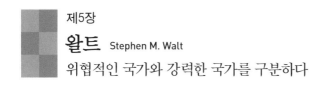

제5장

왈트 Stephen M. Walt

위협적인 국가와 강력한 국가를 구분하다

The Origins of Alliances

Ithaca, NY: Cornell University Press, 1987

　왈츠는 국제적 무정부 상태에서 국가들이 생존을 위해 세력균형을 유지한다고 보았다. 개별 국가보다 상위의 단위체가 존재하지 않기 때문에 모든 국가들은 자신의 생존을 위해서 어느 누구에게도 의존할 수 없으며 자조의 원칙에 따라서 행동한다. 즉, 자신의 안보를 위협하는 국가에 대항해 균형유지를 시도하며, 이를 위해서 다른 국가와 동맹을 체결하는 외부적 균형유지 또는 자기 자신의 군사력을 증강하는 내부적 균형유지를 선별적으로 채택한다. 왈츠에 따르면 균형유지의 두 가지 방법 가운데 외부적 균형유지는 동맹의 신뢰성 문제가 있기 때문에 독자적 군사력 증강을 통해 자신이 직접 통제할 수 있는 군사력을 구축하는 내부적 균형유지를 더욱 많이 선택한다. 이러한 균형유지의 대상이 되는 국가는 세력이 가장 강력한 국가이다. 어떤 국가의 상대적 힘이 증가하면 주변 국가들은 위협을 느끼고 이 국가에 대항해 독자적으로 또는 협력을 통한 균형유지를 시도한다. 결과적으로 국제정치에서 균형이 유지되면 특정 국가가 빠르게 성장해 다른 국가들을 압도하는 현상은 나타나지 않는다. 또한 이러한 균형유지를 통해서 개별 국가는 생존할 수 있으며, 강대국의 팽창이나 모든 국가를 초월하는 제국(empire)의 건설은 저지된다.

그런데 이러한 왈츠의 주장은 타당한가? 국제적 무정부 상태에서 국가들은 가장 강력한 국가에 대항해 균형을 유지하는가, 아니면 가장 위협적인 국가에 대해서 균형유지를 시도하는가? 그리스의 역사가 투키디데스는 아테네와 스파르타 사이에 벌어진 펠로폰네소스전쟁이 페르시아 침공 이후 빠르게 증가하는 아테네의 힘에 대한 스파르타의 두려움 때문에 발발했다고 진단했다. 단순히 아테네의 상대적 힘이 증가한다는 사실 자체가 스파르타에게 공포를 유발했고 결국 전쟁으로 이어졌다는 것이다. 이 과정에서 아테네가 어떻게 행동했고 어떠한 태도를 취했는지는 중요하지 않으며, 다만 아테네의 상대적 힘이 증가하고 있었기 때문에 지금 현재는 아테네가 방어적이라고 하더라도 미래에는 더욱 강력해진 힘을 가지고 공격적으로 행동할 가능성이 존재한다. 따라서 아테네의 상대적 힘이 증가한다는 사실은 아테네의 현재 의도와는 무관하게 스파르타 입장에서 매우 위험한 상황을 초래할 수 있다. 그렇다면 실제 국가의 행동을 볼 때, 균형유지와 동맹 결성이 상대적 힘에 의해서 결정된다는 주장은 타당한가? 바로 이러한 부분에 대해서 왈트(Stephen M. Walt)는 다른 해답을 제시했다.

1. 왈츠와 왈트 – 핵심 질문: 동맹은 무엇에 기초해서 만들어지는가

평화 시 국제정치에서 가장 많이 거론되는 현상은 군사동맹(military alliance)이다. 오늘날 한국과 미국은 동맹 관계를 유지하고 있으며, 서부 유럽 국가들과 미국은 북대서양조약기구(NATO)의 구성원으로서 다양한 국제

문제에 대해 공조한다. 그렇다면 동맹과 국제체제의 구조에는 어떠한 관계가 있는가? 왈츠는 국제체제의 무정부성에 기초해 국제체제의 구조 및 강대국의 숫자가 국제체제의 안정성을 결정한다고 보았다. 즉, 두 개의 강대국이 존재하는 양극체제가 다섯 또는 여섯 개의 강대국이 존재하는 다극체제보다 안정적이라는 것이다. 양극체제에서 동맹은 그다지 중요하지 않다. 강대국이 두 개로 한정되어 있기 때문에 약소국들은 강대국과의 동맹을 통해서 자신들의 안전을 추구하지만, 강대국 입장에서는 이러한 동맹은 무의미하다. 하지만 다극체제 상황에서는 강대국 사이의 동맹이 중요하며, 동맹 내부의 역학관계는 국제정치의 핵심으로 부각된다.

왈츠 이론에서 세력균형과 동맹은 매우 중요하다. 왈츠는 '세력균형이론이 국제정치이론'이라고 단언했으며, 국제정치를 '동맹이 만들어지고 유지되고 붕괴되는 과정에서 드러나는 외교'라고 보았다. 국제적 무정부 상태에서 국가는 세력균형을 유지하기 위해 노력하며, 생존을 위해 다른 국가들과 동맹을 체결함으로써 가장 강력한 국가를 견제한다. 안보를 추구하는 데 가장 효과적인 방법은 자신의 군사력을 증강하는 것이다. 하지만 군사력 증강은 상당한 자원을 필요로 하기 때문에 국가들은 동맹을 선택한다. 동맹은 비록 신뢰성이 떨어지고 자신이 직접 통제할 수 없지만 다른 국가의 군사력에 의존할 수 있는 방법이기 때문이다. 즉, 동맹은 강력한 국가가 등장하는 경우에 이루어지며, 안보 추구를 위해 여러 국가들이 서로의 군사력을 공유(aggregation of military capabilities)하는 도구이다. 동맹은 국가 행동에 독자적인 영향을 미치지 않으며, 필요하다면 어떠한 형태로든 변화시킬 수 있는 매우 유연한 국가정책 수단이다. 이러한 측면에서 동맹은 법률상으로 결혼하지는 않았지만 사랑하기 때문에 단순히 동거하는 상황에 비유될 수 있으며, 원한다면 언제든 결별하고 다른 파트너와 새로운 관계를 시작할 수 있는 '매우 개방적인' 관계이다.

왈트는 이러한 주장에 대부분 동의한다. 동맹은 매우 유연하여 필요한 경우에 조정하거나 파기할 수 있다고 강조한다. 동맹은 국가가 안전을 추구하기 위해 사용하는 도구이며 '결코 신성한 것이 아니다(nothing sacred)'라고 단언하면서 북대서양조약기구나 한미 동맹과 같이 오래 지속된 동맹도 바뀔 수 있다고 본다.[1] 그렇지만 현실에서의 동맹은 다르다. 1945년 당시 미국은 군사력과 경제력에서 다른 모든 국가를 압도하는 최고의 강대국이었다. 하지만 유럽 국가들은 미국에 대항하는 동맹을 체결하지 않고 미국보다는 약하지만 위협적으로 행동하는 소련에 저항하기 위해 북대서양조약기구를 결성했다. 왈트는 이러한 측면에서 동맹은 힘(power)이 아니라 위협(threat)에 기초해 구축된다고 주장했다. 왈츠는 강력한 국가에 대항해 동맹이 결성된다고 보았다면, 왈트는 국가들이 안보를 위해서 가장 강력한 국가가 아닌 가장 위협적인 국가에 대항해 동맹을 결성한다고 지적했다. 제2차 세계대전 직후 미국은 가장 강력한 국가이기는 했지만 위협적이지는 않았다. 반면에 소련은 미국보다는 상대적 힘에서 약했지만 동유럽에서 자신의 영향권을 구축하고 공격적으로 팽창했으며, 그 결과 영국, 프랑스, 서독 등은 소련이 위협적이라고 인식했다. 즉, 유럽 국가들이 소련에 대항해 미국과 동맹을 체결한 결정적 요인은 상대적 힘이 아니라 위협이었다.

상대적 힘은 물질적 능력(capabilities)에 기초하므로 객관적으로 측정할 수 있는 반면, 위협은 물질적 능력과 함께 주관적으로 평가해야 하는 공격적인 의도(aggressive intention)를 포함하므로 판단하기가 쉽지 않다. 왈트는 위협을 전체적 힘(aggregate power), 공격적 군사력(offensive power), 지리적

1) Stephen M. Walt, "Why Alliances Endure or Collapse," *Survival*, Vol. 39, No. 1 (Spring 1997), pp. 156~179.

인접성(geographic proximity), 공격적 의도(aggressive intention)라는 네 가지 요인의 복합변수라고 주장했다. 즉, 단순히 상대방이 상대적 힘에서 우위에 있다고 해서 위협으로 인식되지는 않으며, 상대적 힘의 배분과 함께 공격적 의도가 존재해야만 위협적이라고 인식된다. 1945년 이후 유럽 국가들이 소련에 대항하기 위해 미국과 연합한 것은 이러한 논리를 잘 보여준다. 미국은 객관적으로 막강한 힘을 가지고 있었지만, 공격적인 의도를 가지고 있지 않았다. 그러나 소련은 동부 유럽과 동북아시아에서 급격히 팽창하고 있었고, 서부 유럽 국가들은 이러한 소련의 팽창을 소련이 공격적인 의도를 가지고 있다는 증거로 받아들였다. 따라서 전체적 힘의 측면에서 압도적인 미국이 아니라, 미국과 비교해서 더욱 강력한 공격적 군사력, 더욱 높은 지리적 인접성, 더욱 강한 공격적 의도를 가진 소련에 대항했다.

또한 왈트는 동맹 형성에서 군사적 위협 이외의 요인이 작용하는지의 여부를 살펴보았다. 냉전 기간에 미국과 소련은 자신의 동맹과 영향력을 유지하기 위해 '민주주의'와 '사회주의'라는 정치이념을 동원했으며, 막대한 해외 원조(foreign aid)를 동맹국에 제공했다. 소련은 냉전 기간에 구축한 제국(Soviet Empire)을 유지하기 위해 위성국가에 많은 원조를 제공했다. 특히 동독과 체코슬로바키아에서 기계류를, 쿠바에서는 설탕을 국제가격보다 높은 값을 지불하면서 수입했으며, 국제시세보다 싼값으로 동부 유럽과 쿠바 등에 석유를 공급했다. 이러한 방식으로 소련은 자신의 위성국에 무역을 통한 보조금(subsidized trade)을 지급했으며, 바로 그 '덕분에' 계획경제의 문제점은 더욱 악화되었다.[2] 동맹 형성에서 정치이념과 해외원조가 어떠한 역할을 수행하는가? 이것이 왈트가 던진 또 다른 질문이다.

2. 상대적 힘과 위협에 대한 대응

왈츠는 상대적 힘에 기초해 국가의 행동을 설명했고, 그의 국제정치이론은 세력균형이론(balance of power theory)이다. 이에 반해 왈트는 상대적 힘이 아니라 위협에 기초해 국가의 행동을, 특히 동맹 형성과 관련된 국가의 행동을 설명했다. 즉, 왈트는 위협균형이론(balance of threat theory)을 제시한 것이다. 국가는 다른 국가들의 상대적 힘과 그것이 지닌 장기적인 위험보다는 자신들의 안전을 직접적으로 저해하는 단기적 위협에 반응한다. 이웃 국가와 상대적 힘에 큰 차이가 있다면 장기적으로 여러 가지 문제가 발생할 가능성이 존재한다. 지금 현재로서는 우호적인 관계를 유지하므로 직접적인 위협이 되지 않는다고 해도, 어느 순간에 돌변하여 공격적으로 행동할지 알 수 없다. 가장 극단적인 사례는 제2차 세계대전 초기에서 찾아볼 수 있다. 1939년 8월 나치 독일과 소련은 불가침 협정을 체결했고 사실상의 동맹국으로 폴란드를 침공해 분할했다. 소련은 독일이 영국 및 프

---

2) 냉전 말기인 1988년에도 소련은 동유럽 위성국가를 통제하기 위해 매년 170억 달러를 지원했고, 이러한 금액은 소련 경제에 '견딜 수 없는 부담(intolerable burden)'이었다. 또한 소련 지도자들은 이러한 지원 금액에 경악했다. Randall W. Stone, *Satellites and Commissars: Strategy and Conflict in the Politics of Soviet-Bloc Trade* (Princeton, NJ: Princeton University Press, 1996), p. 45.

랑스와 전쟁을 치르는 동안 필요한 자원을 공급했으나, 1941년 6월 독일은 소련을 침공했다. 이와 같이 주변 국가의 힘이 증가하는 것은 위험하며, 더욱이 국가의 의도는 언제든지 바뀔 수 있기 때문에 모든 국가들은 항상 세력균형에 주의를 기울이고 이에 따라 행동한다.

하지만 대부분의 경우 국가의 의도는 안정적이며 쉽게 변화하지 않는다. 설사 변화하는 경우에도 여러 방식을 통해서 그 변화를 파악할 수 있다. 사전에 아무런 접촉 없이 어떤 국가와 조우했다면 상대방의 의도를 파악하기 어렵겠지만, 현실적으로 어떤 국가와 아무런 관계도 없이 백지상태에서 접촉하는 경우는 존재하지 않는다. 나치 독일과 소련의 경우에도 히틀러는 소련 공산주의에 대한 증오와 독일 민족의 생존권 확보를 이유로 동부 유럽 정복의 필요성을 『나의 투쟁(Mein Kampf)』이라는 저서를 통해 1925년에 이미 천명했다. 또한 소련 침공을 위한 군사력 배치는 어떠한 방식으로든 숨길 수가 없었다. 하지만 스탈린은 이러한 징후를 무시했고 독일의 의도가 공격적이라는 사실을 부정했다.[3] 여기서 어떠한 가능성이 존재한다는 사실과 그 가능성에 항상 대비해야 한다는 주장은 반드시 구분해야 한다. 주변 국가의 상대적 힘이 증가한다면 미래에 그 국가가 공격적인 의도를 가지게 되어 팽창할 가능성은 분명히 존재한다. 그렇지만 팽창 가능성이 낮다면 이러한 가능성에 대비하는 것은 기우이며 비합리적이다. 즉, 안보와 관련해 '1%의 가능성'까지 고려하는 것은 정책 입안 과정에서 자원 낭비나 잘못된 정책을 가져온다. 예를 들면 미국 부시 행정부는 이러

---

3) 1941년 6월 독일은 소련을 침공하기 위해서 350만 명의 병력을 동원했고, 전차 3,350대, 야포 7,200문, 항공기 2,770대의 군사 장비를 집결시켰다. David M. Glantz and Jonathan M. House, *When Titans Clashed: How the Red Army Stopped Hitler* (Lawrence, KS: University Press of Kansas, 1995).

한 미약한 가능성에 집중했고, 결국 엄청난 실책을 범했다. 부통령이었던 체니(Dick Cheney)는 1%의 가능성만이 존재한다고 해도 이를 확실한 것 (certainties)으로 다루어야 한다는 이른바 '1퍼센트 원칙(One Percent Doc- trine)'을 표명하며 아프가니스탄과 이라크 침공을 정당화했다.[4] 모든 위험 은 그것의 실현 가능성과 예상 피해에 따라 대비 필요성이 달라지며, 생존 에 대한 직접적인 위험이라도 가능성이 1% 미만과 같이 매우 낮다면 위험 을 무시하고 대비책을 강구하는 데 자원을 사용하지 않아야 한다. 모든 합 리적인 행위자는 어느 정도의 위험을 항상 수용하며, 개별 가능성과 예상 피해의 크기에 따라 자원을 배분한다. 즉, 모든 가능성에 동일하게 반응하 는 것은 매우 비합리적인 것이다.[5]

또한 단순히 상대적 힘에서 특정 국가가 우위에 있다고 이 국가가 다른 국가를 안보 위험에 빠뜨리지는 않는다. 이러한 위험의 가능성은 바로 공 격적인 의도를 통해 나타나며, 직접적인 위협은 지리적으로 인접한 상대방 이 팽창에 필요한 물질적인 능력과 팽창을 하겠다는 정치적인 의도를 갖는 경우에 발생한다. 그러므로 왈트가 강조하는 위험 개념은 왈츠가 사용하는 상대적 힘 개념보다 국가행동을 설명하고 분석하는 데 유용하다. 적어도 합리적으로 행동하는 국가라면 단순한 위험 가능성보다는 구체적인 위협

---

4) Ron Suskind, *The One Percent Doctrine* (New York: Simon & Schuster, 2006).

5) 예를 들면 1989년 3월 지름 300미터의 소행성이 지구를 빗겨 갔다. 당시 궤도의 차이 는 70만 킬로미터로서 지구 공전 속도로는 불과 여섯 시간이 소요되는 거리이며, 이것 은 태양 주변을 회전하는 지구의 속도에 대한 비율로 0.07%(1,460분의 1)에 지나지 않 았다. 만약 이것이 충돌했다면 50일 동안 계속 히로시마 원자폭탄의 폭발력과 비슷한 정도의 파괴가 매초 반복되는 상황이 발생했을 것이며, 인류라는 종(種)을 포함해 지구 생명체의 상당 부분이 사라졌을 것이다. 하지만 지금까지도 인류는 소행성 충돌 문제에 대해 심각하게 생각하지 않으며, 이에 대비하지 않는다. 위험성은 존재하지만 소행성 충돌 가능성이 매우 낮기 때문에 특별한 대비책을 강구하지 않는 것이 합리적이다.

에 따라서 움직이며 동맹을 형성한다. 1945년 이후의 국제정치, 특히 유럽 국가들의 미국과 소련에 대한 태도는 이러한 차이를 잘 보여준다. 미국의 상대적 힘은 세계를 압도했으며 따라서 미국이 세계정복전쟁을 수행할 가능성 자체는 분명히 존재했다. 하지만 이러한 가능성은 무의미할 정도로 낮았기 때문에 서부 유럽 국가들은 미국보다는 힘이 약할지라도 더 큰 위험 가능성을 지닌, 즉 더욱 위협적인 소련에 대항했다.

위협균형이론에 등장하는 국가들은 생존을 위해, 상대적 힘의 측면에서 우위에 있지만 공격적인 의도가 없는 국가보다는, 상대적 힘의 우위와 공격적인 의도를 보이는 국가를 경계한다. 따라서 국가의 행동은 상대적 힘과 세력균형이 아니라 외부의 위협과 위협균형에 따라 결정된다. 반면 세력균형이론에 따르면 상대방의 의도는 언제든 변화하며 국가들은 상대적 힘에 따라 행동한다. 특정 국가의 상대적 힘이 증가하면 여러 국가들은 연합해 이에 대항하며 세력균형을 유지한다. 두 가지 시각은 국가들이 균형유지를 통해 안보를 추구한다는 주장에서는 동일하지만, 균형유지의 작동원리에서는 차이를 보인다. 세력균형이론에서 볼 때 균형유지는 단기적인 위협이 아니라 매우 장기적인 전망에서 이루어진다. 더 강력한 국가와 연합해 편승하는 경우에 단기적인 위험은 피할 수 있지만, 장기적으로 볼 때 강력해진 국가는 결국 자신의 안전을 위협하는 대상으로 부상한다. 따라서 상대적 힘에서 열위에 있는 국가와 동맹을 체결하고 세력균형을 유지할 것이다. 반면 위협균형이론은 단기적 위협을 강조하면서 위협에 대한 대응에서 강대국과 약소국이 차이를 보인다고 지적한다. 모든 국가는 자신의 생존을 지키기 위해 노력하며 강대국의 경우에는 직면한 위협에 대항할 능력을 가지고 이에 저항한다. 하지만 약소국은 그 정도의 힘을 가지지 못하기 때문에 위협에 직면한 경우, 저항하기보다는 편승을 선택한다. 편승이 더욱 큰 위험을 가져올 수 있지만, 단기적인 위협 때문에 약소국은 어쩔 수 없이 균형보다는 편승을 선택한다.

3. 동맹의 본질과 결정 요인

왈츠의 세력균형이론과 왈트의 위협균형이론은 매우 유사하다. 국가행동을 결정하는 핵심 변수가 상대적 힘인지, 아니면 상대적 힘과 공격적 의도를 동시에 고려해야 하는 위협인지의 차이가 있지만, 이를 제외하고는 기본적으로 동일하다. 현실주의(realism)라고 불리는 대부분의 이론체계에서 동맹이란 외부 위협 또는 위험에 대응하는 국가정책 수단이며, 국가행동을 결정하는 독립변수가 아니라 국가행동의 결과로 나타나는 종속변수이다. 왈츠와 왈트가 말하는 동맹이란 필요한 경우에는 언제든지 체결되고 언제든 파기할 수 있는 매우 유연한 도구이다.

동맹은 외부의 위험과 위협에 직면한 국가들이 자신들의 군사력을 공통으로 사용하기 위한 장치이다. 군사력 연합을 더욱 쉽게 하고 다양한 정보 및 거래 비용을 줄이기 위해서 어느 정도의 제도화가 필요하기는 하지만, 제도화 자체는 동맹이나 동맹 구성국가의 행동에 영향을 미치지 않는다. 즉, 동맹이란 공통의 안보 문제를 해결하기 위해 국가들이 만들어낸 국제제도(international institution)로서, 좀 더 효율적으로 문제를 해결하기 위한 도구에 지나지 않는다. 따라서 동맹 구성국의 판단에 따라서 동맹의 운명이 결정되며, 동맹을 맺게 한 위험이나 위협이 사라지면 개별 국가들은 자신들의 정책 도구인 동맹의 필요성이 줄어들었다고 판단하고 결국 동맹을 파기한다. 국제제도는 국가이익을 더 효율적으로 추구하는 데 사용하는 도구로서, 이익이 변화하면 도구로서의 국제제도가 유연하게 변화하듯이 동맹도 동맹국의 이익이 변화하는 경우에는 그 형태와 목적이 매우 유연하게 변화한다. 이른바 제도적 관성(institutional inertia)은 존재하지 않는다.

그러나 현실적으로 제도적 관성은 존재하며, 일단 만들어진 제도는 그 자체로 생명력이 있다. 제도 자체를 변경하거나 기존 제도를 폐기하고 새로운 제도를 구축하는 데 많은 비용이 소요되므로, 개별 구성원의 이익이 부분적으로 변화하는 것에 맞추어 제도가 조금씩 변화하지는 않는다. 동맹에서도 이러한 현상은 잘 드러난다. 소련이 자신의 위성국을 통합해 구축한 바르샤바조약기구(Warsaw Treaty Organization: WTO)는 소련이 붕괴되고 있던 1991년 7월에 소멸했다. 바르샤바조약기구 구성원의 이익은 냉전이 종식됨으로써 근본적으로 변화했고, 구성원들은 결국 소련의 위성국에서 탈피해 시장경제와 민주주의를 수용하고 기존 동맹을 포기했다. 하지만 미국 중심의 북대서양조약기구는 냉전이 종식되었는데도 현재까지 건재하다. 바르샤바조약기구 구성원과는 달리 북대서양조약기구 구성원의 국가이익에는 큰 변화가 없었고, 그 덕에 북대서양조약기구는 새로운 환경에 적응해 유럽을 포괄하는 안보기구(security institution)로 진화했다. 이는 변화하는 현실에 맞추어 동맹을 새롭게 구축하기보다는 기존 동맹을 개조한 사례이며, 동맹에서 제도적 경직성(institutional stickiness)이 나타난 것이다.[6]

국제제도로서 동맹이 지닌 제도적 관성과 경직성은 강대국의 숫자로 규정되는 극성과는 무관하게 일반적으로 나타난다. 하지만 다극체제에서는

---

6) John Duffield, *Power Rules: the Evolution of NATO's Conventional Force Posture* (Stanford: Stanford University Press, 1995), Helga Haftendorn et al. (eds.), *Imperfect Unions: Security Institutions over Time and Space* (New York: Clarendon Press, 1999); Celeste Wallander, *Mortal Friends, Best Enemies: German-Russian Cooperation after the Cold War* (Ithaca: Cornell University Press, 1999).

동맹 내부의 안보딜레마(alliance security dilemma)라는 또 다른 문제가 등장한다. 앞서 언급했듯이 양극체제에서 나머지 국가들은 강대국의 힘에 압도되며, 따라서 동맹은 큰 의미가 없다. 미국과 소련의 힘이 막강했고 중국이 아직 강대국으로 부상하지 못했던 1960년대와 1970년대, 소련은 같은 공산주의 국가인 중국과 전쟁을 했고, 1970년대 후반에 중국은 소련의 경쟁상대였던 미국과 정치적 관계를 개선했다. 한편 미국의 동맹국인 프랑스는 1966년 북대서양조약기구의 통합지휘체제에서 자신의 군사력을 철수했으며, 프랑스 영토에서 북대서양조약기구의 군사시설이 철수할 것을 요구했다.[7] 그러나 이러한 '일탈 행위'는 미국과 소련의 냉전과 양극체제하에서는 어떠한 문제도 야기하지 않았다. 반면 다극체제에서는 특정 강대국들이 다른 강대국들을 압도하지 못하기 때문에 강대국들은 서로에게 상당한 영향을 미치며, 따라서 동맹이 매우 중요한 의미를 지닌다. 다극체제에서는 동맹의 붕괴 또는 동맹국의 이탈이 세력균형에 큰 변화를 일으키며, 특히 위기 상황에서 동맹국에 버림을 받는 방기(放棄, abandonment)의 가능성은 상당한 안보 위험으로 작동한다. 문제는 방기를 막으려고 동맹을 강화하면 동맹국을 위해서 자신에게 불필요한 전쟁을 수행하게 되는 연루(連累, entrapment)가 발생할 위험이 증가한다는 사실이다. 하지만 연루 가능성이 두려워서 동맹을 약화시키면 방기 가능성이 늘어난다.[8]

---

7) 프랑스의 일방적인 선언으로 북대서양조약기구의 최고사령부(Supreme Headquarters Allied Powers in Europe: SHAPE)는 1967년 10월 프랑스에서 벨기에로 이전했다. 하지만 냉전 기간에 프랑스는 서독에 군사력을 배치했고 북대서양조약기구의 구성원으로 남아 있었다.

8) 동맹의 안보딜레마에 대한 상세한 논의는 Glenn H. Snyder, "The Security Dilemma in Alliance Politics," *World Politics*, Vol. 36, No. 4 (July 1984), pp. 461~495에서 찾아볼 수 있다. 이에 따르면 동맹이라는 추가 변수가 존재하기 때문에 다극체제가

이러한 문제점은 다극체제에서 흔히 나타나는 현상으로, 동맹이 국가정책의 단순한 수단 이상이라는 사실을 보여준다. 1878년 비스마르크(Otto von Bismarck)는 베를린회의(Congress of Berlin)를 소집함으로써 발칸반도를 둘러싼 강대국 전쟁을 방지했다. 독일은 '정직한 중개인(honest broker)'으로 행동하겠다고 표명하면서, "발칸반도는 독일에 단 한 명의 병사를 희생할 가치도 없다(the Balkans are not worth the bones of a single Pomeranian grenadier)"라고 단언했다. 이후 비스마르크는 오스트리아-헝가리 제국과의 동맹을 복원하면서 동맹은 오스트리아-헝가리 제국이 '자기 파멸적 행동을 하지 못하도록 통제(harness)하기 위해서 필요'하다고 동맹의 중요성을 역설했다. 하지만 비스마르크 퇴임 후 25년이 지난 1914년 7월, 독일은 동맹국인 오스트리아-헝가리 제국을 지원하여 발칸 문제에서 시작된 전쟁에 개입했다. 이와 같은 변화는 독일이 동맹에 부여하는 중요성이 달라졌기 때문이었다. 1878년과 1914년 모두 국제체제의 구조는 다극체제였다. 그러나 1878년 독일이 동맹국을 방기하는 대신 연루의 위험을 회피했다면, 1914년 독일은 동맹국 오스트리아-헝가리 제국을 적극 지원해 제1차 세계대전을 시작했고 방기되기보다는 연루되기를 선택했다.[9] 독일은 통제의 대상이었던 동맹국의 이익을 위해서 자신의 직접적인 이익이 침해되거나 자신의 안전이 직접적으로 위협받지 않았던 전쟁에 개입했다. 즉, 현실에서 동맹은 일단 공고화되면 쉽게 변화하지 않으며, 유연하게 모든 정책

양극체제보다 더욱 불안정하다. 이러한 논의를 동아시아 국제정치에 적용한 연구로는 Victor D. Cha, *Alignment Despite Antagonism: the United States-Korea-Japan Security Triangle* (Stanford: Stanford University Press, 1999)이 있다.

9) 비스마르크 외교에 대해서는 William L. Langer, *European Alliances and Alignments, 1871~1890* (New York: Alfred Knopf, 1956)이 고전적이지만 가장 훌륭한 외교사 연구이다.

가능성을 제시하기보다는 제한된 선택을 강요한다.

동시에 왈트는 동맹이란 안보를 위한 수단이므로 원조나 정치이념은 영향을 미치지 않는다고 주장했다. 동맹은 쉽게 변화하며 필요한 경우 언제든 형성되었다가 깨질 수도 있기 때문에, 원조를 통해서는 강력한 동맹을 구축할 수 없다. 정치이념 역시 위협 인식(threat perception)과 그로 인한 동맹 형성에 영향을 주지 않는다. 중동 및 아프리카 지역에서 미국과 소련은 원조를 통해 명목상의 동맹을 결성했지만, 이러한 동맹은 외부 위협의 변화에 따라 쉽게 변화했다. 즉, 원조는 동맹의 결정 요인이 아니며 원조를 통해 동맹을 유지하려는 정책은 잘못된 정책이다. 또한 왈트는 상대 국가의 국내정치적 세력을 변화시켜 우호적인 세력의 집권을 유도하고, 이를 통해 동맹을 형성하는 방식은 성공하지 못한다고 본다. 흔히 '국내적 침투(domestic penetration)'라고 불리는 이러한 정책은 널리 사용되지만, 효과가 없다고 지적한다. 왈트는 이러한 현상이 대개 동일한 위협에 직면하여 동맹을 체결했기 때문에 나타난 결과이지, 그 자체로 동맹을 결정하는 원인은 아니라고 주장했다.

정치이념에 대해서도 왈트는 효과가 없다고 보았다. 동일한 이념을 표방한다고 해서 동맹국으로 발전하지 않으며, 협력하지도 않는다. 민주주의 국가들 사이의 동맹은 동일한 정치이념의 결과가 아니라 동일한 위협에 직면하고 있기 때문에 나타난 현상이며, 동맹국의 이념이 유사한 것은 논리적으로는 무의미하며 우연이라고 평가한다. 즉, 동맹은 위협에 의해 결정되며, 동일한 위협 인식 결과 국내적으로 비슷한 정치이념이 등장할 수 있다. 하지만 현실적으로 정치이념이 위협 인식을 통해 외교정책에 영향을 미칠 수 있다. 이념적 차이가 크면 서로를 적으로 인식하고, 이념적 차이가 작으면 상대방을 위협으로 인식하지 않기 때문에 결과적으로 정치이념이 위협 인식을 통해 동맹 형성에 영향을 준다.[10] 예컨대 민주주의 국가들은 서로 동맹을 체결했고, 군주제 국가들은 서로 힘을 합해 공화정 국가의 위협에 대항했으며, 공산주의 국가들은 서로를 우호 국가로 인식했다.

4. 왈트 이론과 위협 개념에 대한 반론

왈트 이론은 기존의 현실주의 이론을 더욱 정교하게 만들었으며, 특히 현실에서 나타나는 국가의 행동을 좀 더 정확하게 설명할 수 있도록 진화시켰다. 하지만 이 과정에서 상당한 문제점이, 특히 왈트 이론의 핵심을 차지하는 위협 변수의 측정에서 문제가 발생한다. 왈트는 외부의 위협이라는 독립변수로써 국가의 행동, 특히 동맹 형성에서의 국가의 행동을 설명했다. 왈츠의 전통적인 세력균형이론은 국제체제에서의 상대적 힘이라는 단 하나의 독립변수로써 국가행동을 설명했고, 따라서 이론의 간결성이라는 측면에서는 매우 강력했다. 하지만 하나의 독립변수를 사용했기 때문에 설명할 수 있는 국가의 행동이 매우 제한적이었고, 따라서 이론의 설명력과 풍부함(richness)이라는 측면에서는 한계가 있었다.[11] 반면 왈트의 위협균형이론은 이와는 반대의 문제에 직면한다. 위협이라는 독립변수는 국가의 행동을 풍부하게 설명할 수 있게 해주었지만, 독립변수인 위협이 네 가지 요소로 구성된 복합변수이기 때문에 이론의 간결성이 떨어진다.

공격적 현실주의의 대표 이론가인 미어세이머는 무정부적 국제체제에

---

10) Mark L. Haas, *The Ideological Origins of Great Power Politics, 1789~1989* (Ithaca, NY: Cornell University Press, 2005).

11) Fareed Zakaria, "Realism and Domestic Politics: A Review Essay," *International Security*, Vol. 17, No. 1 (Summer 1992), pp. 177~198.

서 상대적 힘이란 군사력, 특히 육군으로 대표되는 지상군 군사력이라고 주장했다. 1945년 유럽 국가들이 미국이 아니라 소련에 대항하는 동맹을 체결한 것은 지상군 군사력에서 미국보다는 소련이 더욱 강력했기 때문이라고 보았다.[12] 상대적 힘을 측정하기 위해서 개별 국가의 지상군 군사력을 만들어내는 데 필수적인 경제력과 인구를 고려했으며, 이 가운데 경제력은 1960년까지는 철강 생산량과 에너지 소비량의 합으로, 그 이후에는 국민총생산(GNP)을 통해 측정했다. 이러한 방식 자체는 여러 가지 문제를 지닌다. 하지만 미어세이머의 주장은 많은 학자들의 공감을 얻었으며, 객관적인 지표(index)를 사용했기 때문에 평가 결과 자체에 대해서는 객관성과 보편성이 유지되었다.

그러나 위협은 정확하게 측정하기 어렵다. 위협을 전체적 힘, 공격적 군사력, 지리적 인접성, 공격적 의도라는 네 가지 변수의 복합된 결정체로 파악하는 것은 타당하다. 하지만 이러한 네 가지 구성 요소가 각각 다른 방향으로 변화한다면 위협의 수준은 어떻게 달라지는지 알 수 없다. 어떤 국가의 전체적 힘, 공격적 군사력, 지리적 인접성, 공격적 의도가 모두 상승한다면 위협은 증가하며, 모두 하강한다면 위협은 감소한다. 하지만 전체적인 힘이 증가하지만 공격적 군사력 또는 공격적 의도가 감소한 경우, 위협이 증가하는지 또는 감소하는지 파악하기가 어렵다. 전체적 힘의 증가는 위협 수준을 상승시키지만 공격적 군사력 감소는 위협 수준의 하강을 가져오기 때문에, 이러한 변화의 복합 작용이 위협 수준을 전체적으로 상승시키는지 아니면 하강시키는지 알 수 없다.[13] 위협이 능력과 의도의 두 가지

---

12) 1948년 당시 미국은 136만의 병력을 보유했지만, 소련군 병력은 미국의 두 배가 넘는 290만이었다.

13) Robert O. Keohane, "Alliances, Threats, and the Use of Neorealism: Book Review:

변수로만 구성되어 있다고 해도 동일한 문제가 발생한다. 지리적으로 동일한 상황에 있다고 가정할 때, 공격적인 의도를 지닌 약소국과 공격적이지 않은 강대국 가운데 어떤 국가가 더욱 강력한 위협의 원천이 되는지 명확하게 판단할 수 없다.

이러한 문제점은 외교정책의 측면에서 매우 심각하다. 오늘날 동아시아에서 가장 중요한 변화는 중국의 부상이다. 그렇다면 중국의 주변 국가들과 미국은 중국의 상대적 힘이 증가하기 때문에 중국을 위협적인 국가로 인식하는가? 만약 중국이 공격적인 의도를 표출한다면, 이것은 중국의 상대적 힘의 증가와 함께 중국 위협을 더욱 증폭시킨다. 하지만 중국의 의도가 공격적이지 않다면, 더욱이 화평굴기(和平崛起, Peaceful Rise of China)와 같이 평화적이라면, 중국의 부상이 반드시 중국 위협을 강화하지는 않는다. 상대적 힘의 증가는 객관적인 지표를 통해 알 수 있기 때문에, 중국 위협에 대한 평가는 결국 중국의 정치적 의도에 대한 평가로 귀결된다. 중국이 공격적으로 행동할 것이라고 판단하면 중국의 위협이 강화되고 있다고 평가하며, 중국이 방어적으로 행동할 것이라고 본다면 중국의 위협은 존재하지 않는다는 결론이 도출된다.

이는 위협 개념의 또 다른 문제로 연결된다. 바로 국가의 상대적 힘과 정치적 의도 사이에 존재하는 상관관계의 문제이다. 우선 상대적 힘이 의도 변화를 초래할 수 있다. 특히 어떤 국가의 상대적 힘이 증가하면 그 국가의 의도가 공격적으로 변화하는 경우가 있다. 상대적 힘과 의도가 서로 독립적이지 않고 상대적 힘에 따라 의도가 결정된다면, 상대의 의도를 별도로 고려할 필요가 없어 상대적 힘만으로도 국가의 행동을 설명할 수 있다. 즉,

The Origins of Alliances," *International Security*, Vol. 13, No. 1 (Summer 1988), pp. 169~176.

약소국은 자신의 안전을 위해서 방어적인 의도를 가지지만, 강대국으로 부상하면서 공격적 의도를 가지게 되며 팽창을 시도한다. 둘째, 국가의 상대적 힘과 세력균형은 쉽게 변화하지 않지만, 국가의 의도는 짧은 시간에도 변화한다. 따라서 국가의 의도를 고려하는 것은 내재적 불확실성 때문에 무의미하며, 오직 상대적 힘만이 국가의 팽창 가능성에 대한 의미 있는 지표이다. 미래의 의도에 대한 극단적인 불확실성이 존재하기 때문에 안보를 위해서는 상대방의 공격적 의도를 상정하고 대비해야 한다. 셋째, 모든 국가는 공격적인 의도를 지닌 현상타파 국가이다. 공격적 현실주의의 주장과 같이 약소국이든 강대국이든 모든 국가는 팽창을 시도하며, 오직 상대적 힘이 부족한 경우에만 억지 또는 봉쇄된다. 따라서 위협 수준은 상대적 힘에 의해 결정되며, 국가의 공격적 의도는 동일하므로 논할 필요가 없다. 아직까지 국제정치이론, 특히 왈트의 이론에서는 이러한 문제점에 대한 해결책이 제시되지 않고 있다.

왈트 이론과 위협 개념이 지닌 세 번째 문제점은 동맹 형성과 동맹 준수, 그리고 다른 균형유지 전략에 대한 논의가 필요하다는 사실이다. 국가들이 안보를 위해서 동맹을 도구로 사용한다면, 동맹에 대한 논의를 동맹 형성에 국한하지 않고 동맹 작동 문제로까지 확대해야 한다. 왈트의 논의에 따르면 강력한 위협에 직면한 국가들은 동맹을 더욱 잘 준수한다. 어떤 국가가 상대적 힘이 매우 크거나 지리적으로 인접해 있거나 공격적 군사력 또는 공격적인 의도를 가지고 있다면, 동맹은 잘 작동한다. 하지만 1938년 9월 뮌헨위기(Munich Crisis)에서 나타났듯이 독일의 공습 위험을 지나치게 인식했던 영국은 개입을 포기했고 잠재 동맹국을 지원하지 않았다.[14] 즉,

---

14) Gerald Geunwook Lee, "I See Dead People: Air-Raid Phobia and Britain's Behavior in the Munich Crisis," *Security Studies*, Vol. 13, No. 2 (Winter 2003/2004), pp.

매우 강력한 위협에 직면한 일부 국가들은 즉각적으로 저항하지 않는다. 또한 위협에 직면한 국가는 균형유지를 위해서 동맹을 통한 외부적 균형유지와 자체적 군사력 증강이라는 내부적 균형유지 가운데 하나를 선택한다. 왈트는 국가가 선택할 수 있는 균형유지 정책이라는 맥락에서 동맹을 분석하지 않고 단순히 동맹 형성에만 집중했고, 이 과정에서 국내정치적 변수는 영향을 미치지 않는다고 보았다. 동맹과 자체적 군사력 증강의 상호작용은 나타나지 않으며, 국가들은 국내정치적 진공상태에서 외부 위협에 대항하는 균형유지 전략을 선택한다. 그러나 내부적 균형유지 정책인 자체적 군비증강은 국내 자원의 소모를 가져오며, 외부적 균형유지 전략은 대외 정책의 자율성을 침해한다. 다시 말하면, 어떠한 정책을 선택하든 어느 정도의 비용은 지불해야 하지만, 위협에의 대응이라는 동일한 목표를 달성하기 때문에, 이 가운데 어떠한 선택을 할 것인지는 국내정치적 고려에 따라서 결정될 가능성이 크다. 즉, 국내 자원을 사용해 독자적 군사력을 건설할 것인지, 대외 정책의 자율성을 희생해 외부적 균형유지를 추진할 것인지의 두 가지 선택이 있으며, 최종 결과는 국내적으로 어떠한 '비용'을 수용하느냐에 따라 달라진다.[15]

마지막 문제점은 왈트가 동맹을 외부 위협에 대한 대응 수단으로 파악했다는 사실이다. 현실에서 동맹은 다양한 용도로 사용되며, 외부 위협에

230~272; Norris M. Ripsman and Jack S. Levy, "Wishful Thinking or Buying Time: the Logic of British Appeasement in the 1930s," *International Security*, Vol. 33, No. 2 (Fall 2008), pp. 148~181.

15) 균형유지 전략의 선택에 대해서는 James D. Morrow, "Arms versus Allies: Trade-offs in the Search for Security," *International Organization*, Vol. 47, No. 2 (Spring 1993), pp. 207~223; Kevin Narizny, *The Political Economy of Grand Strategy* (Ithaca, NY: Cornell University Press, 2007) 등의 연구가 있다.

대한 대응은 그중 하나에 불과하다. 냉전과 같은 양극체제에서는 강대국이 자신에게 우호적인 국가를 보호하고 확장억지(extended deterrence)를 달성하는 수단으로 동맹을 사용했다. 또 동맹국 통제의 수단으로 동맹을 사용하기도 한다. 비스마르크는 오스트리아-헝가리 제국과의 동맹을 통해 오스트리아-헝가리 제국의 대외 정책을 통제하려고 시도했다. 이러한 현상은 냉전 시기에서도 관찰된다. 북대서양조약기구 초대 사무총장(Secretary General)을 역임했던 이스메이(Hastings Ismay)는 1954년 북대서양조약기구의 목적에 대해 "미국이 유럽 대륙 문제에 계속 관여하도록 묶어두고, 소련이 유럽을 침공하지 못하도록 억지하며, 동시에 독일이 다시 전쟁을 일으키지 못하도록 억제하는 것(Keep the Americans In, the Russians Out, and the Germans Down)"이라고 규정했다. 또한 냉전 종식 과정에서 동독이 붕괴되고 독일이 통일되자, 소련은 통일 독일은 북대서양조약기구에서 탈퇴하여 중립국으로 남아야 한다고 주장했다. 하지만 미국은 통일 독일이 중립국으로 북대서양조약기구 외부에 존재하는 것보다는 북대서양조약기구의 구성원으로 남아 있으면서 영국과 프랑스 그리고 무엇보다도 미국의 통제를 받는 것이 낫다는 논리로 소련을 설득했고, 소련의 지도자 고르바초프(Mikhail Gorbachev)는 이러한 주장을 받아들였다.16)

5. 위협 및 동맹 개념의 발전

왈트는 완전히 새로운 이론체계를 창조하지 않았다. 기존 왈츠 이론을 개량하여 위협이라는 개념을 사용해 동맹 형성을 분석했다. 그리고 상당

---

16) Philip Zelikow and Condoleezza Rice, *Germany Unified and Europe Transformed: A Study in Statecraft* (Cambridge, MA: Harvard University Press, 1997).

부분 성공했다. 왈트는 국가행동의 결정 요인을 핵심 질문으로 던지고, 힘보다는 상대의 힘과 의도를 복합적으로 포함한 위협이 더욱 중요하다고 주장했다. 이러한 시각은 단순히 세력균형과 상대적 힘만을 강조했던 기존의 왈츠 이론을 수정한 것으로, 독립변수를 추가하기보다는 다른 독립변수를 사용한 것이었다. 이러한 위협균형이론 덕분에 국가행동을 더욱 정교하고 정확하게 설명할 수 있게 되었다. 하지만 왈트의 위협균형이론이 독립변수인 위협을 측정하는 데 상당한 문제점이 있다는 사실은 부인할 수 없다.

또한 왈트는 적어도 강대국들은 외부 위협에 굴복하지 않으며, 그 수단으로 동맹을 형성한다고 주장했다. 약소국은 위협에 굴복하여 위협적인 국가의 행동에 편승할 수 있지만, 최소한 강대국은 동맹을 체결하고 저항한다고 보았다. 즉, 공격적으로 행동하는 국가는 자신의 공격적인 행동 때문에 다른 국가들의 연합을 초래하며, 결과적으로 자신의 반대 세력을 강화시킨다. 따라서 특정 국가가 어떤 지역 전체를 지배할 수는 없으며, 강력한 패권국이 등장할 가능성 자체도 감소한다. 또한 그는 원조, 국내적 침투, 정치이념 등은 동맹 형성에서 효과가 없으며, 동맹 형성의 원인이 아니라 결과라고 보았다.

왈트는 자신의 이론을 기초로 다양한 외교정책을 분석했다. 2003년 미국이 이라크를 침공하기 직전에 왈트는 미어세이머와 함께 이라크가 대량살상무기(Weapons of Mass Destruction: WMD)를 보유한다고 해도 이를 충분히 억지(deterrence) 또는 봉쇄(containment)할 수 있으므로 군사력을 동원한 침공은 필요하지 않다고 주장했다.[17] 이들은 또한 이러한 주장의 연장선상에서 미국의 이스라엘 지원 정책이 지닌 문제점에 대해 강력하게 경고했

---

17) John J. Mearsheimer and Stephen M. Walt, "An Unnecessary War," *Foreign Policy*, Vol. 134 (January/February 2003), pp. 51~59.

다. 미어세이머와 왈트는 미국 이스라엘 홍보위원회(American Israel Public Affairs Committee: AIPAC)로 대표되는 미국 내부의 이스라엘 로비가 다른 어떤 압력단체의 로비보다 효율적으로 작동하여 미국의 진정한 국가이익을 왜곡하고 있으며, 결국 미국은 이스라엘 지원을 통해 중동 국가들을 불필요하게 위협함으로써 미국에 대한 저항을 강화하고 있다고 지적했다.[18] 또한 21세기에 미국의 힘이 전 세계를 압도하지만 미국이 세계를 위협하고 있지는 않기 때문에, 다른 국가들은 미국에 대해 저항하거나 균형유지를 시도하지 않는다고 주장했다. 하지만 잠재적인 강대국들이 미국에 저항하는 상황을 방지하기 위해서 미국은 조심스러운 외교정책을 통해 다른 국가를 위협하지 않아야 한다고 경고했다.[19]

---

18) John J. Mearsheimer and Stephen M. Walt, *The Israel Lobby and U.S. Foreign Policy* (New York: Farrar, Straus and Giroux, 2007).

19) Stephen M. Walt, *Taming American Power: The Global Response to U.S. Primacy* (New York: W. W. Norton, 2005). 하지만 이에 대해 많은 국가들이 소극적 균형유지(soft balancing)를 하고 있다는 주장도 제기된다. Robert Pape, "Soft Balancing against the United States," *International Security,* Vol. 30, No. 1 (Summer 2005), pp. 7~45.

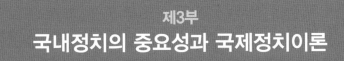

제3부

국내정치의 중요성과 국제정치이론

왈츠는 국제정치에서 국내정치는 무의미하다고 보았다. 하지만 많은 학자들은 국제정치에서 국내정치가 지닌 중요성을 받아들인다. 국내정치의 중요성을 강조하는 주장은 현실주의 이론체계 내부에서도 나타난다. 현실주의 이론가 상당수는 국내정치 변수를 사용해 자신들의 설명을 보완하고 있으며, 스나이더와 같은 방어적 현실주의 이론가들은 국내정치의 중요성을 강조한다. 한편 민주주의 국가들은 서로 전쟁을 하지 않는다는 '현실'은 민주평화론이라는 이론적 주장으로 이어졌다. 이는 왈츠 이론에 대한 강력한 반박이었다. 국제체제의 무정부성 자체가 민주주의 국가들 사이에서는 사라지며, 영구 평화가 이루어진다. 국제정치의 현실을 분석한다는 현실주의는 민주주의 국가들이 서로 전쟁을 하지 않는다는 '현실'을 설명하지 못하는 문제에 직면했다. 특히 이러한 현실이 왈츠가 무의미하다고 주장했던 민주주의라는 국내정치에 기초한다는 측면에서, 왈츠의 현실주의 이론의 문제점은 더욱 심각하다.

제6장
러셋 Bruce Russett
민주주의 국가들은 서로 전쟁을 하지 않는다

Grasping the Democratic Peace: Principles for a Post-Cold War World

Princeton, NJ: Princeton University Press, 1993

왈츠는 국제적 무정부 상태에서 국가들은 항상 갈등한다고 보았다. 모든 국가는 안보를 추구하며 결국 서로를 의심하고 경계한다. 공격적인 현상타파 국가가 존재하지 않는다 해도, 즉 현상유지 국가들만이 존재한다고 해도, 국가들은 국가보다 상위의 권위체가 존재하지 않는 국제적 무정부 상태에서 서로 경쟁한다. 국제정치와 국가의 행동을 결정하는 유일한 변수는 개별 국가가 가진 상대적 힘이며, 그 상대적 힘이 국제체제에 어떻게 배분되어 있는가에 따라서 국제체제의 구조 또는 극성이 결정된다. 이러한 논리에서 개별 국가의 국내적 특성은 무의미하다. 개별 국가가 자본주의 국가인지 공산주의 국가인지, 기독교 국가인지 이슬람 국가인지, 그리고 민주주의 국가인지 독재국가인지는 어떠한 차이도 야기하지 않는다. 다시 말해 국제적 무정부 상태에서는 모든 국가가 동일하며, 오직 상대적 힘에서만 다를 뿐이다. 국가들 사이의 갈등은 피할 수 없으며, 전쟁은 반복된다. 국제정치의 무정부성이 가져오는 압력은 압도적이기 때문에 국내정치적 차이로는 극복할 수 없다. 국내정치로 국가의 행동과 국제정치를 설명하려는 시도는 환원주의(reductionism)로서, 개별 사안에 국한된 서술이지 일반적인 현상을 분석하고 예측하는 이론은 아니다.

하지만 이러한 왈츠의 주장은 타당한가? 국제적 무정부 상태에서 국가들은 항상 갈등하는가? 국가 내부의 특성은 국제정치와 국가의 행동에 영향을 미치지 못하는가? 민주주의 국가들은 다른 형태의 국가들과 동일하게 행동하는가? 경험적으로 볼 때 두 개의 민주주의 국가들이 서로 전쟁을 한 경우는 존재하지 않는다. 민주주의 국가들 간에 위기가 발생하는 경우는 있지만, 전쟁터에서 군사력을 동원해 서로를 죽이려고 한 경우는 존재하지 않는다. 그렇다면 이러한 경험적인 현실을 어떻게 이해해야 하는가? 민주주의 국가들 사이에 존재하는 평화는 흔히 민주주의 평화(democratic peace)라고 불리며, 이에 대한 이론을 민주평화론(democratic peace theory)이라고 지칭한다. 이에 대해서는 많은 연구들이 있지만, 특히 러셋(Bruce Russett)은 민주평화론을 정리하면서, 민주주의 국가들이 자신들의 특수한 규범(norms) 또는 제도(institutions) 덕분에 전쟁을 피한다고 주장했다. 이 과정에서 왈츠의 이론은 매우 강력한 비판에 직면했다. 국제적 무정부 상태의 압력은 특정 정치체제에서는 작동하지 않으며 국가 내부의 속성에 따라서 국가의 행동이 결정된다는 이러한 경험적인 현상에 대해 왈츠의 이론은 적절한 답변을 제시하지 못했다.

1. 왈츠와 러셋 – 핵심 질문: 국내정치는 국가행동에 영향을 미치는가

왈츠에 따르면 국제적 무정부 상태에서 국가는 국내정치와는 무관하게 행동한다. 민주주의 국가든 독재국가든 한 국가의 행동은 상대적 힘에 의해서 결정되며, 국가들의 국내정치적 차이와는 무관하다. 이는 마치 개별 국가의 공식 명칭을 영어로 표기할 때 A로 시작하는지 아니면 B로 시작하는지, 또는 그 국가의 국기(國旗, national flag)에 빨간색이 들어가는지 아니면 노란색이 들어가는지 등이 국가행동에 어떠한 영향도 주지 않는 것과 같다. 오스트리아(Austria)와 오스트레일리아(Australia)의 영어 국호는 매우 유사하지만 이러한 유사성이 국제정치적 행동에 반영되지는 않는다. 행동의 차이는 오스트리아와 오스트레일리아가 지닌 상대적 힘의 차이에서 나타나며, 오히려 오스트리아의 행동은 영어 국호가 다르지만 비슷한 정도의 상대적 힘을 지니고 지리적으로도 인접한 스위스와 유사하다.

　민주주의 국가든 아니든 모든 국가는 국제적 무정부 상태의 압력에 노출되며, 여기에서 벗어날 수 없다. 국제적 무정부 상태에서 모든 국가는 상대를 정확하게 파악할 수 없으며, 자신의 안보를 추구하면서 불가피하게 주변 국가와 경쟁한다. 왈츠는 국제적 무정부 상태가 크게 위험하지는 않다고 보았지만, 국가들은 군사력을 구축하며 상황에 따라서 전쟁을 한다고 주장했다. 즉, 전쟁의 근본 원인은 국제적 무정부 상태이며, 모든 국가는 동일한 압력에 노출되어 있다. 국가 내부의 문제는 국가의 대외 행동에, 특히 전쟁 여부 결정에 영향을 미치지 않는다. 국제정치는 당구와 유사하다. 국가는 당구공과 같이 매우 단단하며 당구공 내부의 상태와 관계없이 움직인다. 당구라는 경기가 당구공의 내부 속성과는 무관하게 공의 충돌에 의해서 이루어지듯이, 국제정치는 국가 내부의 속성과 무관하게 순전히 국가들의 대외 관계로 이루어진다. 어떤 국가는 다른 국가에 비채 상대적 힘이 더 크며, 더 공격적으로 또는 방어적으로 행동하지만, 이러한 차이는 국가 내부의 속성에서 연유한 것이 아니다. 차이는 전체 구조에서 그 국가가 지닌 상대적 힘과 그에 따른 국제정치 구조의 특성에서 비롯된다.

왈츠는 국제정치를 국가 내부의 속성으로 설명하려는 시도를 환원주의 라고 비판하면서, 개별 국가의 속성 또는 인간의 본성으로는 국제정치 전 체를 설명하는 데 한계가 있다고 보았다. 국제정치는 국가가 형성된 이래 지속적으로 존재했으며, 따라서 국제정치이론은 이와 같은 지속적인 현상 을 설명해야 한다. 하지만 국가 내부의 속성에 기초한 설명은 그 속성이 존 재하는 기간에만 적용되며, 그 밖의 기간에는 적용되지 않는다. 예를 들어 홉슨(John A. Hobson)과 레닌(Vladimir Lenin)은 자본주의 경제의 모순을 가 지고 제국주의 정책을 설명했다. 하지만 제국주의 정책은 자본주의 경제가 나타나기 이전에도 존재했다. 즉, 19세기 제국주의의 원인은 자본주의 경 제를 통해서 설명할 수 있지만, 자본주의 경제가 등장하기 이전의 제국주 의는 그러한 논리로 설명할 수 없다. 물체의 낙하라는 보편적 현상을 뉴턴 (Isaac Newton)이 만유인력을 주장하기 이전과 이후로 나누어 달리 설명하 는 것이 논리적이지 않은 것처럼, 제국주의라는 일반적 현상을 자본주의라 는 제한적인 원인으로 설명할 수 없다. 국제정치는 국제정치의 무정부성과 같은 보편적인 원인으로 분석해야 하며, 국가의 속성과 같이 일정 기간에 만 나타나는 변수로는 설명할 수 없다.

그러나 이러한 왈츠의 주장에도 불구하고 민주주의 국가들은 서로 전쟁 을 하지 않는다는 사실(事實, fact)이 존재한다. 이것은 이론적 입장과는 무 관하게 받아들여야 하는 사실이다. 러셋으로 대표되는 민주평화론 이론가 들은 이에 기초해 다음과 같은 두 가지 주장을 개진했다. 첫째, 국제적 무 정부 상태의 압력이 항상 존재하지만, 민주주의 국가들 사이에서 이와 같 은 압력은 문제를 야기하지 않는다. 민주주의 국가들은 서로에 대한 불확 실성을 극복하여 전쟁 가능성을 해소하고, 흔히 사람들이 언급하는 '냉혹 한 국제정치' 대신에 영구 평화체제를 구축한다. 둘째, 국제정치를 설명하는 데 국내정치적 변수가 핵심적인 역할을 한다. 민주주의 국가 간에 나타나는 평화는 모든 국가에서 보편적으로 나타나지는 않으며, 상대의 정치체제에 따라 차별적으로 등장한다. 국제정치의 가장 중요한 현상인 전쟁과 평화는 국제체제의 구조 또는 상대적 힘의 배분과 같은 변수가 아니라, 국내적으로 어떠한 정치제제를 가지고 있느냐에 따라 결정된다.

민주평화론은 왈츠의 현실주의 이론에 대한 강력한 반론이었으며, 특히 이것이 경험적 사실에 근거하고 있었기 때문에 더욱 뼈아픈 지적이었다. 평화가 나타나는 국가들은 민주주의 국가들로 한정된다는 측면에서 왈츠의 환원주의에 대한 비판은 더 이상 적용되지 않았다. 약 200년 전 민주주의 국가가 등장한 이래 민주주의 평화라는 현상도 지난 200년간 지속되었다. 과거에 민주주의 평화가 존재하지 않았던 이유는 1815년 이전에는 민주주의 국가가 존재하지 않았기 때문이며, 이후에 민주주의 국가가 증가하면서 민주주의 평화라는 현상이 나타났을 뿐이다.

2. 사실로서의 민주주의 평화

민주주의 국가들은 서로 전쟁을 하지 않는다. 이것은 사실이며, 이론적 입장과는 무관하게 받아들여야 한다. 이러한 사실을 분석하기 위해서는 전쟁과 민주주의라는 중요한 두 가지 개념에 대한 엄격한 정의가 필요하다. 우선 전쟁(war)은 두 개 이상의 국가 사이에서 벌어지는 무력 충돌(armed conflict) 가운데 1,000명 이상의 전사자(combat deaths)가 발생한 충돌로 정의된다. 자의적 기준이기는 하지만, 기준 자체는 필요하다. 이에 따라 2008년 8월 러시아와 그루지야 간에 벌어진 남오세티아 전쟁(South Ossetia War)은 전쟁으로 분류되지 않는다. 이 전쟁에서 러시아와 그루지야 정부가 발

표한 전사자는 각각 200명과 400명 정도에 지나지 않는다.[1]

민주주의에 대한 개념 정의는 학자마다 조금씩 다르지만, 다음 사항에 대해서는 의견이 일치한다. 첫째, 상당수의 인구가 선거권을 가진다. 둘째, 행정부 구성은 두 개 이상의 정당이 경쟁하는 선거에서 승리하는 정당에 의해 이루어지며, 선거를 통해 정권이 교체된다. 셋째, 기본권 보장에 대한 제도적 장치가 존재한다. 제1차 세계대전 이전의 독일 제국에서는 남성 보통선거가 인정되었으며, 의회(Reichstag)에 예산 승인 권한이 주어졌다. 하지만 선거는 행정부 구성에 영향을 미치지 못했으며, 수상(Chancellor)은 황제(Kaiser)가 임명했다. 그 결과 1913년 의회가 수상에 대한 불신임을 결의한 상황에서도 행정부는 전혀 타격을 입지 않았다. 반면에 같은 기간 영국이나 프랑스는 총선에서 승리한 정당이 행정부를 구성했으며, 선거에서 패배하는 경우에는 정권을 상실했다. 따라서 영국과 프랑스는 민주주의 국가로 볼 수 있지만, 같은 시기 독일 제국은 민주주의 국가로 분류할 수 없다.

이와 같은 방식으로 전쟁과 민주주의를 정의하면, 1815년 이후 지금까지 민주주의 국가는 서로 전쟁을 하지 않았으며 분쟁을 평화적인 방법으로 해결했다. 그러나 민주주의 국가 사이의 평화는 다른 정치체제를 유지한 국가들 사이에서는 나타나지 않는다. 예를 들어 공산주의 국가들 사이에서는 이와 같은 평화가 나타나지 않았다. 1956년 소련은 자신의 위성국가인 헝가리를 침공했으며, 1969년에는 소련과 중국이 동부 시베리아와 연해주 국경에서 충돌했다. 1975년에 베트남전쟁이 종결되었으나, 4년이 지난 1979년 중국은 같은 공산주의 국가인 베트남 사회주의공화국(Socialist Republic of Vietnam)을 침공했다. 이처럼 공산주의 정치체제와 이념을 가진

---

1) Tara Bahrampour, "An Uncertain Death Toll in Georgia-Russia War," *Washington Post*, August 25, 2008.

국가들은 서로 전쟁을 했다.[2]

그렇지만 민주주의 국가가 상대의 정치체제와 무관하게 보편적으로 평화를 사랑하고 전쟁을 완전히 거부하는 것은 아니다. 가장 최근의 예로, 2002년 10월 미국은 탈레반 정권의 아프가니스탄을, 그리고 2003년 3월 미국과 영국은 사담 후세인 독재정권이 지배하던 이라크를 침공했다. 제2차 세계대전에서 미국과 영국으로 대표되는 민주주의 국가들은 나치 독일, 파시스트 이탈리아, 군국주의 일본을 상대로 전쟁을 벌였다. 즉, 민주주의 국가는 전쟁 자체를 포기하지는 않는다. 더욱이 민주주의 국가들은 더욱 효율적으로 전쟁을 수행하고 전쟁에서 대부분 승리한다.[3] 다만 민주주의 국가들은 서로 전쟁을 하지 않을 뿐이며, 이러한 측면에서 민주주의라는 국내정치적 유사성이 결정적인 역할을 한다.

민주주의 평화는 다음 두 가지 사실로 구성되어 있으며, 민주평화론은 이 두 가지 사실에 대한 이론적 설명이다. 첫 번째 사실은 민주주의 국가들은 서로 전쟁을 하지 않는다는 것이다. 이는 흔히 민주평화론을 논의하는

---

2) 소련-헝가리 전쟁의 사망자는 4,000명 정도로 추산되며, 중국-베트남 전쟁의 전사자는 2만 1,000명에서 9만 명 정도로 추산된다. 따라서 이 분쟁은 전쟁으로 인정된다. 하지만 중국-소련 전쟁의 희생자는 900명 내외로 알려져 있으며, 바로 이러한 이유에서 전쟁이 아닌 단순한 무력 충돌로 분류된다.

3) 민주주의 국가들이 거의 대부분의 전쟁에서 승리한다는 주장은 민주주의 승리론 (victorious democracies)이라고 불리며, 다음과 같은 연구가 있다. David A. Lake, "Powerful Pacifists: Democratic States and War," *American Political Science Review*, Vol. 86, No. 1 (March 1992), pp. 24~37; Ajin Choi, "The Power of Democratic Cooperation," *International Security*, Vol. 28, No. 1 (Summer 2003), pp. 142~153, Dan Reiter and Allan D. Stam, "Understanding Victory: Why Political Institutions Matter," *International Security*, Vol. 28, No. 1 (Summer 2003), pp. 168~179. 이에 대한 반론으로는 Michael C. Desch, "Democracy and Victory: Why Regime Type Hardly Matters," *International Security*, Vol. 27, No. 2 (Fall 2002), pp. 5~47이 있다.

경우에 거론되는 사항이다. 하지만 두 번째 사실이 있다. 민주주의 국가들은 민주주의가 아닌 국가와는 전쟁을 수행한다. 두 번째 사실은 첫 번째 사실만큼이나 중요하며, 반드시 분석되어야 한다. 만약 두 가지 사실 가운데 하나만을 설명할 수 있다면, 이것은 민주주의 평화에 대한 완전한 설명이 될 수 없다. 왈츠가 제시한 현실주의 이론은 민주주의 국가가 비민주주의 국가와 전쟁을 한다는 두 번째 사실을 잘 설명하지만, 민주주의 국가들이 서로 전쟁하지 않는다는 첫 번째 사실은 설명하지 못한다.

3. 고전적 이상주의의 부활?

민주주의 평화에 대한 체계적인 연구는 1982년 도일(Michael Doyle)이 두 번에 걸친 논문에서 민주주의 국가들 사이에 전쟁이 존재하지 않는다고 지적하면서 시작되었다.[4] 오늘날의 연구는 과학적 방법론과 방대한 데이터 그리고 통계학에 기초해 객관적이고 실증적으로 이루어진다. 하지만 과거에는 평화를 구축해야 한다는 당위론에서 출발해 어떠한 방법으로 평화를 구축할 수 있는가에 대한 규범적인 연구가 주류를 이루었다. 유럽의 경우 평화 구축에 대한 많은 제안이 있었으며, 이러한 전통은 20세기까지 유지되었다. 평화 구축을 위한 방법으로 인간 본성을 개조해 영구 평화를 구축하는 방안과 기독교 원칙에 기초해 새로운 국가를 건설해야 한다는 주장이 존재했으며, 국제기구를 창설하고 분쟁을 조정해 국가 간 협력을 강화해야

---

4) Michael Doyle, "Kant, Liberal Legacies, and Foreign Affairs, Part I," *Philosophy and Public Affairs*, Vol. 12, No. 3 (Summer 1983), pp. 205~235; Michael Doyle, "Kant, Liberal Legacies, and Foreign Affairs, Part II," *Philosophy and Public Affairs*, Vol. 12, No. 4 (Fall 1983), pp. 323~353.

한다는 제안도 있었다.

왈츠가 대표적인 세 번째 이미지 이론가로 내세웠던 루소도 이러한 평화 제안을 했다. 루소는 전쟁이 반복적으로 발생하는 근본 원인을 국제적 무정부 상태라고 지적하면서도 국가 개조의 필요성을 역설했다. 특히 모든 국가의 크기가 작고 자급자족(small and self-sufficient states) 경제가 가능하다면, 다른 국가와 교류할 필요가 없으며 고립된 상황에서 평화를 누릴 수 있다고 보았다. 즉, 루소는 전쟁의 원인을 세 번째 이미지로 진단했지만, 그 해결책은 두 번째 이미지에서 찾았다.5)

또 다른 저명한 이론가인 칸트는 국가 내부의 변화를 통한 평화 달성에 대해 본격적으로 논의했다. 프랑스혁명 직후인 1795년에 칸트는 『영구평화론(Perpetual Peace)』이라는 저서에서, 영구 평화를 위해서는 모든 국가들이 국왕이 다스리는 왕정(monarchy)이 아니라 국민이 대표를 선출하는 공화정(republic)으로 바뀌어야 한다고 주장했다. 오늘날과 같은 형태의 민주평화론은 제1차 세계대전 당시 미국 대통령이었던 윌슨에 의해 처음 제시되었다. 윌슨은 민주주의 확산을 통해 세계 평화를 구축할 수 있다고 보았으며, 이를 실현하기 위해 노력했으나 실패했다.

1930년대와 1940년대에 진행되었던 평화를 위한 다양한 노력은 현실과는 동떨어진 유토피아적 사고방식 또는 이상주의로 매도되었다. 하지만 민주주의 국가들끼리 전쟁을 하지 않는다는 사실은 그대로 존재하며, 민주주의 평화는 '국제정치이론 가운데 경험적 법칙(empirical law)에 가까운 것'

---

5) 루소의 국제정치관에 관해서는 다음 연구가 있다. Stanley Hoffmann, "Rousseau on War and Peace," in *The State of War: Essays on the Theory and Practice of International Politics* (New York: Praeger, 1966), pp. 54~87; Grace G. Roosevelt, *Reading Rousseau in the Nuclear Age* (Philadelphia, PA: Temple University Press, 1990).

또는 '국제정치에서 순환 논리에 빠지지 않는 중요한 그리고 가장 강력한 일반화(strongest nontrivial and nontautological generalization)'라는 평가를 받는 다.[6] 기존의 이상주의는 민주주의 국가가 전쟁 자체를 거부한다고 주장했다. 칸트는 전쟁에서 가장 큰 피해를 입는 이들이 일반 국민이며, 따라서 일반 국민의 의사가 정치적 결정으로 이어지는 공화정, 즉 민주주의 국가는 전쟁 자체를 거부한다고 보았다. 그러나 민주주의 평화는 민주주의 국가가 서로 간에는 평화를 유지하지만, 비민주주의 국가들과는 전쟁을 한다는 사실을 담고 있다. 달리 말하면, 민주주의 국가의 보편적인 평화 애호 성향이 아니라 매우 차별적인 호전성과 평화적인 태도가 설명의 대상이다. 바로 이러한 측면에서 민주평화론은 이전의 이상주의와 차이를 보인다.

4. 민주주의 평화에 대한 설명: 민주주의 국가의 차별적인 행동

그렇다면 왜 민주주의 국가들은 서로 전쟁을 하지 않는가? 그리고 왜 민주주의 국가들은 비민주주의 국가들과는 전쟁을 하는가? 민주평화론은 민주주의 국가들이 서로 전쟁을 하지 않는다는 사실에 대한 설명만이 아니라 민주주의 국가들은 서로는 전쟁을 하지 않지만 다른 비민주주의 국가와는 전쟁을 한다는 바로 이 두 가지 사실에 대한 설명이다. 민주주의 국가가 보여주는 차별적인 평화 및 전쟁 성향에 대해 다음 두 가지 답변이 존재한다. 첫째는 민주주의 정치체제의 독특한 정치규범(political norms)이다. 이

---

6) Jack S. Levy, "Domestic Politics and War," in Robert I. Rotberg and Theodore K. Rabbs (eds.), *The Origin and Prevention of Major War* (Cambridge: Cambridge University Press, 1989), p. 88; Bruce Russett, *Controlling the Sword: The Democratic Governance of National Security* (Cambridge, MA: Harvard University Press, 1990), p. 123.

러한 규범은 민주주의 국가에서 나타나는 인권(human rights)에 대한 신념과 갈등 해결에 대한 정치문화(political culture)로 구분할 수 있다. 우선 모든 민주주의 국가는 인권을 강조하며 개인의 자유와 평등을 보장한다. 그렇지만 전쟁 상황에서는 인권 침해가 불가피하고, 민간인의 자유와 재산이 침해되며, 특히 군인의 경우에는 생명까지 위협받는다. 따라서 민주주의 국가는 전쟁을 꺼린다. 칸트는 이러한 주장에 기초해 공화정 국가들이 서로 전쟁을 하지 않는다고 보았다. 그러나 인권에 대한 믿음만으로 민주주의 평화를 설명하는 것은 충분하지 않다. 왜냐하면 인권에 대한 믿음은 보편적인 성향이므로 상대방이 민주주의 국가인지 비민주주의 국가인지 여부와는 무관하게 적용되기 때문이다. 그러나 현실적으로 민주주의 국가는 다른 민주주의 국가들과는 평화를 유지하지만 비민주주의 국가와는 전쟁을 한다. 한편 민주주의 국가는 문제를 타협과 협상을 통해 해결하는 정치문화를 가진다. 국가권력은 분리되어 있으며 의회, 행정부, 사법부로 나뉘어 있다. 정치적 갈등은 폭력이나 결투가 아니라 의회에서의 조정을 통해 평화적으로 해결한다. 갈등 해결에 대한 국내적 태도는 국제적으로 확산되어, 국가 간에 문제가 발생하는 경우에도 군사력을 동원하거나 전쟁을 함으로써 갈등을 해결하지 않는다. 기본적으로 대화와 타협을 통해 모든 갈등을 해결하려고 시도하며, 특히 상대 국가가 민주주의 국가인 경우에는 분쟁의 평화적 해결 경향이 더욱 강화된다. 그러나 상대방 국가가 민주주의 국가가 아니라면, 대화와 타협을 통한 갈등 해소의 정치문화는 공유되지 않으며, 따라서 전쟁이 발생할 가능성이 증가한다.[7]

둘째, 민주주의 국가의 규범이 아니라 제도(political institutions)가 민주주

---

[7] John M Owen, "How Liberalism Produces Democratic Peace," *International Security*, Vol. 19, No. 2 (Fall 1994), pp. 87~125.

의 평화의 원인일 수 있다. 우선 민주주의 국가에서 정치권력은 일반 국민에 의해 통제되며, 중요한 의사결정은 국민의 이익을 반영한다. 전쟁이 일어나는 경우에 일반 국민들은 전쟁에 군인으로서 직접 나가 싸우거나 가족 구성원을 전쟁터에 내보내게 된다. 정부는 전쟁 비용을 조달하기 위해 세금을 인상하며, 그 결과 모든 개인의 소득이 감소한다. 따라서 일반 국민들은 전쟁에 반대하게 되고, 국민의 의사에 따라 정치적 결정이 내려지는 민주주의 국가에서는 전쟁을 하지 않게 된다. 이와 같은 주장은 민주주의 국가가 상대방의 정치제도와는 무관하게 모든 무력 사용에 반대한다는 결론으로 이어진다. 하지만 민주주의 국가는 비민주주의 국가와는 전쟁을 하기 때문에 이러한 주장은 타당하지 않다. 정치제도와 관련된 또 다른 주장은 민주주의 국가의 권력분립이라는 특성으로 전쟁 수행이 어렵다는 것이다. 모든 민주주의 국가에서 전쟁은 행정부에 의해 이루어지지만 의회의 동의를 얻어야만 가능하다. 대한민국 헌법 제60조 2항도 국회는 '선전포고에 대한 동의권'을 가진다고 규정한다. 이 주장에 따르면 권력분립의 효과는 상대방이 민주주의 국가인 경우에만 나타나며, 비민주주의 국가인 경우에는 나타나지 않는다. 하지만 왜 권력분립의 효과가 상대의 정치체제에 따라 차별적으로 나타나는지에 대해 정확한 설명이 없다면, 위의 설명 또한 민주주의 평화에 대한 적절한 분석이라고 보기 어렵다.

　정치제도와 관련된 세 번째 설명은 민주주의 국가에서는 전쟁과 같은 중요 사안에 대한 의사결정이 모두 공개된다는 것이다. 민주주의 국가의 정책 결정은 의회에서의 토론을 거치며, 특히 예산과 관련된 부분은 반드시 의회의 승인을 얻어야 한다. 또한 언론의 자유가 보장되므로, 정부 내부의 다양한 논의는 국회와 국민들에게 노출된다. 그리고 백서(白書, White Paper)의 형태로 정부 정책의 내용과 집행에 관련된 정보가 공개된다.[8] 따라서 민주주의 국가는 비밀리에 어떠한 정책을, 예컨대 전쟁과 관련된 행동을 취하는 것은 매우 어려우며, 이는 특히 전쟁이 1,000명 이상의 인명이 희생될 정도의 규모라면 거의 불가능하다. 2003년 3월 미국은 잘못된 정보와 판단에 근거해 이라크를 침공했으며, 이 과정에서 부시 행정부는 이라크의 대량살상무기에 대해 의도적으로 과장했다.[9] 그런데 전쟁 준비 사실은 숨길 수 없었으며, 의회에서 거의 모든 침공 준비 상황이 논의되었다. 이 과정에서 사담 후세인 정권을 전복한 이후 필요한 병력 규모에 대해서 국방장관과 육군참모총장의 평가가 서로 충돌하기도 했다.[10]

이와 같이 민주주의 국가들은 정책 결정 과정을 공개하므로 비민주주의 국가들보다는 서로의 의도를 더욱 정확하게 파악할 수 있다. 또한 민주주

---

8) 국방백서는 국방비 지출과 국방 정책에 대한 기본적인 공개정보원이다. 한국 정부가 처음으로 국방백서를 발간한 것은 1967/1968년이지만, 이후 20년 동안 국방백서 발간은 진행되지 않았다. 지금과 같이 국방백서가 지속적으로 발간되는 것은 1988년 이후로, 민주주의가 제도화되기 시작했던 사실과 밀접한 관련이 있다. 미국은 핵무기 개발과 관련된 기초 정보를 핵무기 개발 및 사용 직후인 1945년 8월 12일 공개 출판했다. Henry DeWolf Smyth, *Atomic Energy for Military Purposes: the Official Report on the Development of the Atomic Bomb Under the Auspices of the United States Government, 1940~1945* (Princeton, NJ: Princeton University Press, 1945). 소련은 이 책을 번역했고 1946년 초에는 3만 부를 인쇄했다. 이 책에는 가장 민감한 정보가 삭제되어 있었지만 핵무기 개발과 관련된 기본 사항이 서술되어 있었으며, 소련의 핵무기 개발에 큰 '도움'을 주었다.

9) Chaim Kaufmann, "Threat Inflation and the Failure of the Marketplace of Ideas: The Selling of the Iraq War," *International Security*, Vol. 29, No. 1 (Summer 2004), pp. 5~48.

10) 침공 직전인 2003년 2월 육군참모총장이었던 신세키(Eric Shinseki) 장군은 상원 국방위원회에서 주요 군사작전이 종결된 이후 이라크 치안 유지를 위해 최소 수십만의 병력이 소요될 것이라고 주장했다. 하지만 국방장관 럼스펠드(Donald Rumsfeld)는 이러한 주장에 대해 '터무니없다(wildly off the mark)'고 반박했다. Eric Schmitt, "Pentagon Contradicts General on Iraq Occupation Force's Size," *New York Times*, February 28, 2003. 신세키 장군은 4개월 후인 2003년 6월 전역했다.

의 국가 간에 갈등이 발생할 경우 상대의 의도를 정확히 판단할 수 있어 전쟁 이외의 방법으로 문제를 해결할 수 있다. 특히 갈등이 발생하면 국가는 상대방의 양보를 유도하기 위해 협상을 시도하지만, 실패할 경우 상대방을 압박하기 위해 협상 결렬을 선언하거나 군사력을 동원해 무력시위(bluff)를 시도한다. 상대의 의도를 정확하게 파악하지 못하면 이러한 압박 수위가 점차 높아지고 결국 전쟁이 발생할 수 있다. 사담 후세인은 미국이 침공 준비를 하고 있다는 사실을 알고 있었지만 대량살상무기를 보유하고 있지 않다는 사실을 미국에 설득할 수 없었으며, 부시 행정부는 사담 후세인의 그러한 의도를 정확하게 파악할 수 없었다. 그런데 민주주의 국가 간에 갈등이 일어나는 경우에는 상대의 의도를 좀 더 정확하게 파악할 수 있고 따라서 전쟁이 발생하지 않는다. 민주주의 국가들도 서로 상대의 양보를 기대하며 군사력을 동원하는 방식으로 위기를 조금씩 고조하지만, 상대의 의도를 비교적 정확하게 파악할 수 있기 때문에 타협을 통해 문제를 해결할 수 있다. 이와 같이 민주주의 정치제도가 지닌 정책 결정의 투명성에 기초한 설명은 민주주의 국가가 다른 민주주의 국가와는 전쟁을 하지 않지만 비민주주의 국가와는 전쟁을 하는 현상을 상대적으로 잘 설명해준다.[11]

앞서 논의되었던 설명들 가운데 민주주의 국가의 군사력 사용에 보편적으로 적용되었던 제한 조건은 민주주의 평화를 설명하는 데 중요한 의미가 있다. 예를 들어 민주주의 국가에서는 국민들에 의해 정치권력이 통제되기 때문에, 상대방이 민주주의 국가든 비민주주의 국가든 상관없이 군사력 사

---

11) Kenneth A. Schultz, *Democracy and Coercive Diplomacy* (Cambridge: Cambridge University Press, 2001); Christopher F. Gelpi and Michael Griesdorf, "Winners or Losers? Democracies in International Crisis, 1918~1994," *American Political Science Review*, Vol. 95, No. 3 (September 2001), pp. 633~647.

용에 한계가 있다. 이것은 민주주의 평화에 대한 설명으로는 충분하지 않지만, 민주주의 국가의 의도를 파악하는 데는 중요한 함의가 있다. 민주주의 국가가 국내적 반대를 무릅쓰고 군사력을 동원하는 상황은 민주주의 국가가 전쟁을 결심했다는 사실을 상대방에게 전달한다. 하지만 비민주주의 국가에서는 국내적 반대가 군사력 사용에 대한 의사결정에 반영되지 않으며, 이 때문에 전쟁에 대한 자신의 결심을 상대방에게 보여주기 어렵다.[12] 따라서 두 개의 민주주의 국가들은 분쟁이 발생한다고 해도 어느 순간에는 서로 양보해야 한다고 판단할 수 있지만, 비민주주의 국가가 관여하는 경우 상대방은 어느 순간에 타협해야 하는지 파악하기 어려우며, 따라서 전쟁의 가능성이 높다.

러셋은 민주주의 평화에 대해서 민주주의 정치규범과 정치제도가 상호보완적이므로 두 가지 효과를 구분할 필요가 없다고 주장했다. 규범은 제도로 구현되며 제도는 규범이 존재하는 경우에만 작동하므로, 정치규범과 정치제도를 정확히 구분하기가 어렵다. 동시에 평화를 불러오는 다른 요인으로 국제기구와 경제적 상호의존을 거론했다. 민주주의 국가들은 국제기구를 통해 자신들의 의견을 교환하고 갈등을 사전에 예방하며, 문제가 발생하면 평화적 방식으로 해결한다. 또한 무역과 상호투자를 통해 경제적 상호의존이 강화되면 전쟁의 기회비용이 증가하므로, 대화와 타협으로 갈등이 조정된다. 러셋은 이러한 민주주의, 국제기구, 상호의존이라는 세 가지 요인이 국제 평화를 설명하는 기둥이라고 주장했다.[13]

---

12) 이러한 주장을 청중비용(audience cost)이라고 부르며, 국가들은 자신의 의도를 정확하게 전달하는 방편으로 국내적 반발을 의도적으로 유발하기도 한다. James D. Fearon, "Domestic Political Audiences and the Escalation of International Disputes," *American Political Science Reviews*, Vol. 88, No. 3 (September 1994), pp. 577~592.

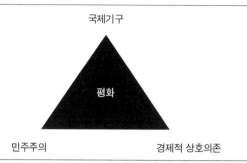

자료: Bruce Russett, *Grasping the Democratic Peace: Principles for a Post-Cold War World* (Princeton, NJ: Princeton University Press, 1993), p. 35.

5. 민주주의 평화에 대한 반론과 경계

민주주의 평화는 부인하기 어려운 사실이다. 민주주의 국가들은 서로 싸우지 않으며 분쟁을 평화적으로 해결한다. 무정부적 국제체제에서 국내 정치적 특성은 국가행동에 영향을 미치지 못하지만, 민주주의라는 특성은 예외적으로 평화를 가져온다. 자신의 안보를 추구하는 행동이 다른 국가의 안보를 저해하는 상황인 안보딜레마도 민주주의 국가 사이에서는 큰 장애물이 아니다. 민주주의 국가들은 국제관계에 대한 어떠한 비관적인 전망도 극복하며, 칸트가 전망했던 '영구 평화'를 구축했다. 그렇지만 민주주의 평화라는 현상과 그에 대한 이론적 설명인 민주평화론은 현실주의 국제정치 이론의 중요한 공격 목표가 되었다. 만약 현실주의 이론이 민주주의 평화를 정확하게 설명하지 못한다면, 현실적인 이유로 인하여 현실주의는 더 이상 '현실적이지 않게' 된다. 이는 대부분의 기존 현실주의 이론이 중대한

---

13) Bruce Russett and John Oneal, *Triangulating Peace: Democracy, Interdependence, and International Organizations* (New York: W.W. Norton & Com., 2001).

도전에 직면했음을 의미하며, 국제정치학에서 세력균형이나 전략적 고려 등은 사소한 사안으로 전락할 가능성이 있음을 시사한다.

민주평화론에 대해서는 다양한 비판이 있으며, 이것은 민주주의 평화라는 현상 자체에 대한 비판과 민주평화론이라는 이론에 대한 비판으로 나눌 수 있다. 현상에 대한 비판은 민주주의 국가들 사이에 존재하는 평화가 의미 있는 현상이 아니라 통계적으로 무의미한 우연(statistical insignificance)이라고 보는 것이다. 그 근거는 첫째, 전쟁이라는 현상 자체는 흔치 않으며, 특히 민주주의 국가의 숫자가 적었다는 사실이다. 제2차 세계대전 이전에 민주주의 국가로 구분할 수 있는 국가는 많지 않았고, 민주주의 국가들 사이에서나 비민주주의 국가 사이에서나 전쟁 가능성은 차이가 없었다. 현실에서 나타났던 차이는 통계학적으로는 무의미하며, 단순한 우연이었다. 제2차 세계대전 이후 민주주의 국가의 숫자가 증가하면서 민주주의 국가들 사이에서 전쟁이 벌어질 가능성 또한 증가했다. 하지만 냉전이 진행되고 민주주의 국가들은 미국을 중심으로 동맹을 체결해 소련에 대항하면서, 민주주의 국가들 사이에 전쟁이 벌어지는 데 필요한 기본 조건이 충족되지 않았다. 즉, 민주주의 평화는 냉전 시기에만 존재했으며, 이것은 동맹국 사이에서 발생하는 평화이지 민주주의로 인한 현상은 아니었다.[14] 그러나 엄격한 계산은 또 다른 시각을 제시한다. 무작위 추출한 두 개의 국가가 전쟁을 할 가능성을 계산해 민주주의 국가들 사이에 발생할 수 있었던 전쟁의 숫자를 추정할 수 있다. 이 계산에 따르면 지난 180년 동안 민주주의 국가들은 열 번 정도 전쟁을 치렀어야 했지만, 실제로는 지금까지 단 한 번두

---

14) David E. Spiro, "The Insignificance of the Liberal Peace," *International Security*, Vol. 19, No. 2 (Fall 1994), pp. 50~86; Joanne Gowa, *Ballots and Bullets: the Elusive Democratic Peace* (Princeton, NJ: Princeton University Press, 1999).

싸우지 않았다. 즉, 민주주의 평화는 단순히 우연으로 치부하기에는 통계적으로 유의미(significant)하다.[15]

둘째, 민주주의와 전쟁 등의 핵심 개념을 비판하는 주장이 있다. 사상자 기준에서 전쟁으로 분류되지 않았지만 전쟁이 선언되었던 무력 충돌 사례가 존재한다. 제2차 세계대전 기간에 민주주의 국가 핀란드는 소련의 침략에 대항해 싸웠으며, 독일과 동맹을 맺고 독일의 적국인 영국과 미국에 전쟁을 선포했다. 그러나 실제 핀란드와 영미의 충돌에서는 사상자가 발생하지 않았고, 전쟁으로 분류되지 않았다. 특정 국가를 민주주의 국가로 인정해야 하는지에 대해서도 논란의 여지가 있다. 21만 명의 전사자가 발생했던 미국 남북전쟁(American Civil War)은 링컨(Abraham Lincoln)을 대통령으로 하는 북부(United States of America)와 데이비스(Jefferson Davis)를 지도자로 하는 남부(Confederate States of America) 사이의 전쟁이었다. 미국에 존재했던 두 국가는 민주주의 정치체제를 유지했으며 백인 남성에게 투표권을 인정했다. 하지만 남부는 노예제도를 유지하고 있었는데, 이것은 19세기 중엽의 기준으로도 민주주의 국가에서는 인정될 수 없는 제도였다. 즉, 남부는 민주주의 국가가 아니었다. 마지막으로 개념과 관련된 강력한 비판은 민주주의에 대한 인식이 매우 짧은 기간에 변화될 수 있다는 사실이다. 제1차 세계대전 이전 독일 제국은 영국 정도의 민주주의 국가는 아니었지만, 당시 상당수 미국인들은 독일을 민주주의 국가로 간주했다. 그러나 1917년 이후 미국이 독일과 두 번의 세계대전을 치르면서 미국인들 사이에는 독일이 민주주의 국가가 아니라는 인식이 자리 잡았다.[16]

---

15) James Lee Ray, "A Lakatosian View of the Democratic Peace Research Program," Colin Elman and Miriam Fendius Elman (eds.), *Progress in International Relations Theory: Appraising the Field* (Cambridge, MA: MIT Press, 2003), pp. 205~243.

민주평화론이라는 설명에 대해서는 다음과 같은 비판이 존재한다. 첫째 민주평화론의 주장과는 달리 민주주의 국가들이 서로 전쟁을 하지 않았던 가장 중요한 원인은 세력균형과 같은 전략적 고려(strategic consideration)이 지 민주주의 규범 또는 제도가 아니었다. 전쟁이 일어날 뻔했던 위기 상황에서 민주주의 국가는 비민주주의 국가와 동일하게 행동했으며, 따라서 민주주의라는 국내적인 요소는 무의미하다. 미국 남북전쟁에서 영국은 남부의 승리와 독립을 바라고 있었다. 1861년 11월 북부 군함이 트렌트(Trent)라는 영국 우편선을 수색하여 탑승해 있던 남부 외교관을 체포하면서, 이른바 트렌트 사건(Trent Affair)이 발생했다. 북부와 영국과의 협상이 실패하면서 전쟁 가능성이 높아지자 북부가 양보하고 남부 외교관을 석방했다. 링컨은 이미 남부와 전쟁을 하고 있는 상황에서 영국과의 무력 충돌을 감수할 수 없다고 판단한 것이다. 또한 1898년 9월 영국과 프랑스는 수단의 파쇼다(Fashoda) 지역에서 대립했다. 무력 충돌 가능성이 높아지는 가운데 한 달 이상 대치 상태가 지속되면서 프랑스가 결국 영국의 요구를 받아들여 병력을 철수했다. 당시 프랑스는 독일의 위협에 노출되어 있었으며, 국내적으로 유대인 장교의 간첩 활동 혐의를 둘러싼 드레퓌스 사건(Dreyfus Affair)이 정치 문제로 비화되었다. 프랑스는 영국과 대립할 수 없다는 전략적 결론에 도달했고, 바로 이러한 이유에서 병력을 철수했다. 즉, 위기가 해소되는 과정에서 민주주의 규범 또는 제도는 아무런 역할을 하지 않았다. 비민주주의 국가가 이와 같은 위기에 직면했다고 해도 동일한 전략적 이유에서 동일한 행동을 취해 전쟁을 피했을 것이다. 따라서 민주주의가 평화의 원인은 아니다.[17]

---

16) Ido Oren, "The Subjectivity of the 'Democratic' Peace: Changing U.S. Perceptions of Imperial Germany," *International Security*, Vol. 20, No. 2 (Fall 1995), pp. 147~184.

또한 민주주의 국가들이 항상 민주주의 규범을 외면화(externalize)하지 않고, 중요한 이익 충돌이 발생할 경우 서로를 존중하거나 신뢰하지 않는다. 민주주의 국가에서 정치지도자들이 평화적인 정책을 취하기 때문에 특별한 보상을 받는다는 경험적 증거는 없다. 민주주의 국가는 정보를 공개할 수 있으나 불확실성 자체를 극복하지는 못한다. 비민주주의 국가와 민주주의 국가는 비슷한 속도로 국내 자원을 동원하며, 상대에게 기습 공격을 감행한다. 한편 민주주의 국가의 지도자들이 평화주의의 압력을 특별히 더 받지도 않는다. 즉, 민주평화론에서 주장하는 다양한 논리는 실제 현실에서는 거의 나타나지 않는다. 냉전 시기에 민주주의 국가들이 서로 전쟁을 하지 않았던 것은 사실이지만, 이러한 현상은 미국의 강력한 힘과 소련과의 대립 덕분에 나타난 제국의 평화(imperial peace)였다.[18]

한편 민주평화론과 민주주의 평화 자체는 인정하지만, 민주화 과정의 국가(democratizing states)는 호전적이라는 의견이 있다. 독재자가 완벽하게 통제하는 일인독재체제(autocracy)는 전쟁의 피해와 비용을 독재자 한 사람이 부담해야 한다는 이유에서, 그리고 완전한 민주주의체제는 전쟁의 피해와 비용을 국민 전체가 골고루 부담한다는 측면에서 평화적으로 행동한다. 하지만 독재체제가 민주화되는 과정에서 정치권력이 소수의 집단에 분산되는 과두정(oligarchy)이 등장한다. 권력에 접근한 소수 집단은 전쟁의 피해와 책임 또한 다른 집단에 전가하며, 민주화의 상징인 선거에서 쉽게 승리하기 위해 민족주의(nationalism)에 호소한다. 이러한 요인이 결합되어 민

---

17) Christopher Layne, "Kant or Cant: The Myth of the Democratic Peace," *International Security*, Vol. 19, No. 2 (Fall 1994), pp. 5~49.

18) Sebastian Rosato, "The Flawed Logic of Democratic Peace Theory," *American Political Science Review*, Vol. 97, No. 4 (November 2003), pp. 585~602.

주화 과정의 국가들은 전쟁을 하는 경향이 있다. 대표적 사례가 제1차 세계대전 직전의 독일 제국으로, 민주화 과정이 시작되면서 강화된 민족주의가 독일의 공격성을 증대했고, 결국 제1차 세계대전의 단초로 작용했다.[19]

6. 민주주의 평화 이론의 발전

민주평화론은 기본적으로 경험적인 현실에서 출발했다. 민주주의 국가들이 서로 전쟁을 하지 않는다는 것은 부인할 수 없으며, 민주평화론에 대한 다양한 입장과는 무관하게 존재하는 사실이다. 그리고 이것은 경험적인 사실에서 출발했기 때문에, 기존 이론 특히 왈츠의 현실주의 이론에 대한 매우 강력한 반론이었다. 즉, 민주주의 국가들은 자신들의 국내적 특성인 정치체제 덕분에 국제체제의 무정부성을 극복한다. 그리고 이러한 현상은 많은 통계적 연구가 보여주듯이 단순히 우연은 아니다.[20] 여기서 핵심 질문은 '국내정치인 민주주의는 국제정치에서 국가행동의 핵심인 전쟁 결정에 어떠한 영향을 주는가'였으나, 확실한 결론은 내려지지 않았다.

반면 민주평화론은 정책적 차원에서 빠른 속도로 수용되었다. 미국 정치 지도자들은 민주주의 국가들이 서로 전쟁을 하지 않는다는 주장을 펼쳤다. 1994년 1월 국정연설(State of the Union Address)에서 클린턴(Bill Clinton) 대통령은 '민주주의 국가들은 서로 전쟁을 하지 않기 때문에, 미국의 안보와 세계 평화를 위한 가장 좋은 전략은 민주주의의 확산'이라고 선언했다.

---

19) Edward D. Mansfield and Jack Snyder, "Democratization and the Danger of War," *International Security*, Vol. 20, No. 1 (Summer 1995), pp. 5~38.

20) 전체적인 조망으로는 James Lee Ray, "Does Democracy Cause Peace?," *Annual Review of Political Science*, Vol. 1 (1998), pp. 27~46이 있다.

부시(George W. Bush) 대통령도 2003년 3월 사담 후세인 독재정권하의 이라크를 침공하면서 이라크의 대량살상무기 제거와 함께 민주주의 구축을 명분으로 내세웠으며, 2005년에는 테러리즘 격퇴를 위한 최선의 방책은 민주주의의 확산이라고 주장했다.

하지만 민주평화론이 다른 국가에 대한 침공이나 강제적인 민주화를 옹호하는 것은 아니다. 이라크전쟁에서 나타났듯이 민주주의 구축을 위해서는 많은 노력과 희생이 필요하며, 강제적인 민주화는 성공하기 어렵다.[21] 한국의 경우에도 1987년 민주주의가 공고화되기까지 40년의 시간이 소요되었으며, 독재정권에 대한 엄청난 저항과 그에 따른 희생이 수반되었다. 그리고 민주화 과정에서 나타나는 민족주의는 전쟁의 가능성을 오히려 증가시킬 수 있다.

현재 많은 학자들이 민주주의 평화라는 현상을 좀 더 정확하게 측정하고 민주평화론이라는 이론을 더욱 분석적으로 설명하기 위해 많은 노력을 기울이고 있다. 이러한 노력은 전쟁의 원인에 대한 기본적인 분석에서 시작되며, 이 과정에서 국제정치이론은 많은 발전을 이룩했다.[22] 국가들이 왜 전쟁을 하며 민주주의 국가들은 어떻게 이러한 문제점을 극복하는지에 대해 앞으로도 지속적인 연구가 필요하다.

---

21) Larry Diamond, *Squandered Victory: The American Occupation and the Bungled Effort to Bring Democracy to Iraq* (New York: An Owl Book, 2006).

22) 이러한 측면에서 가장 널리 사용되는 전쟁 원인 분석은 James D. Fearon, "Rationalist Explanations for War," *International Organization*, Vol. 49, No. 3 (Summer 1995), pp. 379~414이다.

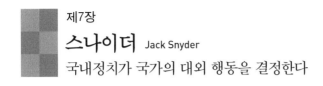

제7장

스나이더 Jack Snyder

국내정치가 국가의 대외 행동을 결정한다

From Voting to Violence: Democratization and Nationalist Conflict

New York: W. W. Norton, 2000

　국내정치는 국제정치에 어떠한 영향력을 가지는가? 왈츠에 따르면 국가 내부에서 벌어지는 변화는 국가의 행동과 국제정치에 영향을 미치지 못한다. 상위의 권위체가 존재하지 않는 국제적 무정부 상태에서 모든 국가들은 자신의 안보를 추구하며, 이 과정에서 국내적 변화는 아무런 차이를 가져오지 않는다. 안보는 모든 국가가 추구하는 가장 중요한 목표이며, 이러한 의미에서 국가들은 내부 속성에 따라 행동의 차이를 보이지 않는다. 하지만 왈츠는 국제적 무정부 상태가 혼란이나 무질서가 아니라 상대적으로 안전한 상황이라고 규정했기 때문에, 안보 극대화의 압력은 그다지 크지 않다고 보았다. 또한 국가들이 자신의 안전을 지키기 위해서 상대방을 공격하거나 팽창한다는 주장은 설득력이 떨어진다 그렇다면 국가들은 어떠한 경우에 공격적으로 행동하는가? 어떤 국가가 공격적으로 팽창하는 경우에 국내정치적 변화가 국가의 행동에 영향을 미치는가?

　왈츠 이론에 대한 강력한 비판 가운데 하나는 민주주의 국가가 서로 전쟁을 하지 않는다는 민주주의 평화와 그에 대한 이론적 설명인 민주평화론이다. 1,000명 이상의 전사자가 발생하는 무력 충돌을 전쟁으로 정의한다면, 민주주의 국가들은 서로 전쟁을 하지 않았다. 러셋(Bruce Russett)으로 대표되는 민주평화론 이론가들은 민주주의 국가라고 해서 항상 평화적으로 행동하는 것은 아니며, 비민주주의 국가와는 전쟁을 수행한다고 주장했다. 다만 민주주의 국가는 정치체제가 지닌 규범 또는 제도적 특성에 따라 상대가 민주주의 국가인 경우에만 분쟁을 평화적으로 해결한다고 보았다. 따라서 민주주의가 확산되어 전 세계가 민주주의 국가로 구성된다면, 더 이상 전쟁은 일어나지 않고 국제적 무정부 상태의 압력 또한 소멸된다는 결론이 도출된다. 하지만 민주주의가 확산되는 과정에서는 어떠한 현상이 나타날 것인가? 즉, 성숙한 민주주의 국가들은 서로 전쟁을 하지 않지만, 민주주의로 이행하는 과정에 있는 국가들은 어떻게 행동하는가?

방어적 현실주의 이론가인 스나이더(Jack Snyder)는 이러한 맥락에서 다음 질문에 집중했다. 우선 국제체제의 무정부성이 지닌 압력이 강하지 않다면 국가들은 어떠한 경우에 공격적으로 행동하는가? 무정부적 국제체제가 극단적으로 위험하지 않다면 국가들은 자신의 안전을 지키기 위해 상대를 선제공격하거나 팽창하지 않아도 된다. 그렇다면 대외팽창을 설명하는 데 국내정치와 같은 추가 변수가 필요한가? 둘째, 민주주의 국가들은 서로 전쟁을 수행하지 않지만 민주주의로 이행하는 국가들은 어떻게 행동하는가? 민주주의 평화에서 나타나듯이 국내정치가 국제정치에 영향을 준다면, 민주화 과정의 국가는 어떻게 행동하는가?

1. 왈츠와 스나이더 – 핵심 질문:
국내정치는 국가행동에 어떠한 영향을 미치는가

왈츠가 『Theory of International Politics』를 출간했던 1979년 당시 현실주의 국제정치학의 중요한 특징은 국가를 단일한 행위자(unitary actor)로 파악한다는 것이었다. 무정부적 국제체제에서 국내정치적 차이는 무의미하며, 국가는 내부의 변화와 무관하게 동일한 국제체제에서 동일한 방식으로 행동한다. 국가가 단일한 행위자라는 지적은 국가 내부의 차이가 국가의 대외 행동에 영향을 주지 못한다는 주장으로, 흔히 국가를 당구공에, 국제정치를 당구경기에 비유하기도 한다. 플라스틱으로 만들어진 당구공은 매우 단단하고 거의 깨지지 않으며, 당구공 내부의 변화는 당구공 자체의 움직임에 아무런 영향을 주지 못한다. 당구공 재질이 상아에서 플라스틱으로 달라졌지만, 당구공이 오직 외부에서 가해지는 힘과 당구공 자체의 무게에 따라 움직인다는 사실은 여전히 당구경기에서 가장 중요한 부분이다. 이처럼 국제정치에서도 국가의 내부 속성이 독재체제에서 민주주의체제로 변화한다고 해도 개별 국가의 상대적 힘 그리고 다른 국가의 행동만이 의미가 있다. 개별 국가를 구성하는 재질, 즉 국내정치의 변화는 의미가 없다.

이러한 주장은 국제체제의 무정부성이 지닌 압력이 매우 강력한 경우에 가능하다. 이 경우 개별 국가에서 나타나는 국내적인 특성은 어느 정도의 차이를 가져올 수 있지만, 국가가 무정부적 국제체제에서 생존을 위해 노력한다는 사실은 국내적 특성에 따른 차이를 무의미하게 만들어버린다. 어떤 건물에서 거주하는 사람들은 개인적인 차이를 보이지만, 화재가 발생하면 생존이라는 가장 강력한 압박에 직면하여 오직 가장 가까운 출구를 찾아서 동일하게 움직인다. 이와 같이 거주자 개인의 특성이 무의미해지고 모두의 행동이 동일해지려면 화재와 같은 긴박한 사건이 발생해야 한다. 그렇다면 국제적 무정부 상태가 이러한 효과를 일으킬 정도로 강력한 압력을 가하는가? 미어세이머로 대표되는 공격적 현실주의 이론가들은 국제적 무정부 상태가 매우 위험한 상황이라고 주장하지만, 방어적 현실주의 이론가들은 이에 동의하지 않으며 국제적 무정부 상태가 그다지 위험하지 않다고 본다. 왈츠는 대표적인 방어적 현실주의 이론가로서 국제적 무정부 상태가 혼란이나 무질서를 의미하지는 않는다고 명시적으로 규정했다. 그렇다면 국가가 공격적으로 행동하는 원인은 무엇인가?

스나이더는 현실주의 국제정치이론이 무정부적 국제체제의 위험도에 따라 크게 두 가지로 구분된다는 사실을 지적하면서, 공격적 현실주의와 방어적 현실주의를 구분했다. 공격적 현실주의에서는 국가가 항상 위험에 처해 있기 때문에 자신의 안전을 위해 팽창한다고 강변할 수 있지만, 방어적 현실주의에서 국가는 상대적으로 안전하기 때문에 대외팽창은 국내정치적 특성과 같이 무정부적 국제체제와는 무관한 변수에 의해서만 설명할 수 있다. 즉, 안보가 중요하지만 국가들이 항상 위험에 처해 있지는 않기 때문에, 대외팽창과 같은 '특이한 행동'은 안보 이외의 원인, 예를 들어 국내정치의 변화 때문에 발생한다고 본다. 스나이더는 국가가 공격적으로 행동하는 것, 특히 대외팽창을 시도하는 것은 자신의 안보를 지키기 위해서가 아니라 국내적으로 과두체제(oligarchy)가 존재하기 때문이라고 보았다.

왈츠 이론에 대한 가장 강력한 반론 가운데 하나는 민주주의 국가들이 서로 전쟁을 하지 않는다는 민주평화론이다. 민주주의 국가들은 전쟁터에서 1,000명 이상의 전사자를 발생시키는 무력 충돌을 벌인 경우가 없다. 공산주의 국가의 경우 1956년 소련과 헝가리, 1969년 소련과 중국, 1979년 중국과 베트남 간에 전쟁을 했지만, 민주주의 국가들은 서로 전쟁을 하지 않는다. 그러나 민주주의 국가가 모든 경우에 평화를 선호하는 것은 아니다. 민주주의 국가는 비민주주의 국가와는 전쟁을 하며, 미국의 이라크 침공과 같은 공격 성향을 보이기도 한다. 민주주의 국가들은 다른 민주주의 국가에 대해서만 지극히 평화롭게 행동하고 분쟁이 발생하면 평화적인 방법으로 해결한다. 민주평화론 이론가들은 이와 같이 차별적인 평화가 나타나는 원인을 민주주의 국가 특유의 정치문화 또는 정치제도에서 찾는다. 민주주의 국가들은 대화와 타협을 강조하는 정치문화 덕분에 서로 간에 발생하는 문제를 평화적으로 해결하며, 군사력 사용을 제한하는 여러 제도 덕분에 서로 간에는 무력을 동원하기가 매우 어렵다.

스나이더는 민주평화론 자체에 대해서는 비판하지 않았다. 국가들 사이에서 나타나는 국내정치적 차이에 초점을 맞춘 민주평화론과는 달리, 스나이더는 특정 국가 내부에서 나타나는 국내정치적 변화가 야기하는 결과를 강조했다. 그는 성숙한 또는 공고화된 민주주의 국가들(mature or consolidated democracies) 사이에는 전쟁이 일어나지 않는다고 보았으나, 민주화 과정의 국가들(democratizing states)은 반대로 전쟁을 더욱 많이 수행한다고 지적했다. 즉, 스나이더는 민주주의가 공고화되고 성숙한 경우에는 전쟁이 발생하지 않지만, 민주주의로 이행하는 국가들은 대외적으로 오히려 공격적으로 행동한다고 보았다. 민주화 과정에 있는 국가는 민주주의 국가와는 달리 상대방 국가의 정치체제에 따라 행동하지 않으며, 도리어 모든 주변 국가에 대해서 공격적으로 행동한다고 보았다.

이와 같은 주장은 국내정치가 국가행동에 영향을 주지 못한다는 왈츠의 주장과 대비된다. 그에 따르면 국가는 당구공과 같이 단단하기 때문에 내부의 변화는 외부의 움직임에 전혀 영향을 주지 못한다. 하지만 스나이더는 국내정치의 중요성을 강조하면서 특정 국가가 공격적으로 행동하는 국내적인 원인을 좀 더 구체적으로 지적했다. 특히 국내정치의 역동성(dyna-mics)을 강조하면서, 민주화가 어떠한 순서로 이루어지는가에 따라서 국가의 대외 행동이 달라진다고 보았다. 즉, 민주화 과정에서 민주주의제도와 정치참여 확대 가운데 무엇이 먼저 이루어지는가에 따라 당구공 자체의 움직임에 큰 차이가 나타난다. 국가들 사이에 존재하는 내부적 차이뿐만 아니라, 한 국가에서 나타나는 국내정치의 변화도 국가행동으로 이어지며 그 국가의 대외 정책을 결정한다고 보았다.

2. 민주주의 평화와 미국의 정책 처방

민주주의 국가들은 서로 전쟁을 하지 않으며, 이는 부정할 수 없는 역사적 사실이다. 민주주의 평화는 민주적 정치제도와 정치문화 때문에 나타난다. 민주주의 국가로 구성된 세계에서는 국제적 무정부 상태의 압력이 사라져 모든 국가가 평화를 누릴 수 있게 된다. 바로 이러한 이론적 주장에 따라 미국 행정부는 지난 20년 가까이 민주주의 확산을 가장 강력한 평화 구축 수단으로 판단하고 이를 실현하기 위해 많은 노력을 기울였다. 냉전 이후 클린턴(Bill Clinton) 대통령은 민주주의의 확산을 외교정책의 가장 중요한 원칙으로 천명했으며, 이러한 경향은 2001년 9·11 테러 공격 이후 더욱 강화되었다. 2002년 9월 공개된 미국의 국가안보전략(National Security Strategy of the United States)은 "자유를 보장하고 민주주의의 기초를 다지기 위해서 해외의 독재정권을 무너뜨려야 한다"고 규정했다.[1] 이후 미국은 이라크를 침공했으며, 테러 공격을 예방하는 가장 확실한 방법은 이라크와

---

1) Executive Office of the President, *National Security Strategy of the United States* (September 2002).

중동 지역에 민주주의를 정착시키는 것으로, 단기적인 안정을 위해서 독재 국가를 용인하거나 민주주의 이식을 회피할 수는 없다고 선언했다.[2)]

장기적으로 본다면 이와 같은 주장 자체는 정확하다. 민주주의 국가는 서로 전쟁을 하지 않으므로 모든 국가가 민주주의 국가로 변모한다면 전쟁은 지구상에서 사라질 수 있다. 그렇지만 그 과정에서 상당한 위험이 존재한다. 이라크 침공 이후 강제적 민주화 과정에서 나타난 문제점들은 이러한 위험을 잘 보여준다. 현재 이라크는 적어도 정치제도와 참여라는 측면에서는 민주주의 국가이다. 하지만 이라크는 민주주의 국가로 자리 잡지 못했다. 전쟁 이후 6년 이상이 지난 현재까지도 이라크 내부의 정치적 혼란은 계속되고 있으며, 수니파(Sunnis)와 시아파(Shiites) 그리고 북부의 쿠르드족(Kurds)과 관련된 민족 및 종파 분쟁으로 국가 통합이 저해되고 있다. 전쟁 초기 부시 행정부는 초기의 어려움만 극복하면 이라크에 민주주의가 쉽게 자리 잡을 것이라는 낙관론을 펼쳤다. 가장 널리 사용되었던 사례는 제2차 세계대전 직후 독일과 일본으로, 이 국가들은 '민주주의의 전통'이 없었는데도 이전의 독재체제가 사라지고 나자 민주주의가 정착되었다.[3)]

---

2) David Sanger, "Bush Asks Lands in Mideast to Try Democratic Ways," *New York Times*, November 7, 2003, p. A1.

3) 이러한 부시 행정부의 시각을 잘 반영하는 것이 1945년 12월 당시 미국 점령하의 독일에서 전략정보국(Office of Strategic Service) 책임자였으며 후일 CIA 국장으로 활동한 덜레스(Allen W. Dulles)의 상황 평가이다. "기존의 모든 권위가 파괴되었다", "독재정권에 협력한 사람들을 제외하면 능력과 자격을 갖춘 인원은 거의 존재하지 않는다", "현재 미국은 아무런 영장 없이 7만 명 정도를 체포 및 구금하고 있다", "현재 산업생산은 완전히 파탄 상태이다", "현재 상황을 적절하게 해결하지 않으면 독일은 설사 100년이 걸린다고 해도 반드시 복수할 것이다" 등의 평가는 2003년 이라크의 상황과 유사하다. 하지만 미국 점령하의 독일은 서독(Federal Republic of Germany)이라는 모범적인 민주주의 국가로 발전했다. Foreign Affairs, "That Was Then: Allen W. Dulles on the Occupation of Germany," *Foreign Affairs*,

그러나 미국은 후세인 정권을 무너뜨린 직후부터 이라크 상황을 전혀 통제하지 못했으며, 복구 및 질서 유지를 위한 세밀한 계획을 세워두지도 않았다. 이러한 문제점은 지금까지도 계속 존재하며, 1945년 이후 독일과 같이 2003년 이라크에서도 민주주의를 수립할 수 있다는 자신감은 사라졌다.[4]

이라크전쟁이 계획 수립 및 집행 과정상의 문제로 실패했다면, 스나이더는 그 이상의 문제점을 지적한다. 스나이더는 민주주의의 확산이 가장 확실한 그리고 가장 효과적인 안보정책이기는 하지만, 민주주의 평화를 달성하기 위해 강제로 민주주의를 확산할 경우에는 성숙하지 못한 민주주의 국가들(immature democracies)이 나타날 뿐 기대했던 민주주의 평화로 이어지지 않는다고 본다. 민주화 과정에서 나타나는 가장 심각한 문제는 기존에 권력을 장악하고 있던 정치 엘리트 집단이 자신의 우월한 지위를 유지하기 위해서 여러 가지 정치적 술수를 사용할 가능성이다. 민주화 초기에 권력을 상실하는 것은 위험하다. 민주주의 국가에서는 선거에서 패배한다고 해도 정권 이양과 승계가 법률적으로 보장되어 있으며, 이 절차에 따르는 한 위험은 없다. 하지만 민주주의가 정착하지 않은 상황에서 정치권력을 상실하면 투옥되거나 최악의 경우 처형되기도 한다. 한국의 민주화 과정에서 12·12 쿠데타의 주모자였던 전두환, 노태우 두 전직 대통령은 1995년 투옥되었고, 세르비아의 대통령이었던 밀로셰비치(Slovodan Milosevic)는 2000년 5월 실각 후 체포되어 국제유고슬라비아 형사재판소(International Criminal Tribunal for the former Yugoslavia: ICTY)에 인도되어 재판이 진행되던 2006년

Vol. 82, No. 6 (Nov/Dec 2003), pp. 2~8.

4) James Glanz and T Christian Miller, "Official History Spotlights Iraq Rebuilding Blunders," *New York Times*, December 14, 2008; Rajiv Chandrasekaran, *Imperial Life in the Emerald City: Inside Iraq's Green Zone* (New York: Alfred A. Knopf, 2006).

심장마비로 사망했다. 칠레의 독재자 피노체트(Augusto Pinochet)는 1988년 민주세력에 정권을 이양하면서 자신의 행동에 대한 면책특권(immunity)을 확보했으나, 2000년 12월 대통령 재임 시 민주세력 지도자에 대한 납치 및 살인 혐의로 기소되었고 수사를 받는 과정에서 가택에 연금된 채 사망했다.

따라서 민주화 초기 과정에서 권력의 향방을 결정하는 선거는 생존을 둘러싼 투쟁으로 이어진다. 기존 엘리트들은 정치적 민주주의의 핵심인 선거제도는 수용하지만 선거 결과를 조작하거나 유권자들을 선동해 내부 또는 외부의 적을 만들고, 이에 대한 증오심과 공포심을 조장한다. 민주화 과정 초기 단계에 나타나는 권력투쟁은 공고화된 민주주의 국가의 정치경쟁과는 전혀 다른 양상을 띠며, 그 과정에서 많은 부작용이 발생한다. 이러한 부작용 가운데 가장 심각한 것이 민족주의를 이용한 선동이며, 그 결과 국가는 대외 정책에서 공격적 성향을 나타낸다.

3. 민주화와 민족주의

민주주의에 대한 견해는 다양하다. 하지만 비교정치학(Comparative Politics)에서 어느 정도 합의된 민주주의에 대한 개념 정의는 ① 외교 및 국방정책을 포함한 대부분의 정책이 자유선거, 공정선거, 정기선거를 통해 선출된 사람들에 의해 결정되고, ② 선거에는 성인 인구의 대부분이 참가하며, ③ 선거가 실질적 의미를 지니는, 즉 선거에서 승리한 정당이 정권을 장악하고 선거에서 패배한 정당이 정권을 상실하는 정치체제이다. 그리고 이와 함께 정부의 행동에는 반드시 한계가 존재하며, 그 한계는 헌법에서 규정된다. 동시에 언론 및 정치결사의 자유로 대표되는 시민적 자유(civil liberties)를 보장한다.[5]

한편 달(Robert A. Dahl)은 민주화(democratization)에 대한 고전적 연구에서 민주화를 정치참여(political participation)의 확대와 공적 이의제기(public contestation)의 강화라는 두 가지 차원에서 분류했다. 폐쇄적 억압체계(closed hegemony)와 포괄적 민주체계(polyarchy)를 상정한 상황에서, 민주화는 폐쇄적 억압체계가 포괄적 민주체계로 변화하는 과정이며, 이러한 변화는 다음의 세 가지 형태로 나타난다. 정치경쟁은 달라지지 않고 정치참여 부분만 증가하면 폐쇄적 억압체계는 포괄적 억압체계(inclusive hegemony)로 변화하며, 정치참여에서는 큰 변화가 없이 정치경쟁 부분만 개방되면 경쟁적 과두체계(competitive oligarchy)가 나타난다. 두 가지 부분에서 모두 개선되는 경우에만 포괄적 민주체계가 등장한다.6) 오늘날의 선진 민주주의 국가들을 포괄적 민주체계로 구분하고, 프랑스혁명 이전의 군주제 국가를 폐쇄적 억압체계로 본다면, 포괄적 억압체계는 선거권이 인정되지만 특정 정치세력 또는 정당이 권력을 장악해 선거가 큰 의미가 없는 제1차 세계대전 이전의 독일 제국과 같은 정치체제이다. 반면 경쟁적 과두체계는 선거권이 매우 제한되어 있지만 두 개 이상의 정치세력 또는 정당이 치열하게 경쟁하는 체계로, 자유당과 보수당 양당체제가 확립된 상황에서 선거권 확대가 이루어지지 않아 전체 성인 인구 1,400만 명 가운데 20만 명 정도만 투표를 할 수 있었던 1832년 이전의 영국이 대표적인 사례이다.

민주화 과정 초기에는 정권을 잃는 것이 정치 엘리트 개인에게 심각한

---

5) 민주주의 연구에서 널리 사용되는 POLITY 데이터(POLITY IV)는 민주주의를 행정부 충원의 개방성, 행정부 권한의 독립성과 제한성, 정치적 경쟁과 반대 여부 등의 세 가지 제도적 차원에서 분류한다.

6) Robert A. Dahl, *Polyarchy: Participation and Opposition* (New Haven, CT: Yale University Press, 1971).

위해로 작용하며, 물리적 생존을 걸고 정치권력을 유지하려고 노력한다. 또한 민주화 과정에서 정치참여와 정치경쟁 가운데 어느 차원이 먼저 확대 되느냐에 따라 기존 정치 엘리트의 행동에 중요한 차이가 나타난다. 특히 공적 이의제기를 정당체제와 언론의 자유와 같은 정치제도(political insti- tutions)의 확립으로 본다면, 민주화의 구성 요소와 그 구성 요소의 정착 순 서에 따라 초기 민주주의의 안정도와 대외 행동에서 큰 차이가 발생한다. 정치참여가 증가하고 선거가 이행되면 기존 정치 엘리트 집단은 자신의 이 익 또는 생존을 위해서 민족주의를 부추기며, 이 과정에서 민족주의의 형 태가 분화된다. 이와 같이 정치참여가 확대된 상황에 기존 정치 엘리트가 적응할 수 있는지의 여부는 정치제도의 공고성과 함께 민족주의의 형태에 결정적인 영향을 미친다. 특히 이 과정에서 중요한 역할을 하는 것은 민주 화 구성 요소의 정착 순서이다.

첫 번째 유형은 시민적 민족주의(civic nationalism)로, 기존 엘리트의 이익 이 어느 정도는 유연하게 나타나고 정치제도가 충분히 정착해 의회가 상당 한 힘을 발휘하는 국가에서 나타난다. 기존 엘리트의 생존과 이익이 직접 적인 위험에 직면하지는 않기 때문에, 외부에 대해 공격적인 민족주의보다 는 오히려 내부적으로 모든 국민을 민주적으로 통합하는 민족주의가 등장 한다. 순조롭게 민주주의로 이행한 19세기 영국이 대표적인 사례이다.

두 번째 유형은 혁명적 민족주의(revolutionary nationalism)로, 기존 엘리트 의 이익은 유연하지만 정치제도가 강력하지 않은 경우에 등장한다. 기존 엘리트는 정치참여가 확대되는 과정에서 자신들이 정치적 이익을 유지하 기 위해 내부와 외부에 적대세력을 상정해 민족주의를 이용한 대중 선동에 나서며 공격적인 정책들을 추진한다. 혁명적 민족주의의 대표적 사례는 프 랑스혁명 직후의 프랑스이다.

민족주의의 유형

| 정치 엘리트의 이익 | 국가 정치제도의 공고성 | |
	강력한 정치제도	취약한 정치제도
적응 가능	시민적 민족주의	혁명적 민족주의
적응 불가능	반혁명적 민족주의	종족적 민족주의

자료: Jack Snyder, *From Voting to Violence: Democratization and Nationalist Conflict* (New York: W. W. Norton, 2000), p. 39.

세 번째 유형은 반혁명적 민족주의(counterrevolutionary nationalism)로, 정치제도는 강력하지만 기존 엘리트의 이익이 새로운 상황에 쉽게 적응하지 못하는 국가에서 등장한다. 특히 행정부의 권한이 의회의 권한보다 강력한 국가에서는 기존 엘리트 집단이 행정부를 장악해 의회와 대립하고, 외부의 적대세력을 상정하기보다는 내부적인 적대세력을 상정해 국민을 선동한다. 가장 적절한 사례로는 1870년 통일 이후 독일 제국을 들 수 있다.

종족적 민족주의(ethnic nationalism)는 마지막 유형으로, 기존 엘리트의 이익이 유연하지 않고 정치제도도 거의 확립되지 않은 국가에서 나타난다. 국가정치제도가 존재하지 않으므로 기존 정치 엘리트는 국민을 선동해 모든 것을 새롭게 만들어야 하며, 민족주의는 국민 통합의 이념으로서 매우 효과적으로 작동한다. 국내의 소수민족에 대한 적대감을 의도적으로 부추기며, 극심한 경우에는 민족 통합을 위해 국내적 무력 사용 또는 국제적 충돌까지도 감수한다. 제1차 세계대전 이전 세르비아가 대표적인 사례이다.

이러한 공격적인 민족주의는 신생 민주주의 국가에서 많이 나타나며, 특히 언론의 공정성과 전문성이 확보되지 않은 경우에 등장한다. 정치제도가 발전하지 못했다면 기존 엘리트 집단은 정보를 독점해 정보를 왜곡하고 민족주의 신화(nationalist myth)를 만들어낸다. 사상적 경쟁이 완벽하다면 자유로운 토론을 거쳐 진실이 등장하고 정보 왜곡과 선동 등은 사라진다.

모든 주장은 엄격하게 검토되고, 잘못된 정보는 시정되며, 비논리적인 주장은 비판을 통해 완전경쟁 상황의 시장에서 퇴출된다. 그런데 사상의 자유경쟁시장(perfect competition in the marketplace of ideas)은 정치제도가 확립되기 전 정치참여가 먼저 확대된 사회에서는 쉽게 나타나지 않는다.[7]

민주주의의 공고화가 이루어지는 순서는 매우 중요하다. 언론의 전문성과 정치적 공정성이 유지되고 확고한 국가 정치제도가 존재한다면 문제가 발생하지 않는다. 정치제도가 확립된 상황에서 나타나는 정치참여의 증가는 심각한 위협 없이 성숙한 민주주의로 발전한다. 정치세력이 서로 대립하고 정당끼리의 경쟁이 존재하며 각각의 정당이 자신들의 주장을 논리적으로 펼칠 수 있는 언론과 의회가 존재한다면, 선거권 확대로 일어날 충격은 그다지 크지 않다. 국민의 정치참여가 제한된 상황에서 기존 정치 엘리트들은 경쟁에 익숙하며 정권을 장악한 경험과 정권을 상실한 경험 모두를 가지고 있다. 따라서 정치참여가 확대되면서 나타나는 새로운 환경에 상대적으로 쉽게 적응한다. 이 과정에서 나타나는 민족주의는 국민 전체를 동원하기 위한 민족주의가 아니라, 정치체제 전체를 통합하며 국내적 평등을 강화하는 긍정적인 역할을 한다.

정치제도가 공고하지 않은 상황에서 정치참여가 갑자기 증가하면, 기존 정치제도가 급증한 정치참여를 수용하는 데 어려움을 겪는다. 특히 정치적 경쟁의 부재로 독점적 지위를 유지해왔던 집단은 정권을 상실한 경험이 없

---

7) '사상의 자유경쟁시장'이라는 개념은 고대 그리스의 철학사 소크라테스가 어떤 주장이 지닌 다양한 측면을 계속 검토했던 방식과 유사하다. 19세기 자유주의를 대표하는 철학자인 밀(John Stuart Mill)이 『자유론(On Liberty)』에서 이 개념을 언론의 자유와 연결했으며, 20세기 미국 판례들을 통해서 '사상의 자유경쟁시장'이라는 표현이 등장했다.

으므로 정권을 상실할 가능성을 두려워하게 된다. 기존 정치 엘리트들은 생존을 위해서 민족주의에 호소하며 언론을 조작한다. 그러나 이러한 행동은 정치제도가 확립되지 않았기 때문에 제어되지 않는다. 기존 엘리트는 내부 또는 외부의 적을 만들고, 이를 통해 국민을 동원하여 자신의 권력을 유지하려 한다. 이 경우에 민족주의는 민주화에 도움이 되지 않으며 내부와 외부의 적에 대한 증오심과 공격적 성향으로 이어진다.[8)

4. 민주주의와 대외팽창

정치제도가 정착되어 있지 않은 상황에서 정치참여가 확대되는 방식을 통해 민주화가 이루어지면 기존 엘리트는 민족주의를 선동하여 자신들의 독점적 지위를 유지하려고 하며, 결국 공격적 민족주의가 등장할 가능성이 증가한다. 즉, 민주화 특히 정치제도의 확립 이전에 정치참여가 확대되는 형태의 민주화는, 대외팽창과 같은 국가의 공격적인 행동을 불러일으키는 최소한 두 가지의 경향을 수반한다. 민족주의의 강화가 그 첫 번째 경향이라면, 두 번째 경향은 국가정책 결정 과정에서 나타나는 과두제 연합(oligarchical coalition)이다. 즉, 기존의 일인독재체제(autocracy)가 완전한 민주주의체제(democracy)로 이행하면서 나타나는 과두체제와, 그 결과 나타나는 카르텔체제(cartelized system)는 대외팽창으로 이어지기 쉽다.

스나이더는 국제적 무정부 상태가 그다지 위험하지 않다고 보았다. 국가들은 안보가 계속 위협받기 때문에 대외적으로 팽창, 특히 필요 이상으로 과대팽창(overexpansion)하지 않는다. 그는 국제적 무정부 상태가 상대적

---

8) Edward D. Mansfield and Jack Snyder, *Electing to Fight: Why Emerging Democracies Go to War* (Cambridge, MA: MIT Press, 2005).

으로 안전하며 안보가 항상 위협받지는 않는다는 방어적 현실주의를 제시했다. 그리고 상대적으로 안전한 상황에서 팽창하는, 특히 과대팽창으로 다른 국가의 강력한 반발과 저항을 초래하는 현상은 국내적 변화로 설명해야 한다고 보았다. 어떠한 국가가 상대적 힘에서 주변 국가들을 압도하는 강대국이라면 상대적으로 안전하기 때문에 팽창할 이유가 없지만, 국내체제가 과두체제인 경우에는 팽창한다고 보았다.[9]

민주주의체제로 이행하는 과정에서 나타나는 과두제 연합이 과대팽창을 가져오는 원인은 앞에서 논의한 민주주의로 이행하는 동안에 민족주의가 강화된다는 설명과 유사하다. 완전한 일인독재에서는 지배자 개인이 팽창의 비용을 지불하고 팽창의 이익을 가져가기 때문에 필요하지 않은 팽창은 쉽게 일어나지 않는다. 반면 민주주의체제에서는 국민 전체가 대외팽창의 비용을 지불하고 그 수익도 국민 전체에게 귀속된다. 하지만 민주화 과정에서 나타나는 과두제 연합의 경우 팽창을 추진하면서 비용은 다수의 국민들이 부담하도록 하고 이익은 자신들이 향유한다. 20세기 초 이탈리아의 경제학자인 파레토(Vilfredo Pareto)가 지적했듯이, 보호무역이 승리하는 이유는 보호무역의 이익이 소수에 집중되지만 비용은 다수에게 분산되기 때문이다. 이처럼 팽창의 이익은 과두제 연합이라는 소수의 집단에 집중되지만, 팽창의 비용은 국민 전체에 조금씩 널리 분산된다. 대부분 경우, 집중된 이익이 분산된 이익보다 강력한 힘을 발휘하듯이, 잘 규합된 과두제 연합은 국민보다 더욱 강력한 영향력을 행사해 정책을 결정한다.

---

9) Jack Snyder, *Myths of Empire: Domestic Politics and International Ambition* (Ithaca, NY: Cornell University Press, 1991). 이에 대한 서평으로는 Fareed Zakaria, "Realism and Domestic Politics: A Review Essay," *International Security*, Vol. 17, No. 1 (Summer 1992), pp. 177~198이 있다.

과두제 연합은 다음과 같은 방법으로 자신들의 이익을 서로 보장한다. 첫째, 다양한 사안에 대해 교차 지원하고, 이 과정에서 자신의 핵심 이익을 확보하며 나머지는 다른 이익집단에 양보한다. 과두제 연합은 흔히 결탁(logrolling)이라고 불리는 정치적 타협을 통해 모두의 핵심 이익을 보장하고 자신들의 통일성을 유지할 수 있다. 일인독재에서 이러한 연합체는 나타나기 어려우며 따라서 결탁의 필요성도 없다. 민주주의체제에서도 결탁을 통해 정책을 추진하는 것은 국민의 반발 때문에 매우 어렵다. 하지만 과두제 상황에서는 이러한 연합체의 부상과 결탁 그리고 팽창이 가능하다.

둘째, 과두제 연합은 언론을 통제하고 정보를 독점한다. 안보 문제에 관해 전문성을 지닌 군부(armed forces)는 대부분 과두제 연합의 주요 구성원으로, 다른 어떤 집단보다도 대외팽창이 가져오는 비용을 예측하는 데 뛰어나며 중요한 정보를 독점한다. 이들은 언론에 대한 막강한 영향력을 행사하면서 자신들의 입장을 매우 적극적으로 그리고 매우 설득력 있게 개진한다. 셋째, 과두제 연합은 기존 국가기구와 밀접한 관계를 유지한다. 민주화 과정에서는 국민 전체의 정치적 대표성이 확립되지 않고 소수의 이익이 더욱 강하게 대표된다. 따라서 단순히 지엽적 사안에 집중한 이익집단(parochial interests)이라고 해도 새롭게 만들어진 의회 또는 국가기구에서 막강한 힘을 발휘한다. 특히 선거권 제한이 있는 경우에 소수 이익의 과대대표(overrepresentation)는 더욱 흔하게 나타난다.

이러한 현상은 제1차 세계대전 직전의 독일에서 전형적으로 나타났다. 1870년 독일 통일 이후 비스마르크는 독일 정치를 사실상 완전하게 통제했다. 노동자 계급에 기반을 둔 사회민주당(Social Democratic Party)이 존재했지만, 1878년 사회주의 금지법으로 정당을 해산하고 노동조합을 불법화했으며 진보 언론을 폐쇄하여 노동계급의 정치적 영향력을 봉쇄했다. 한편

1881년 복지정책을 도입해 의료보험, 상해보험, 노동자 연금제도 등을 실시함으로써 노동자계급의 기본 요구를 수용했다. 비스마르크는 독일의 팽창을 무의미하다고 보고 통일 독일의 내부적 결속을 다지기 위해 노력했다. 예컨대 독일이 아프리카와 아시아에서 식민지를 획득한다고 해도 독일 전체의 국력에는 아무런 도움이 되지 않는다고 보았으며, 해군력 증강은 영국과의 갈등을 조장할 우려가 있다고 판단했다.

1890년 국제정치 전반을 조망해 독일의 정책을 결정했던 비스마르크가 퇴임하자, 독일 정치는 다양한 이익집단의 타협에 의해 작동되었다. 특히 이 과정에서 농업에 대한 보호관세를 요구했던 지주(Junkers)계급과 해군력 증강을 통해 안정적인 매출을 확보하려는 산업자본가계급은 서로 연합해 독일의 식민지 획득 및 해군력 증강 계획을 추진했다. 흔히 세계정책(Weltpolitik)이라고 불리는 이러한 정책으로 독일은 러시아에서 수입하던 농산품에 대한 수입관세 문제로 양국 관계를 악화시켰고, 해군력 증강 문제로 영국과 대립했다.[10] 독일 해군과 중공업 세력은 언론을 동원해 식민지 획득과 해군력 증강에 대한 다양한 이데올로기를 생산했다. 적자생존과 자연선택이라는 진화론에서 사용하는 개념을 국가 차원에 적용한 사회적 다원주의(Social Darwinism)가 널리 퍼져 나갔으며, 해군력이 국가의 생존을 결정한다는 마한(Alfred T. Mahan)의 대양해군론에 대한 열렬한 지지세력이

---

10) 비스마르크 이후에 등장한 과두제 연합은 철강(Iron)으로 상징되는 산업자본가와 호밀(Rye)로 대표되는 지주 집단으로 구성되었기 때문에 이를 '호밀과 철강의 결합(Marriage of Iron and Rye)'이라고 표현한다. 이에 대한 고전적인 연구로는 Alexander Gerschenkron, *Bread and Democracy in Germany* (Berkeley, CA: University of California Press, 1943)가 있다. 또한 Ronald Rogowski, *Commerce and Coalitions: How Trade Affects Domestic Political Alignments* (Princeton, NJ: Princeton University Press, 1989)는 당시 독일 과두제 연합의 구성에 대한 통찰력 있는 분석이다.

형성되었다. 한편 철강, 조선, 기계 등의 기업과 금융계는 자신들의 영향력을 이용해 해군력 증강을 주장하는 독일해군협회(German Navy League)에 100만 명의 회원을 동원했다. 해군 예산이 증가함에 따라 군사비 지출에서 독일 육군이 차지하는 비율이 감소했으며, 이 때문에 독일 군부의 내부적 갈등이 초래되었고 영국과의 관계에서도 엄청난 대립이 발생했으며, 이는 제1차 세계대전으로까지 이어졌다.[11] 당시 독일은 전략적인 전망을 하지 못했으며, 개별 이익집단의 단편적인 행동에 의해 팽창을 시도했다.

5. 스나이더 이론의 발전

스나이더는 국내정치의 변화가 국가의 행동에 미치는 영향을 논의했으며, 이 과정에서 기존 이론에서는 거의 검토하지 않았던 두 가지 측면을 강조했다. 우선 스나이더는 왈츠 이론과는 달리 국제정치에서 국내정치가 중요한 역할을 한다고 주장했다. 하지만 기존 민주평화론에서처럼 민주주의 국가들은 서로 전쟁을 하지 않는다는 측면을 강조하기보다는 민주화 과정에 있는 국가들이 오히려 공격적으로 행동한다고 보았다. 민주주의 국가들은 서로 간에는 전쟁을 하지 않지만, 민주주의로 이행하고 있는 국가들은 기존 엘리트 집단이 생존을 위해 정보를 조작하고 공격적 민족주의를 의도적으로 조장하기 때문에 공격적으로 행동하는 경향이 있다. 민주주의 국가가 다른 비민주주의 국가와만 전쟁을 하고 민주주의 국가들과는 전쟁을 하지 않는다면, 민주화 과정에 있는 국가는 상대방 국가의 정치체제와는 무

---

11) Paul M. Kennedy, *The Rise of the Anglo-German Antagonism, 1860~1914* (London: The Ashfield Press, 1980); Holger H. Herwig, *'Luxury Fleet': The Imperial German Navy 1888~1918* (London: The Humanity Books, 1987).

관하게 공격적으로 행동하고 전쟁을 한다.

또한 스나이더는 국가의 대외팽창에 대해 기존 이론과는 다른 의견을 제시했다. 국제적 무정부 상태는 혼란이나 무질서가 아니며 따라서 국가의 안전에 대한 직접적인 위험이 항상 존재하지는 않는다는 방어적 현실주의 입장을 처음으로 체계화하면서, 이에 기초해 국가의 대외팽창에 대한 이론을 제시했다. 안보에 대한 위험이 항상 존재하지 않기 때문에 국가가 대외팽창을 하는 것은 안보 이외의 다른 요인 때문이라고 보고, 그 요인으로 국내적 과두제 연합을 지목했다. 상대적 힘의 측면에서 주변 국가들에 비해 우월한 위치에 있는 강대국의 대외팽창은 결국 다른 강대국의 견제를 가져온다고 주장했다. 특히 스나이더는 방어적 현실주의 입장에서 패배적 과대팽창(self-defeating overexpansion)을 했던 것은 바로 그 국가들의 국내정치체제가 완전한 일인독재체제도 완전한 민주주의체제도 아닌 중간 단계의 과두체제였기 때문이라고 보았다.

국내적 요인으로 국가의 행동을 설명하려는 노력은 많은 학자들에 의해 강조되어왔지만, 안보 부분에서는 아직 큰 성과가 없다. 국내정치 현상을 분석하는 비교정치학과 국제정치 현상을 다루는 국제정치학을 통합하기 위한 노력은 정치경제(political economy) 분야에서 큰 성과를 가져왔다.[12] 안보연구(security studies) 분야에서는 아직까지 단편적인 연구만이 존재하는데, 그중에서도 국내정치 변수를 도입해 개별 국가가 보유한 군사력 구

---

12) 정치경제 분야에서 국내정치 연구와 국제정치를 통합하려는 가장 체계적인 시도는 Jeffry A. Frieden and Ronald Rogowski, "The Impact of the International Economy on National Policies: An Analytical Overview," in Robert O. Keohane and Helen V. Milner (eds.), *Internationalization and Domestic Politics* (Cambridge: Cambridge University Press, 1996), pp. 25~47이다.

성과 운용 방식 그리고 군사교리를 분석한 연구가 가장 많은 성과를 배출하고 있다.[13] 현실적으로 이러한 연구들은 주로 민군 관계(civil-military relations)에 초점을 맞춰 군사력 사용과 창출에서 나타나는 다양한 현상을 분석하며, 2003년 이라크 침공 당시 사담 후세인 정권이 보여주었던 군사력 사용에 대해서도 많은 통찰력을 제공한다.[14]

스나이더의 연구가 지닌 가장 중요한 정책적 함의는 민주화가 가져오는 위험에 대한 경고와 그에 대한 처방이다. 민주주의로의 이행은 위험을 수반한다. 하지만 위험이 있다고 정치발전의 핵심인 민주주의 또는 민주화를 포기할 수는 없다. 이는 상당한 비용을 지불해서라도 추진해야 하는 가치이다. 스나이더는 이러한 위험을 분석하는 데 그치지 않고 비용을 줄이는 방법까지 제시했다. 민주화 순서에 따라서 민주화 과정에서 나타나는 위험이 달라지며, 특히 정치제도가 확립되지 않은 상황에서 정치참여가 확대되는 경우에 가장 큰 위험이 발생한다. 따라서 기존 정치 엘리트의 이익을 어느 정도 보장하면서 기존 정치제도를 우선적으로 강화하는 것이 필요하다.

이러한 주장은 매우 강력한 정책 처방으로 이어진다. 이라크전쟁과 같

---

13) 대표적인 연구로는 재래식 군사교리에 대한 Jack Snyder, *The Ideology of the Offensive: Military Decision Making and the Disasters of 1914* (Ithaca, NY: Cornell University Press, 1984), 핵무기 운용 방식에 대한 Peter D. Feaver, *Guarding the Guardians: Civilian Control of Nuclear Weapons in the United States* (Ithaca, NY: Cornell University Press, 1992), 사회적 분열이 군사력 창출에 미치는 영향에 대한 Stephen Peter Rosen, *Societies and Military Power: India and Its Armies* (Ithaca, NY: Cornell University Press, 1996), 군사력 사용에 대한 Risa Brooks, *Shaping Strategy: The Civil-Military Politics of Strategic Assessment* (Princeton, NJ: Princeton University Press, 2008) 등이 있다.

14) Kevin Woods et al., *The Iraqi Perspectives Report: Saddam's Senior Leadership on Operation Iraqi Freedom from the Official U.S. Joint Forces Command Report* (Annapolis, MD: U.S. Naval Institute Press, 2006).

이 특정 국가를 침공해 민주주의를 이식하는 것은 오히려 민족주의 강화와 대외적 공격성으로 이어질 수 있어 적절하지 못하고, 사전에 정당 및 언론, 정치경쟁 등의 정치제도를 강화하는 조치가 필요하다. 소련 붕괴 이후 소련승계 국가(Post-Soviet Republics) 및 동유럽 국가에서 나타났듯이, 기존 국가체제를 어느 정도 보존하느냐에 따라 이후 정치발전이 큰 차이를 보인다. 민주화가 이루어진 체코공화국과 슬로바키아가 평화로운 방식으로 안정과 민주주의를 이룬 사례라면, 같은 동유럽의 유고슬라비아는 중앙정부의 붕괴, 내전, 인종청소를 경험한 대조적인 사례이다. 오늘날 이러한 맥락에서 가장 많이 거론되는 국가는 중국이다. 차기 초강대국으로 지목되는 중국은 민주주의 국가로 이행해야 한다. 하지만 이 과정에서 기존 정치제도가 파괴되고 기존 정치 엘리트의 이익이 위협받는다면 민족주의의 강화와 공격적인 대외팽창 그리고 전쟁이 발생할 가능성이 크다.[15) 이에 비추어 볼 때 중국 민주화는 기존 엘리트의 이익을 어느 정도 보장한 상태에서 정치제도를 강화하는 방식으로 조심스럽게 접근해야 한다.

---

15) Thomas J. Christensen, "Chinese *Realpolitik*: Foreign Relations with China," *Foreign Affairs,* Vol. 75, No. 5 (September/October 1996), pp. 37~52; Peter Hays Gries, *China's New Nationalism: Pride, Politics, and Diplomacy* (Berkeley, CA: Universityof California Press, 2004).

제4부
국제제도의 중요성과 국제협력

왈츠는 국제정치에서 협력이 이루어질 가능성은 적다고 보았다. 그러나 현실적으로 국가들은 무정부적 국제체제에서 협력하며, 공통의 이익을 추구한다. 이에 대해 제도주의라고 불리는 이론체계는 새로운 시각을 제시했다. 국제협력이 실패하는 것은 국가들 사이에 정보비용이 지나치게 높기 때문이며, 국제제도를 통해 정보비용을 낮출 수 있다면, 협력이 가능하다는 것이다. 또한 개별 국가들은 적절한 전략을 구사함으로써 상대방의 협력을 유도할 수 있다. 현실적으로 존재하는 국제협력에 대한 분석은 국제정치에서 매우 중요한 부분을 차지하며, 이 문제를 둘러싼 다양한 논의를 통해 오늘날 국제정치이론의 상당 부분이 만들어졌다.

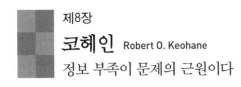

제8장

코헤인 Robert O. Keohane

정보 부족이 문제의 근원이다

After Hegemony: Cooperation and Discord in the World Political Economy

Princeton, NJ: Princeton University Press, 1984

국제정치는 갈등 상황인가? 통상적인 인식에 따르면 국제정치에는 첨예한 갈등이 항상 존재한다. 국제정치는 '영원한 적도 영원한 동지도 없으며' 엄정한 국가이익만이 지배하는 냉혹한 장소이다. 이러한 국제정치의 냉혹함과 상존하는 갈등은 피할 수 없는가? 이와 같은 문제가 발생하는 근본 원인은 무엇인가? 무정부적 상황에서도 일부 국가들은 공통의 이익을 가지며 주변 국가들과 협력한다. 이러한 성향이 모든 국가에 보편적으로 나타나지는 않지만, 상당수의 국가들에는 존재한다. 그렇다면 공통의 이익이 존재하는데도 몇몇 국가들이 협력에 실패하는 이유는 무엇인가?

국제체제의 무정부성 때문에 이러한 문제가 발생한다는 것이 바로 왈츠로 대표되는 현실주의 이론가들의 주장이다. 국제정치의 구조적 그리고 체제적 압력은 압도적이기 때문에 다른 어떠한 방법으로도 극복할 수 없다. 하지만 현실적으로 국가들은 협력한다. 공통의 이익이 있는 경우에 국가들은 서로의 차이를 극복하고 갈등 요인을 제거하며 협력한다. 물론 협력에 실패하는 경우나 기존 협력이 붕괴되는 경우도 있지만, 협력이 현실적으로 존재한다는 사실 자체를 부인할 수는 없다. 그렇다면 협력은 어떻게 설명할 수 있는가? 무정부 상태에서도 협력이 존재한다는 사실은 국제적 무정부 상태 자체가 협력을 저해하지는 않는다는 사실을 의미한다. 즉, 무정부적 국제체제가 국제협력의 실패 요인이 아니라면, 어떠한 요인 때문에 국가들은 협력을 통한 공통 이익의 추구에 실패하는가? 만약 구조적 또는 체제적 압력이 아닌 다른 요인에 의해 협력이 어렵다면, 국가들은 이러한 협력의 장애 요인을 극복할 수 있는가?

1. 왈츠와 코헤인 - 핵심 질문:
국제적 무정부 상태에서 발생하는 문제의 본질은 무엇인가

전통적으로 현실주의는 국제협력의 가능성을 낮게 평가했다. 왈츠는 국제적 무정부 상태에서 모든 국가는 서로 의심하며 경쟁하기 때문에 협력이 쉽게 이루어지지 않는다고 보았다. 국제적 무정부 상태가 늘 냉혹하고 무자비하지는 않지만, 개별 국가보다 상위의 단위체가 존재하지 않기 때문에 국가들이 협력을 약속하고 계약을 체결한다고 해도 계약 이행을 거부한다면 강제 집행이 불가능하다. 계약 이행은 순수하게 개별 국가의 선의(善意)로 이루어지며, 상대의 의사가 변화해 악의적으로 행동한다면 그 계약은 무의미하다. 즉, 국제적 무정부 상태는 '이행 문제(enforcement problem)'를 야기하며, 국제협력이 어려워진다.

현실적으로 국가들은 협력을 한다. 공통의 이익이 있는 경우 이를 추구하기 위해 국가들은 서로 힘을 합하지만, 이러한 협력은 매우 일시적인 것이며 동시에 모든 국가의 이익이 일치되는 한도까지만 유지된다. 즉, 협력은 선의에 기초하고 계약 이행은 모든 국가의 자발적 의지에 기초한다. 이익이 변화하면 협력은 약화되며 결국에는 붕괴된다. 왈츠 이후 현실주의 이론가 중 특히 길핀(Robert Gilpin)은 이러한 국제협력의 실패를 막기 위해서는 하나의 강력한 국가가 패권국으로서 다른 국가의 정책을 조율하고, 다른 국가의 협력이 없는 경우 자발적으로 희생해서라도 협력을 통해 얻을 수 있는 목표를 달성해야만 한다고 주장했다.[1] 달리 말하면 국제협력은 매우 어려우며 상대적 이익과 강력한 패권국의 지도력(leadership)이 필요하나는 것이다. 국가들이 공통의 이익을 추구하지 못하고 협력에 실패한다면, 강력한 국가가 등장해 지도력을 통해서 협력을 조율하거나 자기 스스로를 희생해 전체에게 필요한 이익을 일방적으로 공급해야 한다. 특히 이러한 이익이 소비의 비경합성(non-rivalry)과 배제불가능성(non-excludability)을 특징으로 하는 공공재인 경우에는 문제가 더욱 심각하다. 국제체제의 안정이라는 공공재는 모든 국가들이, 심지어 안정을 유지하는 데 공헌하지 않은 국가들까지도 그 혜택을 누릴 수 있다. 따라서 모든 합리적인 그리고 이기적인 국가는 국제체제의 안정에 공헌하지 않고 오직 혜택만을 누리려고 한다. 바로 이러한 이유에서 국가들의 협력을 통한 공공재 공급은 실패한다. 공공재가 공급될 경우에 모두에게 이익이 되지만, 공공재가 지닌 본질적 한계로 이와 같은 공통의 이익은 협력을 통해 추구되지 못한다.

협력에 대한 이와 같은 현실주의 이론의 진단에는 다음과 같은 논리적

---

1) 이러한 주장을 국제경제 영역에 적용한 주장이 패권안정이론으로, 국제경제가 안정적이기 위해서는 하나의 안정자(stabilizer)가 필요하다는 견해이다. 대표적인 연구로는 Charles P. Kindleberger, *The World in Depression, 1929~1939* (Berkeley, CA: University of California Press, 1986)와 Robert Gilpin, *The Political Economy of International Relations* (Princeton, NJ: Princeton University Press, 1987)가 있다.

문제가 있다. 첫째, 패권국이 다른 모든 국가들보다 상위에 존재하지 않는 이상 국제체제의 무정부성은 그대로 존재한다. 즉, 협력 실패의 원인으로 지목된 무정부적 국제체제가 변화하지 않는다면 국제협력이 매우 어렵다. 만약 협력이 가능해진다면 협력 실패의 원인은 국제체제의 무정부성이 아니라 다른 요인이어야 한다. 둘째, 계약에 대한 강제 집행이 불가능하다는 이유로 협력이 이루어질 수 없다면, 패권국이 국제협력 계약을 집행하기 위해 나서게 된다. 하지만 앞의 논리에 따르면 패권국은 계약을 집행하기 보다는 오히려 포기하고, 대신에 자신을 희생함으로써 국제체제에 필요한 공공재를 공급한다. 즉, 협력이 아닌 자기희생과 같은 방법으로 의도했던 목표를 달성하기 때문에 협력 문제가 해결되었다고 볼 수 없다.

그러나 현실에서는 협력이 존재한다. 특정 패권국이 존재하지 않는 경우에도 국가들은 자신의 행동을 조금씩 수정하면서 공통의 이익을 추구한다. 예를 들어 각 국가들 내부에는 국내시장을 개방할 경우에 손해를 보는 집단과 이익을 보는 집단이 존재한다. 하지만 시장 개방의 손해는 소수 집단에 집중되기 때문에 손해를 보는 집단은 잘 조직화되는 반면, 시장 개방의 이익은 대부분의 사람들에게 분산되기 때문에 이익을 보는 집단은 조직화되기 어렵다. 따라서 시장 개방에 반대하는 집단은 자신들의 조직적 우위를 이용해 국가에 압력을 가하고 그 결과 많은 국가들은 시장 개방보다는 보호무역을 선택한다.[2] 하지만 보호무역보다는 자유무역과 시장 개방

---

[2] 집중된 보호무역 이익이 분산된 자유무역 이익을 압도한다는 주장은 파레토가 처음 제시했다. 하지만 현실적으로 자유무역(free trade)은 아니더라도 자유로운 무역(liberal trade)은 존재한다. 이에 관한 분석으로는 Michael J. Gilligan, *Empowering Exporters: Reciprocity, Delegation, and Collective Action in American Trade Policy* (Ann Arbor, MI: The University of Michigan Press, 1997)가 있다.

이 국가 전체로는 이익이 되기 때문에, 각 국가는 이익집단의 이익을 반영하는 보호무역과 국가 및 사회 전체의 이익을 반영하는 자유무역 사이에서 '방황'한다. 만약 개별 국가가 국내 이익집단의 압력을 이겨내고 자유무역을 선택한다면 공통의 이익인 자유무역과 그로 인한 후생 증가를 누릴 수 있다. 반대로 특정 국가가 국제적 공조 대신에 국내 이익집단의 요구에 굴복한다면 보호무역의 압력에 저항하는 다른 국가들의 입장은 취약해지며, 결국 모든 국가가 자유무역을 포기하게 된다. 하지만 현실적으로 많은 국가들이 국내 이익집단의 압력에 저항하며, 완벽한 자유무역은 아니더라도 어느 정도의 무역자유화 조치를 취하고 있다.

또한 군사력균형의 경우에서도 한 국가가 다른 국가보다 많은 양의 군사력을 보유한다면 자신의 안전을 확보할 수 있다. 바로 이러한 이유에서 모든 국가는 상대방에 대한 군사적 우위를 추구하며 군비경쟁이 발생한다. 하지만 현실적으로 모든 국가가 군비경쟁을 하지는 않는다. 대부분의 국가는 군비경쟁을 하지 않는 것이 공통의 이익이라 판단하고 군사력 구축을 자제하는 데 성공한다. 동아시아에서도 한국과 북한은 군비경쟁을 벌였으나, 중국과 러시아는 국경선을 맞대고 있고 과거 국경분쟁도 있었지만 현재 군비경쟁을 하지 않고 있으며, 한국과 일본도 다양한 갈등 요인이 존재하는데도 군비경쟁 상황에 있지 않다. 모든 경우에서 상대 국가보다 군사력 우위에 있으면 자신의 안보가 강화되지만, 대부분의 국가는 군사력 우위를 추구하기보다는 자제하며 군비경쟁 예방이라는 공통의 이익을 추구한다.[3] 이러한 국제협력은 패권국이 존재하지 않는 상황에서도 그리고 국

---

[3] 대표적인 사례는 2차 전략무기제한협정(SALT II: Strategic Arms Limitation Treaty) 이다. 미국과 소련은 1972년 전략무기를 제한하는 SALT I을 체결하고, 추가 협상을 통해 1979년 모든 전략무기를 2,250개로 감축하는 SALT II에 합의했다. 그런데

제체제의 무정부성이 지속되는 상황에서도 존재한다.

그렇다면 국제협력은 어떠한 경우에 가능한가? 패권국이 존재하지 않고 국제적 무정부 상태가 지속되는 상황에서 국가들은 어떻게 협력을 추구할 수 있는가? 좀 더 포괄적인 질문으로, 국제적 무정부 상태에서 경쟁은 불가피하며 협력은 불가능한가? 기존의 현실주의 이론이 명쾌하게 설명하지 못하는 이러한 질문에 대해 코헤인(Robert O. Keohane)은 새로운 시각을 제공했고, 동시에 현실주의와는 대립되는 새로운 이론체계를 수립했다. 그는 왈츠의 기본 주장에서 출발해 이전과는 다른 결론과 진단에 도달했으며, 이에 기초해 제도주의(institutionalism)라 불리는 이론체계가 발전했다.

제도주의 이론은 국가들이 협력에 실패하는 근본 원인이 국제적 무정부 상태 그 자체가 아니라 높은 정보비용(information cost)과 정보의 비대칭성(asymmetry of information)에 있다고 진단한다. 즉, 상대방의 현재 입장뿐 아니라 앞으로 어떠한 행동을 할 것인지에 대해서 정확하게 알지 못한다는 정보비용의 문제와 각자 서로에 대해 다른 정보를 가지고 있다는 정보의 비대칭성의 문제가 존재한다. 이 때문에 국가들은 공통의 이익이 존재할 경우에도 이를 추구하는 데 어려움을 겪는다. 제도주의 이론은 이러한 진단에 기초해 국제협력에 대한 해결책으로 국제제도(international institutions 또는 international regime)를 제시한다.[4] 국제제도 자체는 목적이 아닌 수단이며 특정 목적을 달성하기 위한 도구이다. 또한 제도는 모든 경우에 정보

소련의 아프가니스탄 침공으로 미국과 소련 관계가 악화되면서 최종 비준이 이루어지지 않았다. 그러나 미국과 소련은 1986년까지 기본 내용은 준수했으며, 결국 1980년대의 지루한 협상 끝에 1991년 1차 전략무기감축협정(Strategic Arms Reduction Treaty: START)으로 이어졌다.

4) 국제제도로 번역하는 영문 용어는 1980년대에는 'international regimes'가 통용되었으며, 1990년에는 'international institutions'라는 표현이 널리 사용되었다.

비용과 정보의 비대칭성을 완화하기 때문에 국제협력을 저해하는 정보 문제에 대한 가장 효과적인 대안이다. 다시 말해 협력을 촉진하는 수단으로 국제제도가 작동하며, 그 경로는 정보비용과 비대칭성 완화라는 것이다.

2. 국제협력의 정의

협력에 대한 논의를 엄격하게 진행하기 위해서는 중요한 개념인 협력 (cooperation)을 사전에 정의해야 한다. 우선 협력은 관련 국가들의 이익이 조화(harmony)되는 상황이 아니다. 이익이 조화되는 경우 협력은 필요하지 않으며, 모든 정책은 '보이지 않는 손'에 의해 자동 조정된다. 개별 국가는 자신의 이익만을 추구하며, 이후 나타나는 여러 쟁점들은 자동 조정 과정을 통해 해결되며, 모든 국가가 만족할 수 있는 결과가 자동적으로 도출된다. 동시에 협력은 모든 국가의 이익이 대립하고 협력을 거부하는 것이 모두에게 가장 큰 이익을 가져다주는 부조화(discord) 상황도 아니다. 부조화 상황에서는 개별 국가들이 아무리 노력을 한다고 해도 공통의 이익 자체가 존재하지 않기 때문에 협력이 불가능하다. 협력이란 조화 또는 부조화 상황이 아니라 그 중간 정도에 존재한다. 국가들의 이익이 완벽하게 조화되거나 극단적으로 대립하지 않고 어느 정도의 갈등이 존재하는 동시에 어느 정도의 공통 이익 또한 존재하는 상황이다. 즉, 협력이란 국가들이 의식적인 노력을 통해서 이익 갈등을 극복하고 공통 이익을 추구하기 위해 문제점을 극복하려는 노력이다. 협력이란 '공통의 이익을 추구하기 위해 국가들이 의도적으로 집행하는 정책 조정(policy adjustment)'이다.

앞에서 사용한 무역 자유화 사례에는 다음과 같은 부연 설명이 필요하다. 우선 무역 개방에서 엄격한 의미의 협력이 존재하기 위해서는 국내적

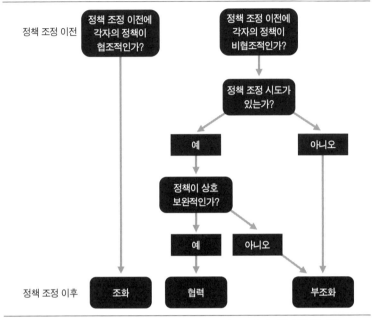

정책 조정 이전

정책 조정 이전에 각자의 정책이 협조적인가?

정책 조정 이전에 각자의 정책이 비협조적인가?

정책 조정 시도가 있는가?

예

아니오

정책이 상호 보완적인가?

예

아니오

정책 조정 이후

조화

협력

부조화

자료: Robert O. Keohane, *After Hegemony: Cooperation and Discord in the World Political Economy* (Princeton, NJ: Princeton University Press, 1984), p. 53.

으로 시장 개방에 반대하는 강력한 이익집단이 존재해야 한다. 개별 국가 내부에 보호무역을 위한 이익집단이 존재하지 않는다면 자유무역은 매우 쉽게 달성된다. 하지만 이러한 자유무역은 협력의 산물이 아니라 이익 조화의 결과이다. 모두가 시장 개방에 찬성한다면 자유무역은 모든 국가에 최선의 이익이며, 모두가 이를 추구한다면 이익은 자동 조정되고 조화로운 상황이 연출된다. 반면 모든 국가가 국내적으로 강력한 이익집단 때문에 시장 개방을 반대한다면 이익 부조화(discord) 상황이 나타나고 자유무역은 불가능해진다.5) 자유무역을 위한 협력은 모든 국가가 복합적인 선호를 지 닌 경우에 나타난다. 내부적으로 시장 개방을 주장하는 집단과 시장 보호를 주장하는 집단이 있으며, 국가는 이러한 사회적 선호가 대립하는 상황에서 어느 정도의 시장 개방과 어느 정도의 시장 보호 사이에서 절충점을 찾아야 한다. 즉, 무역 개방에서 협력이란 국가의 선호가 조화를 이루지는 않지만 동시에 완전한 부조화 상태도 아닌 무역 자유화라는 공통의 이익을 추구하기 위해 협상을 통한 정책 조정이 필요한 상황이다.

군비경쟁의 사례에서도 동일한 비유가 가능하다. 협력을 통한 군비경쟁의 예방은 상당한 갈등이 발생하는 동시에 상당한 공통의 이익이 있는 경우에 가능하다. 만약에 모든 국가가 국내적으로 군부 또는 군산복합체(military-industrial complex)의 강력한 영향력에 노출되어 있다면, 어느 국가도 군비경쟁의 제한에 관심을 표명하지 않고, 결국 이익 부조화 상황이 초래된다.[6] 그러나 개별 국가가 군산복합체의 영향에서 독립되어 있고 군부가 강력한 정치적 영향력을 행사하지 못하며, 더욱이 주변 국가가 군사력

---

5) 국가 내부의 모든 이익집단이 동시에 자유무역에 찬성하거나 반대하는 상황은 나타날 수 없다. 헥셔-올린 정리(Heckscher-Ohlin theorem)에 따르면 국제무역의 핵심 개념인 비교우위는 노동과 자본이라는 생산요소의 부존 비율에 따라 결정된다. 또한 스톨퍼-새뮤얼슨 정리(Stolper-Samuelson theorem)에 따르면, 무역의 확대는 그 국가에 상대적으로 풍부한 생산요소의 소득을 증가시키며, 이에 상대적으로 풍부한 생산요소는 자유무역을 선호하게 된다. 즉, 자본보다 노동이 풍부한 국가는 노동집약적 상품의 생산에 비교우위를 가지며, 따라서 상대적으로 풍부한 생산요소인 노동이 자유무역을 선호한다. 반면 노동보다 자본이 풍부한 국가는 자본집약적 상품의 생산에 비교우위를 가지며, 상대적으로 풍부한 생산요소인 자본이 자유무역을 선호하고 상대적으로 부족한 생산요소인 노동이 보호무역을 선호한다.

6) 대표적인 사례는 냉전 기간 소련과 현재의 북한이나. 군사력 증강을 통해 이익을 보는 군부와 군수기업들은 국가 예산에서 과도한 부분을 군사비로 사용했으며, 결국 국가 경제 전체를 파산으로 몰아넣었다. 하지만 군부와 군수기업 자체는 엄청난 이익을 얻었다. 만약 이러한 집단이 국가정책을 통제하는 경우에는 군비경쟁을 계속하는 것이 이익이며, 군비경쟁을 억제하는 것은 공통의 이익이 아니다.

감축에 찬성한다면 이익 조화가 발생한다. 어느 경우에서도 엄격한 의미의 협력은 나타나지 않는다. 군부의 영향력이 상당하고, 국내에 군산복합체 및 군사력 증강을 주장하는 집단이 있으며, 동시에 이들이 군사력 감축을 주장하는 집단과 대립하고 있는 상황에서 협력이 발생한다. 국가들은 공통 이익을 추구하기 위해서 협상을 하고, 이를 통해 군사력 증강과 관련된 정책을 조정하고 협력한다.

3. 국제적 무정부 상태와 협력의 장애물

이러한 협력에 대해 왈츠와 코헤인의 이론은 어떠한 측면에서 차이점을 보이는가? 우선 국제협력의 가능성에 대해 왈츠는 비관적인 입장을 견지한다. 국제적 무정부 상태에서 국제협력은 실패할 운명에 처해 있으며, 이는 국가보다 상위의 단위체가 존재해 협력과 관련된 계약 이행을 강제로 집행할 수 없기 때문에 발생한다고 본다. 하지만 코헤인은 협력이 충분히 가능하다고 주장한다. 왈츠가 견지하는 국제협력에 대한 부정적인 평가는 잘못된 것이며, 더욱이 왈츠 자신의 이론체계에서도 논리적으로 성립되지 않는다고 본다. 모든 국가가 합리적인 동시에 자신의 이익만을 추구한다는 '이기주의적 국가(states as egoists)' 가정에서 협력이 실패한다는 결론이 자동적으로 도출되지는 않는다는 것이다.

국제협력에 대해 코헤인은 미시경제학에서 시장의 실패(market failure)를 분석하는 이론인 코스 정리(Coase theorem)를 원용한다. 보이지 않는 손에 의해서 조율되어야 하는 시장이 정확하게 작동하지 못할 경우 시장의 실패가 나타난다. 이러한 현상은 모두에게 공통의 이익이 존재하지만 소유권이 불확실하거나 협상에 필요한 정보비용이 높은 경우에 나타나는 외부성

(externalities) 때문에 발생한다. 가장 고전적인 사례는 매연을 배출해야 하는 공장과 깨끗한 공기를 필요로 하는 세탁소 같은 업소가 이웃하고 있는 상황이다. 공기에 대한 소유권이 설정되어 있지 않은 상황에서 매연 배출 공장과 세탁소는 공동으로 공기를 사용할 수 있다.[7] 그러나 공기를 이용하는 방식이 서로에게 해가 되는 부정적 외부성(negative externalities) 때문에 공장과 세탁소는 협상을 통해서 공기 사용에 대해 합의하는 동시에 '공기에 대한 적절한 가격'을 지불해야 한다. 그러나 모두는 깨끗한 공기를 사용하기 위해 어느 정도의 비용을 지불할 것인지를 숨기며, 이러한 정보비용의 문제 때문에 협상을 통해 문제를 해결하는 것은 쉽지 않다. 즉, 시장경제가 작동하기 위해서는 사례에서와 같이 공기 등의 재화에 대해 소유권이 명확하게 설정되어 있어야 하며, 당사자들은 각자 자신의 행동에 대한 정보를 명확하게 공개해야 한다.[8]

코헤인은 이러한 분석을 원용해 국제정치에서는 소유권 귀속 대상국이 명확하지 않으며, 그로 인한 정보비용과 비대칭성 문제가 발생한다고 본다. 군비경쟁의 사례를 다시 원용하자면, 개별 국가는 자신의 안보에 대해 명확한 소유권을 가지고 있지만, 자신의 안전을 확보하려는 시도가 다른

---

7) 공장은 매연을 배출하는 형태로 공기를 사용할 수 있으며, 세탁소는 깨끗한 공기에서 세탁물을 건조하는 형태로 공기를 사용할 수 있다. 공장은 대기를 오염시킬 권리를 가진다는 측면에서 공기에 대한 소유권을 주장할 수 있으며, 세탁소는 깨끗한 공기를 사용한다는 측면에서 공기에 대한 소유권을 주장할 수 있다. 만약 공기에 대한 소유권이 명확하지 않다면 새로운 법률 또는 판례의 형태로 소유권 설정이 가능하며, 공장과 세탁소 어느 당사자에게거니 소유권을 부여할 수 있다. 하지만 어느 당사자에게 소유권이 부여되느냐에 따라 소득 배분에서는 큰 차이가 발생한다.

8) 코스 정리에 대해서는 Ronald Coase, "The Problem of Social Cost," *Journal of Law and Economics*, Vol. 3, No. 1 (October 1960), pp. 1~44가 있다. 이러한 업적으로 코스는 1991년 노벨경제학상을 수상했다.

국가에 부정적 외부성을 유발하기 때문에 문제가 발생한다. 당사자 간에 합의를 통해 문제를 해결하고 군비경쟁을 예방 또는 완화하는 과정에서는 상대에 대해 정확한 정보를 가지고 있지 않다는 정보비용 문제가 존재한다. 또한 군비경쟁 완화에 공통의 이익이 있다고 해도 각자의 군사력에 대한 정보는 비대칭적이다. 각자의 군사력에 대해서는 자신이 지닌 정보가 상대방이 지닌 정보보다 월등하게 많고 정보의 질(quality) 역시 우수하기 때문에 협상을 통한 문제 해결이 쉽지 않다.

정보비용과 비대칭성 문제는 국제적 무정부성과는 무관하게 존재한다. 국내경제에서 나타나는 외부성과 시장의 실패는 정부라는 확실한 중앙권위체가 존재하는 상황에서 야기된다. 계약을 확실하게 그리고 강제적으로 집행할 수 있지만, 계약의 근본이 되는 소유권이 명확하지 않기 때문에 문제가 발생한다. 중앙권위체가 소유권을 명확하게 설정한다고 해도 협상을 통해 문제를 해결하기 위해서는 가격이 결정되어야 하는데, 정보비용과 정보의 비대칭성 때문에 가격에 대한 합의를 이루기는 쉽지 않다. 무정부적 국제정치와 유정부적 국내정치 모두에서 동일한 문제가 발생하며, 따라서 무정부적 국제체제를 강조하는 왈츠의 주장은 논리적으로 오류가 있다. 오히려 협력이 실패하는 원인은 국제체제에 있는 것이 아니라, 개별 체제별로 달리 나타나는 정보 및 소유권 환경에 있다. 그리고 문제를 해결하기 위해서는 바로 이러한 정보 및 소유권 환경을 바꿔야 한다.

코헤인은 이러한 목적을 달성하기 위한 수단으로 국제제도를 제안한다. 국제제도란 국제연합(UN), 국제통화기금(IMF), 세계무역기구(WTO), 국제사법재판소(ICJ) 등과 같이 사무국(Secretariat) 및 구체적인 조직을 구비한 공식 국제기구(international organizations)와 더불어 국제법과 국제관행 등이 포함된다. 가장 널리 사용되는 국제제도에 대한 정의는 '국제관계의 특정 영역에서 국가행동에 대한 기대가 수렴하는 명시적 그리고 묵시적 원칙(principles), 규범(norms), 규칙(rules), 의사결정절차(decision-making procedure)' 또는 '국가 간의 합의에 의해 국가행동을 규제하는 명시적 합의'이다.[9]

국제정치에서 국제제도는 소유권을 설정하거나 계약을 강제 집행하지 않는다. 또한 국제제도가 국가가 이행하지 못하는 결정을 내리고 독립적으로 행동하면서 국제정치를 근본적으로 변화시키지도 않는다. 하지만 국제제도가 존재하는 경우에 국가는 상대방의 행동에 대해 어느 정도의 기대를 할 수 있으며, 이를 통해 상당 정도의 정보를 획득하고 정보의 비대칭성을 완화할 수 있다. 또한 국제제도는 국가행동에 대해 규칙을 부여하고 예측가능성을 높이며, 규칙에 따르는 행동이 유발하는 비용을 감소시키고, 규칙에 따르지 않는 행동의 비용은 증가시킨다. 즉, 국제제도는 국가들 사이에 존재하는 불확실성을 감소시키며 정보비용과 정보의 비대칭성 문제를 완화한다.

또한 국제제도가 존재하는 경우에는 대화의 기회가 많아지며 협상을 위한 장(場, forum)이 쉽게 마련된다. 무엇보다도 국제제도를 통해 국가들은 더욱 많이 접촉하며, 따라서 단기적인 이익보다는 장기적인 이익이 중요해진다. 즉, 접촉이 반복되면서 지금 당장 협력 약속을 어길 경우 나중에 보복당할 위험이 커진다. 동시에 국가의 평판도 중요해진다. 이와 함께 이번에 양보하면 다음번 또는 다른 협상에서 양보를 받을 수 있기 때문에, 상대

---

9) Stephen D. Krasner, "Structural Causes and Regime Consequences: Regimes as Intervening Variables," Stephen D. Krasner (ed.), *International Regime* (Ithaca, NY: Cornell University Press, 1983), pp. 1~21; Barbara Koremenos, Charles Lipson and Duncan Snidal, "The Rational Design of International Institutions," *International Organization,* Vol. 55, No. 4 (Autumn 2001), pp. 761~800.

방의 양보에 대해 어느 정도 소유권을 설정하는 효과가 있다. 무엇보다도 국제제도는 수용될 수 있는 행동의 범위를 국가들에 알려주며, 동시에 개별 사안이 어떤 국가의 관할권에 속하는지를 결정한다. 즉, 소유권을 설정하는 것이다.

4. 국제제도의 지속성과 국가이익 그리고 세력균형

왈츠 또는 다른 현실주의자들은 국제제도의 중요성을 인정하지 않는다. 국제제도는 국가가 자신의 이익을 추구하기 위해 만들고 사용하는 도구이므로 국가행동에 독립적인 영향을 미치지 못한다는 지적이 가장 기본적인 반론이다. 따라서 국제제도가 국가행동에 영향을 미치는 것 같은 현상은 착각일 뿐이며, 실제로는 국가이익이 조화되기 때문에 협력을 추구하며 동시에 그 수단으로서 국제제도를 사용한다고 주장한다. 만약 세력균형이 변화하고 이익이 바뀌어서 조화 상태가 사라지면, 국가들은 자동적으로 협력을 포기하고 기존 국제제도에 참여하지 않는다. 새로운 세력균형과 달라진 국가이익에 맞춰 새로운 협력을 하기도 하며, 새로운 국제제도를 만들어서 더 효율적으로 그리고 더 쉽게 자신의 이익을 추구한다. 국제제도는 도구이며, 기존의 도구가 쓸모없어질 경우 새로운 도구를 사용한다.

가장 적절한 사례로는 바르샤바조약기구(WTO)가 있다. 이는 냉전 기간에 미국을 중심으로 한 북대서양조약기구(NATO)에 대항해 소련이 중심이 되어 1955년 5월 구축된 군사동맹으로, 동유럽의 8개 국가들로 구성되었다. 사상 최대의 지상 전투전력을 보유했고, 동맹국의 이탈을 방지하기 위해서 1956년에는 헝가리, 1968년에는 체코슬로바키아를 침공했다. 하지만 1980년대 후반 냉전이 종식되면서 동독이 소멸하고 소련 또한 러시아로 대체되면서, 이 동맹은 1991년 7월에 공식적으로 해체되었다. 미국과 소련이라는 두 개의 강대국이 대립했던 양극체제에서 동유럽과 소련의 국가이익이 조화되었던 시기에 바르샤바조약기구는 잘 작동했지만, 소련이 쇠퇴하고 양극체제가 무너지면서 국가이익도 따라서 변화했고, 결국 기존의 국제제도는 소멸했다. 특히 냉전 종식과 소련의 붕괴는 소련 중심의 동맹이라는 국제제도가 극복하기에는 지나치게 큰 변화였다.

하지만 다른 국제제도는 변화를 극복한다. 국제제도는 분권화된 창조물로서, 이미 존재하는 상황에서는 다른 제도로 대체하기 어려우므로 계속해서 작동한다. 이러한 국제제도의 지속성은 다음과 같은 세 가지 이유에서 나타난다. 첫째, 모든 국제제도는 구축되는 과정에 상당한 초기비용(setup cost)이 수반되며, 따라서 어느 정도의 문제점은 제도 자체를 완전히 대체하기보다는 일부를 개선해서 해결하고자 한다. 국가보다 상위의 권위체가 자신의 판단에 따라서 제도를 구축하는 것이 아니라, 개별 국가들의 합의와 공동의 노력에 의해서 국제제도가 만들어진다. 대부분의 노력이 강대국에 의해서 이루어지는 것은 부인할 수 없지만, 약소국들도 이러한 제도에 가입하는 형태로 최소한의 동의 절차가 필요하다. 문제는 이와 같은 국제제도 구축 과정에 상당한 비용이 수반된다는 사실이다. 다양한 국가들을 설득해야 하며 적극적이지 않은 국가들에게는 어느 정도 양보하는 것이 불가피하다. 현재 가장 강력한 국제기구 중 하나인 국제원자력기구(International Atomic Energy Agency: IAEA)는 2009년 현재 144개 국가가 참가하고 있으며, 핵확산 방지에 큰 역할을 하고 있다. 이미 핵무기를 보유하고 있는 다섯 국가를 제외한 다른 국가들은 핵기술의 군사적 사용을 포기했고, 많은 국가들이 주변 국가의 핵무기 개발에 대해 상당 부분 안심할 수 있다는 측면에서 국제원자력기구는 공통의 이익을 추구하는 데 도움이 되었다. 하지만 1957년 국제원자력기구를 처음 설립하는 과정에서 미국과 소련은 자신의 동맹국을 설득하는 데 많은 노력을 기울였으며, 가입에 대한 보상으로 상당한 정도의 핵기술을 제공했다. 그 덕분에 국제원자력기구가 출범할 수 있었고, 50년이 지난 현재까지도 효과적으로 작동하고 있다. 만약 상황이 변화해 국제원자력기구가 지금처럼 효과적으로 작동하지 않게 된다고 해도 국제원자력기구를 새로운 국제제도로 대체하는 것은 쉽지 않아 보인다. 새로운 국제제도를 구축하기 위해서는 50년 전과 같은 지루한 협상 과정과 양보를 거쳐야 하며, 더욱이 144개나 되는 많은 국가들의 합의를 또다시 이끌어낸다는 것은 사실상 불가능하다. 결국 문제가 발생할 경우, 특히 그 문제가 심각한 그리고 장기적인 문제가 아니라면 제도 자체를 대체하기보다는 개선하려고 한다.

둘째, 일단 작동하는 국제제도는 제도적 관성을 띤다. 제도가 어느 정도 궤도에 들어서면 다양한 정보를 만들어내며, 이를 통해 정보비용을 낮추고 정보의 비대칭성을 완화한다. 앞서 거론한 국제원자력기구의 사례를 원용하자면, 1957년 창설 이후 국제원자력기구는 핵확산 방지라는 기본 목표를 달성하지 못했다. 핵무기를 보유한 국가는 1957년에 미국, 소련, 영국뿐이었으나, 프랑스가 1960년에, 중국이 1965년에 핵실험을 했고, 이스라엘도 1966~1967년경에 핵무기를 보유한 것으로 추정된다. 또한 인도가 1975년 핵실험을 했으며, 남아프리카 공화국도 1980년대 초반에 핵무기를 제조했다가 포기했고, 1997년 5월에는 인도와 파키스탄이 경쟁적으로 핵실험을 하기도 했다. 마지막으로 북한이 2006년 10월과 2009년 5월에 핵실험을 감행했다. 즉, 1957년 셋이었던 핵무기 보유국은 2009년 현재 6개가 추가되어 9개국이다. 비율로 따지면 200%가 증가한 것이다.[10] 이러한 측면에서 본다면 국제원자력기구는 분명히 실패했다. 하지만 국제원자력기구는 가맹국 전체의 핵활동에 대한 정보를 생산한다. 실험용이든 발전용이든 원자로를 가지고 있는 모든 가맹국은 국제원자력기구의 정기 사찰을 받아야 하며, 사찰 보고서는 가맹국 전체에 제공된다. 또한 사찰을 수용하는 대신 핵시설 안전 기술과 기타 정보를 얻을 수 있다. 국제원자력기구는 핵확산 방지에는 성공적이지 못했지만, 정보 창출 및 획득이라는 측면에서 충분히 존재 이유를 내세울 수 있게 되었다. 그 결과 모든 국가는 핵확산과 관련된 새로운 국제제도를 창설하지 않고 기존 제도인 국제원자력기구를 그대로 사용하고자 한다.

국가이익의 변화에도 국제제도가 그대로 유지되는 세 번째 이유는 제도변경 조항에 있다. 국내법에서도 일반 법률의 개정보다는 헌법의 개정이 더욱 어렵다. 한국의 경우 법률 개정은 재적 국회의원 절반의 출석과 출석의원 절반의 찬성이면 가능하지만, 헌법을 개정하기 위해서는 출석 의원이 아니라 재적 의원 3분의 2 이상의 찬성과 함께 국민투표를 통해 전체 유권자 과반수의 찬성을 얻어야 한다. 국제제도에서도 이와 같이 변경하기가 쉽지 않은 부분이 존재한다. 가장 대표적인 사례가 바로 유엔안전보장이사회(UN Security Council) 구성이다. 현재의 유엔체제에는 1945년 6월 26일 유엔헌장에 서명하던 그 순간의 세력균형이 반영되어 있다. 거부권을 가지는 안전보장이사회 상임이사국은 1945년 당시 연합국 주요 국가들인 미국, 소련, 영국, 프랑스와 중국이 차지했다. 하지만 창설 이후 60년이 지나면서 세력균형은 변화했고, 이에 따라 국가이익도 달라졌다. 1945년에 식

---

10) 남아프리카 공화국은 핵무기를 포기했기 때문에 2009년 현재에는 핵무기 보유국가로 계산하지 않았다. 이와 함께 우크라이나, 벨로루시, 카자흐스탄 등은 소련 붕괴로 핵무기를 보유하게 되었지만 협상 끝에 모든 핵무기를 러시아에 반환했다. 따라서 이 국가들은 현재 시점에서는 핵무기 보유 국가로 계산되지 않는다.

민지 상태였던 인도와 존재감이 크지 않았던 브라질, 그리고 연합국의 적국이었던 독일과 일본이 오늘날의 세계에서는 영국과 프랑스보다 중요하거나 또는 그에 못지않게 중요한 국가의 위치에 있다. 하지만 유엔안전보장이사회 구성을 바꾸기 위해서는 유엔안전보장이사회의 승인을 받아야 하는데, 이는 매우 어렵다. 실제 지난 2005년 논의되었으나 성공하지 못했듯이, 유엔안전보장이사회는 변화하는 세력균형을 반영하지 못한 채 지금까지도 1945년의 세력균형에 기초하고 있다.[11]

일단 만들어진 국제제도는 구축하는 데 비용이 들기 때문에, 그리고 기존의 제도를 유지하는 것보다 새롭게 구축하는 데 더 많은 노력이 필요하기 때문에, 세력균형이 변화했음에도 지속적으로 작동한다. 경로의존성(path dependence)이 나타나며, 일단 만들어진 제도가 변화한 세력균형을 어느 정도 반영할 수 있다면 오히려 더 많이 활용될 수 있다. 물론 세력균형이 전면적으로 변화했다면 국제제도도 변화한다. 하지만 세력균형의 변화가 크지 않다면, 국제제도는 변화에 저항하며 자신의 형태를 어느 정도까지는 유지하려는 제도적 경직성을 보인다. 가장 대표적인 사례가 북대서양조약기구이다. 바르샤바조약기구와 함께 냉전 기간 가장 대표적인 군사동

---

11) 또 다른 사례로는 유엔헌장 53조가 있다. 현재 모든 군사력 사용은 안전보장이사회에 보고하고 승인을 받아야 한다. 하지만 이러한 조항에 예외로 인정되는 군사력 사용이 존재한다. 이는 유엔헌장이 만들어지던 제2차 세계대전 막바지에 연합국의 적국이었던 국가에 대한 군사력 사용이다. 즉, 어떠한 국가가 독일과 일본에 대해 군사력을 사용하는 경우 유엔안전보장이사회에 보고할 필요도 승인받을 필요도 없다. 이러한 조항은 1945년 당시 상황에서는 적절했을지 모르나 오늘날에는 무의미하며, 어떠한 국가도 이 조항에 근거해 독일과 일본에 대해서 군사행동을 하지 않았으며 할 수도 없다. 1995년 12월 유엔총회는 결의안을 통해 해당 조항이 "현재 시점에서 적절하지 않다(obsolete)"라고 선언했다. 그러나 유엔헌장에는 이 조항이 여전히 남아 있다.

맹이었던 북대서양조약기구는 서부 유럽 12개 국가의 방어동맹이었으나, 냉전 종식 후 진화해 안보기구(security institution)로 변모했다. 코소보 문제와 같은 정치적 사안을 다루며, 동시에 헝가리, 폴란드, 체코공화국 등 과거 공산권 국가들을 구성원으로 수용하면서 이 국가들의 안보 불안과 정치적 민주화에 중요한 안전장치로 작동하고 있다. 특히 경쟁자였던 바르샤바조약기구의 소멸에 비할 때, 북대서양조약기구의 건재는 더욱 돋보인다. 2009년 4월 1일 알바니아와 크로아티아의 가입이 승인되면서 모두 28개 국가가 북대서양조약기구를 구성하고 있다.12)

5. 국제제도의 준수

국가들은 국제제도에 참여하며 국제제도를 준수한다. 근본 이유는 역시 국제제도에 참여하고 국제제도를 준수하는 것이 국가이익에 도움이 되기 때문이다. 하지만 여기서 고려하는 이익은 단기적인 이익이 아니라 장기적인 이익이다. 많은 비용을 들여서 구축한 국제제도에 참여한다는 사실 자체는 국가들이 단기적으로 눈앞의 이익만을 추구하기보다 장기적인 전망을 가지고 행동한다는 것을 의미한다. 그리고 장기적인 전망을 보고 투자했기 때문에 단기적인 이익보다는 장기적인 이익에 집중한다. 특히 다양한 접촉이 이루어지기 때문에 상대방과 반복적으로 직면하며, 여러 사안들이 연계된 경우에 서로 상대방을 속이거나 상대와 타협하지 않으려 하므로 자신의 단기적 이익을 관철하기 어렵다. 상대를 속인다면 다음 기회에 또는

---

12) John Duffield, *Power Rules: the Evolution of NATO's Conventional Force Posture* (Stanford, CA: Stanford University Press, 1995); Helga Haftendorn et al. (eds.), *Imperfect Unions: Security Institutions over Time and Space* (New York: Clarendon Press, 1999).

다른 사안에서 보복을 당할 수 있으며, 상대에게 양보하지 않는 경우에도 차후의 협상 기회와 또 다른 쟁점에서 상대방의 강경한 태도를 초래하기 때문에 이는 현명한 태도가 아니다. 장기적인 안목에서 좋은 평판을 구축하는 것이 필요하며, 일단 이러한 태도가 확립되면 국제제도는 더욱 잘 작동한다. 즉, 제도로 인하여 장기적인 안목이 확립되며, 장기적인 안목이 확립되면 국제제도는 더욱 강화된다.[13]

이러한 장기적인 안목은 왈츠가 제시한 국제체제의 무정부성과는 모순된다. 개별 국가보다 상위의 단위체가 존재하지 않기 때문에 모든 국가는 안보를 스스로 확보해야 한다는 자조의 원칙에 따라 행동한다. 자조의 원칙에 따를 경우 개별 국가는 시평(time-horizon)이 짧아지고 근시안적으로 행동하게 된다. 즉, 국제체제의 무정부성 때문에 국가들은 장기적인 이익을 추구할 여유를 상실하며 단기적인 이익에 집중한다. 그러나 코헤인은 국가들이 국제제도를 구축하는 경우 장기적인 이익을 추구할 수 있다고 보았다. 그리고 장기적인 이익을 추구하는 경우에 국제제도는 더욱 강화된다는 선순환의 가능성을 제시했다. 이러한 측면에서 코헤인은 국제적 무정부 상태 가정을 수용했지만, 그 가정이 가져오는 국제적 무정부 상태의 결과를 완화하는 논리적 근거를 제시했다. 결국 그는 국제적 무정부 상태를 대체하거나 국제체제의 무정부성이 국가행동에 미치는 영향을 완전히 제거한 것이 아니라, 그 효과를 완화하여 무정부적 국제체제에서 국가행동이

---

13) 보복의 중요성에 관해서는 Robert Axelrod, *The Evolution of Cooperation* (New York: Basic Books,1984)이 다루고 있다. 한편 평판의 효과와 작동 방식과 관련해서는 Avner Greif, Paul Milgrom and Barry Weingast, "Coordination, Commitment, and Enforcement: the Case of the Merchant Guild," *Journal of Political Economy*, Vol. 102, No. 4 (August 1994), pp. 745~776이라는 흥미로운 연구가 있다.

경쟁과 의심이 아닌 협력과 상호이해로 나아갈 수 있다고 주장했다.

또한 코헤인은 국제제도의 구성원으로서 오랜 기간 협력을 유지하다 보면 개별 국가들이 인식하는 국가이익 자체가 변화할 수 있다고 주장했다. 즉, 각국이 국제제도의 주목적을 자신의 이익(interests)과 정체성(identity)으로 수용하면 새로운 차원의 국제관계가 등장할 수 있다고 보았다. 이러한 효과가 단기간에 나타나지는 않지만, 오랜 기간 국제제도에 참여하면서 국가들이 국제기구의 가치를 내면화하는 과정에서 효과가 점진적으로 나타난다는 것이다.[14] 이와 같은 주장은 국가의 이익은 생존 확보이며 국가의 정체성은 변화하지 않는다고 보았던 왈츠의 주장과 큰 차이를 보인다. 오늘날 이러한 주장은 코헤인의 이론을 직접적으로 계승한 제도주의보다는, 국가의 이익과 정체성 그리고 문화가 국가행동에 미치는 영향을 분석하는 구성주의(constructivism)에서 주로 발전시키고 있다.

국제제도에 가입하는 또 다른 원인은 국제제도를 통해 자신의 미래 행동 자체를 제한할 수 있다는 사실이다. 즉, 현재 적극적으로 수용되는 국제규범이나 원칙을 미래에도 계속 수용하도록 강제하기 위해 스스로가 자신의 선택 가능성을 제한하는 것이다. 보통 선택 가능성이 많으면 많을수록 좋으나, 자신의 미래 행동을 제한하는 것(tying one's hands)이 필요한 경우

---

14) 코헤인은 "국제제도 내부에서 협력이 지속되면 협력에 참가하는 국가들의 관행과 기대가 변화하고 이전과는 다른 행동의 맥락(context for actions)이 등장한다. 특히 국제제도(regime)는 국가이익에 영향을 주며, 개별 국가의 자기이익(self-interest) 개념 자체가 변화한다"라고 주장하기도 했다. Robert O. Keohane, *After Hegemony: Cooperation and Discord in the World Political Economy* (Princeton, NJ: Princeton University Press, 1984), p. 63. 하지만 이 책이 출판되었던 1984년 당시 구성주의는 독립적인 이론체계로 취급되지 않았으며, 코헤인은 향후 자신의 견해를 정교화하면서 구성주의적 색채를 덜어버렸다.

도 있다. 예를 들어 신생 민주주의 국가의 경우 민주주의체제가 미래에도 유지될 수 있을 것인지에 대해서는 확신할 수 없다. 특히 체코공화국, 헝가리, 폴란드 등의 동유럽 국가들은 공산주의체제에서 벗어난 직후에 민주주의체제가 지속될 수 있을 것인지에 대해 확신할 수 없었다. 따라서 자기 자신의 정치적 미래를 민주주의라는 틀에 제한하기 위해서 유럽연합(EU) 또는 북대서양조약기구 등의 국제제도에 가입하고, 세계인권선언(Universal Declaration of Human Rights) 등의 다양한 인권협약을 적극 수용했다. 이렇듯 국제제도를 통해 장래에 등장할 수 있는 민주주의 반대 세력의 정치적 압력에 저항하려 한 것이다.[15)

6. 코헤인 이론의 발전

코헤인은 '국제정치에서 발생하는 문제의 근원이 국제적 무정부 상태인가'라는 질문을 던졌다. 그리고 경제학 이론을 원용해 이를 분석하면서 국가행동에 대한 새로운 설명과 이전과는 다른 분석 도구를 제시했다. 특히 정보비용에 초점을 맞추어 많은 국제정치의 문제가 높은 정보비용과 정보 비대칭성에서 초래된다는 결론에 도달했으며, 이를 통해서 왈츠의 이론과는 상당히 차별화된 이론체계를 제시했다. 이는 국제정치학 역사에서 가장 중요한 이론적 발전 가운데 하나였으며, 왈츠의 업적에 버금가는 새로운 이론체계를 창시하는 계기가 되었다. 오늘날 제도주의라는 이론체계는 왈츠가 제시한 현실주의 이론과 대립하는 매우 중요한 이론체계이며, 이에

---

15) Andrew Moravcsik, "The Origins of Human Rights Regimes: Democratic Delegation in Postwar Europe," *International Organization*, Vol. 54, No. 2 (Spring 2000), pp. 217~252.

기초해 많은 연구들이 이루어지고 있다.[16]

국제제도가 정보비용을 소멸시키고 '국제적 무정부 상태의 압력'을 제거하지는 못하지만, 많은 경우에 완화한다. 따라서 국제제도가 잘 작동하는지 아닌지에 따라서 국가의 행동은 큰 차이를 보인다. 이와 같은 국가행동의 차이는 정전협정(cease-fire agreement)의 효과에서 잘 드러난다. 전쟁이 끝난 다음에 체결되는 정전협정은 기본적으로 교전 당사국의 군사력균형과 정치적 의도를 잘 반영하지만, 그 효과는 큰 차이를 보인다. 한국전쟁 휴전협정과 같이 뛰어난 국제제도는 1953년 이후 지금까지 전면적 전투행위의 재발을 방지했다. 반면 1992년 3월 21일에 체결된 아르메니아와 아제르바이잔 간의 정전협정은 3주일 후인 1992년 4월 11일 파기되고 전쟁이 다시 시작되었다. 이와 같은 차이는 정전협정이라는 국제제도가 지닌 내용상의 차이로 설명할 수 있다. 비무장지대의 설치와 배치된 군사력의 후퇴는 정전협정 유지에 큰 도움을 주는 반면, 중립국 감시단은 큰 역할을 하지 못한다. 그리고 군비통제나 신뢰구축조치 등은 사실상 효과가 없다.[17] 즉, 동일한 국제적 무정부 상태라고 해도 국제제도의 존재 여부, 특히 어떠한 국제제도가 존재하느냐에 따라서 국가의 행동은 차이를 보인다.

코헤인은 자신의 이론이 왈츠와 동일한 가정에서 출발한다고 주장했다. 즉, '합리적 이기주의자(rational egoist)'라는 현실주의적 가정을 수용했으나, 전혀 다른 결론에 도달했다고 주장한다. 그렇다면 어떻게 동일한 가정

---

16) 가장 대표적인 논쟁으로는 다음이 있다. John J. Mearsheimer, "The False Promise of International Institutions," *International Security*, Vol. 19, No. 3 (Winter 1994/1995), pp. 5~49; Robert O. Keohane and Lisa L. Martin, "The Promise of Institutionalist Theory," *International Security*, Vol. 20, No. 1 (Summer1995), pp. 39~51.

17) Virginia Page Fortna, *Peace Time: Cease-Fire Agreements and the Durability of Peace* (Princeton, NJ: Princeton University Press, 2004).

에서 출발했는데도 서로 다른 결론에 도달할 수 있는가? 동일한 가정에서 출발했다면 동일한 결론에 도달해야 하는데 결론에서 큰 차이가 발생했다면, 이것은 가정이 달랐거나 논리 과정에서 둘 가운데 하나 또는 둘 모두 오류를 범했다고 볼 수밖에 없다. 왈츠는 이 부분에 대해서 엄격하게 논하지는 않았다. 다만 국제협력과 관련된 논의에서 협력에 참여하는 국가의 이익을 해석하면서 왈츠와 코헤인이 사실상 서로 다른 가정에서 출발했다는 논리적 지적이 있다. 이러한 차이는 절대적 이익(absolute gain)과 상대적 이익(relative gain)의 문제이며, 이와 같은 논쟁을 겪으면서 국제정치학은 비약적으로 발전했다.[18]

코헤인은 왈츠의 이론을 완전히 대체하는 새로운 이론을 제시하지는 않았지만, 기존 현실주의 이론에서는 그다지 주목받지 못했던 국제협력을 분석하는 제도주의 이론을 창시했다. 서로 다른 가정에서 출발했기 때문에 서로 다른 결론에 도달한 것이다. 나아가 왈츠 이론에 대항하는 그리고 차별화된 강력한 이론체계를 제시했으며, 이를 높은 수준으로 끌어올리는 데 성공했다. 오늘날 국제정치학을 논의하면서 왈츠를 제외할 수 없듯이, 코헤인의 업적을 간과하는 것은 결코 용납될 수 없다. 이론의 진보는 항상 토론을 통해 이루어지며, 강력한 반대 이론이 존재하지 않는다면 이론은 결코 발전할 수 없다. 이러한 측면에서 왈츠와 코헤인은 오늘날 국제정치학에서 가장 중요한 두 명의 이론가이며, 국제정치학 발전에 막대한 기여를 했다.

---

18) Joseph M. Grieco, "Anarchy and the Limits of Cooperation: A Realist Critique of the Newest Liberal Institutionalism," *International Organization,* Vol. 42, No. 3 (Summer 1988), pp. 485~507.

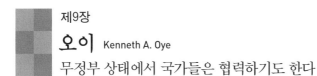

제9장
오이 Kenneth A. Oye
무정부 상태에서 국가들은 협력하기도 한다

Cooperation Under Anarchy

Kenneth A. Oye (ed.), Princeton, NJ: Princeton University Press, 1986)

국가들은 협력한다. 국가들은 무정부적 국제체제에서 경쟁하기도 하지만 동시에 협력하기도 한다. 왈츠는 국제협력의 가능성이 크지 않다고 보았으며, 협력 가능성을 저해하는 요인으로 무정부적 국제체제를 지목했다. 반면 코헤인은 국제체제에서 협력이 어려운 것이 높은 정보비용과 정보의 비대칭성 때문이라고 주장했다. 그렇다면 과연 무정부적 국제체제에서 국제협력은 가능한가? 협력의 장애물이 왈츠의 주장대로 협력 계약의 집행에 있다면, 이러한 문제는 해결할 수 있는가? 협력의 걸림돌이 정보비용과 비대칭성이라면, 코헤인이 지적한 문제점을 극복하는 방법은 무엇인가?

이 같은 질문에 대해서 《World Politics》라는 학술지는 1985년 10월에 특집호를 발행했으며, 11명의 학자들이 공동저술 논문을 포함해 모두 9개의 논문을 발표했다. 그 책임편집자가 오이(Kenneth A. Oye)였으며, 특집호는 1986년 『Cooperation Under Anarchy』라는 제목의 단행본으로 출간되었다.[1] 여러 학자가 게재한 논문을 모았기 때문에 통일성은 떨어지지만,

이 책은 국제협력의 다양한 측면을 보여준다는 의미에서 매우 중요하다. 특히 안보(security affairs) 부문에서 국가들이 어떻게 협력할 수 있는지의 문제를 정치경제(political economy) 부문에서의 협력과 동일한 비중으로 다루었고, 그 때문에 이 저술은 국제정치학 발전에 커다란 공헌을 했다.

이 연구는 초보적인 게임이론을 개념적인 차원에서만 도입해 국가들의 행동을 설명했다. 특히 협력 계약의 집행이 분권화된 방식으로 가능하며 동시에 다양한 방식으로 정보비용의 문제를 극복할 수 있다고 주장하면서, 다양한 협력 사례와 협력 실패 사례를 분석했다. 그리고 협력 가능성이 증가하는 상황(circumstances)과 협력 가능성을 높이기 위한 전략(strategy) 및 선호체계(payoff structure)를 제시했다.

1. 왈츠와 오이 – 핵심 질문:
국제적 무정부 상태에서 국가들의 협력은 어떻게 가능한가

왈츠와 현실주의자들은 국제협력의 가능성에 대해 비관적으로 평가한다. 국제적 무정부 상태에서 국가들은 협력하기 어려우며, 설사 공통의 이익이 존재한다고 해도 서로 정책을 조정하면서 공통의 이익을 추구하는 것은 어렵다고 본다. 즉, 협력하기로 '계약'을 체결했다고 해도 이를 지키지 않는 경우에 계약을 강제 집행할 중앙권위체가 존재하지 않는다. 그 때문에 국가들은 협력을 통한 공통 이익 추구에 처음부터 참여하지 않는다. 협력에 대한 비관적인 태도는 한때 현실주의 이론의 중요한 특징 가운데 하

---

1) 따라서 이 장에서는 오이를 전체 저자의 대표격으로 사용하기보다는 『Cooperation Under Anarchy』의 내용을 바탕으로 전체 내용을 서술한다. 다만 특정 저자의 연구를 언급해야 하는 부분에서는 저자의 이름을 언급할 것이다.

나로 거론될 정도였다. 물론 협력에 대한 비관적 전망은 이론적 논의의 결과로 논증되거나 경험적 연구의 결과로 실증될 수 있지만, 이것이 이론의 특징이 될 수는 없다. 따라서 협력 가능성에 대한 이론적 또는 경험적인 평가는 현실주의 이론에 중요한 시금석으로 작용한다. 왜 국가들은 협력을 거의 하지 않는가? 현실적으로 국제적 무정부 상태에서도 국가들이 협력을 하고 있기 때문에 이러한 문제는 더욱 중요한 의미가 있다.

오이 등이『Cooperation Under Anarchy』에서 던진 질문이 바로 이것이다. 국제적 무정부 상태(under anarchy)에서 협력(cooperation)은 어떻게 작동하는가? 이것은 상당히 포괄적인 질문이다. 협력이 가능한지 가능하지 않은지의 문제가 아니라 협력 가능성이 어떠한 상황에서 높아지고 감소하는지의 문제이다. 즉, '협력이 가능하다'와 '협력이 가능하지 않다'는 이분법적 평가보다 어떤 경우에 가능성이 증가하고 감소하는가라는 연속적인 변화로 협력을 분석했다. 협력을 가능하게 하는 상황과 함께 협력을 촉진하는 전략을 논의하면서, 안보와 정치경제 부문에서 공통적으로 나타나는 협력의 가능성 변화와 국가행동을 분석했다. 협력에 대한 평가를 연속선상에서 논의하기 때문에 다양한 전략이 사용되는 경우 협력에 대한 국가의 행동이 어떻게 변화하는지를 분석할 수 있다.

대부분의 국제정치이론가들은 국제적 무정부 상태라는 국제체제가 동일하게 작용하지만 개별 사안에 따라서 협력의 가능성이 다르다고 본다. 군비경쟁(arms race)이나 위기 해결(crisis management) 등의 안보 부분에서 국가는 매우 조심스럽게 행동하며 쉽게 협력하지 않는다. 공통의 이익이 존재한다 해도 이를 추구하기 어렵다. 반면 자신의 안전에 직접적인 위협이 되지 않는 관세 감축(tariff reduction)이나 환율 안정(exchange rate stability)과 같은 정치경제 부분에서는 상대적으로 쉽게 협력하고 공통의 이익을 추구한다.2) 이러한 차이는 기본적으로 개별 사안에서 나타나는 치명적 실수가 국가의 안전에 얼마나 큰 충격을 주느냐에 달려 있다. 안보 부문에서 자신은 협력했는데 상대가 협력하지 않고 배신한다면 국가안보는 치명타를 입고, 최악의 경우 국가 자체가 소멸할 수도 있다. 하지만 정치경제 부문에서는 배신을 당했다고 해도 그 충격이 크지 않으며, 어느 정도 시간이 흐르면 피해를 회복해 또 다른 기회를 잡을 수 있다.

반면『Cooperation Under Anarchy』는 국가의 행동을 사안에 따라서 분석하지 않는다. 대신 안보와 정치경제 분야를 통합해 협력과 관련된 상황과 전략의 측면에서 국제협력을 논의한다. 즉, 모든 사안에서 나타나는 변수를 공통의 분석기법으로 분석한다. 여기서 사용하는 분석기법은 매우 초보적인 게임이론이다. 실질적인 게임이론을 도입하기보다는 많은 사람들에게 쉽고 논리적으로 전달하기 위해서 게임이론의 기본 개념만을 사용했다. 개별 국가가 직면하는 국제협력을 전반적 상황과 개별 국가의 전략으로 구분했으며, 선호체계 및 전략의 변화가 국가의 행동에 미치는 영향에 대해서 논의했다. 기존 이론이 '국가이익'이라는 개념으로 뭉뚱그렸던 부분을 선호체계라는 개념으로 명시적으로 규정했으며, 선호체계가 달라지는 경우에 국제협력의 가능성이 어떻게 변화하는지를 논의했다. 또한 이전에는 국가의 정책으로서 논의했던 부분을 전략이라는 독립변수로 규정하고 국제협력의 가능성이라는 종속변수에 미치는 영향을 분석했다.

---

2) Charles Lipson, "International Cooperation in Economic and Security Affairs," *World Politics,* Vol. 37, No. 1 (October 1984), pp. 1~23.

2. 국제협력을 결정하는 상황

국제협력의 가능성은 기본적으로 다음 세 가지 상황변수에 따라 결정된다. 첫 번째 상황변수는 협력에 대해 개별 국가가 가지고 있는 이익을 지칭하는 선호체계로 어느 정도까지 공통의 이익과 갈등이 혼재되어 있는가를 의미한다. 이 선호체계는 다음 네 가지 구성 요소에 의해서 각각 다른 형태를 나타낸다. 모두가 협력하는 상호 협력(CC), 모두가 협력을 거부하는 상호 배신(DD), 상대는 협력하지만 자신은 협력하지 않는 일방적 배신(DC), 자신은 협력한 상황에서 상대가 협력하지 않는 일방적 협력(CD), 이 네 가지 구성 요소의 배열에 따라 다양한 선호체계가 나타난다.[3] 이 중 널리 사용되는 선호체계로는 죄수의 딜레마(Prisoners' Dilemma), 사슴사냥(Stag Hunt), 담력대결(Chicken Game), 교착상태(Deadlock)의 네 가지가 있다.[4]

---

[3] 여기서 상호 협력(CC)은 mutual cooperation이며 자신과 상대방이 모두 협력(cooperation)하는 상황이기 때문에 cooperation-cooperation을 축약해 CC로 표기한다. 그리고 상호 배신(DD)은 mutual defection이며 defection-defection을 DD로 나타낸다. 일방적 배신(DC)은 defection-cooperation을, 일방적 협력(CD)은 cooperation-defection을 줄여서 표기한다.

[4] '죄수의 딜레마'는 두 명의 죄수를 분리하여 심문하면서 각각의 죄수에게 상대를 배신하고 자백할 경우 가장 낮은 처벌(4)을 하지만 계속 묵비권을 행사하는 상황에서 상대가 먼저 자백하면 가장 심한 처벌(1)을 받게 된다고 협박하는 상황이다. 이때 죄수는 상대를 먼저 배신하기 위해 모두 자백하고 결국 두 죄수 모두 중간 정도의 처벌을 받는다. '사슴사냥'은 루소가 제시한 것으로 무인도에 표류한 사람들이 굶주림을 해결하기 위해 서로 협력해서 사슴을 잡으려는 순간 토끼가 나타나는 상황이다. 루소에 따르면, 이때 표류한 사람들은 공통의 이익인 사슴이 모두에게 유리하지만 상대방의 행동을 확신할 수 없기 때문에 개인의 이익인 토끼를 잡으려다 사슴을 놓치게 된다. '담력대결'은 자신이 담력이 더 세다는 것을 과시하기 위해서 폭력단 두목 두 명이 서로 자동차를 몰고 상대방을 향해서 돌진하는 상황이다. 먼저 핸들을 틀어서 피하는 쪽, 즉 협력을 하는 쪽은 겁쟁이(chicken)가 되기 때문에

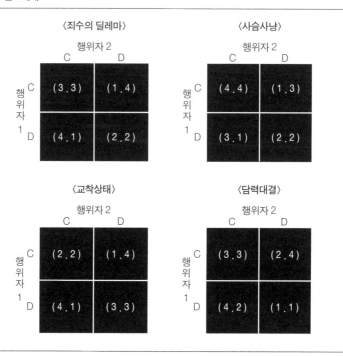

〈죄수의 딜레마〉

행위자 2

〈사슴사냥〉

행위자 2

〈교착상태〉

행위자 2

〈담력대결〉

행위자 2

죄수의 딜레마에서 핵심은 상대방을 배신하는 것이 유리하다는 사실이다. 즉, 선호체계상 상대방이 어떠한 행동을 하더라도 자신은 협력을 하지 않고 배신을 하는 경우에 가장 큰 이익을 얻을 수 있다. 즉, 상호 협력(CC)보다 일방적 배신(DC)이 유리하며, 일방적 협력(CD)보다 상호 배신(DD)이 유리하다. 이를 우월전략(dominant strategy)이 존재한다고 지칭한다. 상대가 협력(C)을 하거나 배신(D)을 하거나 자신은 항상 배신(D)을 하는 것이 협력(C)을 하는 것보다 유리하다. 따라서 개별 구성 요소에서 자신이 얻을

상대가 먼저 피하기를 바라면서 돌진하지만, 모두가 핸들을 틀지 않고 배신을 한다면 결국 충돌해 모두가 엄청난 피해를 입는다.

수 있는 효용의 크기는 DC가 가장 크고 CC, DD, CD순으로 이어진다. 이를 'DC＞CC＞DD＞CD' 라고 표현한다.[5]

이와는 반대로 사슴사냥에서는 상대방을 배신하는 것이 유리하지 않다. 즉, 선호체계는 'CC＞DC＞DD＞CD'이다. 죄수의 딜레마와 차이는 CC-DC의 순서가 다르다는 사실이다. 사슴사냥에서는 상호 협력(CC)이 일방적 배신(DC)보다 유리하지만 죄수의 딜레마에서는 DC가 CC보다 유리하다. 담력대결에서는 상대방이 협력하는 경우에 자신이 배신해야 하지만 상대방이 배신하는 경우에는 자신이 협력해야 유리하다. 따라서 'DC＞CC＞CD＞DD'라는 선호체계가 나타난다. 이것은 죄수의 딜레마와 DC-CC의 순서는 같지만, CD-DD의 순서가 다르다. 사슴사냥과는 CC-DC, CD-DD의 순서가 모두 다르다. 교착상태는 공통의 이익이 존재하지 않는 상황으로 'DC＞DD＞CC＞CD'이다.

두 번째 상황변수는 협력이 가져오는 장기적 이익을 기대할 수 있는가 하는 것으로, 미래 이익에 대한 기대(shadow of the future)라고 지칭한다. 비슷한 거래가 앞으로도 지속된다면 국가들은 당장 눈앞의 이익을 추구하기보다는 어느 정도의 비용을 지불하고 장기적인 이익을 추구한다. 이것은 미래의 이익을 어느 정도로 평가할 수 있는가의 문제이며, 동시에 동일한 거래가 동일한 상대와 얼마나 반복되는가의 문제이기도 하다. 따라서 미래 이익의 할인율(discount rate)이 핵심적인 사안으로 부각된다. 어떠한 요인에

---

5) 선호체계에서 중요한 것은 CC, CD, DD, DC 등의 개별 구성 요소 간의 효용 순서이지, 구성 요소들의 효용 차이가 아니다. 즉, DC와 CC가 지닌 효용의 차이가 1인가 100인가는 무의미하며, 오직 DC의 효용이 CC의 효용보다 많다는 사실이 중요하다. 즉, 1과 4의 차이가 3이라는 기수(基數, cardinal number)로서의 의미는 없고, 오직 1보다는 4가 크다는 서수(序數, ordinal number)로서의 중요성만이 존재한다.

서든 할인율이 높다면, 즉 현재의 이익으로 전환하기 위해서 미래 이익을 크게 할인해야 한다면, 미래 이익에 대한 기대는 낮아져 장기 협력이 어려워지고 모든 국가는 단기적인 이익을 추구할 것이다. 하지만 할인율이 낮다면, 다시 말해 미래 이익을 크게 할인하지 않고도 현재 이익으로 전환할 수 있다면, 국가들은 단기 이익보다는 장기 이익을 추구한다.6)

마지막 세 번째 상황변수는 얼마나 많은 국가들이 협력에 참여하고 있는가를 의미하는 참여 국가의 숫자(number of players)이다. 많은 수의 국가가 참여할수록 국가들 사이에 정보비용이 증가하며, 동시에 어떠한 국가가 문제를 야기했는지 파악하고 그 해결책을 강구하기가 어려워진다. 오직 두 국가만이 존재할 경우 상대방의 행동만 주시하면 되기 때문에 협력은 상당 부분 단순한 형태를 띤다. 하지만 참여 국가가 20개인 경우에는 문제가 매우 복잡하다. 19개의 국가들이 어떠한 행동을 하는지 일일이 감시하고 각기 다른 대응 방안을 모색해야 하므로 협력은 그만큼 어려워진다.7)

왈츠는 이와 같은 분석을 하지 않았다. 그는 국제협력의 가능성을 비관적으로 평가하면서 국제적 무정부 상태에서 나타나는 강제 집행 능력의 부

---

6) 자신의 안보가 직접적으로 위협받는 경우에 국가들은 단기적인 이익에 집중하며, 장기적인 이익은 무시한다. 절대절명의 위기 상황에서 미래 이익은 크게 할인되며, 바로 눈앞의 이익인 생존을 위해서 국가들은 거의 모든 것을 희생한다. 바로 이러한 이유에서 안보 부분의 협력은 정치경제 부분의 협력보다 더욱 어렵다. 하지만 이러한 미래 이익의 기대뿐 아니라 다른 요인들도 국제협력의 가능성에 영향을 주며, 따라서 사안 자체가 지닌 협력의 장애물은 충분히 극복할 수 있다.

7) 이러한 측면에서 다자주의(multilateralism)는 국제협력을 저해한다. 오히려 양자주의(bilateralism)를 통해서 일부 국가들만이 참가하고 민주적 대표성을 무시하는 것이 문제 해결을 위해서는 더 효율적일 수 있다. 이에 관한 이론적인 논의에는 Lisa L. Martin, "Interests, Power, and Multilateralism," *International Organization,* Vol. 46, No. 4 (Autumn 1992), pp. 765~792이 있다.

재만을 거론했다. 하지만 앞에서 논의한 세 가지 상황에 대해서 다음을 추론할 수 있다. 우선 국제협력이 어려운 이유는 국가들의 선호체계가 공통의 이익이 존재하지 않는 '교착상태'이거나 공통의 이익이 존재한다고 해도 '죄수의 딜레마' 또는 '담력대결'과 유사하기 때문이다. 공통의 이익이 없기 때문에 협력의 필요성이 사라지고 상호 배신 상황이 나타나며, 서로 협력하는 것이 서로 배신하는 것보다는 낫지만 상호 협력 상황보다는 일방적 배신이 더욱 유리하므로 문제가 발생한다. 공통의 이익이 존재하는 죄수의 딜레마와 담력대결에서도 상호 협력보다 일방적 배신이 더욱 큰 효용을 가져오며, 따라서 국가들은 서로를 속이려고 행동한다.

둘째, 미래 이익의 기대 측면에서 무정부적 국제체제는 강력한 힘을 발휘한다. 개별 국가 상위의 단위체가 존재하지 않아 계약을 강제로 집행할 수 없기 때문에 국가들은 장기적인 안목을 갖지 못한다. 자신의 안전이 위협받는 상황까지는 아니지만, 긴 시평을 가지고 차분하게 투자를 하고 장기적인 이익을 추구하기에는 많은 문제가 있다. 따라서 미래 이익은 상당히 할인되며, 미래 이익에 대한 기대 또한 상당 부분 줄어들고, 협력의 가능성도 감소한다. 세 번째 상황변수인 참여 국가의 숫자에 대해서 왈츠의 이론은 특별한 시사점이 없다. 국제적 무정부 상태에서 국가의 숫자는 다양하게 변화하며, 강대국의 숫자로 결정되는 국제체제의 구조 또한 국가 전체의 숫자를 결정하지 못한다. 하지만 강대국의 숫자가 감소할수록 국제체제는 더 안정적이며, 다극체제보다는 양극체제에서 더욱 안정적이다.

3. 국제협력에 영향을 주는 전략

상황변수는 국제협력의 가능성을 결정하지만 쉽게 변화하지 않는다. 하지만 국가들은 여러 가지 방법을 통해 선호체계, 미래 이익에 대한 기대, 참여 국가의 숫자를 변화시킬 수 있으며, 국가의 노력 이외에 다른 변화로 상황 자체가 달라질 수 있다. 또 이러한 변화는 국제협력의 가능성에 영향을 미친다. 국가들의 노력과는 별개의 변화로 협력의 가능성이 증가할 수도 있지만, 반대로 외부적인 변화로 협력의 가능성이 감소할 수도 있다.

우선 선호체계 자체를 변화시키는 전략이 있다. 교착상태에서는 공통의 이익이 존재하지 않기 때문에 협력이 불가능하지만, 죄수의 딜레마 또는 사슴사냥으로 변화한다면 협력의 가능성은 증가한다. 반면 사슴사냥 상황에서 안정적인 협력이 유지된다고 해도 선호체계가 달라지면서 교착상태가 발생하면 협력은 붕괴한다. 구체적으로 다음과 같은 방법이 있다. 첫째, 국가들은 의도적인 노력을 통해 선호체계를 바꿀 수 있다. 가장 대표적인 방법은 사안 연계(issue-linkage)이다. 무역협상에서 다양한 상품을 통합해 교섭하게 되면 한 상품에서는 교착상태가 발생한다고 해도 다른 상품의 교역에서 공통의 이익이 존재할 수 있고, 이를 통해서 협력이 가능해진다. 자신의 입장에서는 도저히 양보할 수 없는 사안도 다른 사안에서 상대방이 양보할 경우, 부분적으로는 공통의 이익이 존재하지 않는다고 하더라도 전반적인 차원에서 공통의 이익이 생겨나며, 따라서 어느 정도의 양보와 협력이 가능해진다. 둘째, 외생적인 변화에 따라서 국가의 선호체계가 달라진다. 기술이 변화함으로써 이전에 존재했던 공통의 이익이 사라지거나 존재하지 않았던 공통의 이익이 생겨나며, 그 결과 죄수의 딜레마 상황이 사슴사냥 상황으로 바뀔 수 있다. 한편 국내 또는 국제정치적 변화로 이전과는 다른 선호체계가 등장할 수도 있다. 이전에는 양보할 수 있었던 사안도 정치적 변화 때문에 절대로 양보할 수 없는 사안으로 변하고 선호체계를 교착상황으로 바꾸면서 협력의 가능성을 감소시킬 수 있다. 하지만 이러한 외생적 변화는 국가가 사용할 수 있는 전략은 아니다.

두 번째 상황변수인 미래 이익에 대한 기대를 바꾸는 전략도 있다. 가장 확실한 방법은 협력 대상이 되는 사안을 분할(decomposition)하는 것이다. 문제를 해결하기 위해 한 번의 협력을 시도하기보다는 사안을 작게 나누어서 여러 번에 걸쳐 소규모 개별 사안에 대해 조금씩 협력을 반복하는 것이다. 대표적인 사례는 군축이다.[8] 군사력 감축이 공통의 이익이라고 해도 획기적인 군축 제안은 위험할 수 있다. 군사력 50% 감축에 합의해 어떤 국가가 자신의 군사력을 감축했으나 상대방이 합의를 지키지 않을 경우, 이 국가의 안보는 심각한 위험에 빠진다. 자신은 기존 군사력균형에서 50%를 감축했지만 상대방은 기존의 군사력 100%를 보유하고 있는 상황이 가능하며, 이 경우에는 미래 이익에 대한 기대가 낮을 수밖에 없다. 하지만 군축 합의를 이행하면서 50%를 한 번에 감축하지 않고 5% 감축을 10번에 나누어 실행하면, 상당한 변화가 나타난다. 우선 자신은 협정을 준수했지만 상대가 배신할 경우 그 군사력 차이는 5%에 불과하다. 상대방이 지난번 감축을 이행했는지를 확인한 다음에 군사력 추가 감축을 실시한다면 일방적 협력(CD)의 문제점은 상당 부분 감소한다. 또한 공통의 이익이 존재하기 때문에 국가들은 계속 협력을 유지하면서, 단기적인 이익을 추구하기보다는 장기적인 이익을 추구할 수 있게 된다. 즉, 사안을 분할하면 미래 이익에 대한 기대는 증가한다.

---

8) 군축 문제에 대한 가장 고전적인 연구로는 Thomas C. Schelling and Morton H. Halperin, *Strategy and Arms Control* (New York: The Twentieth Century Fund, 1961)이 있다. 또한 냉전 종식 시기 유럽의 재래식 군사력 감축에 대해서는 Richard A. Falkenrath, *Shaping Europe's Military Order: The Origins and Consequences of the CFE Treaty* (Cambridge, MA.: MIT Press, 1995)이 있다.

사안이 분할된다면 상대방의 행동을 상호주의(reciprocity) 원칙에 따라 응징할 수 있다. 이러한 방식은 선호체계가 죄수의 딜레마인 경우에 작동한다. 사슴사냥의 경우에는 상호 협력이 가장 높은 효용을 가져오기 때문에 해당 국가들은 상대를 배신하지 않으나, 죄수의 딜레마에서는 상대를 속이고 일방적 배신(DC)을 하는 것이 가장 유리하다. 하지만 같은 상대와 계속 반복해서 '협력의 기회'를 가지게 된다면, 일회성 이익을 추구하기보다는 장기적으로 안정적인 협력관계를 유지해야 한다. 특히 죄수의 딜레마에서는 모두가 상대를 속이게 되므로, 모든 국가는 일방적 배신이라는 최선의 상태가 아니라 상호 배신(DD)이라는 차악(次惡)의 상태에 처하기 때문에, 차선(次善)의 상태인 상호 협력(CC)을 계속 유지하는 것이 유리하다. 또한 상대가 배신할 경우에 다음 거래에서 자신도 배신으로 대응하는 상호주의 원칙은 장기적으로는 가장 높은 효용을 불러온다.[9] 그러나 상호주의 원칙은 담력대결에서는 부정적인 결과를 초래한다. 자신을 배신한 상대를 응징하기 위해서 다음 대결에서 자신이 배신하면 상호 배신이라는 최악의 상황을 초래할 수 있다. 또 미래 이익에 대한 기대가 중요해질수록 자신의 담력을 과시하기 위해 강한 이미지를 구축하려고 하며, 협력을 거부하고 배신을 유지하려는 강력한 유인이 생겨난다. 즉, 상호주의 원칙이 모든 경우에서 최선의 결과를 가져오지는 않는다.[10]

---

9) Robert Axelrod, *The Evolution of Cooperation* (New York: Basic Books, 1984).
10) 가장 대표적인 사안은 남북한 관계에서 찾아볼 수 있다. 북한이 협력하는 경우 한국도 협력 및 지원을 하고 북한이 호응하지 않는 경우 한국은 협력과 지원을 중지한다는 상호주의는 남북한 상황이 죄수의 딜레마 상황인 경우에만, 즉 상대가 어떠한 선택을 하든지 무조건 배신하는 것이 가장 유리한 경우에만 효과를 발휘한다. 만약 담력대결의 선호체계가 존재한다면 상호주의는 긍정적인 결과를 가져오지 못하며, 오히려 상호 배신으로 무력 충돌과 전쟁이라는 결과가 초래된다.

협력 가능성에 영향을 주는 세 번째 상황변수인 참여 국가의 숫자 또한 변화시킬 수 있다. 문제의 핵심은 참여 국가의 숫자가 증가하면 정보비용이 증가하고 배신자 색출 및 처벌이 어려워진다는 것이므로, 이를 극복할 방법을 모색하거나 아니면 참여 국가의 숫자 자체를 줄여야 한다. 우선 다자협력을 지양하고 가능한 양자협력에 집중하는 방법이 있다. 죄수의 딜레마나 사슴사냥 등에서는 일방적 협력(CD)의 효용이 상호 배신(DD)의 효용보다 작기 때문에 참여하는 국가의 숫자가 늘어나면서 상대가 배신할 가능성 또한 누적적으로 증가하고 따라서 협력을 거부하게 된다. 이와 함께 공공재 문제의 일종인 무임승차 문제(free-riding problem)가 발생한다. 즉, 모든 국가가 직접 생산에 공헌한 부분보다 더욱 많은 부분을 소비하려고 한다면 최종 생산량은 지나치게 적거나 영(zero)에 머물게 된다.[11] 그러므로 이 경우에는 모든 국가의 참여보다는 소수 국가들이 연합해 공공재 공급을 주도해야 한다. 즉, 참여 국가들을 소규모 집단으로 분류하고 집단 내부에서 대표 국가를 선출해 협상의 주도권과 그 이행을 위한 지도력을 인정하는 방식으로 국가들의 행동을 감시할 수 있다. 익명성 속에 숨어서 다른 국가의 일방적인 협력을 악용하는 행동은 참여하는 국가의 숫자를 줄이는 방식 또는 국가를 작은 집단으로 나누는 방식을 통해서 상당 부분 예방할 수 있다.

4. 안보와 정치경제 분야에서의 국제협력과 실패

이러한 이론적 분석에 기초해 모두 8명의 학자들이 군사안보 분야에서

---

11) Mancur Olson, *The Logic of Collective Action: Public Goods and the Theory of Groups* (Cambridge, MA: Harvard University Press, 1965).

세 편, 정치경제 분야에서 세 편, 총 여섯 편의 논문을 발표했다. 이러한 방식으로 국제협력을 개별 사안이 아니라 협력과 관련된 상황에 따라서 분석했다. 분석 대상은 전쟁에 대한 전반적인 선호체계, 외교적 위기 상황에서 나타나는 선호체계 인식의 중요성, 군비 통제와 관련된 국가의 선호체계와 전략, 무역에 대한 정보비용의 문제와 선호체계 및 전략, 경제 위기 상황에서 발생하는 선호체계, 금융협상에서 나타나는 다양한 전략 등이었다.

저비스는 나폴레옹 전쟁 이후에 있었던 유럽협조체제(Concert of Europe)와 같이 특정 강대국이 패권을 추구하기 위해 벌인 패권전쟁(hegemonic war) 직후에 나타났던 안정적인 국제체제에 대한 분석에서 당시 강대국이 가지고 있던 사슴사냥적 선호체계를 강조했다. 일방적 배신의 이익이 감소하고 상호 협력의 이익이 증가하면 죄수의 딜레마보다는 사슴사냥 형태의 선호체계가 나타난다. 따라서 강대국들은 서로를 속일 유인이 없으며, 상호 협력이 가져오는 가장 높은 효용에 만족하여 안정적인 협력을 추진한다. 하지만 시간이 흐르면서 선호체계는 변화해 사슴사냥은 죄수의 딜레마로 대체된다. 특히 공격방어 균형이 공격이 유리한 방향으로 변화하면 일방적 배신의 효용이 증가하기 때문에 죄수의 딜레마가 등장할 가능성이 더욱 높아진다. 그에 따라서 국가들은 상대방의 협력을 유도하고 자신은 배신하여 가장 높은 효용을 추구한다.

반 에베라는 1914년 7월 유럽 강대국 사이의 위기가 수습되지 못한 원인에 대해서 논의했다. 6월 28일 오스트리아-헝가리 제국의 황태자가 사라예보에서 암살되었고 7월 한 달 동안 위기 수습을 위한 많은 외교적 시도가 있었지만, 7월 31일 러시아가 총동원령을 발동하면서 결국 제1차 세계대전이 발발했다. 문제는 1914년 당시 유럽 강대국이 인식하고 있던 선호체계가 공통의 이익이 존재하지 않는 교착상태나 죄수의 딜레마에 가까웠다는 것이다. 특히 '공격 숭배(cult of the offensive)'라고 불릴 정도로 강렬한 공격 우위가 존재했다. 일방적 협력을 하는 경우 상대방의 선제공격으로 막대한 피해가 발생하지만, 일방적 배신을 한다면 엄청난 이익을 거둘수 있었다. 따라서 상호 협력과 타협을 통한 위기 해결은 불가능했다.

군비경쟁과 관련해서 다운스, 로크, 사이버슨(George W. Downs, David M. Rocke and Randolph M. Siverson)은 선호체계의 중요성을 다시 한 번 강조하면서 공식적 군축협상(formal negotiation), 묵시적 협상(tacit bargaining), 일방적 전략(unilateral strategies)의 세 가지 전략이 지닌 유용성을 분석했다. 선호체계가 교착상태인 경우에는 공식 협상을 통해 국가들이 처한 선호체계 자체를 바꾸어야 하며, 이 과정에서 사안 연계는 어느 정도 도움이 된다. 선호체계가 죄수의 딜레마이며 불확실성이 없는 경우에는 엄격한 상호주의 원칙을 적용하는 묵시적 협상이나 명시적 사안 연계를 동반한 공식적 군축협상이 안전을 가져올 수 있다. 모두가 자신의 안전만을 추구하는 상황에서는 무조건적 군축과 같은 일방적 전략도 도움이 된다. 하지만 오인(misperception), 불완전 정보(imperfect intelligence), 상대방 행동에 대한 해석 오류(interpretation problem), 정책 실행의 실패(problem of control) 등으로 불확실성이 발생하면 문제는 더욱 악화된다.

한편 코니비어(John Conybeare)는 정치경제 영역에서의 협력 가운데 무역전쟁을 분석하면서 국내적으로 결정되는 선호체계가 무역전쟁의 방지라는 공통 이익을 위한 협력 유지에 가장 중요한 요인이라고 보았다. 특히 죄수의 딜레마 선호체계가 존재한다면 일방적 배신이 가장 큰 효용을 가져오기 때문에 경쟁적인 관세 인상과 같은 무역전쟁(trade war)이 발생한다. 하지만 모든 국가의 선호 강도가 다르고 무역전쟁을 감수할 능력에도 차이가 있기 때문에, 사안 연계를 통해서 어느 정도의 협력을 끌어낼 수 있다.

또한 무역 전쟁이 반복되는 경우에는 미래 이익에 대한 기대가 작용하게 되고, 협력을 통한 상호 관세 감축도 가능하다. 그러나 국내적으로 강력한 이익집단이 존재하여 교착상태의 선호체계가 나타나면 협력은 불가능하다. '관세 및 무역에 관한 일반협정(GATT)'과 '세계무역기구(WTO)' 등의 국제제도는 규범을 확립하고 이를 통해 관세 감축의 이익을 확대하는 동시에 일방적인 보호무역의 비용 또한 증가시켜 선호체계 자체를 바꾸었다.

오이는 경제공황 당시의 환율 안정화와 관련된 논의에서, 1930년대의 문제는 국가들의 선호체계가 죄수의 딜레마라기보다는 교착상태였다고 지적한다. 당시 경쟁적인 평가절하(currency depreciation)는 상대 국가의 추가 조치와는 무관하게 가장 큰 효용을 가져오는 정책이었고, 결국 제1차 세계대전 이후 재건되었던 안정적인 국제통화체제는 붕괴했다. 이러한 상황에서는 평가절하가 반복된다는 사실 자체는 의미가 없었으며, 미래 이익의 기대도 협력에 도움을 주지 못했다. 제2차 세계대전의 전운이 다가오던 1936년 미국, 영국, 프랑스는 자국 환율의 안정화를 내용으로 하는 삼국합의(Tripartite Agreement)를 체결했으며, 독일의 팽창에 대한 공동 대응과 환율 안정화라는 상호 독립적인 사안을 연계함으로써 문제를 해결했다.

1982년 중남미 국가의 부채 상환 거부를 계기로 국가부채(sovereign debts) 문제는 국제금융체제에 대한 치명적 사안으로 부각되었다. 이에 대해 립슨(Charles Lipson)은 부채 탕감을 요구하는 채무국과 부채 상환을 고집하는 채권 은행단의 대결에서 더 높은 수준의 협력을 유지하는 집단이 자신들의 요구를 관철할 수 있었다고 주장했다. 여기서 채권 은행단은 채무국 연합보다 강력한 협력을 유지했고, 결국 완전한 부채 상환은 아니었지만 부채 탕감 자체는 방지할 수 있었다. 채권 은행단은 주요 채권 은행을 중심으로 채무국 연합의 협력을 무너뜨리기 위해서 금융 상태가 취약한 일부 채무국을 개별적으로 고립시키고 부채 상환을 요구했다. 부분 상환이라도 하는 경우에는 추가 대출을 해주었지만, 상환을 전면 거부하는 채무국에는 모든 대출을 중단하는 방식으로 압박했다. 즉, 채권 은행단은 협상에 참여하는 채권 은행의 참여 숫자를 줄이고 상대방에게 차별 대우를 약속함으로써, 채무국이 직면하는 미래 이익의 기대를 증가시킬 수 있었다. 또한 이러한 방식으로 채무국의 상환 의지에 대해 더 많은 정보를 확보했고, 이를 통해 채권 은행단은 좀 더 효율적으로 협력했다.

5. 국제협력에 대한 다양한 논의와 이론의 발전

국제정치에서 국가들의 행동은 다양하다. 하지만 많은 경우에 국제정치의 경쟁적이고 이기적인 측면만이 부각되며, 부정적인 측면에 초점이 맞추어진다. 그리고 왈츠 이론은 국제정치의 이러한 측면을 적절하게 분석했다. 국가들의 경쟁은 개별 국가보다 상위의 단위체가 존재하지 않는 국제체제의 무정부성에서 비롯되며, 협력을 위해 합의한다고 해도 이를 강제 집행할 권위체가 없기 때문에 협력은 매우 심각한 이행의 문제에 노출되어 있다는 것이다. 즉, 국제협력이 지닌 가장 핵심적인 문제는 중앙집권적 이행(centralized enforcement)이 불가능하다는 사실이다.[12]

---

12) 하지만 협력 합의의 이행 문제 이외에 협력을 위한 협상 문제(bargaining problem) 또한 존재한다. James D. Fearon, "Bargaining, Enforcement, and International Co-operation," *International Organization*, Vol. 52, No. 2 (Spring 1998), pp. 269~305. 문제는 이행 단계에서 중요한 역할을 하는 미래 이익에 대한 기대가 협상 단계에서는 걸림돌로 작용한다는 사실이다. 미래 이익에 대한 기대가 크면 클수록 협력에 참가하는 모든 국가들은 더 많은 이익을 얻으려고 노력하며, 따라서 협력을 위한 협상은 더욱 어려워진다.

또한 현실주의 이론에서는 국가들이 공통의 이익을 가지기 어렵다고 본다. 국제체제의 무정부성이 존재하는 한 국가들은 서로를 경계하고 공통의 이익은 거의 존재하지 않는 교착상태적 선호체계를 가진다. 따라서 협력의 기본 전제가 성립하지 않는다. 설사 공통의 이익이 존재한다고 해도 국가들은 서로의 행동을 조정하기보다는 상대방을 속여서 자신의 이익을 추구하려고 한다. 즉, 국제적 무정부 상태에서 나타나는 선호체계는 주로 죄수의 딜레마 상황이며, 상호 협력보다는 일방적 배신이 더욱 많은 효용을 가져온다. 이는 국가들이 근본적으로 사악하기 때문이 아니라 바로 국가들이 지닌 선호체계 때문이다. 왈츠는 이러한 선호체계를 본격적으로 분석하지는 않았지만, 이러한 해석에 동의할 것이다.

그러나 현실에서 국가들이 항상 끊임없이 경쟁만 하는 것은 아니다. 국가들은 공통의 이익을 위해서 협력한다. 공통의 위협에 직면한 국가들은 서로 연합해 군사력을 공동으로 사용하며, 전반적인 경제적 효용 증대를 위해서 국제무역을 증진하고 수입관세를 공통적으로 감축하며, 환경 악화를 막기 위해서 기존 화학물질의 사용을 금지하거나 환경오염을 일으키는 물질의 배출을 제한한다. 첫 번째와 같은 협력이 바로 동맹(alliances)이고, 두 번째 협력은 자유무역협정(Free Trade Agreements: FTA) 또는 다자간시장개방협정(Multilateral Trade Agreements)이며, 세 번째 협력의 결과물이 교토의정서(Kyoto Protocol)로 대표되는 환경협정이다. 이처럼 현실에서 국가들이 협력한다는 것은 부인할 수 없는 사실이며, 이에 대한 분석은 반드시 필요하다. 그렇다면 국가들은 어떠한 경우에 현실주의 이론이 제시하는 경쟁의 압력을 극복하고 공통의 이익을 추구하는가?

단순히 모든 국가의 이익이 일치하기 때문에, 또는 설령 모두가 자신의 이익만을 추구한다고 해도 보이지 않는 손에 의해 공통의 이익이 달성된다는 주장은 오류이다. 어느 정도의 갈등 요인은 반드시 존재한다. 앞에서 제시한 사례에 대입하자면 공통의 위협에 직면한 경우에도 동맹국들은 서로에게 책임을 미루려고 한다. 자신에 대한 위협을 자신의 동맹국이 '해결해주는' 경우가 가장 이상적이다. 전쟁이 벌어지는 경우에도 동맹국에게 모든 전투를 맡기고 자신은 뒤에서 군사력을 보존하다가 최후의 전투에서 적국을 물리치고 전쟁에 지친 동맹국까지 제압하는 것이 최선이다. 강력한 이익집단이 존재하는 상황에서 자국 시장은 개방하지 않고 다른 국가의 관세 철폐를 유도할 수 있다면, 국내정치적으로는 보호무역을 주장하는 집단과 수출 신장을 원하는 집단을 모두 만족시키는 가장 좋은 결과를 얻을 수 있다. 자신은 이전과 같이 오염물질을 계속 배출하면서 다른 국가의 배출은 억제한다면, 전반적인 환경 상태의 개선과 함께 자국 환경오염 산업을 보호할 수 있다. 하지만 협력은 모든 국가가 조금씩 양보하며 자신에게 가장 많은 효용을 가져다주는 정책보다, 어느 정도 타협을 하여 자신의 이익을 희생하면서 공통의 이익을 추구하는 형태로 이루어진다.

『Cooperation Under Anarchy』는 바로 이러한 주제에 초점을 맞추어 국제협력이 지닌 다양한 측면을 분석하면서 왈츠 이론에 대한 강력한 반론을 제기했다. 협력을 촉진하는 상황과 협력 가능성에 영향을 주는 전략을 구분하면서 국제협력의 성공과 실패를 논의했고, 무정부적 국제체제에서도 협력은 가능하다는 사실을 이론적·경험적으로 보여주었다. 즉, 국가들은 중앙집권적 집행 권위체가 존재하지 않는다고 해도 충분히 협력을 할 수 있고 무정부적 국제체제의 압력을 어느 정도는 극복할 수 있다는 것이다 중앙집권화되지 않은 집행(decentralized enforcement)은 다양한 전략을 통해서 가능하며, 국가들의 행동을 통해서 국제적 무정부 상태의 압력을 완전히 제거할 수는 없지만 그 압력을 상당 부분 완화할 수 있다. 그렇기 때문에 협력이 나타난다.[13] 이러한 해석은 국제적 무정부 상태에 대한 설명에 결정적인 차이를 가져오며, 과연 그 압력이 극복 또는 완화할 수 있는 것인지의 여부가 이론적으로는 매우 중요한 논점으로 부각된다.

협력을 위해서는 개별 국가들의 선호체계에 공통의 이익이 존재해야 한다. 선호체계가 교착상태인 경우에는 협력이 불가능하며, 최소한 죄수의 딜레마, 사슴사냥, 담력대결에서와 같이 어느 정도의 공통 이익이 있어야 한다. 문제는 이러한 선호체계가 어떻게 결정되는지에 대해 뚜렷한 분석이 존재하지 않는다는 사실이다. 대부분의 경우에 선호체계는 외생적으로 결정된다고 보며, 특히 국제정치학에서는 국가의 생존을 제외하고는 선호체계 결정에 관한 체계적인 논의는 존재하지 않는다. 군산복합체와 군부의 영향이 압도적이라면 군축에 대해 교착상태적 선호체계를 갖기 때문에 협력하지 않고, 보호무역을 주장하는 국내 이익집단이 강력한 경우 관세 철폐와 자유무역을 위한 협력은 선호체계가 교착상태이기 때문에 불가능하다.

또한 국가들의 전략에 따라서 선호체계를 어느 정도 바꾸고 동시에 미래 이익에 대한 기대와 참여 국가의 숫자를 조작할 수 있다. 사안 연계와 상호주의 등은 이와 같은 측면에서 매우 결정적인 역할을 수행한다. 왈츠 이론과 『Cooperation Under Anarchy』의 주장이 가장 큰 차이를 보이는 부분은 바로 이러한 전략의 효과이다. 왈츠는 국제체제의 압력을 극복하는 것은 불가능에 가깝다고 보았으며, 따라서 국가들은 서로 경쟁하게 된다고 주장했다. 하지만 『Cooperation Under Anarchy』의 주장은 이러한 국제체

---

13) 현실주의는 중앙집권화된 집행보다는 패권국의 일방적인 행동이 협력을 유지하는 데 도움이 된다고 본다. 하지만 왈츠 자신은 패권국의 역할에 대해서 논의하지 않았다. 패권국이 국제협력을 위해 강제 집행을 하거나 공공재를 공급한다면, 국제체제는 무정부적이기보다는 사실상 위계질서가 존재하는 질서로 변화한다.

제의 무정부성이 가져오는 압력은 상황에 따라 극복할 수 있다는 것이다. 사안 연계를 통해 상대 국가의 선호체계를 변화시킬 수 있고, 상호주의와 사안 분할을 통해 미래 이익에 대한 기대를 증가시킬 수 있다. 중앙권위체가 협력의 강제 이행을 보장하지 않는 경우에도 국가들은 장기적인 이익을 기대하며, 개별적인 보복을 통해 중앙집권화되지 않은 방식으로 협력 이행을 강제할 수 있다. 이번에 상대가 협력을 하지 않는다면 다음 기회에 보복을 하겠다는 의지를 분명히 밝힘으로써 상대방의 협력 거부 비용을 증가시키고 협력의 이익을 증대시킬 수 있다.

하지만 이러한 협력도 다음과 같은 문제점이 있다. 우선 안보 분야의 협력과 정치경제 분야의 협력은 사안에 따라 서로 큰 차이가 있다. 안보 분야는 사안의 특성상 위험도가 높다. 특히 상대가 협력하지 않는 상황에서 자신만이 협력을 하는 일방적 협력은 안보 부문에서는 매우 치명적인 결과로 이어질 수 있다. 군축의 경우에 상대방은 감축하지 않았지만 자신만 군사력을 감축했다면, 기존의 군사력균형은 깨지고 자신은 안보 위협에 직면하게 된다. 반면 관세 인하의 경우에 상대는 관세를 그대로 유지하고 자신만 관세를 낮추게 되더라도 치명적인 위험은 발생하지 않으며 원상회복이 가능하다. 또 다른 문제는 상대적 이익의 배분 문제이다. 협력으로 어느 정도의 이익이 발생했을 때 이를 어떻게 나눌 것인가의 문제가 존재한다. 상대적으로 더욱 많은 이익을 가져가는 국가가 존재하는 동시에 상대적으로 더욱 적은 이익을 가져가는 국가가 존재하게 된다. 동일한 비율로 이익을 분할한다고 해도 협력 이전의 세력균형에 따라 동일한 비율이 지닌 의미는 다를 수 있다. 무엇보다도 이익 배분에 따라서 기존의 세력균형이 변화하며, 상대적으로 더욱 많은 이익을 얻는 국가의 힘은 빠르게 성장하고 상대적으로 적은 이익을 얻는 국가의 힘은 느리게 성장한다. 문제는 변화하는 세력균형이 미래의 세계에서는 강력한 안보 위협의 근원으로 작동할 수 있다는 사실이다. 특히 미래 이익에 대한 기대가 높은 경우에는 미래에 나타날 안보 위협 또한 강력하게 인식된다. 바로 이러한 이유에서 협력을 유지하는 것은 매우 위험하며, 따라서 쉽게 붕괴한다.[14]

『Cooperation Under Anarchy』는 코헤인의 업적인 『After Hegemony』와 함께 오늘날 국제협력에 대한 거의 모든 분석에서 사용되는 기본 개념을 정립하고 이론적인 시각을 제공했다. 코헤인이 국제제도와 정보비용의 중요성을 강조했다면, 『Cooperation Under Anarchy』는 사안 연계와 선호체계의 중요성, 그리고 상호주의와 미래 이익에 대한 기대가 국가행동에 미치는 영향을 집중 분석했다. 하지만 『Cooperation Under Anarchy』가 국제제도의 중요성을 간과하지는 않았다. 국제제도가 정보비용을 감소시키는 결과를 가져오기 때문에 어떠한 국가가 협력을 거부하는지를 파악할 수 있으며, 따라서 더욱 정확하게 협력 거부 국가를 응징할 수 있다. 또한 국제제도를 통해서 투명성을 제고하고 상대의 행동을 더 정확하게 평가할 수 있으며 불확실성과 오인의 가능성을 줄일 수 있다. 예를 들어 사찰(inspection)과 같은 국제제도를 어떻게 설계하고 이용할 것인지는 군축의 핵심 부분이며, 개별 국가들이 직면할 수 있는 안보 위험을 완화하도록 사용할 수

---

14) Joseph M. Grieco, "Anarchy and the Limits of Cooperation: A Realist Critique of the Newest Liberal Institutionalism," *International Organization,* Vol. 42, No. 3 (Summer 1988), pp. 485~507. 이러한 주장에 대한 반론으로는 Robert Powell, "Absolute and Relative Gains in International Relations Theory," *American Political Science Review,* Vol. 85, No. 4 (December 1991), pp. 1303~1320 그리고 Jeffry A. Frieden, "Actors and Preferences in International Relations," David Lake and Robert Powell, *Strategic Choice and International Relations* (Princeton: Princeton University Press, 1999), pp. 39~77이 있다.

있다. 동시에 국제제도는 협력 이익의 배분을 조정하고 다른 사안과 연계할 가능성을 제공하기 때문에 미래 위협의 증가 가능성을 완화할 수 있다.

『Cooperation Under Anarchy』는 기념비적인 연구이다. 안보 분야와 정치경제 분야를 포괄하는 국제협력을 다루었으며, 협력이 나타나는 다양한 상황과 협력 가능성에 영향을 주는 여러 가지 전략을 분석했다. 또한 국제적 무정부 상태에서 나타나는 강제 이행의 문제는 다양한 방식으로 극복이 가능하다고 주장했고, 따라서 왈츠의 이론과는 큰 차이를 보인다. 이리한 주장은 오늘날 국제협력과 관련된 많은 논쟁으로 이어지고 있으며, 개별 국가들이 사용하는 전략의 유용성에 대한 추가 연구가 계속되고 있다.

제5부

국제정치에서의 문화와 정체성

왈츠 이론에서 모든 국가는 동일하다. 하지만 개별 국가들은 스스로 이익이라고 생각하는 사항이 다르며, 동일한 조건에서도 행동 양식에 차이를 보인다. 구성주의는 바로 국가들이 지닌 정체성과 문화가 국가행동과 국제정치에 미치는 영향을 분석한다. 웬트가 무정부적 국제체제라는 물질적 조건이 어떻게 해석되고 사회적 맥락과 의미에서 어떠한 차이를 가지는가를 논의했다면, 존스턴은 문화가 군사력 사용이라는 가장 '현실주의적' 사안에 미치는 결정력을 보여주었다. 이와 같이 구성주의 이론은 물질적 변수를 강조하는 현실주의 이론에 대한 강력한 반론으로, 관념변수의 중요성을 강조한다. 오늘날 구성주의 이론체계는 매우 다양하며, 내부적으로 가장 많이 분화되어 있다.

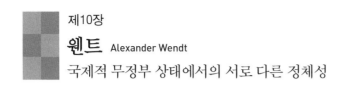

Social Theory of International Politics

Cambridge: Cambridge University Press, 1999

왈츠는 개별 국가보다 상위의 권위체가 존재하지 않는다는 국제적 무정부 상태의 물질적 측면을 강조했다. 무정부 상태의 효과는 동일하며, 이것이 개별 국가의 정체성을 결정한다. 모든 국가는 자신의 안보를 유지한다는 동일한 이익과 동일한 정체성(identity)을 가진다. 다른 이익이나 정체성을 가진 국가는 국제체제의 무정부성에서 나타나는 진화의 압력에 의해 소멸하거나 사회화를 통해서 성공적으로 살아남은 다른 국가를 모방한다. 즉, 무정부적 국제체제에서 모든 국가는 동질화된다. 안보를 추구해야 한다는 압력 때문에 정체성과 행동은 동일해지고 국내정치적 차이는 큰 의미를 가지지 못하며, 오직 개별 국가가 지닌 힘(power)만이 중요하다.

하지만 과연 이러한 왈츠의 주장은 타당한가? 국제적 무정부 상태의 의미는 동일하며 물질적인 차원에서 개별 국가 상위의 단위체가 존재하지 않는다는 조건에 의해 결정되는가? 그리고 무정부적 국제체제에서 개별 국가의 이익과 정체성은 동일한가? 바로 이러한 것이 웬트(Alexander Wendt)

가 던지는 질문이며, 오늘날 현실주의에 대응되는 국제정치이론의 한 패러다임인 구성주의의 주요 퍼즐이다. 그렇다면 웬트는 왈츠의 이론 가운데 어떠한 부분에 도전했는가?

1. 왈츠와 웬트 – 핵심 질문: 국제체제에서 사회적 측면은 존재하는가

왈츠의 이론에서 국제체제의 무정부성은 물질적이며, 그 효과는 체제 수준으로부터 개별 국가에게로 일방적으로 투여된다. 국제체제의 무정부성은 개별 국가를 구성하며 각각의 이익을 결정해 안전을 최고의 가치로 추구하도록 강제한다. 이 과정에서 국가의 이익과 정체성은 동질화된다. 또한 국제체제의 구조는 국가행동을 결정하는데, 다극체제의 국가행동과 양극체제의 국가행동은 다르며, 특히 강대국 전쟁의 가능성은 다극체제에서 더욱 증가한다.

즉, 국제체제와 국제체제의 구조는 국가의 이익과 정체성 그리고 행동에 일방적으로 영향을 줄 뿐, 국가는 국제체제와 국제체제의 구조에 아무런 영향을 주지 못한다. 개별 국가보다 상위의 권위체가 존재하지 않는 모든 국제체제는 무정부적이며, 어떠한 국가들로 국제체제가 구성되어 있는지와는 무관하게 그 효과는 동일하다. 국제정치를 거시적 차원의 구조(structure)와 미시적 차원의 과정(process)으로 나누었을 때, 왈츠의 이론은 국제체제와 극성이라는 구조가 지닌 일방적인 힘을 강조했고 미시적 차원에서 국가들 간의 관계와 교류는 무시했다. 미시적 차원에서 축적된 힘은 거시적 차원의 변화를 일으킬 정도로 강력하지는 않으며, 오직 거시적 국제체제의 구조라는 물질적 측면이 국제정치를 규정한다.

이러한 왈츠의 주장에 대해서 웬트는 현실에 존재하는 모든 체제는 물질적이지만 동시에 개별 구성원의 인식에 따라서 의미가 부여된다고 본다. 결국 체제가 사회적 성격을 띤다는 것인데, 이는 물질적인 상태가 같다고 해서 체제가 동일한 의미를 갖는 것이 아니라 개별 구성원이 상호작용하는 과정에서 맥락에 따라 체제가 갖는 의미가 달라진다는 뜻이다. 이와 같은 주장은 국제체제와 구조를 중시하는 왈츠의 주장을 부인하는 것이 아니라 국제체제가 지닌 사회적인 맥락(social context)을 강조하는 입장이다.

웬트는 국제적 무정부 상태의 압력이 국가행동을 결정하는 요인이라고 해도 그 압력의 방향과 크기는 사회적 맥락에 따라서 달라진다고 보았다. 이웃 국가의 군사력과 그 군사력에서 유발되는 안보 위험은 그 국가와의 관계와 그 관계에서 나타나는 사회적 맥락에 따라 달라진다. 이웃 국가가 동맹국이라면 그 국가가 보유한 군사력은 위협으로 작용하지 않으며, 오히려 자신의 안보를 강화하는 데 도움이 된다. 하지만 이웃 국가가 적대국이라면 그 국가의 군사력은 자신에게 위협으로 작용한다. 즉, 상대 국가와의 관계에 따라 동일한 무정부적 국제체제라고 해도 의미가 달라진다. 웬트가 자주 사용하는 사례는 바로 영국과 북한이 보유하고 있는 핵무기의 대조적인 의미이다. 영국의 핵무기가 북한의 핵무기보다 보유 숫자나 파괴력의 측면에서 더욱 강력하지만, 미국을 비롯한 국제사회는 영국의 핵무기보다 북한의 핵무기를 더욱 위험하다고 판단한다. 이러한 차이는 영국과 북한 핵무기의 물질적인 측면으로는 설명할 수 없으며, 오직 영국과 북한이 주변 국가들과의 관계에서 만들어낸 사회적인 맥락과 더불어 영국과 북한 핵무기의 의미에서 비롯된다.[1]

---

1) Alexander Wendt, "Anarchy is What States make of it: the Social Construction of State Politics," *International Organization,* Vol. 46, No. 2 (Spring 1992), pp. 391~425; Alexander Wendt, "Collective Identity Formation and the International State,"

사회적 맥락은 국제체제 또는 구조에 의해서 부과되지 않으며, 체제와 구조를 구성하는 개별 국가의 행동에 의해서 만들어진다. 체제와 구조가 일방적으로 국가의 행동에 영향을 미치는 것과 함께, 국가의 행동, 특히 국가 간 상호작용은 국제체제와 구조가 가지는 사회적 맥락을 만들고 의미를 부여하면서 국제체제와 구조에 영향을 준다. 왈츠에 따르면 무정부적 국제체제란 개별 국가보다 상위의 권위체가 존재하지 않는 것이며, 이를 구성하는 국가들은 국제체제의 압력에 대해 자신의 안보를 극대화하는 동일한 기능을 수행하고 이에 따라 동일한 정체성을 가진다. 웬트는 국제체제가 무정부적이며, 여기에 국가보다 상위의 권위체가 존재하지 않는다는 데에는 동의한다. 하지만 무정부적 국제체제에서 국가들은 동일한 정체성을 갖지 않으며, 국가들의 정체성에 따라서 국제적 무정부 상태의 사회적 맥락과 의미가 달라진다. 즉, 국제적 무정부 상태는 동일한 의미를 가지지 않는다. 국제체제를 구성하는 국가의 정체성에 따라 국제체제의 의미가 결정되며, 동시에 국제체제의 의미는 개별 국가의 정체성에 영향을 준다.

이러한 주장은 상당 부분 순환 논리이지만, 동시에 강력한 피드백이 존재한다는 사실 자체는 부인할 수 없다. 그리고 이 과정에서 사회적 관계와 상호작용이 강력하게 작용한다. 단순히 물리적으로 존재하는 현실 자체가 아니라 그 현실을 어떻게 규정하는지가 핵심이며, 개별 국가들의 상호작용과 이를 통해 만들어지는 정체성에 따라서 다른 의미와 사회적 맥락이 부여된다. 왈츠가 국제체제의 물질적인 측면을 강조한 유물론적 입장을 견지

American Political Science Review, Vol. 88, No. 2 (June 1994), pp. 384~397; Alexander Wendt, "Constructing International Politics," *International Security,* Vol. 20, No. 1 (Summer 1995), pp. 71~82. 그러나 이와 같은 방식으로 사회적 맥락을 규정하면 왈트가 제시한 위협(threat)과 많은 혼동이 발생한다.

했다면, 웬트는 국제체제가 지닌 사회적인 그리고 관계적인 측면에 초점을 맞춘 것이다. 또한 왈츠의 경우 무정부적 국제체제가 국가의 정체성에 미치는 일방적인 획일화 효과를 중시했다면, 웬트는 국제체제와 개별 국가 간에 나타나는 상호작용을 강조한다.

2. 국제체제와 개별 국가 그리고 상호작용

웬트는 왈츠의 철학적 기초를 수용한다. 예를 들어 웬트는 대상이 과연 현실에서 실재하고 동시에 이러한 실재를 개별 주체가 인식하는지 아니면 현실에서는 존재하지 않고 단지 인식에서만 존재하는지를 결정하는 존재론(ontology)의 측면에서는 현실적 존재를 인정하는 과학적 실재론(scientific realism)과 경험주의(empiricism)를 수용한다. 그리고 세계는 개별 관찰자의 언어와 사고와는 독립적으로 존재하고, 과학적 이론은 이와 같이 독립적으로 존재하는 세계에 대한 논리적 설명이며, '세계'를 직접적으로 관찰할 수 없는 경우에도 과학적 이론은 이러한 세계를 파악할 수 있다고 본다.

하지만 웬트는 왈츠와는 다른 철학적 입장을 견지한다. 첫째, 왈츠는 방법론적으로 개별 국가의 정체성은 그냥 주어지는 외생변수(exogenous variable)라고 보고 이 부분에 대해서는 집중적인 분석을 하지 않는다. 반면 웬트는 국가의 정체성을 외부에서 결정되는 것이 아니라 분석 대상 내부 변수들의 영향을 받아서 결정되는 내생변수(endogenous variable)로 파악하며 중요한 분석 대상으로 간주한다. 둘째, 존재론적 측면에서 국제체제가 무엇으로 구성되어 있는가의 문제에 대해 왈츠는 국제체제가 독자적으로 작동하며 개별 국가로는 환원할 수 없다고 본다. 그러나 웬트는 모든 국제정치를 구성 국가의 행동으로 환원하는 방식에 찬성하지는 않지만, 구성 국가의 정체성이 국제체제의 의미와 국제정치에 미치는 영향에 초점을 맞춘다. 즉, 웬트는 국제정치를 이해하기 위해서는 물질적인 국제체제와 개별 국가의 정체성에 의해 나타나는 사회적 측면과 관념적 측면을 동시에 고려해야 한다고 주장한다. 셋째, 경험적인 측면에서 '국가들의 정체성이 국제정치에 어느 정도의 영향을 미치는가'와 '국가들의 정체성이 어느 정도까지 변화하는가'라는 문제에서 차이를 보인다. 왈츠는 국가들의 정체성은 변화하지 않으며 국제적 무정부 상태의 압도적인 압력이 정체성을 획일화한다고 본다. 반면 웬트는 경험적인 차원에서 국가들의 정체성이 변화하고, 이에 따라 국제적 무정부 상태의 사회적 맥락이 달라지며, 다시 국가들의 정체성이 변화한다고 본다. 즉, 국가들의 정체성과 국제적 무정부 상태의 사회적 맥락이 상호작용한다는 것이다.

웬트는 철학적인 기초뿐만 아니라 국제정치를 분석하는 과정에서 왈츠가 사용했던 가정도 공유한다. 그 가정이란 국제체제는 국가보다 상위의 권위체가 존재하지 않는다는 측면에서 무정부 상태이며, 모든 국가는 공격적인 군사력을 보유하고, 국제체제에는 불확실성이 존재하며, 모든 국가는 합리적으로 행동하고 자신의 생존을 확보하기 위해 노력한다는 것이다. 그런데 이러한 무정부 상태에 대한 가정을 공유했다고 해도 국가행동에 대해 동일한 설명이 존재하지 않는다. 우선 왈츠가 강조하는 자조는 무정부적 국제체제에서 필연적으로 도출되는 것은 아니다. 웬트는 오히려 국제체제의 의미와 맥락은 완벽하게 '객관적(objective)'이지 않으며, 개별 국가들이 국제체제를 공통적으로 어떻게 인식하고 있는가에 의해 드러난다는 측면에서 '간주관적(intersubjective)'이라고 강조한다.[2] 둘째, 왈츠는 모든 국가

2) 웬트는 간주관성이라는 표현을 통해 국제체제는 그 자체로 독립적이며, 따라서 객관적인 의미를 가지지 않으며, 오직 국제체제를 구성하고 있는 개별 국가들이 가진

는 이기적이고 자신의 안보만을 추구하며 그 이상의 목표는 추구하지 않는 다고 주장하면서, 이 과정에서 나타나는 인과관계(causal effects)를 강조한 다. 하지만 웬트는 국가의 정체성이 다를 수 있다고 주장하면서 모든 국가를 이기적이면서 동시에 자신의 안보만을 추구하는 존재로 상정하지는 않는다. 대신 국제체제에 따라 개별 국가가 다른 정체성을 가지게 되는 구성적 효과(constructive effects)를 강조한다. 그리고 개별 국가의 정체성에 따라서 국제체제의 의미가 변화한다고 보고 이러한 차이를 분석한다.

다시 말하면 웬트는 왈츠가 강조했던 힘의 분포(distribution of power)와 함께 국제체제에 대한 개별 국가의 인식에서 나타나는 관념의 분포(distribution of idea)를 핵심적으로 강조한다. 무엇보다도 관념을 강조한다는 측면에서 유물론(materialism)이 아닌 관념론(idealism)의 특징이 강하게 나타난다. 자조의 원칙도 국제체제를 구성하는 국가들의 정체성에 따라서 나타날 수도 있고 나타나지 않을 수도 있다. 즉, 개별 국가의 정체성이 국제체제의 무정부성이 지닌 의미와 사회적 맥락을 결정한다. 동시에 일단 어떠한 원칙이 자리 잡으면, 그 원칙은 국제체제를 구성하는 국가들의 정체성에 영향을 준다. 자조의 원칙은 국가들에게 자조의 원칙을 따라야 한다는 정체성을 심어준다. 무정부적 국제체제는 개별 국가의 정체성에 영향을 미치며 개별 국가의 정체성이 국제체제의 무정부성의 의미를 규정한다. 이러한 상호작용은 왈츠 이론에서 나타나지 않는 부분으로, 웬트 이론의 핵심이다.

상호작용을 강조하는 웬트의 입장은 국가가 단순히 사회 전체의 이익을 통합하는 것 이상의 존재라는 이론적 가정에서만 성립된다. 마르크스주이

주관적 이해와 경험의 축적을 통해서만 의미를 갖는다는 사실을 강조한다. 웬트 자신이 사용하는 표현은 공통의 지식(common knowledge)으로서, 그는 개별 국가들이 지닌 공통의 지식을 통해 국제체제의 의미가 재생산된다고 주장했다.

나 다원주의 이론에서 국가(state)는 강력한 독자성을 가지지 않으며, 지배계급 또는 사회 전체의 선호를 반영해 정책을 집행하고, 치안을 유지한다. 사회의 이익이 잘 조정되는 경우도 있지만, 그렇지 못한 경우에는 지배계급의 정책 선호가 관철되는 양상을 보인다. 즉, 선거라는 형태를 통해서 정치적 대결 및 결정이 나타나며 이를 집행하는 행정이 이루어진다. 대외 정책도 지배계급 또는 선거와 타협을 통해서 사회 전체의 선호가 반영되어 결정되며, 국가는 독자성을 가지고 '국가이익'을 추구하기보다는 지배계급 또는 사회전체의 이익을 행정적으로 집행한다.[3]

하지만 웬트는 마르크스주의나 다원주의 이론과는 달리 국가를 '정치제도와 법질서를 유지하고 일정 영토 내부에서 폭력 수단을 독점하며, 주권을 보유하여 특정 사회를 포함하는 영토를 가지고 있는 단위체(corporate agency)'로 이해한다. 그리고 국가는 사회 또는 사회를 구성하는 지배계급을 뛰어넘는 하나의 단위체로서 국가 자신의 이익(self-interest)을 추구하며, 이러한 국가의 이익은 사회 전체 또는 지배계급의 이익과는 구분된다. 또한 국가는 개별적인 국가 구성 요소의 이익과는 구분되는 국가 자신만의 이익을 가지기 때문에 이른바 '자아(自我, self)'가 있으며, 국가의 행동을 분석하기 위해서는 개별 국가 또는 특정 국가들의 집합이 지닌 자아를 먼저 분석해야 한다. 국가의 행동은 국가가 지닌 자아에 의해서 달라지며, 동일한 조건일지라도 다른 자아를 가지는 경우에는 다르게 행동한다.

---

3) 구성주의는 국가를 단위체로 파악하며, 국내적 변수가 국가행동이나 국제정치에 영향을 주지 않는다고 본다. 즉, 국내적 이익을 반영하여 국가의 이익이 결정된다는 자유주의 국제정치이론(liberal theory of international relations)과는 다르며, 이러한 측면에서는 현실주의 또는 제도주의와 유사하다. 민주주의 국가들은 서로 전쟁을 하지 않는다는 민주평화론은 대표적인 자유주의 국제정치이론이다.

논리적으로 보면, 웬트는 국가를 하나의 독자적인 개체로 파악하며 구성단위로 환원될 수 없다고 본다는 측면에서 왈츠와 동일하다. 하지만 왈츠의 경우 국가의 자아가 모두 동일하므로 변화하지 않는 요인을 분석하는 것이 무의미하다는 논리적인 결론에 도달했다면, 웬트는 국가의 자아가 다를 수 있고 따라서 국가의 자아를 분석함으로써 국가의 행동과 국제정치를 이해할 수 있다고 보았다. 즉, 왈츠는 모든 국가는 자신의 생존이라는 가장 강력한 이익을 공유하며, 안보라는 이익은 너무나도 강력하게 작용하기 때문에 그 밖의 이익과 그에 따른 차이는 사실상 무의미하다고 보았다. 반면 웬트는 모든 국가가 동일한 이익을 갖지는 않으며, 안보가 중요하다 해도 그 중요성이 다른 이익과 그에 따른 차이를 압도할 정도로 강력하지는 않다고 보았다. 개별 국가의 자아는 다를 수 있으며, 그 국가가 추구하는 이익에도 차이가 있을 수 있다.

웬트는 국가이익 또는 국제적 무정부 상태에서 생존과 안보의 중요성을 부인하지 않는다. 하지만 이러한 이익 또는 생존본능이 경우에 따라 다르게 나타날 수 있다는 사실을 인정하며, 특히 공동운명체(collective identity)가 등장하거나 '국가이익'이 형성되는 과정에 주목한다. 예를 들어 1958년 5월에 미국과 캐나다는 북미방공사령부(North American Aerospace Defense Command: NORAD)를 구성하고 소련의 핵공격에 대비했다. 캐나다 정부는 자신의 영토에 미국 방공레이더기지를 건설했으며, 소련의 핵공격이 있을 경우에는 자신의 항공 전력을 북미방공사령부가 지휘하도록 허용했다. 이러한 과정을 통해 캐나다는 미국의 다른 인접 국가인 멕시코와는 완전히 다른 차원의 안보 이익과 정체성을 갖게 되었으며, 미국의 다른 동맹국인 서독이나 일본 그리고 한국과도 다른 차원의 이익을 갖게 되었다. 즉, 안보가 중요하지만, 미국과 캐나다의 경우 안보는 공동운명체로서의 정체성을 가지게 되었기 때문에 다른 형태로 작용했다.

국가이익을 파악하는 데 왈츠는 국가의 생존이라는 물질적인 이익이 다른 이익에 우선한다고 보지만, 웬트는 물질적인 이익의 관념적 차원을 강조한다. 대부분의 경우에 국가는 단순히 물질적인 차원에서 결정된 이익과 함께 관념적인 영향을 받아서 '만들어진 이익'을 추구한다. 동일한 물질적인 조건에서도 국가마다 서로 다른 선택을 하며, 이 과정에서 개별 국가가 지닌 관념적인 이익의 차이가 드러난다. 예를 들자면 1980년대 중반 고르바초프는 소련의 장기적 쇠퇴라는 전략적 상황에서 평화적으로 현실과 타협했고, 결국 냉전체제의 붕괴를 불러온 '신사고 외교정책(New Thinking)'을 추진했다. 하지만 유사한 전략적 상황에서 스파르타는 자신의 장기적인 쇠퇴를 방지하려는 일념에 펠로폰네소스전쟁을 시작했고, 결국 고대 그리스 세계 전체를 파멸로 몰고 갔다. 이 두 사례는 동일한 전략적 상황에서 나타났기 때문에, 상대적으로 쇠퇴하고 있었던 소련과 스파르타의 전략적 선택 차이를 설명하기 위해서는 물질적 상황 이상의 독립변수가 필요하다. 특히 고르바초프의 사례와 같은 외교정책 분석에서는 관념적인 인식의 차이가 중요한 독립변수로 제시된다.[4] 즉, 동일한 물질적 상황과 세력균형에

---

4) 평화로운 냉전 종식과 당시 소련의 타협적 행동에 대한 구성주의적 연구로는 다음이 있다. Jeffrey T. Checkel, *Ideas and International Political Change: Soviet/Russian Behavior and the End of the Cold War* (New Haven, CT: Yale University Press, 1997); Robert D. English, *Russia and the Idea of West* (New York: Columbia University Press, 2000). 이러한 해석을 둘러싼 논쟁으로는 Stephen G. Brooks and William C. Wohlforth, "Power, Globalization, and the End of the Cold War: Reevaluating a Landmark Case for Ideas," *International Seculuty*, Vol. 25, No. 3 (Winter 2000/2001), pp. 5~53; Robert D. English, "Power, Ideas, and New Evidence on the Cold War's End: A Reply to Brooks and Wohlforth," *International Seculuty*, Vol. 26, No. 4 (Spring 2002), pp. 70~92이 있다.

서도 관념이 중요한 변수로 작동하며, 특히 관념의 분포는 국제체제의 성격을 규정하고 국가의 정체성과 이익의 내용을 결정한다.

3. 국제적 무정부 상태의 문화 유형

국가 간 상호작용과 국가이익에 대한 차이는 국제적 무정부 상태의 의미 또는 사회적 맥락의 차이로 이어진다. 그리고 이러한 차이 때문에 왈츠가 제시했던, 그리고 대부분의 현실주의 이론이 제시하는 국제적 무정부 상태에 대한 분석이 매우 제한적이라는 평가가 가능해진다. 즉, 모든 국가가 안보를 추구하기 위해 격렬하게 경쟁하는 국제적 무정부 상태 이외에도 개별 국가들이 매우 우호적인 관계를 유지하는 국제적 무정부 상태가 존재하며, 동시에 어느 정도의 경쟁과 어느 정도의 우호 관계가 혼재하는 국제적 무정부 상태도 존재할 수 있다. 웬트는 이와 같은 국제적 무정부 상태의 의미 또는 사회적 맥락을 '국제적 무정부 상태의 문화(culture of anarchy)'라고 지칭했으며, 경쟁의 격화 정도가 낮아지는 순서에 따라 '홉스적 문화(Hobbesian Culture)', '로크적 문화(Lockean Culture)', '칸트적 문화(Kantian Culture)'의 세 가지로 구분했다.

이러한 문화 덕분에 국가보다 상위의 권위체가 존재하지 않는 국제적 무정부 상태하의 국가들은 어느 정도 관념을 공유(shared ideas)하게 되며, 비슷한 상황에서는 비슷한 행동을 하는 공통의 정체성(common identities)을 가지게 된다. 이와 같은 공통된 관념이나 공통의 정체성이 국가들 사이의 협력을 가져올 수 있지만, 동시에 국가들 사이의 갈등을 유발하고 서로 대립하는 공통적이지만 적대적인 정체성으로 이어지기도 한다. 즉, 서로를 적으로 인식하고 생존을 위해 경쟁하는 경우에는 서로를 적으로 간주하는 정체성 자체가 공통적으로 존재할 수 있다.

그리고 이렇게 형성된 정체성과 이익은 국제체제에 영향을 주고 국제체제의 문화를 결정한다. 즉, 어떠한 국제체제가 매우 경쟁적인 홉스적 문화를 가질 경우, 그러한 국제체제에 존재하는 국가는 학습과 사회화 과정을 통해 경쟁적인 정체성을 가지게 되며 상대 국가와의 경쟁을 자신의 이익이라고 보게 된다. 경쟁적인 정체성과 이익이 형성되면서 그 국가들의 행동에 의해 결정되는 국제체제의 문화 또한 더욱 홉스적인 문화로 강화된다. 국제체제의 문화에서 일단 어떠한 움직임이 발생하면 그러한 움직임은 국가의 정체성과 이익에 영향을 주며, 동시에 이러한 영향을 받은 정체성과 이익은 다시 국제체제의 문화에 영향을 주는 순환 및 자기실현적 예언 (self-fulfilling prophecy) 현상이 나타난다. 순환은 협력적인 관계를 더욱 강화하는 선순환일 수 있으며, 반대로 갈등 관계를 증폭하는 악순환일 수도 있다. 일단 어떠한 방향성이 결정되면 그 방향으로의 운동은 빠른 속도로 일어나며, 관성으로 움직이기 때문에 방향이 쉽게 바뀌지 않는다.

첫 번째 문화인 홉스적 문화는 흔히 현실주의 이론에서 상정하는 국제적 무정부 상태이다. 국가보다 상위의 단위체가 존재하지 않기 때문에 모든 국가는 서로 생존을 확보하기 위해 자기 자신의 힘에 의존하는 자조의 원리에 기초해 행동한다. 이는 '만인의 만인에 대한 투쟁'이 벌어지는 상황으로서, 홉스가 자신의 저서인 『리바이어던』에서 묘사한 자연 상태이다. 이 경우에 국가들은 상대방을 적(enemy)으로 인식하며, 상대방과의 관계 또한 적대감(enmity)으로 나타난다. 죽느냐 죽이느냐의 상황(kill or be killed)이 초래되고, 미래 이익은 평가절하된다. 모든 국가는 최악의 상황에 대비하므로 군사력이 결정적인 중요성을 가지며, 분쟁이 존재하는 경우에는 극단적인 방식을 동원한 싸움이 벌어진다.

국제적 무정부 상태의 문화

구분	상대에 대한 인식	상대와의 관계	국제 관계
홉스적 문화	적	적대감	죽느냐 죽이느냐
칸트적 문화	친구	우정	영구 평화
로크적 문화	경쟁자	경쟁	공존 공생

홉스적 문화에서는 고질적인 전쟁이 발생하며, 적절하게 대응하지 못하는 국가는 소멸한다. 살아남은 국가들도 자신들의 생존을 위해 외부 위협에 대한 균형유지를 선택하며, 중립이나 비동맹 전략은 유지되기 어렵다. 이러한 논의에서는 모두에게 위험한 국제체제가 존재하는 원인이 핵심적인 질문으로 부각된다. 하지만 홉스적 문화가 국제체제의 무정부성에서 나타나는 유일한 사회적 맥락 또는 의미는 아니다. 칸트적 문화와 로크적 문화가 홉스적 문화와 함께 국제체제의 무정부성에서 나타날 수 있다.

두 번째 문화는 칸트적 문화이다. 이 경우에도 국가보다 상위의 단위체가 존재하지 않는다는 국제적 무정부 상태는 그대로 존재하지만, 이러한 물질적 조건이 내포한 사회적 의미는 다르다. 국가들은 자신의 안보를 추구하지만 서로를 적으로 인식하기보다는 동반자로 인식하며, 따라서 적대 관계가 아닌 국가 차원의 우정(friendship)을 통해 관계가 규정된다. 상대방을 죽이고 자신의 생존을 확보하기보다는 외부의 위협에 공동으로 대처하고, 정치적 우호 관계와 협력을 유지한다. 그리고 개별적으로 안보를 추구하기보다는 집단안전보장체제(collective security system)를 통해 서로 협력적으로 추구한다.

칸트적 문화에서는 전쟁이나 군사력이 아닌 평화적인 방법으로 분쟁을 해결하며, 어떤 국가의 안보가 위협받는 경우에는 모든 국가가 함께 대응한다. 오늘날 관찰되는 칸트적 문화의 사례로 미국과 영국의 '특별한 관계

(special relationship)'와 1945년 이전과는 큰 차이를 보이는 프랑스와 독일의 관계를 들 수 있다. 그리고 경험적인 차원에서 민주주의 국가들은 서로 전쟁을 하지 않는다는 민주주의 평화를 들 수 있다. 이 경우에 국가들은 단순히 강제력을 동원한 보복 또는 자신의 이기적 이익을 위한 행동을 하지 않고, 국제적 무정부 상태에서 나타나는 다양한 가치를 완전하게 내재화하고 여러 규범을 준수하는 양상을 보인다. 따라서 칸트적 문화에서는 개별 국가보다 상위의 권위체가 존재하지 않는 상황에서도 어떻게 사실상의 국제적 권위가 유지되며 이것이 어떻게 국가들에 내재화되는지가 가장 핵심적인 질문으로 부각된다.

세 번째 문화는 양 극단의 홉스적 문화와 칸트적 문화 사이에 위치한 것으로서 로크적 문화이다. 현실적으로 모든 국가를 적대시하는 경우는 거의 없으며 서로의 주권, 자유, 생존을 인정하고, 분쟁이 생기는 경우에도 상대를 완전히 소멸하려 하기보다는 제한적인 방법을 통해 해당 문제만을 해결하려고 시도한다. 따라서 '죽느냐 죽이느냐'의 상황이 아니라 '공존 공생(live and let live)'의 상황이 나타난다. 문제가 발생했을 때 자신의 힘에만 의존해야 한다는 측면에서는 자조의 원리가 작용하지만, 이것이 '만인의 만인에 대한 투쟁'이 벌어지는 적대감이 팽배한 상황은 아니다. 동시에 강력한 유대감으로 '우정'이 유지되고 서로 화합할 수 있는 항구적인 협력체제도 아니다. 로크적 문화에서는 경우에 따라 협력 또는 갈등이 존재할 수 있다는 의미에서 경쟁(rivalry)이 가장 중요한 특징으로 나타난다.

로크적 문화에서 상대방은 경쟁자(rival)로서 홉스적인 적이 아니므로 상대를 말살하려고 하지는 않지만, 동시에 칸트적인 우방도 아니기 때문에 경쟁하기도 한다. 국가들은 서로를 완전히 말살하기 위해서 행동하지 않기 때문에 현상유지 성향을 띠며, 상대적인 이익보다는 절대적인 이익을 추구하고, 폭력으로 해결할 수 있는 문제가 제한되어 있기 때문에 군사력의 유용성이 떨어진다. 로크적 문화에서는 전쟁이 벌어질 수 있지만, 다른 국가를 멸망시키는 정복전쟁은 거의 일어나지 않는다. 소멸되는 국가가 거의 없기 때문에 국제체제는 기존의 국가들로 구성되며, 서로의 주권을 인정하기 때문에 공격적인 국가에 대항하는 세력균형이 더 쉽게 나타난다. 그 결과 중립과 비동맹은 상대적으로 효과적으로 유지된다.

홉스적 문화가 존재하는 경우에는 국가보다 상위의 단위체가 존재하지 않는 상황에서 나타나는 이른바 '구조적 압력'이 매우 강하게 작용한다. 모든 국가는 국제적 무정부 상태의 압력에 굴복해 서로 극단적으로 경쟁하고, 서로를 파괴하려고 노력한다. 하지만 로크적 문화가 존재하는 경우에는 이러한 압력은 부분적으로 극복되며, 국가들은 다른 경쟁 국가를 정복하기보다는 부분적으로 협력이 가능한 파트너로 인정하고 이에 따라서 행동한다. 즉, 국제적 무정부 상태의 압력은 물질적인 차원에 국한되며, 관념적인 차원에서 만들어진 문화는 국가들 사이의 협력을 가능하게 한다. 칸트적 문화의 경우 물질적으로 국가보다 상위의 단위체가 존재하지 않기 때문에 나타나는 국제적 무정부 상태의 압력은 극복된다. 칸트적 문화에서 국가들은 물질적 압력을 뛰어넘어 관념적인 차원에서 새로운 정체성과 이익을 가지며, 그에 따라서 항구적인 평화와 협력관계를 유지한다.[5]

그리고 각각의 문화는 군사력을 동원해 강제하는 차원, 순수한 이익의

---

5) 웬트가 논의한 국제적 무정부 상태의 문화를 국제정치이론체계와 연결시키면 다음과 같은 도식화가 가능하다. 우선 홉스적 문화는 선형석인 현실주의가 상정하는 세계로서, 특히 미어세이머 등의 공격적 현실주의에서 묘사하는 세계이다. 칸트적 문화는 국제정치를 설명하는 데 국내 변수를 강조하는 자유주의 이론인 민주평화론에서 언급하는 세계로, 러셋 등의 주장에서 잘 드러난다. 로크적 문화는 국제협력의 가능성을 분석하는 코헤인의 제도주의 이론에서 등장하는 세계이다.

차원, 관념적인 내면화 차원과 같은 세 가지 차원에서 개별 국가의 정체성에 영향을 준다. 즉, 모든 문화에는 공통의 이익을 위한 협력이나 다른 국가의 주권을 존중하는 등의 국가들이 따르는 규범(norms)이 존재한다. 처음에는 주변 국가의 군사적 보복이 두려워 규범을 준수한다. 하지만 시간이 지나면서 국가들은 외생적으로 주어지는 이익에 부합하기 때문에 규범을 준수하게 되며, 최후의 단계에서는 규범을 준수하는 것이 옳다는 관념과 정체성을 국가들이 내면화(internalization)하기 때문에 규범을 준수하게 된다. 이러한 과정을 통해 개별 국가들은 자신들이 처한 국제체제의 문화에 더욱 동화되며, 국제체제는 개별 국가의 행동과 정체성이 변화함에 따라 기존의 문화가 더욱 강화되는 방향으로 변화한다.

4. 국제적 무정부 상태에서의 과정과 구조

왈츠는 개별 국가들 사이에 나타나는 과정보다 국제체제의 구조를 강조한다. 왈츠는 과정을 통해서 개별 국가들이 노력을 기울인다고 해도 국제체제의 압력을 극복할 수 없다고 보고, 과정에서 나타나는 다양한 힘을 무시했다. 국제체제의 압력은 모든 국가의 정체성과 이익을 동일하게 만들며, 자신의 안보를 위해서는 경쟁을 할 수밖에 없는 상황을 초래한다. 내생적으로 형성된 국가의 정체성과 이익은 국제체제 전체의 변화가 있기 이전에는 변화하지 않는다. 왈츠는 이러한 정체성과 이익 형성 과정을 명시적으로 분석하지는 않았지만, 웬트는 개별 국가들이 지닌 정체성과 이익의 형성 과정을 다음과 같이 분석한다.

첫째, 생물학적 진화 과정에서 인정되는 자연선택(natural selection)이 존재한다. 환경에 적절하게 적응하지 못하는 국가는 무정부적 국제체제에서 나타나는 압력과 경쟁에 희생되어 소멸된다. 이기적인 국가만이 살아남기 때문에 이기적이지 못한 국가는 소멸하며, 따라서 현재 시점에서 활동하는 국가는 이기적인 정체성을 가진다. 하지만 이러한 자연선택은 최소한 강대국 수준에서는 적용되지 않으며, 특히 유럽 강대국들이 1648년 베스트팔렌조약 이후 지난 360년 동안 그대로 생존해왔다는 사실을 고려한다면 자연선택만으로 국가의 정체성 형성을 설명하는 것에는 무리가 있다. 둘째는 문화적 선택(cultural selection)으로, 성공적인 개체의 행동 양식을 모방하거나 학습하는 것이다. 자연선택의 경우와는 달리, 기존 국가는 소멸하기보다는 다른 성공적인 국가의 행동 양식과 정체성을 수용해 변화한다. 이러한 방식은 일종의 사회화(socialization)로서, 특정한 국제체제의 문화가 국가의 정체성에 영향을 미치는 과정을 의미한다.[6]

웬트는 자연선택과 문화적 선택을 통해 국제체제가 개별 국가의 정체성을 결정하게 되면 개별 국가는 자신들 사이의 상호작용을 통해서 국제체제의 사회적 맥락과 의미에 영향을 주고 문화를 결정한다고 본다. 즉, 국제체제의 물질적인 측면은 개별 국가의 정체성과 이익에 영향을 주지만, 그것이 어떠한 내용을 가지는지는 미리 알 수 없다. 대신 국가들은 상호의존, 공동 운명, 동질성, 자제, 토의 등을 통해, 그리고 무엇보다도 과거 경험에 따라서 물질적 조건을 해석하고 의미를 부여한다. 또한 이 과정에서 개별 국가는 정체성과 이익을 형성한다. 즉, 물질적 조건이 자동적으로 정체성과 이익을 형성하는 것은 아니며, 과정적 요인에 의해 '국제체제의 압력'의

---

6) 엄격한 의미에서 이러한 진화의 개념은 현재 생물학에서 수용하고 있는 진화 개념과는 차이가 있다. 특히 적자생존은 생물학적 진화에서도 인정되지만 모방은 인정되지 않는다. 즉, 국제정치학의 진화는 다윈적인 개념이 아니라 획득 형질도 유전된다고 보았던 라마르크(Jean-Baptiste Lamarck)의 진화 개념과 유사하다.

내용이 변화한다. 경우에 따라서 적대감이 핵심 정체성으로 등장할 수 있지만, 경쟁 관계 또는 우정이 가장 핵심적인 정체성으로 부각되기도 한다.

또한 과정을 통해서 구조적 조건이 해석되고 이에 의미가 부여되면서 만들어진 정체성은 다시 국제체제의 무정부 상태의 의미를 결정한다. 가상적인 예를 들자면 다음과 같다. 개별 국가보다 상위의 단위체가 존재하지 않는 세 개의 무정부적 국제체제가 존재하며, 그 밖의 물질적인 조건은 동일하다. 하지만 첫 번째 국제체제에서는 어떠한 이유에서든 처음에 갈등이 있었고 두 번째 국제체제에서는 협력이, 그리고 마지막 세 번째 국제체제에서는 갈등과 협력이 섞여서 나타났다. 이 경우에 갈등을 경험했던 첫 번째 국제체제에서는 구성 국가들 사이에 경계가 심해지고 상호 불신이 증폭된다. 또한 이에 걸맞게 상대방을 적대시하는 정체성이 만들어지면서 갈등이 더욱 축적되고 군사 충돌이나 분쟁이 더욱 많아진다. 이렇게 갈등이 축적되고 충돌이 많아지면 개별 국가들이 이미 가지고 있던 적대적인 정체성은 더욱 강화된다. 그리하여 홉스적인 문화가 나타난다.

그러나 이것이 유일한 가능성은 아니다. 협력을 했던 두 번째 국제체제에서는 이와는 반대의 상호작용이 발생한다. 초기 협력을 통해서 공통의 이익을 추구하는 데 성공했고, 따라서 국가들은 서로를 적이 아니라 우정의 대상으로 인식한다. 이후 협력이 계속된다면 국가들은 서로를 장기적인 신뢰를 쌓을 수 있는 우방으로 보며, 이에 근거한 정체성을 가진다. 따라서 협력은 더욱 쉽게 추진되며, 협력이 반복되면서 상호 우호적인 정체성은 더욱 강화된다. 결국 국제체제는 홉스적인 문화가 아니라 칸트적인 문화를 가지게 된다. 갈등과 협력이 혼재되었던 세 번째 국제체제에서는 서로를 협력이 가능하면서도 동시에 갈등이 일어날 수 있는 경쟁자로 본다. 서로를 협력의 파트너이자 경쟁자로 인식하기 때문에 극단적인 갈등이 나타나지는 않으며 동시에 진정한 협력이 나타나지도 않는다. 서로에 대해서 주의를 기울이면서도, 어느 정도 신뢰를 가진다. 결국 국제체제는 이러한 경험과 과정 속에서 홉스적이거나 칸트적이지 않은 로크적인 문화를 가지며, 이에 따라서 경쟁자로서의 정체성은 더욱 강화된다.

5. 웬트의 공헌과 문제점

웬트는 왈츠가 무시했던 국제정치의 사회적 또는 비물질적 측면을 분석했다. 웬트는 저서 제목을 『국제정치의 사회적 이론(Social Theory of International Politics)』이라고 했으며, 왈츠의 '국제정치이론(Theory of International Politics)'을 사회적 이론이 아니라 물질적 이론(material theory)이라고 지적했다. 하지만 웬트는 단순히 물질적 측면에 반대하기 위해서가 아니라, 국제체제와 개별 국가 간에 나타나는 상호작용의 중요성을 부각하면서 그 사회적(social) 측면에 초점을 맞추고 관념적(ideal) 측면을 강조했다. 국제체제가 일방적으로 국가에 미치는 영향보다는 국가가 국제체제의 사회적 맥락에 미치는 영향을 강조했던 것이다.

즉, 웬트는 왈츠가 인정하지 않았던 국제체제와 개별 국가 사이에 나타나는 상호작용에 초점을 맞추었다. 왈츠는 국제체제의 무정부 상태가 지닌 물질적 측면의 압력이 매우 강력하기 때문에 국제체제의 모든 국가는 동일한 정체성과 이익을 가진다고 판단했으며, 이를 기초로 국제체제에서 나타나는 사회적 상호작용을 인정하지 않았다. 그러나 웬트는 물질적 측면뿐 아니라 사회적 측면에서도 압력이 작용하며 그 크기가 상당히 강력하다고 보았다. 이 때문에 국가들은 동일한 물질적 상황과 구조적 압력에서도 사회적 맥락에 따라서 다른 정체성과 이익을 가진다. 또한 개별 국가들은 자신의 정체성과 이익 그리고 그에 따른 다양한 접촉 과정을 통해 국제체제의 사회적 맥락을 변화시키거나 강화할 수 있다고 보았다.

하지만 웬트의 주장도 다음과 같은 문제점이 있다. 우선 세 가지 정도의 문화가 국제적 무정부 상태에서 나타날 수 있지만, 과연 로크적 문화가 안정적인가 하는 문제가 있다. 로크적 문화는 갈등과 협력이 혼재된 문화로 국가들은 서로를 경쟁 상대로 인식한다. 만약 갈등과 협력 가운데 어느 한쪽이 강화된다면, 로크적 문화는 중간 지대를 지키지 못하고 극단에 위치한 홉스적 문화나 칸트적 문화로 변화한다. 특정 국가들이 협력을 더욱 많이 할 경우 그 국가들 사이에는 협력의 정체성이 강화되고 결국 칸트적 문화가 자리 잡게 된다. 반면 갈등이 많아진다면 적대감이 늘어나고 홉스적 문화로 귀결된다. 즉, 로크적 문화가 유지되기 위해서는 갈등과 협력 사이에 미묘한 균형이 유지되어야 하는데, 이러한 상태는 안정적이라고 할 수 없다. 반면 모든 국가가 우정으로 서로를 대하는 칸트적 문화나, 모두가 서로를 적대시하는 홉스적 문화는 그 자체로 매우 안정적이다. 예를 들어 칸트적 문화에서 갑자기 한 국가가 공격적인 정체성을 가지고 다른 국가를 정복하기 시작할 경우, 다른 국가들은 협력을 통해 이러한 '돌연변이 국가'를 처벌 또는 제거한다. 동시에 홉스적 문화에서도 모두가 서로를 의심하는 상황에서 한 국가가 주변 국가 모두를 우호적으로 대한다면, 그 국가는 다른 국가들의 배신과 공격에 희생된다. 이와 같은 과정을 통해 칸트적 문화와 홉스적 문화는 자체 안정성을 유지할 수 있지만, 로크적 문화에서는 이러한 안정성이 유지되지 않는다.

또 다른 문제는 국가의 정체성이 변화한다는 주장이다. 왈츠의 논의에서 국가의 정체성은 변화하지 않기 때문에 변수가 아닌 상수로 간주되었으며, 그 결과 중요한 분석 대상이 아니었다. 하지만 웬트는 국가의 정체성이 국제적 무정부 상태에 따라서 변화하며, 동시에 국제적 무정부 상태의 사회적 맥락도 국가들의 정체성과 이익에 따라서 변화한다고 주장했다. 문제는 바로 국가의 정체성이 변화하기 때문에 어떠한 국가도 상대방이 미래에 어떻게 행동할지 정확하게 예측할 수 없다는 사실이다. 모든 국가가 지금 현재로서는 칸트적 문화에 적합한 우정 중심의 정체성을 가지고 있지만, 시간이 흐르면서 '만인의 만인에 대한 투쟁'에서 살아남을 수 있는 공격적인 적대감을 지닌 홉스적 문화의 정체성을 가질 수 있다. 물론 정체성이 적대적인 것에서 우정에 기초한 것으로 변화할 수 있으며, 그 결과 안보 위협이 감소할 수도 있다. 그렇지만 상대방의 정체성이 적대적인 방향으로 변화하고 있는데도 다른 국가들이 지속적으로 우정에 기초한 칸트적 문화의 정체성을 유지한다면 국가의 생존이 위태로워질 가능성이 있다. 미래에 대한 불확실성을 예방하기 위해서는 처음부터 모든 경우에, 특히 모든 최악의 경우에 대비해야 하며, 결국 국가의 행동은 현실주의 이론에서 제시하는, 그리고 왈츠가 분석하고 예측했던 국가의 행동과 동일하다.[7]

마지막으로 웬트의 구성주의 이론은 경험적인 차원에서 문제가 있다. 너무나 추상적이기 때문에 이와 같은 주장이 이론적으로 가능하다고 해도 이를 경험적으로 증명하기 어렵다. 즉, 문화와 정체성, 관념이 중요하다는 것을 이론적으로 주장할 수는 있지만, 과연 실제 경험적 세계에서 이러한 가능성이 현실화되는가? 서로를 우정으로 대하는 칸트적 문화를 지닌 국제적 무정부 상태를 상정할 수 있지만, "이러한 세계가 과연 현실 세계에 존재하는가?" 제2차 세계대전 이후 서부 유럽을 중심으로 한 민주주이 국

---

7) Dale Copeland, "The Constructive Challenge to Structural Realism: A Review Essay," *International Security*, Vol. 25, No. 2 (Fall 2000), pp. 187~212. 이 글은 본래 웬트 저작에 대한 서평이다.

가 연합은 이와 유사하지만, 동시에 이러한 평화는 냉전과 미국의 패권 덕분에 가능했다는 주장도 강력하다.

이와 더불어 '폭력이 난무할 수 있는 무정부적 국제체제'에서 과연 관념과 정체성이 독자적인 힘을 발휘할 수 있는지 또한 문제이다. 이에 대해서는 경험적인 연구가 존재한다. 제2차 세계대전 상황에서 독일은 전투에서 독가스를 사용하지는 않았다. 유대인 학살을 위해서 독가스를 사용했지만, 나치 독일은 전쟁에서 완전히 패배하는 최후의 순간까지 자신이 보유하고 있던 독가스를 전투용으로 사용하지는 않았다. 이와 같은 현상은 독일이, 특히 독일 군부가 독가스에 대해 가지고 있던 조직문화(corporate culture)와 정체성이 중요한 역할을 했기 때문이라는 해석이 존재한다.[8] 그럼에도 웬트의 주장에 기초해 실제로 어떠한 조건에서 이러한 과정이 나타나는지에 대한 경험적 연구는 더욱 많이 필요하다. 단순히 이론적 가능성을 제시하고 이를 추상적으로 논의하는 것을 넘어 세계가 형성되는 데 작용하는 문화와 정체성의 효과를 경험적으로 보여주어야 한다.

웬트는 이론적 발전에 필요한 다양한 기초를 제공했다. 왈츠가 거론하지 않았던 부분에 초점을 맞추었고, 변화하지 않는 상수로 상정했던 사안에 대해 분석했다. 웬트는 왈츠 이론에 대한 대안적 시각을 제시했다는 측면에서 국제정치이론의 발전에 큰 공헌을 했으며, 웬트의 이론은 그가 제시한 이론에 동조했던 다른 학자들의 노력을 거쳐 상당 수준 발전할 수 있었다. 또한 이것은 바로 그들의 책임이기도 하다.

---

8) Jeffrey W. Legro, *Cooperation Under Fire: Anglo-German Restraints During World War II* (Ithaca, NY: Cornell University Press, 1995).

제11장
존스턴 Alastair Iain Johnston
국가의 사고방식을 파악할 수 있다

Cultural Realism: Strategic Culture and Grand Strategy in Chinese History

Princeton, NJ: Princeton University Press, 1995

국제적 무정부 상태에서 모든 국가는 생존을 위해 경쟁하며, 그 수단으로 상대적 힘을 추구하고 자신의 안보를 극대화하는 동일한 정체성을 가진다. 국가보다 상위의 단위체가 존재하지 않으므로, 이와 같은 이익과 정체성을 갖지 못한 국가는 소멸한다. 모든 국가는 생존을 위해 성공한 국가를 모방한다. 적자생존과 자연선택으로 대표되는 진화의 압력은 국제정치에도 작용한다. 국제정치에서 국가의 이익이나 정체성 등 개별적 특성은 고려할 필요가 없으며, 오직 상대적 힘의 배분으로 정의되는 국제체제의 구조와 극성만이 중요하다. 이것이 왈츠의 시각이다.

현실주의는 국가의 행동을 상대적 힘이나 군사력과 같은 물질적 변수에 기초해 설명하며, 정체성 등의 사회적 또는 관념적 변수는 중요하지 않다고 본다. 이에 웬트로 대표되는 구성주의는 국제체제의 무정부성이라는 물질적 조건이 동일하다고 해도 사회적 맥락의 차이에 따라 개별 국제체제가 가지는 무정부적 국제체제의 문화(culture of anarchy)가 다를 수 있다고 보앞으며, 각각의 문화에서 서로 다른 국가 정체성과 국제관계가 등장한다고 주장했다. 홉스적 문화에서 국가들은 끊임없이 경쟁하여 적대감이 팽배하고, 칸트적 문화에서는 우정이 확산되고 국가들은 지속적으로 협력하며, 그 중간인 로크적 문화에서는 국가들이 서로를 완전한 적이나 친구로 대하기보다는 경우에 따라서 협력 또는 갈등하는 경쟁 관계가 나타난다. 무정부적 국제체제의 문화에서 나타나는 차이는 국제체제의 구조와 같은 물질적 변수 때문이 아니라, 개별 국가들의 상호작용이나 초기 경험과 같은 국제체제의 과정에서 나타난다.

1979년 왈츠는 국제체제의 무정부성에 기초한 이론을 제시했다. 하지만 왈츠는 모든 질문에 대해 완벽한 설명을 제공하지는 않았으며, 이후 많은 이론가들이 왈츠의 주장을 수정 및 보완했다. 웬트의 구성주의 이론 또한 왈츠에 대한 비판으로 출발해 상당한 이론적 성과를 이룩했지만, 경험적 차원에서 심각한 문제가 있다. 과연 국가들의 정체성이 다르다는 사실을 어떻게 검증할 수 있는가? 웬트의 용어로 해석하자면, 왈츠 이론에서는 모든 국가의 정체성과 무정부적 국제체제의 '문화'는 홉스적이라는 측면에서 동일하고, 따라서 변수로 취급할 필요가 없다. 하지만 국가들의 정체성이 실제로 차이를 보이므로, 과연 정체성의 차이로 국가들의 행동이 다르게 나타나는지를 살펴볼 필요가 있다. 국가들의 정체성이 다르다는 사실 자체로는 구성주의의 주장을 검증할 수 없기 때문에, 정체성으로 인해 국가의 행동에 차이가 발생하는지 확인해야 한다. 정체성이 국가행동을 결정하는 독립변수로 작용하는지 어떻게 검증하는가? 이것이 존스턴(Alastair Iain Johnston)의 핵심 질문이다.

1. 왈츠와 존스턴 – 핵심 질문: 모든 국가는 동일하게 생각하는가

왈츠에 따르면 무정부적 국제체제의 압력은 강력하며, 모든 국가는 실질적으로 그리고 최소한 행동의 측면에서는 획일화된다. 개별 국가보다 상위의 단위체가 존재하지 않는 상황에서 자신들의 생존을 위해 노력하는 모든 국가들은 동일한 사고방식과 정체성을 가지며, 상대적 힘에서 큰 차이가 없다면 동일하게 행동한다. 즉, 국가행동을 설명하기 위해서는 개별 국가의 특이성을 고려할 필요가 없으며, 국제체제의 압력이 국내정치의 차이를 무의미하게 만드는 것과 같이 국제체제의 강력한 압력은 개별 국가의 사고방식과 정체성 그리고 문화의 영향력을 최소화시킨다. 모든 국가들은 주어진 상황에서 효율성을 극대화하기 때문에, 개별 국가의 특이성은 실제로 아무런 차이를 가져오지 않는다. 결국 국가행동의 유일한 결정 요인은 국가들이 지닌 상대적 힘이며, 특히 강대국의 숫자로 결정되는 극성이다.

이와 같은 왈츠의 견해는 다음 두 가지 주장으로 이어진다. 첫째, 국가의 사고방식, 정체성, 문화 등의 관념은 국가 생존이라는 물질적 이익을 추구하는 과정에서 나타난 부차적인 사항이며, 국가행동을 결정하는 독립변수가 아니라 국가행동의 결과로 나타나는 종속변수이다. 물질적인 이익이 관념을 결정하지, 관념이 물질적인 이익과 그에 따른 행동을 결정하지는 않는다. 관념이 국가행동과 어느 정도 연관성을 보인다고 해도, 이것은 물질적 이익을 추구하는 국가행동과 물질적 이익 추구를 정당화하는 관념이 서로 부합하기 때문에 나타난 현상일 뿐 인과관계는 아니다. 공격이 방어보다 유리하다는 관념이 존재한다면 이것은 현실적으로 공격이 더욱 유리하기 때문이거나 공격이 더욱 유리하다는 주장을 펼칠 물질적 이익이 존재하기 때문이다. 결국 관념은 단순한 현실 인식에 지나지 않는다.[1] 특히 안보 부문에서 사고방식, 정체성, 문화는 무의미하며, 국가는 상대적 힘에 따라 행동한다. 군사력 사용 양식은 대부분 비슷하며, 외부의 위협에 직면했을 때의 반응도 유사하다. 전략적 또는 군사적 영역에서의 규범은 실질적인 효과가 없으며, 오직 물질적 효율성만이 국가행동을 결정한다.

둘째, 국가는 주어진 환경에서 자원을 가장 효율적으로 사용하고 자신의 안보를 지키기 위해 가장 효과적인 방식으로 행동한다. 국가행동은 최적화(optimalization)의 결과이며, 최적화하지 못한 국가는 소멸하거나 경쟁에서 뒤처진다. 국가들은 주어진 상황이 동일하다면, 특히 상대적 힘에서 동일하다면, 사고방식, 정체성, 문화와 무관하게 생존경쟁과 모방을 통해 동일한 행동 양상을 보인다. 강대국은 국내정치적 요인이나 전통, 역사적 경험, 문화 등과 관계없이 자신의 안보를 위해 가장 효율적인 방법으로 팽창하며, 강대국의 팽창에 직면한 국가들은 다른 국가들과 연합하거나 독자적인 군사력 증강을 통해 균형을 유지하고 팽창에 대항한다.

존스턴은 왈츠의 주장과는 반대로 전략문화(strategic culture)의 중요성을 강조하며, 이것이 국가행동에 영향을 미친다고 본다. 동일한 정도의 상대적 힘을 가진 강대국이라 해도 현실에서는 상당히 다르게 행동하며, 많은 연구들은 전략문화라는 개념을 사용해 이러한 차이를 설명한다. 논리적으로 볼 때 안보 극대화의 결과로 나타나는 균형이 하나가 아닌 여러 개라면, 국가행동은 최적화 개념으로는 설명할 수 없다. 안보에서 최적 균형점은

---

1) 제1차 세계대전 직전 유럽 강대국 군사조직들은 참호, 철조망, 기관총 등과 같은 방어 우위의 군사기술을 갖추고 있었지만, 여전히 공격이 유리하다고 보았다. 이러한 공격 우위 인식은 당시 사회가 민주화되면서 중산계급 출신의 장교 숫자가 증가하자 이전까지 군사조직을 장악했던 귀족계급이 자신의 이익을 보호하려고 허위로 만들어낸 인식이었다. Jack Snyder, *The Ideology of the Offensive: Military Decision Making and the Disasters of 1914* (Ithaca, NY: Cornell University Press, 1984).

말 그대로 최적이기 때문에 다른 부분의 희생이 없이는 안보를 더 이상 향상시킬 수 없다. 또한 안보가 극대화되어 있기 때문에 안보 수준 자체는 서로 동일하다. 따라서 최적 균형점이 여러 개라면 안보 추구 국가는 복수의 균형점 가운데 어느 것이든 선택할 수 있다. 즉, 안보 극대화 논리로는 국가들이 최적 균형점들을 선택하는 것 자체는 설명할 수 있지만, 최적 균형점 가운에 어떤 균형점을 최종적으로 선택하는지에 대해서는 분석할 수 없다. 독일의 사회학자 베버가 지적했듯이, 관념과 세계관은 물질적으로 동일한 효용을 가져오는 두 개 이상의 가능성이 존재할 때, 철도 선로 교차점에서 기차가 갈 선로를 결정하는 전철수(轉轍手, switchmen)의 역할을 수행한다.2) 안보 효용이 동일한 두 개 이상의 균형점이 있다면, 국가들은 사고방식, 정체성, 문화의 측면에서 좀 더 친밀하고 수용할 만한 균형점을 선택한다. 그렇다면 이와 같은 전략문화의 영향을 어떻게 경험적으로 증명할 것인가? 이것이 존스턴이 던지는 첫 번째 질문이다.

또한 웬트가 주장했듯이 무정부적 국제체제는 단순히 물질적인 차원에서만 결정되지 않으며, 정확한 성격을 이해하기 위해서는 맥락과 사회적 의미(social meaning) 등의 변수를 파악해야 한다. 또한 현실적으로 관념은 매우 중요한 역할을 하며, 물질적 이해관계와 무관하게 국가행동을 결정하거나 두 개 이상의 최적 균형점이 존재하는 경우에 하나를 선택하는 데 핵심적인 역할을 한다. 하지만 이러한 변수를 어떻게 측정하는지에 대해 웬트는 명확하게 논의하지 않았다. 특히 물질적 이해가 사고방식, 정체성, 문화 등의 내용과 국가행동을 결정하기 때문에, 국가행동을 통해서 그 국가의 사고방식, 정체성, 문화 등을 추론할 수 없다. 단순히 관념이 중요하다

---

2) Max Weber, "The Social Psychology of the World Religions," *From Max Weber: Essays in Sociology* (London: Routledge & Kegan Paul, 1974), pp. 267~301.

고 직관적으로 주장하는 것은 충분하지 않으며, 과연 물질적 이익으로부터 독립적으로 결정된 관념변수(ideational variable)가 경험적으로 국가행동에 영향을 주는지를 보여주어야 한다. 그리고 가설을 검증하기 위해서는 물질적 이해와 독립적으로 국가행동에 영향을 미치는 관념변수를 측정해야 한다. 그렇다면 이것을 어떻게 측정할 수 있는가? 이것이 두 번째 질문이다.

안보 분야에서 물질적인 이익이 지닌 영향력을 고려할 때 존스턴이 던진 두 가지 질문에 논리적으로 답변하기는 매우 어렵다. 왈츠의 독립변수는 상대적 힘이며, 강대국의 숫자로 정의되는 국제체제의 구조 또는 극성이 국제체제의 안정성을 결정한다. 상대적 힘은 비교적 객관적으로 파악할 수 있으며, 개별 국가의 사고방식, 정체성, 문화와 같은 변수의 영향을 받지 않는다. 하지만 존스턴의 독립변수인 전략문화는 일반적인 관념변수와 마찬가지로 물질적 이익의 영향을 받을 수밖에 없으며, 물질적 이익이 관념을 결정한다는 주장은 거의 모든 사람들이 수용한다. 군사력을 공격적으로 사용하는 전략문화는 공격적인 군사력 사용이 방어적인 군사력 사용보다 더 많은 이익을 가져오기 때문에 형성되는 것이지, 단순히 공격적인 군사력 사용이 옳기 때문에, 또는 규범과 부합하기 때문에 나타나는 것은 아니다. 관념변수를 측정하기 위해서는 물질적 이익의 영향을 통제해야 하며, 물질적 이익이 형성되기 이전에 존재하던 전략문화의 내용을 파악해야 한다. 존스턴은 군사정책결정자들이 연구했던 교과서에 공통적으로 등장하는 사항을 통해 전략문화를 측정했다.

존스턴은 이와 함께 관념변수가 물질적 이익과는 독립적으로 국가행동을 결정한다는 주장을 검증했다. 하지만 이 과정에서 국가의 행동은 자주 변화하는데 전략문화는 쉽게 변화하지 않기 때문에 방법론적 문제가 발생한다. 존스턴은 정책 선호의 순위(strategic preference ranking)와 이에 따른

인지 지도(cognitive map)를 통해 전략문화를 파악하고, 이를 국가행동을 설명하는 기존 이론과 대조했다. 그는 중국 명(明)나라가 북방 민족에 대응하기 위해 채택했던 군사력 사용 방식을 살펴봄으로써, 제국 유지와 관련된 기존의 현실주의적 접근과 전략문화 접근을 비교 분석했다.

2. 전략문화의 독립적인 존재와 과학적 측정

전략문화란 '정치적 목표 달성을 위해 군사력을 사용하는 데 특정 국가가 지닌 일정한 사고방식'이며, 이에 대한 연구는 오랫동안 존재해왔다. 특히 과거의 경험이나 국내정치의 영향을 분석하기 위해서 문화라는 개념이 사용되었다. 또한 기존 국제정치이론이 역사를 무시한다는 몰역사성(ahistorical) 비판이 일면서 문화라는 변수가 강조되었다. 더욱이 문화를 기존 정치적 결정을 반영하는 변수로 간주하고, 이를 통해 국가행동을 분석하는 연구도 있었다. 예를 들어 미국은 사상자 발생을 꺼리는 특유의 전략문화 때문에 소련과는 다른 핵전략(nuclear strategy)을 가진다는 분석이 존재했다. 즉, 미국은 핵전쟁에서 승리하기보다는 핵전쟁을 사전에 억지하려는 경향이 있으며, 소련은 주변 국가의 공격에 시달렸던 경험 때문에 억지보다 선제공격을 강조하는 전략문화를 보인다는 것이다.[3]

하지만 이러한 접근법은 문화를 정확하게 규정하지 않았으며, 특히 쉽게 변화하지 않는 독립변수인 문화를 이용해 쉽게 변화하는 국가의 행동을 설명해야 하는 방법론적 문제가 있었다. 국가행동의 변화를 설명하기 위해서는 다음의 세 가지 방법 가운데 하나를 선택해야 한다. 첫째, 전략문화는

---

3) 대표적인 저작은 Colin S. Gray, *War, Peace and Victory: Strategy and Statecraft for the Next Century* (New York: Simon and Schuster, 1990)이다.

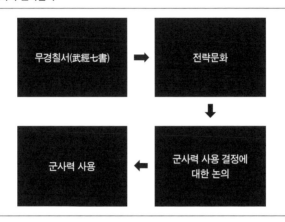

그 자체로는 작동하지 않고 지도자나 관료조직 등의 매개변수를 통해 작용한다고 인식하는 것이다. 둘째, 전략문화를 정책 결정 과정으로 파악하고 최종 결정을 설명하는 방식이다. 셋째, 전략문화를 외부 위협을 인식하고 그에 대응하는 과정에서 나타나는 일정한 정책 선호(policy preference)로 보는 것이다. 존스턴은 마지막 방식을 사용해 전략문화를 '정치적 목표 달성을 위해 군사력을 사용하는 데 특정 국가가 가지는 일정한 사고방식'으로 정의하고, 전략문화가 상징체계(system of symbols)를 통해 정책 선호를 제공한다고 본다. 문화는 전쟁의 역할, 적 또는 위협의 본질, 군사력 사용의 유용성 등과 관련된 기본 가정과 위협에 대처하는 데 필요한 효율적인 방법에 대한 인식 등으로 구성된다. 외부 환경의 변화는 그 자체로 인식되지 않고, 전략문화에 의해 만들어지는 인식 지도를 통해 일단 걸러진 다음에 해석 과정을 거쳐 의미가 부여된다.

특히 존스턴이 관심을 기울였던 것은 서기 1368년에서 1644년까지 중국 본토를 지배했던 명나라의 전략문화였다. 그는 명나라의 상대적 힘이 변화하는 상황에서 독특한 전략문화가 대외 군사정책에 미친 영향을 분석했다. 약 300년 동안 존속했던 명나라는 무과(武科) 시험을 통해 군사지휘관을 선발했으며, 일반 과거인 문과(文科) 출신의 문관(文官)도 무과 시험에서 사용되는 병서(兵書)를 통해 군사력 사용과 관련된 전문 지식을 습득했다. 유교의 기본 경전으로 『논어(論語)』, 『맹자(孟子)』, 『대학(大學)』, 『중용(中庸)』의 사서(四書)와 『시경(詩經)』, 『서경(書經)』, 『역경(易經)』의 삼경(三經)을 합한 '사서삼경'이 있었다면, 당시 사용되던 기본 병서는 '무경칠서(武經七書)'였다. 『손자병법(孫子兵法)』, 『오자병법(吳子兵法)』, 『사마법(司馬法)』, 『위료자(尉繚子)』, 『태공육도(太公六韜)』, 『황석공삼략(黃石公三略)』, 『당태종이위공문대(唐太宗李衛公問對)』의 일곱 가지 병서로 구성된 무경칠서는 중국 전통의 유교, 도교, 법가 사상을 골고루 반영하고 있다. 중국의 전통적인 군사지휘관은 무경칠서의 내용을 암송했으며, 이를 무과와 이후 군사지휘관 교육에서 가장 중요한 자료로 활용했고, 군사력 사용과 관련된 결정 또한 무경칠서에 기초해 이루어졌다.

즉, 중국의 전략문화는 무경칠서의 내용으로 구성되어 있었으며, 당시 중국 군사지휘관 및 정책결정자들은 무경칠서의 사회화 효과에 노출되었기 때문에 무경칠서에 따라서 행동했다. 무엇보다도 무경칠서를 통해 중국의 전략문화를 파악하는 것은 물질적 이해관계와 무관하게 관념, 정체성, 문화를 측정하는 효과적인 방법이다. 무경칠서는 1044년 송(宋)나라 시절에 통합된 『무경총요(武經總要)』에 기초하고 있기 때문에 그 내용은 약 300년 이후인 1368년 건국된 명나라의 전략 상황을 반영해 만들어지지 않았으며, 명나라 당시의 전략 상황과는 완전히 독립적이다.[4]

---

4) 무경칠서의 저작들은 명나라 시기보다 1,000~1,500년 이전에 만들어졌다. 『손자병법』, 『오자병법』, 『사마법』, 『위료자』 등은 춘추전국(春秋戰國, 기원전 770~기

다른 연구는 군사조직 특유의 조직문화를 통해 전략문화를 분석한다. 제2차 세계대전 이전인 1920~1930년 당시 상선에 대한 잠수함 공격, 민간 목표물에 대한 전략 폭격, 독가스 공격을 포괄적으로 금지하는 다양한 국제규범이 존재했다. 하지만 이 가운데 제2차 세계대전에서 실제로 준수되었던 규범은 규범 자체의 공고함(robustness)과는 무관하게 영국과 독일의 군사조직이 가지고 있던 조직문화와 부합하는 것이었다. 레그로(Jeffrey W. Legro)는 규범의 공고함을 측정하는 데 규범이 얼마나 확실한 행동 지침을 제공했는지를 나타내는 특정성(specificity), 규범이 얼마나 오랫동안 논의되었는지를 의미하는 지속성(durability), 규범이 다른 규범과 어느 정도 조화되는지를 뜻하는 일치성(concordance)이라는 개념들을 사용했다. 그러나 군사조직의 조직문화를 측정하기 위해서 제2차 세계대전 이전에 개별 군사조직의 교리(military doctrine)와 훈련교본(training manuals)만을 사용했으며, 실제 전쟁에서 나타난 전투 양태는 고려하지 않았다.[5] 즉, 규범의 공고함과 군사조직의 조직문화를 측정하기 위해 제2차 세계대전에서 나타난 국가 또는 군사조직의 행동을 관찰하기보다는, 실제 행동보다 시간적으로 앞선 — 따라서 물질적 이해관계에서는 독립된 — 자료를 사용했다.

원전 221) 시대의 저작이고, 『태공육도』, 『황석공삼략』은 전국시대가 종식된 이후 진시황의 중국 통일 시기 및 진한(秦漢, 기원전 221~기원전 202) 교체기의 저작이며, 가장 후기에 나타난 『당태종이위공문대』 또한 서기 1000년 정도에 저술되었다.

5) Jeffrey W. Legro, *Cooperation Under Fire: Anglo-German Restraints During World War II* (Ithaca, NY: Cornell University Press, 1995); Jeffrey W. Legro, "Which Norms Matter? Revisiting the 'Failure' of Internationalism," *International Organization*, Vol. 51, No. 1 (Winter 1997), pp. 31~63.

3. 중국의 전략문화와 군사력 사용 행태

존스턴은 무경칠서의 내용을 검토한 후 전체 내용의 인과관계를 분석해 인지 지도를 작성했다. 이에 기초하여 무경칠서의 개별 저작이 강조하는 정책 선호가 어느 정도 서로 부합하는지를 파악했고, 많은 부분이 군사력 사용과 관련해서 동일한 정책 선호를 나타낸다는 사실을 보여준다. 예를 들어 무경칠서는 전쟁이 항상 존재하는 현상이며, 상대방의 특성에 따라 위협의 내용이 결정된다고 본다. 타국을 위협하는 것은 군사력을 사용하지 말아야 한다는 도덕적 가르침을 위반하는 행동이기 때문에 위협에 대항해 군사력을 사용하는 행동은 필요할 뿐더러 정당하다. 또한 이와 같은 군사력 사용은 상대방의 부도덕한 행위를 응징하는 것이므로 군사력 사용에 한계가 존재하지 않는다. 상대방의 부도덕성을 강조하기 때문에 타협은 부차적인 것이며, 공격적인 군사력 사용이 가장 중요한 전략이 된다. 외교는 단순한 수단에 지나지 않으며, 공격적인 특히 선제적인 군사력 사용이 그 핵심이다. 일정한 지역을 방어하는 거점방어(static defense)는 적을 격퇴하고 국가안보를 수호하는 데 중요하지만, 이는 적국 영토로 진격해서 적을 파괴하는 과정의 일부이며, 궁극적인 목표는 화친(和親, accommodation)이 아니라 말살(extermination)이다.

이러한 해석은 다음과 같은 측면에서 기존의 시각과는 상당한 대조를 보인다. 첫째, 중국 전통의 유교는 군사력에 대해 매우 비판적이며, 가능한 한 군사력 사용을 억제하려고 했다. 하지만 '군사력은 흉악한 것(兵者凶器也)'이라는 전통적인 가르침은 실제 중국 군사지휘관과 정책결정자가 사용했던 무경칠서에서는 나타나지 않는다.[6] 중국의 전략문화는 군사 문제를 경시하기보다 군사력의 선제적 사용을 선호했고, 국가 생존의 필수조건으로서 충분한 군사력을 강조했다. 또한 단순히 적을 억지하는 것이 아니라, 상대방을 완전히 말살하는 것을 최고의 목표로 인식했다. 이와 같은 측면에서 중국의 전략문화는 극단적인 현실주의적 성향(hard realpolitik view)을 띠며, '평화를 바란다면 전쟁에 대비하라'는 고전적 주장을 구현한 안보제일주의(parabellum paradigm)라 할 수 있다.[7]

둘째, 중국의 전략문화는 전쟁에 대한 정당화의 측면에서 다른 전략문화와 차이가 있다. 유럽의 대표적인 군사사상가인 클라우제비츠(Carl von Clausewitz)는 전쟁이나 군사력 사용을 정치적 목적을 달성하기 위한 수단으로 파악했고, 그 정당성에 대해서는 중립적인 입장을 견지했다. 따라서 군사력 사용은 오직 효율성의 측면에서만 논의되며, 모든 전쟁은 어떤 정치적 목적을 위한 것으로 간주되므로 정당한 전쟁(just war)은 무의미한 개념이다. 무경칠서에서 도출된 중국의 전략문화는 정당한 전쟁과 정당하지 않은 전쟁을 구분하며, 정당한 전쟁에서는 군사력 사용의 제한이 존재하지 않지만, 정당하지 않은 전쟁에서는 군사력 사용의 제한이 있다.[8] 즉, 중국의 전략문화는 군사력 사용과 전쟁을 명분의 입장에서 판단하며, 따라서

6) 이러한 유교적 가르침은 다양한 차원에서 나타난다. 이를 영어로 정리한 연구는 John Fairbank, "Varieties of the Chinese Military Experience," in Frank Kierman and John Fairbank (eds.), *Chinese Ways in Warfare* (Cambridge, MA: Harvard University Press, 1974), pp. 1~26이 있다.

7) '평화를 바란다면 전쟁에 대비하라(If you want peace, prepare for war)'는 격언은 본래 라틴어에서 나온 것으로 원문은 'si vis pacem, para bellum'이다. 이러한 표현 자체는 로마제국의 군사사상가 베제티우스(Flavius Vegetius Renatus)가 서기 390년경에 저술한 『군사론(De Re Militari)』에서 유래했다.

8) 중국은 전쟁의 정당성에 대한 규범인 전쟁법(戰爭法, jus ad bellum)과 전쟁이 일단 시작된 상황에서 용인 가능한 형태의 군사력 사용을 규정하는 전장법(戰場法, jus in bello)을 구분했다. 하지만 일반적인 전쟁법에서 합법적인 전쟁에서만 전장법이 적용된다고 규정하고 있기 때문에 전쟁법은 전장법의 상위개념으로 간주한다.

정당한 전쟁이라는 개념이 핵심적인 위치를 차지한다. 즉, 군사력은 부당한 행위에 대한 처벌 수단이기 때문에, 다른 국가를 침범하거나 국민을 가혹하게 통치하는, 또는 기존 질서를 위협하는 행동에 대해서는 전쟁으로 응징할 수 있으며, 응징해야만 한다. 이러한 경우에 군사력 사용의 한계란 존재하지 않는다. 중국의 전략문화에서는 전쟁이 발생한 상황에서 어떠한 방식의 군사력 사용이 용인될 수 있는가의 문제만이 존재했으며, 이에 관한 기술적 규정이 국제법에서 논의되는 전쟁법(law of war)으로 발전했다.

셋째, 외부 위협이 존재하는 경우에 중국의 전략문화는 군사력 사용을 적극 옹호하며, 외교적 타협이나 억지 등에 대해서는 소극적이다. 손자병법은 적국을 상대하는 가장 좋은 방법으로 상대방의 전략을 무력화하는 벌모(伐謀)를 강조했지만, 이것은 실제 전투 이전의 준비 상황을 강조한 것으로, 군사력 사용의 필요성 자체를 부정하는 주장은 아니다. 군사력과 폭력은 인간 사회에서 항상 등장하며, 따라서 군사력 구축과 사용에 대한 준비는 생존을 위해서는 필수적이다. 특히 상대방은 정당하지 않은 상황에서 군사력을 사용하는 집단이고 악마적인 존재라고 인식되기 때문에, 적과의 타협이나 협상은 인정하지 않으며 상대방은 완전히 파괴되어야 한다. 정치 이념이 아닌 군사 저작에서 추론된 중국의 전략문화는 매우 공격적이며, 상대의 억지나 봉쇄가 아닌 섬멸을 목적으로 한다.

중국의 전략문화는 군사적 상황이라는 물질적 현실에 기초하기보다는 군사력 사용과 관련된 문화적 담본에 기초한 현실주의(cultural realism)이다. 이러한 전략문화는 명나라의 안보정책, 특히 몽골계 북방 민족에 대힌 군사정책에 직접적인 영향을 끼쳤다. 한족(漢族)은 역사적으로 동이(東夷), 서융(西戎), 남만(南蠻), 북적(北狄)의 네 이민족과 투쟁해왔다. 특히 명나라는 과거 원(元)나라의 주역이자, 명 건국 과정에서 투쟁했던 북방의 몽골계 민족과 여러 번 전쟁을 치렀으며, 만리장성(萬里長城)을 구축해 몽골족의 침입에 대비했다. 건국 초기부터 명나라와 몽골은 상대의 본거지를 직접 공격했기 때문에, 명나라의 시조인 태조(太祖) 홍무제(洪武帝) 주원장(朱元璋)은 몽골의 침입에 대한 대비책으로서 수도인 난징(南京)에 버금가는 군사도시로 베이징(北京)을 건설하고, 자신이 가장 신뢰하는 넷째 아들 주체(朱棣)를 연왕(燕王)으로 임명했다. 홍무제 사망 이후 내전에서 승리해 권력을 획득한 3대 황제 성조(成祖) 영락제(永樂帝)는 난징에서 베이징으로 천도했고, 몽골족과 수차례 전쟁을 치렀다.[9] 하지만 건국 이후 약 80년이 지난 1449년 9월 명나라의 몽골 원정군은 현재의 허베이 성(河北省) 화이라이 현(懷來縣)에서 에센(也先, Esen)이 지휘하는 몽골 오이라트(Oirat) 부족에게 포위되어 완전히 궤멸했고, 원정군과 함께했던 영종(英宗) 정통제(正統帝)는 몽골군의 포로가 되기도 했다.[10]

명나라의 군사정책결정자들은 몽골과 대치하던 상황에서 전략문화에 따라 행동했다. 방어보다는 공격을 선호했고, 방어를 해야 하는 경우에는

---

9) 태조 홍무제의 첫째 아들이 일찍 사망했기 때문에, 홍무제 사망 이후 승계를 둘러싼 갈등이 존재했다. 결국 2대 황제였던 혜제(惠帝) 건문제(建文帝)는 종손(宗孫)이었음에도 강력한 군사력을 보유한 삼촌들이 존재하는 상황에서 안심할 수 없었다. 즉위 1년이 채 지나지 않아 난징을 중심으로 하는 건문제와 베이징을 중심으로 하는 연왕 주체 사이에 내전이 발생했다. 3년을 끌었던 내전에서 결국 1402년 주체가 승리해 3대 황제인 영락제로 즉위했고, 건문제는 난징이 함락되면서 화재로 사망했다. 중국 역사에서 이 사건은 정난의 변(靖難之變)이라고 불린다.

10) 이러한 군사적 패배는 토목의 변(土木之變)이라고 불리며, 수도가 함락된 것이 아니라 전투 패배 후 황제가 포로가 되었다는 점에서 중국 역사상 유래가 없는 대사건이었다. 정통제는 1년 동안 몽골에 연금되어 있다가 명나라로 송환되었으나, 그의 동생인 대종(代宗) 경태제(景泰帝)가 이미 즉위한 뒤였다. 그는 명나라에 돌아와 가택 연금되어 있다가 경태제가 사망하자 다시 즉위해 순천(順天)이라는 연호로 8년 동안 재위했다.

기동방어(active defense)를 선호했으며, 장성을 구축하는 등의 거점방어는 최후까지 미루었다. 군사력이 부족해 부득이 공격 작전을 수행할 수 없는 상황에서만 방어 전술을 채택했다. 마시(馬市)를 열어 몽골에서 말(馬)을 수입하고 식량과 다른 물품을 수출하는 등의 화친정책은 어쩔 수 없이 취한 수단일 뿐, 화친을 통해 몽골과 우호 관계를 유지할 수 있다고는 판단하지 않았다. 따라서 명나라는 자신의 군사력이 우위에 있는 경우 항상 몽골을 공격했다. 몽골과의 전쟁이 잦았던 태조 홍무제 시기를 제외한 명나라 역사 전체를 놓고 볼 때 명나라가 몽골을 공격한 것은 연평균 0.18번이며, 군사력이 강력했던 성조 영락제 시기 명나라는 매년 0.27번의 대규모 군사 작전을 통해 몽골을 공격했다. 단지 국내 반란이 발생해 몽골을 공격하는 데 사용할 수 있는 자원이 부족했던 시기에만 군사 원정과 몽골에 대한 공격 빈도가 줄어들었다.

이 과정에서 세력균형에 기초한 군사력 사용은 나타나지 않는다. 즉, 명나라는 군사력이 우위에 있을 때에는 군사력을 사용하고 군사력이 감소하는 경우에도 방어 자세를 취하지 않았다. 존스턴은 명나라 군사정책결정자 10명의 중요 정책 제안 16개를 검토해, 사용된 용어와 논리 구조를 분석하고 인지 지도를 작성했다. 특히 초점이 맞추어진 정책 결정은 1449년 토목의 변 이후 명나라 전략 상황이 악화되는 상황에서 이루어진 몽골에 대한 군사정책으로서, 10명의 정책결정자 가운데 9명이 몽골과의 화친에 반대했다. 가장 대표적인 사례는 토목의 변 당시 국방차관에 해당하는 병부시랑(兵部侍郎) 우겸(于謙, Yu Qian)이다. 그는 정통제가 포로로 잡힌 상황에서 베이징 수비를 담당했고, 이후 국방장관인 병부상서(兵部尚書)로 승진했다. 우겸은 몽골과 화친하면 명나라의 안보는 더욱 약화된다고 주장했다. 또한 수도 함락의 위험이 있었던 직후에도 몽골에 보상금을 지불하면 몽골은 더욱 많은 보상금을 요구할 것이며, 따라서 명나라의 안보는 더욱 약화된다고 보았다. 오히려 강력한 군사력으로 몽골을 공격해 말살하고, 장기적인 안전을 확보해야 한다고 주장했다.

명나라는 독특한 전략문화에 기초해 군사력 사용을 선호했으며, 특히 상대방에 대한 억지나 봉쇄 또는 방어가 아니라 선제공격을 강조하는 방식으로 군사력을 사용했다. 강력한 군사력을 바탕으로 자신의 영토를 유지하면서 상대방을 억지하기보다는 군사적 우위가 존재하는 경우 무경칠서의 가르침을 따라 더욱 팽창적인 방식으로 군사력을 사용했다. 1440년 정도까지 명나라는 몽골을 지속적으로 공격했으며, 이러한 과도한 군사력 사용은 명나라 말기까지 상당 부분 지속된다. 명나라는 몽골의 침입이 감소했는데도 몽골에 대한 공격을 계속했으며, 방어를 위한 군사 시설 구축을 최후의 수단으로 보았다. 명나라는 몽골과 무역을 통해 화친하는 것을 불리한 전략 상황에서 어쩔 수 없는 것이라고 인식했고, 군사력 증강을 위해 시간을 버는 임시방편으로 보았다.

4. 전략문화와 현대 중국의 대외 행동

이와 같은 명나라의 행동에 대한 해석은 1949년 이후 중화인민공화국(People's Republic of China)의 행동에 대한 매우 특이한 해석으로 이어진다. 존스턴은 무경칠서에 기초한 중국의 전략문화가 오늘날에도 영향을 미친다고 주장하면서, 중국이 유교적 해석에서 시사하는 것과는 달리 상당히 공격적인 국가이며 군사력 사용에 매우 적극적이라고 본다. 1949년에서 1985년까지 중국은 모두 열한 번의 대외 위기(foreign policy crises)에 직면했고, 그 가운데 72%인 7회에 걸쳐 군사력을 사용했다. 하지만 1927년에서

1985년까지 미국, 소련, 영국은 대외 위기를 평화적인 방식으로 해결하려고 노력했으며, 군사력을 사용한 비율은 각각 18%, 27%, 12%에 불과하다. 중국은 영토분쟁이 발생한 다섯 번의 사례 중 네 번의 사례에서 군사력을 동원해 분쟁을 해결하려고 했다. 즉, 군사력 동원 비율이 80%에 육박한다. 같은 기간에 미국은 영토분쟁을 열한 번 치르는 동안 군사력을 사용한 경우가 없었고, 소련은 열 번의 영토분쟁 가운데 두 번, 즉 20%만 군사력을 사용했다. 세계적으로 281개의 영토분쟁 가운데 군사력을 동원한 사례는 23.5%에 불과하다.[11]

또 다른 측면에서 보면, 중국은 1949년 동안 자신의 모든 이웃 국가와 전쟁을 했다. 국민당 정권과의 내전에서 승리해 만들어진 중화인민공화국은 1950년 한국전쟁에 참가했으며 동시에 티베트를 침공했다. 1962년에는 인도와의 국경분쟁으로, 1969년에는 소련과의 국경분쟁으로, 1979년에는 베트남과의 국경분쟁으로 전쟁이 발발했다. 모든 경우에 중국이 먼저 군사력을 사용했고 상대방을 선제공격했다. 중화민국(Republic of China)이라는 공식 국호를 지닌 대만에 대해 중국은 직접적으로 군사력을 사용하지는 않았지만, 1950년대에는 대만이 통제하는 일부 도서(島嶼)를 포격했고 1990년대에 미사일을 발사하는 등 군사적으로 위협했다.[12] 중국의 행동

---

11) Jonathan Wilkenfeld, Michael Brecher and Sheila Moser, *Crises in the Twentieth Century, Vol. 2: Handbook of Foreign Policy Crises* (New York: Pergamon, 1988). 그러나 시간적 범위를 1949년에서 2005년까지 확대하고 좀 더 정교한 데이터를 수집하면 다른 결과가 도출된다. 1949년에서 2005년까지 중국이 관여된 영토분쟁은 모두 23개이며, 중국은 그 가운데 오직 6번만 군사력을 사용했다. M. Taylor Fravel, "Power Shifts and Escalation: Explaining China's Use of Force in Territorial Disputes," *International Security*, Vol. 32, No. 3 (Winter 2007/2008), pp. 44~83.

12) 중국 국민당 정부는 내전에서 패배해 대만으로 철수했지만, 중국 본토의 푸젠(福建) 성 앞에 있는 도서 지역의 일부를 아직도 장악하고 있다. 중국은 1954~1955

은 반드시 방어적 억지(defensive deterrence)의 결과만은 아니었으며, 상당한 공격 성향을 보여주었다. 1950년 한국전쟁에 참가하면서 중국은 미국을 억지하거나 동맹국 북한을 위기에서 구출하는 데 그치지 않고 한반도 전체에서 미국 세력의 축출을 시도했다. 즉, 중국은 분쟁이 생기는 경우에 군사력을 사용하는 경향이 강하며, 이와 같은 공격 경향은 주변 국가들 모두와의 군사 충돌로 이어졌다. 또한 중국은 핵무기를 보유한 이후 핵무기 사용과 관련해 매우 공격적인 입장을 견지했다. 미국과 소련이 핵무기를 통해 상대방을 억지하려고 했다면, 중국은 실제 핵무기를 사용해 전쟁을 수행하고 핵전쟁에서 승리하는 것을 주요 목표로 삼았다.[13]

하지만 이러한 해석에 대해서는 반론이 존재한다. 영토분쟁에서 중국이 공격적으로 행동하는지 아니면 타협을 시도하는지에 대해 분석한 연구에서 프레이블(M. Taylor Fravel)은 중국의 태도가 일관적이지 않다고 주장한다. 문화란 본래 쉽게 변화하지 않기 때문에, 전략문화에 따라 중국이 행동한다면 중국의 군사력 사용 경향은 높은 수준에서 지속적으로 유지되어야 한다. 그러나 중국의 군사력 사용 경향은 시기에 따라 큰 차이를 보이며, 많은 경우에 실제로 타협했다. 물론 타협으로 가는 과정에서 군사력을 사용했고, 군사력을 동원해 상대를 위협하기도 했으나, 최종 합의는 전쟁 또는 무력 충돌의 결과가 아니라 외교 협상의 산물이었다. 특히 중국은 내부 문제로 정권의 생존이 걸린 위기 상황에 직면하면 군사력 사용보다는 합의

년과 1958년 두 번에 걸쳐 이 지역을 포격했으며, 상륙작전을 펼 것처럼 위협했다. 1995~1996년 대만이 '하나의 중국' 정책을 포기하려는 움직임을 보이자 중국은 대만에 대한 강력한 경고로 두 번에 걸쳐 탄도미사일 실험을 했다.

13) Alastair Iain Johnston, "China's New 'Old Thinking': the Concept of Limited Deterrence," *International Security,* Vol. 20, No. 3 (Winter 1995), pp. 5~42.

를 통해 분쟁을 해결했다. 티베트 반란이 있었던 1959년 중국은 버마, 네팔, 인도와의 국경분쟁을 협상과 타협으로 해결했고, 1958년 시작한 대약진운동이 실패한 뒤 중국 내부에서 권력투쟁이 시작되자 외국과의 충돌이 지나치게 위험하다고 판단했으며, 북한, 몽골, 인도, 파키스탄, 아프가니스탄, 소련에 양보했다. 1989년 톈안먼(天安門) 사건과 1990년대 초반 신장(新疆) 소요로 정권이 약화되자, 중국은 소련, 라오스, 베트남, 카자흐스탄, 키르기스스탄, 타지키스탄 등과의 영토 문제에서 양보했다.[14]

이러한 주장은 국내적인 도전에 직면한 경우에 여론의 관심을 돌리고 정권의 안정을 도모하기 위해 전쟁을 도발하거나 위기를 조성한다는 전쟁의 전환이론(diversionary theory of war)과는 배치된다. 전쟁과 같은 대외 위기가 발생하면 국민들은 정부에 대한 비판을 중지하고 정부를 지지하는 경향을 보이며, 따라서 일부 정권들은 국내 불만을 잠재우기 위해 의도적으로 대외 전쟁을 일으키기도 한다.[15] 하지만 프레이블은 최소한 중국에서는 이러한 현상이 나타나지 않으며, 국내적으로 불안한 상황에서 전쟁을 시작하면 정권을 상실할 위험이 있으므로 오히려 조심스럽게 행동한다고 본다. 또 다른 의견에 따르면 중국은 한국전쟁에 참가하면서 항미원조(抗美援朝) 운동을 통해 국내 동원체제를 구축했지만, 일단 동원체제가 작동하기 시작하면서 중국 정부의 의도와는 달리 필요 이상으로 미국과 대립했다고 한다. 즉, 단기적인 국내정치적 이익을 위한 조치가 장기적인 국가전략

---

14) M. Taylor Fravel, "Regime Insecurity and International Cooperation: Explaining China's Compromises in Territorial Disputes," *International Security*, Vol. 30, No. 2 (Fall 2005); M. Taylor Fravel, *Strong Borders, Secure Nation: Cooperation and Conflict in China's Territorial Disputes* (Princeton, NJ: Princeton University Press, 2008).

15) Jack S. Levy, "The Diversionary Theory of War: A Critique," Manus I. Midlarsky (ed.), *Handbook of War Studies* (Boston: Unwin Hyman, 1989), pp. 259~288.

(grand strategy)에 지장을 주는 결과를 초래했다는 주장이다.[16]

5. 존스턴 이론의 발전

모든 국가는 동일한 문화를 가지므로 국가의 정체성, 사고방식, 문화를 독립변수로 고려할 필요가 없다는 것이 왈츠의 주장이었다. 존스턴은 이에 대해 반론을 제기하면서 중국 명나라의 전략문화를 객관적으로 그리고 반증 가능한(falsifyable) 형태로 측정했고, 이를 통해 중국의 몽골에 대한 군사정책 결정을 설명했다. 이를 위해서 중국 무과 시험 및 군사정책 결정 과정에서 기본 자료로 사용되었던 교과서인 무경칠서의 내용을 분석했고, 이 가운데 공통되는 부분을 중국의 전략문화로 파악했다. 그리고 명나라의 몽골에 대한 군사정책을 살펴보면 중국의 전략문화가 지닌 특유의 공격적 군사정책 선호를 확인할 수 있다고 주장했다. 중국의 현실주의는 전통적인 의미의 군사력균형 또는 세력균형에 기초한 현실주의가 아니라 중국 특유의 전략문화에 기초한 현실주의로서, 군사력 우위만이 안전을 보장한다는 특유의 사고방식이다. 이러한 중국의 문화적 현실주의는 1949년 이후 중국의 대외 행동에서 관찰되며, 특히 중국은 억지보다는 상대방 파괴를 위한 군사력 사용을 선호하고 공격적으로 행동한다고 지적했다.

이러한 주장은 물질적 국제정치이론(material theory of international politics)을 주장했던 왈츠의 이론과 차이가 있을 뿐 아니라, 사회적 국제정치이론(social theory of international politics)을 주장한 웬트의 이론과도 큰 차이를 보인다. 웬트는 국제적 무정부 상태에 대한 해석과 문화가 매우 추상적인 차

---

16) Thomas J. Christensen, *Useful Adversaries: Grand Strategy, Domestic Mobilization, and Sino-American Conflict, 1947~1958* (Princeton, NJ: Princeton University Press, 1999).

원에서 달라지고, 따라서 국가의 정체성도 차이를 보인다고 주장했다. 하지만 존스턴은 좀 더 구체적인 수준에서 국가의 전략문화를 측정했다. 웬트가 국제적 무정부 상태에서 포괄적으로 존재하는 문화를 논의했다면, 존스턴은 국제적 무정부 상태에서 생존하는 개별 국가들이 지닌 전략문화와 정체성을 반증 가능한 방식으로 파악했다. 즉, 웬트가 구성주의 국제정치이론의 기본 틀을 제시했다면, 존스턴은 구성주의 국제정치이론을 연구하는 데 핵심 변수인 정체성과 문화를 측정하는 방법을 고안했다.[17]

이와 더불어 존스턴은 국제정치이론에 기초하여 중국의 행동에 대해서 다양한 분석을 시도한다. 중국이 현재 존재하는 세력균형을 인정하는 현상유지 국가인지, 아니면 군사력을 동원해서라도 기존 질서에 도전하는 현상타파 국가인지를 다섯 가지 기준으로 검토했다.[18] 기존 질서의 규칙(rules of the game)을 수용하는지와 관련해 국제제도 가입 비율, 가입 이후 국제제도 준수 여부, 가입 이후 기존 규칙 수용 여부의 세 가지 기준과, 세력균형에 대한 태도와 관련해 기존 힘의 배분 변화에 대한 내재화된 선호, 군사력을 동원해 세력균형 변화를 추진하기 위한 실제 행동이라는 두 가지 기준, 모두 다섯 가지 기준을 활용해 중국의 성향을 측정했다. 그 결과 존스턴은 중국이 기존 질서를 내면적으로 수용한 현상유지 국가라고 결론을 내렸다.

---

17) 이러한 연구 경향을 잘 정리한 최근 저작으로는 Rawi Abdelal, Yoshiko M. Herrera, Alastair Iain Johnston and Rose McDermott, *Measuring Identity: A Guide for Social Scientists* (Cambridge: Cambridge University Press, 2009)가 있다.

18) Alastair Iain Johnston and Robert S. Ross (eds.), *Engaging China: Managing a Rising Power* (London: Routledge Press, 1999), Alastair Iain Johnston, "Is China a Status-Quo Power?," *International Security*, Vol. 27, No. 4 (Spring 2003), pp. 5~56; Alastair Iain Johnston, *Social States: China in International Institutions, 1980~2000* (Princeton, NJ: Princeton University Press, 2008).

제6부
왈츠 이론의 분석과 응용

대개의 경우 이론체계의 측면에서 국제정치이론을 구분하고 설명한다. 현실주의, 자유주의, 제도주의, 구성주의 등으로 이론체계를 분류하고, 개별 이론체계에 포함되는 주장을 분석한다. 하지만 이와 같이 엄격한 이론체계 분류를 지양하고 개별 퍼즐 중심으로 국제정치를 논의하는 것이 가능하다. 월터는 민족분규를 분석하면서 특정 이론체계를 고수하지 않고 경험적 자료가 제시하는 현실에 집중했다. 또한 파월은 무정부적 국제체제에 대한 논의에서 출발해 왈츠 주장과는 다른 결론을 도출했다. 이러한 논의 방식은 특정 이론체계에 얽매이지 않는다는 측면에서 매우 중요하다. 왈츠 이론을 객관적으로 분석하고 이론체계와는 독립적으로 응용하는 이러한 연구 경향은 국제정치이론의 발전을 위해 매우 소중한 자산이다.

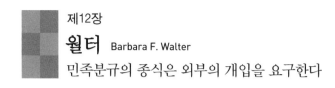

제12장

월터 Barbara F. Walter

민족분규의 종식은 외부의 개입을 요구한다

Committing to Peace: the Successful Settlement of Civil Wars

Princeton, NJ: Princeton University Press, 2002

월츠는 국제적 무정부 상태에서 출발해 국제정치를 설명했다. 국가들이 서로 갈등하는 근본 원인은 개별 국가보다 상위의 단위체가 존재하지 않기 때문에 모든 국가가 안보를 추구하며 서로 의심하고 경계하는 데 있다. 또한 국제체제에서 개별 국가가 어느 정도의 상대적 힘을 가지고 있는가에 따라서 강대국의 숫자와 국제체제의 구조가 결정된다. 강대국의 숫자를 극성이라고 지칭하며, 다섯 또는 여섯 개 정도의 강대국이 존재했던 다극체제가 1945년 이전까지 존재했고, 이 때문에 두 번의 세계 대전이 발발했다. 하지만 냉전이 시작되면서 국제체제의 구조는 미국과 소련이라는 두 개의 강대국이 존재하는 양극체제로 변화했고, 안정적인 국제체제가 등장했으며, 강대국 간의 전쟁은 발생하지 않았다. 냉전 종식 후 유일한 강대국으로 미국이 부상하면서 일극체제가 나타났으며, 국제체제 차원의 대규모 전쟁은 발생하지 않았다. 또한 민주주의의 확산으로 적어도 민주주의가 공고하게 정착된 국가들 사이에는 전쟁이 발생하지 않았으며, 앞으로도 성숙한 민주주의 국가들 사이에 평화가 유지될 가능성이 매우 크다.

그러나 여전히 무력 충돌로 엄청난 수의 인명이 희생되고 있다. 역사상 가장 큰 피해가 발생한 전쟁은 제2차 세계대전으로서, 이때 약 7,200만 명이 목숨을 잃었는데, 그 가운데 전체 민간인 사망자는 질병 및 굶주림으로 사망한 약 2,000만 명을 포함해 4,700만 명 정도로 추산된다. 여기에는 이른바 유대인 학살(Holocaust)에서 살해당한 600만 명과 독일과의 전쟁에서 사망한 소련 민간인 1,100만 명, 일본과의 전쟁에서 사망한 중국 민간인 1,600만 명이 포함된다. 민간인에 대한 공격은 전쟁의 일환으로 이루어졌으며, 독일은 아우슈비츠(Auschwitz)와 같은 강제수용소와 함께 청산부대(Einsatzgruppen, Liquidation Army)라는 특별부대를 동원해 점령 지역의 유대인을 학살했다.[1] 하지만 냉전 이후 개인에 대한 폭력과 위협은 국가 간 전쟁(interstate war)보다는 민족분규(ethnic conflict)와 내전(civil war)의 형태로 나타났다. 1945년에서 1999년까지 약 333만 명이 국가 간 전쟁에서 사망했으나, 내전에서 희생된 사람은 1,620만 명에 달한다.[2] 1998년 8월 아프리카 중앙에 위치한 콩고(Democratic Republic of Congo)에서 발생한 내전은 5년이 지난 2003년 7월에야 공식적으로 종식되었다. 그러나 콩고 내전은 콩고 내부에만 국한되지 않고 아프리카 중앙부의 거의 모든 국가로 확대되어, 총 8개 국가와 최소 25개의 무장 집단(armed groups)이 전투에 참여했다.

---

1) 다음 연구는 민간인에 대한 군사력 또는 폭력 사용을 분석한다. Alexander B. Downes, *Targeting Civilians in War* (Ithaca, NY: Cornell University Press, 2008); Stathis N. Kalyvas, *The Logic of Violence in Civil War* (Cambridge: Cambridge University Press, 2006); Benjamin A. Valentino, *Mass Killing and Genocide in the 20th Century* (Ithaca, NY: Cornell University Press, 2005).

2) James D. Fearon and David D. Laitin, "Ethnicity, Insurgency, and Civil War," *American Political Science Review,* Vol. 97, No. 1 (February 2003), pp. 75~90.

2008년 1월 현재 콩고 내전 및 그에 수반된 기근과 질병으로 540만 명이 사망하고, 수백만이 피난민 신분으로 난민촌에서 생활하고 있다. 콩고의 풍부한 지하자원 때문에 이 내전은 경제적 이익을 둘러싼 약탈행위로 변질되었고, 국가 및 사회 발전 잠재력을 파괴했다.[3]

이러한 학살은 왜 발생하며, 어떻게 종식할 수 있는가? 국제정치학 이론을 내전의 발생과 종식 그리고 평화 유지에 적용하면 어떠한 함의가 도출되는가? 평화협정이 쉽게 파기되고 내전이 재발해 또다시 엄청난 희생을 초래하는 악순환은 내전이라는 특수 상황에서 비롯된 것인가? 이러한 질문이 바로 월터(Barbara F. Walter)가 답변하고자 하는 사항들이다.

1. 왈츠와 월터 – 핵심 질문:
내전 종식을 위해 무정부 상태를 어떻게 극복하는가

왈츠는 국제적 무정부 상태에서 모든 국가는 끊임없이 갈등하고 경쟁하며 투쟁한다고 보았다. 국제적 무정부 상태 자체를 교정해야만 평화를 이룰 수 있으므로 영구 평화는 사실상 불가능하다. 반면 국내정치에서는 개인보다 상위의 단위체인 국가가 존재하므로 개인들이 자신의 안전을 지키기 위해 상대방을 의심할 필요는 없다. 공통의 이익이 존재하는 경우에는

---

3) 석유나 귀금속 등과 같이 현금화하기 쉬운 자원이 풍부한 경우에 정치 및 사회 발전은 오히려 저해된다. 이러한 현상을 '자원의 저주(Curse of Natural Resources)'라고 부른다. 이에 관한 대표적인 연구로는 Michael L. Ross, "Does Oil Hinder Democracy?" *World Politics,* Vol. 53, No. 3 (April 2001), pp. 325~361과 Pauline Jones Luong and Erika Weinthal, "Rethinking the Resource Curse: Ownership Structure, Institutional Capacity, and Domestic Constraints," *Annual Review of Political Science,* Vol. 9 (2006), pp. 241~263이 있다.

서로 협력이 가능하며, 약속을 지키지 않는 경우에는 법원을 통해 계약을 강제 이행할 수 있기 때문에 손해배상을 받을 수 있다. 하지만 국제정치에서는 국가보다 상위의 단위체가 존재하지 않으며, 국내정치에서 나타나는 이점을 향유할 수 없다. 모든 국가들은 서로 의심하므로 협력이 어렵고 갈등이 지속된다. 즉, 국제정치와 국내정치는 근본적으로 다르다.

그런데 현실에서는 국가체제가 무너지고 국내정치가 국제정치 상황보다 더욱 위험한 상황이 나타나기도 한다. 내전 또는 민족분규로 중앙정부가 사라지면 국내정치에서도 개별 집단 또는 개인보다 상위의 단위체가 존재하지 않으며, 따라서 국제정치와 국내정치의 가장 중요한 차이가 사라지게 된다. 즉, 내전 및 민족분규를 분석하는 데 국제적 무정부 상태와 유사한 국내적 무정부 상태(domestic anarchy) 개념은 핵심적이다.[4] 문제의 근원이 중앙권위체가 존재하지 않기 때문이라면, 내전을 종식시키고 민족분규를 예방하기 위해서는 국내적 권위체를 재건해야 한다.

왈츠 자신은 국제적 무정부 상태에 대해 논의하면서 내전 및 민족분규에 대해서는 전혀 언급하지 않았다. 하지만 그가 제시한 논리에는 민족분규와 내전 종식과 관련해 많은 시사점이 있다. 왜 갑자기 민족분규가 폭발하는가? 분규를 종식시키고 평화를 회복할 수 있는 합의가 어떤 이유에서 파국으로 끝나는가? 이러한 질문은 국제정치에서 국가들이 왜 전쟁을 하며 공통의 이익을 추구하지 못하고 경쟁하는가에 대한 물음과 논리적으로

---

4) 국내적 무정부 상태라는 표현은 국제정치학에서 널리 사용되고 있지 않다. 하지만 개념적으로는 이러한 상황을 상정할 수 있으며, 주로 내전 또는 민족분규로 중앙권위체가 존재하지 않는 경우를 의미한다. 동시에 국내적 무정부 상태는 혼란이나 무질서를 의미하는 것은 아니며, 개인들이 서로 적대시하고 공격적으로 행동하지는 않는 상황을 지칭한다.

동일하다. 국가들은 국제적 무정부 상태에서 자신의 안보를 스스로 지켜야 하므로 서로 싸우고 상대를 의심한다. 또한 국가보다 상위의 단위체가 존재하지 않으므로 국제적 합의에서 상대방이 합의를 이행하지 않을 경우 이를 강제할 수 없고, 공통의 이익이 존재한다고 해도 협력은 매우 어렵다.

월터는 동일한 문제가 국가 내부의 권위체인 국가가 붕괴한 경우에도 발생하며, 이 문제를 해결하기 위해서는 국가를 회복해야 한다고 보았다. 내전과 민족분규를 종식시키기 위해서는 국내적으로 발생한 무정부 상태의 해독(害毒)을 제거해야 한다. 특히 월터는 국내적 합의를 통해서는 평화를 달성할 수 없으며, 외부 세력의 개입이 필요하다고 주장했다. 내전 당사자들은 분쟁을 종식시키기 위해 협상을 하고 평화협정을 체결하지만, 이러한 협정이 항상 평화로 이어지지는 않는다는 것이다. 내전 당사자들이 공통의 이익을 인식하고 이를 추구하는 데 합의한다고 해도, 합의는 쉽게 실현되지 않으며 모든 휴전조약이 성공적으로 목표를 달성하지는 못한다. 1940년에서 1992년까지 모두 72번의 내전이 발생했다. 그 가운데 37번의 내전에서 평화협상(peace negotiation)이 이루어졌고, 그 가운데 협상이 성공하여 합의가 이루어지고 내전 당사자가 합의문에 서명한 경우는 23번이다. 하지만 합의문에 서명까지 이루어진 내전 중 10번의 경우에서 내전이 재발했다. 즉, 내전 평화협정 가운데 57%는 평화를 달성했지만, 43%는 평화로 이어지지 못했다.[5] 그렇다면 어떠한 경우에 내전 평화협정이 평화를

---

5) 내전이 아니라 국가 간 전쟁(interstate war)에서도 평화협상은 비슷한 결과를 보인다. 1946년에서 1998년까지 발생한 26개의 국가 간 전쟁을 해결하기 위해 48개의 양자정전협정(bilateral cease-fire agreements)이 체결되었으나, 그 효과에서는 큰 차이가 있다. 어떤 경우에는 전쟁을 종식시키기 위해 여러 개의 정전협정이 필요했지만, 다른 경우에서는 하나의 정전협정으로 휴전을 달성할 수 있었다. 한국전쟁 휴전협정은 1953년 7월 이후 지금까지 평화를 유지했지만, 아제르바이잔과 아르메

불러올 가능성이 높은가?

내전 당사자들이 동일 민족 출신이거나 내전에서 문제가 되고 있는 사안(stake)에 타협할 수 있거나 외부 중재가 존재하는 경우에는 협상이 상대적으로 쉽게 이루어진다. 또한 내전에서 엄청난 사상자가 발생하거나 내전 당사자 사이의 군사력이 어느 정도 균형을 이룬다면 협상을 통해 합의가 도출될 수 있다. 하지만 내전은 쉽게 종결되지 않는다. 협상 자체가 매우 어려우며, 합의가 이루어진다고 해도 평화협정이 이행 과정에서 실패하고 전쟁이 재발하는 경우가 많다. 이와 같은 현상은 평화를 회복한다는 데 공통의 이익이 존재하지만 평화협정이 과연 정확하게 이행될 것인가에 대한 두려움이 존재함으로써 발생한다. 협상 또는 합의 도출이 아니라 합의 이행에 결정적인 장애물이 존재한다.

내전은 그 본질상 군사력을 보유한 단체가 두 개 이상 존재하는 상황이다. 어느 한쪽이 압도적인 승리를 거두어 내전에서 승리하지 않는다면, 내전 종식은 정부군과 반군이 협상을 통해 자신들의 군사력을 감축 또는 포기한 이후에나 가능하다. 또한 각자는 자신들이 점령 및 통제하고 있는 지역을 포기하고 중앙정부에 관할권을 넘겨주어야 한다. 그러나 일단 총을 내려놓고 영토를 포기하면 자신의 안전이 위협받는다. 정상적인 경우라면 공정한 중앙정부가 개인의 안전을 보장하지만, 내전 종식 과정에서는 이러한 중앙정부의 역할을 기대할 수 없다. 내전 당사자들은 자신의 안전을 스스로 확보해야 하며, 상대의 행동을 강제할 수 없는 국제정치와 동일한 무정부 상태에 직면한다. 특히 자신은 군사력을 포기했지만 상대가 군사력을

니아 간의 휴전협정은 1992년 3월 21일 체결되어 4월 11일까지 21일 동안만 지속되었다. Virginia Page Fortna, *Peace Time: Cease-Fire Agreements and the Durability of Peace* (Princeton, NJ: Princeton University Press, 2004).

그대로 보유하고 있다면 엄청난 위험이 존재한다. 상대가 자신의 우월한 군사력을 동원해 기존의 합의를 무시하고 새로운 조건을 내세울 수 있으며, 최악의 경우에는 무력을 사용해 생명을 위협할 수 있다.

월터는 문제의 핵심이 약속 이행의 문제(credible commitment)라고 보았다. 내전 종식 과정에서 협상과 합의에 성공한다고 해도 상대방이 약속을 이행할 것인지에 대해서 확신할 수 없기 때문에 당사자들은 자신의 안전을 위해 무장해제를 하지 않으며, 결국 평화협정은 이행되지 않는다. 그리고 모두가 무장해제를 하지 않기 때문에 내전은 쉽게 재발한다. 즉, 모두가 평화 정착을 바라고 있지만 자신들의 안전이 확보되지 않아서 전쟁을 선택한다. 이러한 문제를 해결하기 위해서는 약속 이행을 확고하게 담보할 수 있는 강제 집행 장치가 있어야 한다. 국가가 사라져 중앙권위체가 존재하지 않는 상황에서는 외부 세력의 개입을 통한 약속 이행과 안전보장(third-party security guarantee)이 중요하다. 또한 새로운 중앙정부는 권력공유를 위한 합의(power-sharing pact)를 통해 구성되어야 하며, 내전 당사자들의 협력을 이끌어내기 위해서 강력하기보다는 오히려 느슨하게 구축될 필요가 있다.

왈츠의 시각에서 본다면, 월터는 기존 국가가 무너진 상황에서 새로운 국가를 건설하는, 즉 무정부적 국내체제에 중앙권위체를 재건하는 방법을 논의했다. 국제정치에서 나타나는 국가 간 갈등과 경쟁 및 전쟁과 같은 현상은 국제체제의 무정부성이라는 구조적 문제에서 발생하는 것이며, 따라서 동일한 구조적 조건이 나타날 경우에는 내전 상황의 국가와 같은 국내적 상황에서도 등장한다. 왈츠는 국제체제의 무정부성을 교정하는 것은 불가능하다고 보았지만, 월터는 왈츠 논의의 연장선상에서 국내적 무정부 상태를 극복하기 위한 안정적 중앙권위체를 수립하는 방식에 대해 분석했다.

2. 민족분규의 중요성과 이론적 설명의 한계

1945년 이후 등장한 국제체제는 미국과 소련이라는 두 개의 강대국이 존재하는 양극체제였으며, 강대국 전쟁은 존재하지 않았다. 1949년 중국 내전에서 공산당 정권이 승리해 중국 본토의 지배권이 국민당 정권에서 공산당 정권으로 넘어갔지만, 미국은 이에 개입하지 않았다. 미국은 한국전쟁과 베트남전쟁에 개입했고 소련 역시 아프가니스탄에서 전쟁을 했지만, 미국과 소련은 서로 상대방의 군사적 어려움을 악용하지는 않았다. 소련이 북한과 중국, 베트남을 간접적으로 지원했고 미국은 아프가니스탄 무자헤딘(Mujahedeen) 게릴라에게 무기를 제공했지만 전면적으로 개입하지는 않았다. 네 번의 중동 전쟁도 강대국 전쟁으로 확대되지 않았다. 이러한 평화는 '장기적 평화(The Long Peace)'라고 불리며, 매우 중요한 국제정치적 현상이다.6) 1945년에서 1999년까지의 국가 간 전쟁에서 약 333만 명 정도가 사망하는 등 세계는 완벽한 평화를 누리지 못했으나, 대규모 강대국 전쟁이 발발하지는 않았다.

반면 민족분규가 불러오는 인명 피해는 엄청나다. 가장 극단적인 피해는 1994년 4월 아프리카 중부의 내륙 국가인 르완다에서 발생했다. 다수 종족인 후투족(Hutus)과 소수 종족인 투치족(Tutsis) 간의 내전은 민족말살적 인종청소(ethnic cleansing)로 이어졌으며, 외부의 개입이 없는 상황에서 100일 동안 투치족 100만 명이 학살되었다. 이는 하루에 만 명씩, 한 시간에 400명 이상씩, 매 분에 7명 정도씩, 매 9초마다 한 사람의 투치족이 학살되는 경우에만 가능하다.7) 앞에서 언급했듯이 1945년에서 1999년까지

---

6) John Lewis Gaddis, "The Long Peace: Elements of Stability in the Postwar International System," *International Security*, Vol. 10, No. 4 (Spring 1986), pp. 99~142.

발생한 전 세계의 내전에서 약 1,620만 명이 목숨을 잃었다. 시에라리온 내전에서 반군(Revolutionary United Front: RUF)은 정부군 병사 및 정부에 호의적인 부족민을 학살하는 대신 칼로 오른손을 절단했다.[8] '주권은 국민들 손에 있다'는 국제사회의 주장을 조롱하고 주민들에게 공포심을 심어줌으로써 자신들의 지배권을 유지하려고 이와 같은 끔찍한 행동을 자행했다. 또한 강간과 에이즈를 무기로 삼아 다른 민족 집단을 공포에 질리게 하고 말살을 시도하는 경우도 있다. 라이베리아, 콩고민주공화국, 르완다, 시에라리온 등지에서 에이즈 양성반응(HIV Positive)을 보이는 군인들이 수많은 여성들을 강간했으며, 이러한 만행은 우발적인 행동이 아니라 내전 지도부의 명령에 의해 체계적으로 이루어졌다. 다른 측면에서 아프리카 대륙에 만연한 에이즈는 아프리카 사회를 붕괴시키고 있다. 이와 함께 개별 국가의 군사력과 행정력이 약화되면서 더욱 많은 내전이 촉발되었고, 그 결과 내전 종식에 더욱 많은 장애물이 나타나고 있다.[9]

---

7) 투치족 한 사람이 죽는 데 걸린 시간은 8.6초 정도이다. 쉬지 않고 매 8.6초마다 한 명의 투치족을 학살한다면 100일 동안 100만 명 정도를 학살할 수 있다. 이러한 속도로 나치 독일이 제2차 세계대전 당시 유대인 등을 학살했다면, 1939년 9월 1일 개전에서 1945년 5월 7일 항복까지 68개월간 전체 희생자는 2,000만 명이 넘었을 것이다. 실제로 독일이 학살한 유대인은 600만 명 정도로 추정된다. 한편 2002년 당시 전체 인구 800만 명인 르완다에서 인구의 8분의 1이 희생된 것은 2009년 현재 인구 4,900만 명인 한국에서 600만 명 이상이 사망하는 것과 같은 것이다.

8) 손을 절단한 또 다른 이유는 피해자의 노동력을 빼앗으면서 동시에 피해 부족에게 경제적 부담을 가중시키기 위해서였다. 상대 부족민을 단순히 학살할 경우 피살자 부족은 노동력을 상실하겠지만 부상자가 남지 않으며 사망자의 장례식을 치르고 다시 생산 활동에 전념할 수 있다. 그러나 학살하는 대신 손을 절단하면 노동력을 상실한 부상자가 그것도 성인 남자 부상자가 생존하며, 이를 치료하고 부양하는 데 상당한 자원이 추가로 소모된다. 덕분에 피해 부족의 발전은 더욱 저해되며, 미래를 위한 투자와 교육에 필요한 자원이 줄어든다.

그렇다면 내전 또는 민족분규가 발생하는 원인은 무엇인가? 많은 경우에 내전 및 민족분규는 오랫동안 유지된 역사적 대립과 증오심에 의해 발생한다. 하지만 대립과 갈등, 증오심이 존재한다고 해도 항상 폭력사태와 내전 그리고 인종청소로 귀결되지는 않는다.[10] 르완다의 경우, 벨기에 식민 통치가 종식된 1962년부터 1990년까지 후투족과 투치족 간에는 긴장이 존재했으나 최소한 폭력사태 없이 공존했다. 시에라리온도 1961년 영국 식민 통치에서 벗어난 이후 정치적 혼란을 겪었지만, 내전 자체는 1990년에 시작되었다. 동방정교(Eastern Orthodox)를 믿는 세르비아, 주민의 상당수가 이슬람교도인 보스니아, 가톨릭 신자가 대부분인 크로아티아는 1991년 유고슬라비아가 붕괴될 때까지 긴장이 있기는 했지만 폭력은 사용하지 않았다. 역사적 대립과 증오심이 있었기 때문에 내전과 민족분규가 발생했겠지만, 앞서 거론한 민족 집단들의 경우 상당 기간 평화롭게 공존했고 대립과 증오심이 폭력으로 이어지지 않도록 억제했다.[11] 즉, 역사적 대립과 증오심만으로는 내전과 민족분규를 설명할 수 없으며, 이것이 갑자기 폭발한 원인을 파악해야 한다. 폭발 원인이 무엇인지를 찾아낸다면 이를 통해서 내전 및 민족분규를 종식시킬 수 있으며, 이전과 같이 대립과 증오심 그리고 갈등과 긴장이 존재할지라도 최소한 폭력을 사용하는 사태만은 방지할 수 있다. 모든 민족이 화목하지는 않으나, 갈등을 평화적으로 해결하면서 지낼 수 있다. 대부분의 다민족 국가는 상당 기간 내부적 갈등 요

---

9) Stefan Elbe, "HIV/AIDS and the Changing Landscape of War in Africa," *International Security,* Vol. 27, No. 2 (Fall 2002), pp. 159~177.

10) Barbara F. Walter and Jack Snyder (eds.), *Civil Wars, Insecurity, and Intervention* (New York: Columbia University Press, 1999).

11) James D. Fearon and David D. Laitin, "Explaining Interethnic Cooperation," *American Political Science Review,* Vol. 90, No. 4 (December 1996), pp. 715~735.

인을 가지고 있었지만 그로 인한 폭력 사용을 적절히 통제해왔다. 역사적 대립과 증오심 자체는 민족분규가 폭발하는 원인이 될 수 없다.

다른 측면에서 중요한 사항은 내전 종식을 위한 평화협정의 이행이다. 내전 종식이 협상과 합의보다는 이행 단계에서 실패하기 때문에 평화협정 이행을 원활하게 하는 요인을 찾아낸다면 내전 종식과 평화 유지를 이끌어 낼 수 있다. 즉, 협상을 통해서 근본적인 갈등을 해결할 수는 있지만 합의 자체를 실행하기는 어렵다. 갈등이 해소된다고 해도, 상대방에 대한 의심과 불확실성 때문에 민족분규가 지속된다. 특히 합의 가운데 핵심을 차지하는 부분은 무장해제와 권력분할이다. 무장해제 과정에서는 상대방에 대한 단기적인 불확실성 때문에 모든 당사자가 자신들의 군사력을 포기하지 않으려 한다. 일단 자신이 먼저 총을 내려놓은 상황에서 상대방이 군사력을 포기하지 않는다면 자신은 단기적으로 엄청난 위험에 직면하기 때문이다. 반면 권력분할이 이루어지지 않으면, 무장해제 이후에 장기적인 위험이 발생한다. 평화가 정착되었음에도 국가 전체의 자원을 배분하는 과정에서 내전 당사자 중 일부 집단이 '정당한 대우'를 받지 못하는 상황이 빚어질 수 있다. 예를 들어 국가 예산, 의회 및 선거, 정부 요직, 군 및 경찰, 고등교육 기회 등에서 특정 집단의 '이익'이 적절하게 고려되지 않는다면, 단기적인 위협은 없겠지만, 이러한 불이익의 효과는 누적되어 장기적으로 심각한 문제를 초래한다. 따라서 상대방이 무장해제 합의를 성실하게 이행하도록 강제함으로써 일방적인 이행 거부로 생존이 위협받지 않도록 하며, 동시에 장기적인 권력공유와 자원배분에서의 '정당한 대우'를 보장할 장치가 있어야만 민족분규가 해결될 수 있다.

하지만 경우에 따라서는 협상을 통해 민족분규를 해결하기 어려울 수 있다. 어느 정도의 갈등과 적대감이 존재할 때, 개별 집단은 생존을 위해서 군사력을 동원할 것이고, 이는 내전으로 확대된다. 물론 악의적으로 내전을 유발하려는 세력(spoiler)이 존재한다면 내전과 무력 충돌 가능성은 더욱 증가한다.[12] 폭력이 사용되고 유혈사태가 발생하면 개별 집단이 지닌 민족 정체성(ethnic identities)이 더욱 강화되며, 이전까지 같은 지역에 거주했던 여러 집단들은 각자의 안전을 위해 자신들과 같은 민족적·종교적 정체성을 지닌 집단 거주지로 피난한다. 즉, 내전이 발생하면 국가 전체의 정체성이 약화되는 대신 민족 정체성이 강화되며, 피난민이 발생하면서 거주지역 자체가 분리된다. 그리고 민족 정체성 강화와 거주 지역의 분리는 내전 상황을 더욱 악화시킨다. 물론 기존 국가를 다시 복원해 피난민을 복귀시키고 국가 정체성을 회복할 필요가 있지만, 경우에 따라서 이와 같은 조치는 실행하기 너무나 어려우며, 분할(partition)이 현실적으로 유일한 해결책일 수 있다. 남부의 가톨릭 지역과 북부의 개신교 지역으로 분할된 아일랜드, 영국 식민지에서 독립하면서 힌두교 지역인 인도와 이슬람교 지역인 파키스탄으로 분할된 남아시아 등이 대표적인 사례이며, 팔레스타인과 이스라엘 분쟁도 유사한 경우이다. 물론 분할이 영구적인 평화를 가져오는 것은 아니다. 아일랜드 사태와 인도-파키스탄의 네 번에 걸친 전쟁 및 핵무기 경쟁, 그리고 팔레스타인 분쟁에서 나타나듯이 무력 충돌이 발생하기도 한다. 그렇지만 분할로 인해 일차적으로 항구적인 긴장 상태는 예방되었으며, 최악의 경우라고 볼 수 있는 인종청소도 방지할 수 있었다.[13]

---

12) Barry R. Posen, "The Security Dilemma and Ethnic Conflict," *Survival,* Vol. 35, No. 1 (Spring 1993), pp. 27~47; Stephen John Stedman, "Spoiler Problems in Peace Process," *International Security,* Vol. 22, No. 2 (Fall 1997), pp. 5~53.

13) Chaim Kaufmann, "Possible and Impossible Solutions to Ethnic Civil Wars," *International Security,* Vol. 20, No. 4 (Spring 1996), pp. 136~175; Chaim Kaufmann, "When All Else Fails: Separation as a Remedy for Ethnic Conflicts, Ethnic

특히 종교 관련 분규는 해결하기가 매우 어렵다. 가장 대표적인 사례가 예루살렘에 위치한 템플마운트(Temple Mount)이다. 유태교 교리에 따르면 이곳은 세상이 생겨나고 최초의 인간인 아담이 만들어진 곳으로 유태교에서 가장 신성한 장소이다. 솔로몬 왕은 기원전 950년 정도에 이곳에 첫 번째 신전(First Temple)을 건설했으나 바빌로니아의 침공으로 파괴되었고, 기원전 516년에 두 번째 신전(Second Temple)이 건설되었다가 로마군에 의해 기원후 70년에 파괴되었다. 두 번째 신전의 일부는 통곡의 벽(Wailing Wall)이라 불리면서 오늘날까지 남아 있으며, 유대인 정체성(Jewish Identity)의 가장 중요한 부분이다. 하지만 이곳은 이슬람교에서도 핵심적인 의미를 지닌다. 예언자 무함마드(Muhammad)는 기원후 620년 승천해 신(Allah)을 만나고 진정한 가르침을 얻어 이슬람을 창시한다. 승천 과정에서 무함마드는 템플마운트에 잠시 머무른다. 바로 이러한 이유로 이슬람 세력은 8세기 초 이곳에 알아크사 사원(Al-Aqsa Mosque)을 건설했다. 현재 알아크사 사원은 이슬람 사원 가운데 가장 오래된 사원이며, 이슬람에서는 메카(Mecca)와 메디나(Medina)에 이어서 세 번째로 신성한 장소이다.[14] 이와 같은 이유에서 템플마운트를 둘러싼 분쟁은 쉽게 해결되기 어려우며, 종교적 상징성 때문에 타협의 대상이 되거나 협상을 하는 것이 거의 불가능에 가깝다.

분쟁을 악화시키거나 내전을 유발하려는 세력은 종교적 상징을 의도적

Partitions and Population Transfers in the Twentieth Century," *International Security,* Vol. 23, No. 2 (Fall 1998), pp. 120~156. 특히 집단을 완전하게 분할하는 경우에는 내전 종식이 상대적으로 쉬우며 평화도 쉽게 유지된다. Carter Johnson, "Partitioning to Peace: Sovereignty, Demography, and Ethnic Civil Wars," *International Security*, Vol. 32, No. 2 (Spring 2008), pp. 140~169.

14) Ron Hassner, "To Halve and to Hold: Conflicts Over Sacred Space and the Problem of Indivisibility," *Security Studies,* Vol. 12, No. 2 (Summer 2003), pp. 1~33.

으로 침해한다. 2000년 9월 이스라엘 보수당(Likud Party) 지도자인 샤론(Ariel Sharon)은 1,000명의 경찰 병력을 대동하고 템플마운트를 방문했고, 이에 팔레스타인이 반발하여 두 번째 저항운동(Intifada II)이 시작되었다. 이 과정에서 50명의 사망자와 2,000명의 부상자가 발생했고 중동 평화협상이 결렬되었다. 이후 총선에서 보수당이 승리하면서 샤론은 수상으로 2006년 4월까지 재임했다. 또 다른 사례는 이라크 내전에서 나타났다. 2006년 2월 이라크 시아파(Shiah Muslim)에게 가장 신성한 알아스카리 사원(Al-Askari Mosque)은 수니파 극단주의 집단과 알카에다(Al Qaeda)의 폭탄테러로 손상되었으며, 2007년 7월 두 번째 공격으로 완전히 파괴되었다. 이후 이라크는 시아파와 수니파 간 내전에 휩쓸렸고 수백 명의 사망자가 발생했으며, 결국 미국이 병력 증강(surge)을 할 때까지 사태는 지속적으로 악화되었다. 즉, 평화에 반대하는 극단주의 세력은 폭력 사용을 유도하며, 이를 통해 자신들의 정치적 이익을 도모한다.[15)]

3. 민족분규 해결을 위한 협상과 합의안 이행 문제

민족분규 및 내전을 종식시키는 데 가장 큰 걸림돌이 합의의 이행이다. 합의가 이루어졌지만 상대가 합의를 이행하지 않을 가능성이 존재하며, 특히 중앙정부가 존재하지 않는 내전 상황에서 이러한 가능성은 심각한 위험으로 부각된다. 즉, 국내정치와 국제정치 사이의 경계선이 사라지며, 국제적 무정부 상태와 유사한 국내적 무정부 상태가 등장한다. 국제정치에서는

---

15) Andrew H. Kydd and Barbara F. Walter, "Sabotaging the Peace: The Politics of Extremist Violence," *International Organization*, Vol. 56, No. 2 (Spring 2002), pp. 262~296.

국내적 무정부 상태의 문제점

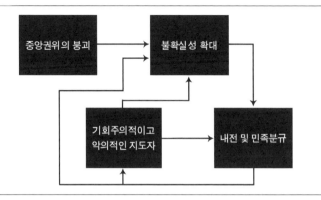

상대가 현상유지 국가라도 무정부 상태로 인해 공통의 이익을 추구하는 협력에 실패한다. 마찬가지로 중앙정부가 붕괴한 내전 상황에서 개별 내전 당사자보다 상위의 단위체는 존재하지 않기 때문에, 내전 종식에 모두가 동의한다고 해도 상대 행동에 대한 불확실성 때문에 공통의 이익을 추구하기 어렵다. 국제협력에 대한 비관적인 전망은 내전 종식 과정에서 나타나는 문제점을 정확하게 진단하고 있다.

근본적인 해결책은 국가기능을 부활시키는 것이다. 무정부적 국내체제에서 새로운 정부를 구성하기 위해서는 주요 당사자들이 협력해야 하며, 개별 집단의 안전을 저해하지 않으면서 단기적 위협과 장기적 위험을 통제해야 한다. 단기적 위협은 일방이 내전 종식을 위해 군사력을 포기했는데도 상대방은 합의를 어기고 군사력을 보유한 상황에서 발생하며, 장기적 위험은 새롭게 만들어진 국가에서 일방의 이익이 상대적으로 배려되지 못하고 결국 시간이 흐르면서 그 국가 내부에서 특정 집단의 상대적 힘이 줄어들 가능성이다. 협력에 대한 국제정치이론에서는 앞에서 지적한 단기적 위협과 장기적 위험을 각각 일방적 협력(unilateral cooperation)과 상대적 이

익에 대한 고려(concerns for the relative gains)로 지칭하고 있다.[16]

이와 같은 문제점을 해결하기 위해서는 우선 일방적 협력이 초래하는 위험을 제거할 중앙권위체가 필수적이다. 중앙권위체가 작동한다면 내전 당사자들은 내전 종식을 위한 합의 이행에 대한 불확실성을 고려할 필요가 없으며, 새로운 중앙권위체가 개별 당사자들의 안전을 보장한다. 만약 이 과정에서 자신의 개인적 목적을 위해 평화를 교란하는 기회주의적 지도자(predator/spoiler)가 나타난다면 사태는 더욱 악화된다. 여기서 악순환(惡循環)이 발생한다. 중앙권위체가 붕괴되어 생긴 문제를 해결하기 위해서는 중앙권위체가 필요한 것이다. 이러한 문제를 타개하기 위해서는 외부의 개입(outside intervention)으로 악순환의 고리를 끊어야 한다. 내전으로 중앙정부가 붕괴되었고 중앙권위체를 재건하기 위한 합의가 이행 과정에서 발생하는 위험들로 인해 쉽게 성공하지 못하기 때문에, 외부의 개입을 통해 중앙권위체 기능이 제공되어야 한다. 개입하는 주체는 대부분 유엔 또는 지역기구 등이지만, 경우에 따라 국제기구가 개입 권한을 특정 국가에 위임하기도 한다. 예컨대 소말리아 내전으로 중앙정부가 사라진 이후 유엔안전보장이사회는 일방적으로 개입을 결정하고 미국에 군사력 사용을 위임했으며, 1992년 미국은 자국 병력 2만 5,000명을 중심으로 하는 26개 연합국 병력 3만 7,000명을 동원했다. 시에라리온과 라이베리아 내전에는 서부아프리카경제협력체(Economic Community of West African States: ECOWAS)가 영국 정부와 협의하여 1997년 개입하면서 모두 2만 명의 병력을 동원했다.

---

16) 국제협력에 대한 이론적 분석에 관해서는 다음 연구가 도움이 된다. Kenneth A. Oye (ed.), *Cooperation under Anarchy* (Princeton, NJ: Princeton University Press, 1986); David Baldwin (ed.), *Neorealism and Neoliberalism: the Contemporary Debate* (New York: Columbia University Press, 1993).

캄보디아 내전에서 유엔은 1992년 2월부터 1993년 9월까지 유엔캄보디아임시행정부(United Nations Transitional Authority in Cambodia: UNTAC)를 조직해 행정 업무를 관할하고 선거를 감시했으며, 2만 2,000명의 병력과 15억 달러의 예산을 사용했다.[17]

하지만 이러한 중앙권위체는 내부에서 만들어진 것이 아니라 외부에서 개입한, 즉 '수입한 것'이며, 따라서 일차적인 임무는 내전 당사자의 무장해제를 촉진하는 동시에 각자가 인식하는 위협을 줄이는 데 집중된다. 즉, 안보딜레마를 완화하기 위한 조치를 취하며, 특히 상대방이 기습공격을 하지 못하도록 다양한 감시 및 방어체제를 구축한다. 무장해제 방침도 모든 종류의 무기에 적용하지 않고, 공격용 무기를 우선적으로 폐기하고 방어용 무기는 상대적으로 허용해야 한다. 또한 내전 당사자들은 현재의 경계선에서 어느 정도 물러나 중간에 비무장 완충지대를 구축해야 하며, 그렇지 않다면 평화유지군이 양자를 물리적으로 떨어뜨려 놓아야 한다. 이와 같이 단기적 위협을 봉쇄하는 기능은 외부 개입이 없이는 불가능하다. 내전 당사자들 사이의 합의가 잘 이행되지 않기 때문에 제3자의 개입을 통해 중앙권위체 기능을 일시적으로 확보해야 한다.

또한 내전 당사자의 안전을 보장하는 데 그치지 않고 장기적으로 국가통합을 위해 새로운 중앙권위체를 창설해야 한다. 외부의 개입으로 단기적인 위협은 극복할 수 있지만, 궁극적으로는 내전 당사자 전체가 참가하는 정부를 구성함으로써 국가를 재건해야 한다. 이 과정에서 민주주의보다는 권력공유를 더욱 중요한 원칙으로 준수해야 하며, 내전의 어떤 당사자도 국가권력을 장악하지 못하도록 방지하는 장치가 필요하다. 성숙한 민주주

---

17) http://www.un.org/Depts/dpko/dpko/comission /untac.htm

의 국가에서는 견제와 균형, 권력분립의 기능이 작용함으로써 특정 정치세력이 일당국가를 구축하기가 어렵지만, 내전 당사국에서는 이러한 견제장치가 존재하지 않는다. 만약 특정 세력이 국가권력 전체를 장악할 가능성이 존재한다면, 권력을 장악하지 못할 집단은 전쟁을 계속한다. 따라서 평화를 회복하기 위해서는 국가권력을 내전 당사자들의 사전 합의를 통해 배분해야 하며, 이를 제도적으로 보장해야 한다.

대표적인 방법으로는 연방제(federal system)가 있다. 중앙정부의 권한을 축소하고 강력한 지방정부를 허용해 내전 당사자들이 최소한 자신들의 지지 기반에서는 정치권력을 보존하도록 유도해야 한다. 모든 지역의 이익이, 특히 인구가 적은 지역의 이익도 보장될 수 있도록 미국과 같은 양원제(bicameral system) 연방의회가 적절하다. 선거제도에서도 소수 정당이 살아남을 수 있는 대선거구 또는 비례대표제가 필요하다. 민주주의 원칙을 유지하면서 권력분할에 유리한 제도를 선택할 수 있지만, 민주주의 원칙을 침해한다고 해도 특정 세력이 국가권력을 장악하지 못하도록 하는 장치가 있어야 한다. 민주주의 국가에서는 선거를 통해 국가권력의 향방이 결정되지만, 내전 종식 과정에서 선거를 통해 권력을 결정하는 것은 오히려 위험하다. 대신 내전 당사자들의 합의에 따라서 군대와 경찰 등의 국가기구와 정부 주요 부처 등을 구성해야 한다. 또한 교육 기회 및 대학 정원도 개별 학생들의 능력에 따라 할당하기보다는 내전 당사자 집단에 일정 정원을 배정하여 내전 당사자의 상대적 힘이 갑자기 변화하지 않도록 노력해야 한다. 경쟁선거를 통해 국가권력을 결정하기보다는 설사 민주주의 원칙을 침해한다 해도 선거 이후의 권력공유를 보장하는 비경쟁선거가 내전 종식을 위해서는 더욱 효과적이다.

4. 민족분규 해결 과정 전반에 대한 분석

월터는 1940~1992년 사이에 존재했던 72차례의 내전을 각각 내전 종식을 위한 협상의 존재 및 합의 이행 여부에 따라 분류했으며, 그 밖의 다양한 요인들을 고려해 분석했다. 이를 통해 권력 분점 합의와 외부 개입이 있는 경우에 민족분규 해결 가능성이 높다는 결과가 도출되었으며, 분규가 지속된 기간과 내전 당사자의 정체성 차이 등은 합의안 실행에 큰 영향이 없는 것으로 나타났다. 즉, 오랜 내전으로 엄청난 피해가 나거나 민족, 종교, 언어 등에서 내전 당사자 사이에 차이가 없는 경우에도 내전 자체는 쉽게 종식되지 않는다. 결정적인 요인은 외부 개입을 통해 내전 당사자에게 안전을 보장해줄 수 있는지의 여부이며, 권력분립을 위한 합의가 존재하는 경우에 내전 종식과 평화 회복 가능성은 더욱 증가한다.[18]

외부 개입과 권력분립의 중요성은 짐바브웨와 르완다 내전 종식 과정에서 더욱 잘 드러난다. 과거 남아프리카 공화국과 같이 백인 소수 정권이 인구 대다수를 차지하는 흑인을 지배했던 로디지아(Rhodesia)는 15년간의 내전 끝에 1979년에 평화가 정착되었고 새로운 정부는 국호를 짐바브웨로 변경했다. 이 지역을 식민 통치했던 영국은 평화 정착 과정에 매우 적극적으로 개입했다. 영국 외무장관 캐링턴(Peter Carrington)은 평화협상에서 중재자로 활동했으며, 평화 정착 및 정권 전환기에 영국이 짐바브웨(로디지아)를 직접 통치하겠다고 제안했다. 사실상 평화유지군 역할을 수행하는 영국군 감시단 1,200명이 파견되어 무장해제 과정을 관리했다. 권력분할과 관련해 스미스(Ian Smith)가 이끄는 백인 정권은 새로운 헌법을 통해 최

---

18) Barbara F. Walter, "The Critical Barrier to Civil War Settlement," *International Organization,* Vol. 51, No. 3 (Summer 1997), pp. 335~364.

소 20%의 의석을 의회에서 확보했고, 토지개혁에서 재산상의 보호를 받았다. 흑인 지도자이자 반군 지휘관이었던 무가베(Robert Mugabe)는 수상으로 취임해 새롭게 정부를 구성했다. 하지만 흑인 정권은 모두 6명의 로디지아 정부 인사를 장관으로 임명했으며, 군 지휘관으로 로디지아 정부군 사령관이 유임되었다. 덕분에 내전은 종식되었으며, 제한적인 폭력사태는 있었으나 평화가 유지되었다.[19)]

반면 르완다에서 다수 종족인 후투족과 소수 종족인 투치족은 3년 동안 내전을 치렀고, 1993년 평화협정에 동의했다. 그러나 이 합의는 이행되지 않았다. 평화협정 시 내전의 주요 당사자는 권력공유에서 제외되었으며, 새롭게 구성되는 행정부와 의회에 참가하지 못했다. 외부의 개입이 극소화되는 과정에서 유엔은 평화유지군을 파견했지만 정권 전환기의 통치에 대해서는 전혀 간섭하지 않았으며, 무장해제 감시를 위한 능력을 가지지 않았을 뿐만 아니라, 평화유지군 배치가 지연되고 있었다. 결국 후투족 과격파는 후투족 출신의 대통령을 암살하고 휴전합의를 파기했고 내전을 재개했다. 그리고 이 과정에서 100일 동안 100만 명에 달하는 투치족의 생명을 앗아갔다. 하지만 국제사회는 개입하지 않았다. 미국은 1993년 10월 미군 특공대 19명이 사망하고 84명의 부상자가 발생했던 소말리아의 모가디슈 전투(Battle of Mogadishu)의 충격으로 아프리카 문제에 대해 어떠한 행동도 취하지 않았다. 또한 투치족 학살을 선동하던 후투족 라디오 방송을 중단

---

19) 이러한 평화로운 내전 종식은 짐바브웨의 번영으로 이어지지 않았다. 2009년 현재 짐바브웨는 정치 불안과 경제 위기에 처해 있다. 특히 물가 상승(inflation)은 상상을 초월하는 수준이다. 2008년 11월 현재 짐바브웨의 연간 물가 상승률은 516경(京, quintillion)으로 1.3일에 물가가 2배로 상승하고 있다. 여기서 경이라는 단위는 10의 16승으로 조(兆)의 1,000배이다.

시키기 위한 방안이 논의되었지만, 어느 방안도 집행되지 않았다.[20]

5. 월터 이론의 발전

월터는 내전 및 민족분규를 해결하는 평화 정착 과정을 검토했으며, 이 과정에서 왈츠가 제시한 무정부적 국제체제 논리를 이용해 무정부적 국내체제의 위험성을 강조했다. 협상을 통한 합의가 이루어지는 경우라 할지라도 자신만 합의를 이행하고 상대방은 이행하지 않을 위험이 존재하며, 이 때문에 평화를 공통의 이익으로 여기는 경우에도 내전 종식은 쉽지 않다. 문제를 해결하기 위해서는 외부세력이 개입해 국내적 무정부 상태를 일시적으로 완화하고 단기적인 위험을 해소해야 한다. 또한 장기적으로는 권력 공유를 실행하기 위한 제도적 장치가 필요하다고 보았다. 즉, 내전 종식을 위해서는 외부의 개입을 통해 단기적으로 국가기능을 제공하고 내전 당사자의 안전을 보장하면서, 장기적으로 연방제에 기초해 중앙정부를 느슨하게 구축하고 개별 당사자에게 어느 정도의 권력을 보장해야 한다.[21]

이와 같은 결론은 기본적으로 내전으로 파괴된 중앙정부를 재건하고 국가를 하나로 다시 통합하는 것을 목표로 삼는다. 하지만 경우에 따라서 국가 재통합은 너무나도 어려운 과정이기 때문에 차라리 분할을 통해 내전

---

20) 후투족 과격파는 이어서 벌어진 투치족과의 내전에서 패배해 정권을 상실했고, 2009년 현재 르완다 주변의 후투족 난민촌을 기반으로 르완다 정부와 대치하고 있다. 학살 책임자를 처벌하기 위한 국제재판소(International Criminal Tribunal for Rwanda: ICTR)가 1994년 11월 유엔안전보장이사회 결의로 설치되었다.

21) 특히 중요한 것은 국가의 독자적 생존을 위한 행정 능력의 보유이다. Robert H. Bates, *When Things Fell Apart: State Failure in Late-Century Africa* (Cambridge: Cambridge University Press, 2008).

당사자들이 각각의 국가로 독립하는 것이 효과적일 수 있다. 특히 공통의 정체성이 부족한 상황에서 인종청소와 같은 극단적인 폭력이 사용되었던 지역에서는 분할을 통한 새로운 국가 창설이 유일한 방법이기도 하다.[22] 그러나 분할이 처음부터 고려되어서는 안 되고, 피난민으로 인해 소수민족 거주 지역이 사라지고 인구 이동(population transfer)이 이미 발생한 경우에 검토할 수 있는 최후의 대안이다.

오늘날 이라크전쟁에서도 이러한 문제가 존재한다. 사담 후세인 정권 당시 이라크는 65%의 시아파와 35% 정도의 수니파로 구성된 시아파 다수 국가였으며, 북부의 쿠르드족은 전체 인구의 20%를 차지하는 소수민족으로 수니파 이슬람교를 신봉하지만 아랍인이 아니라 이란계 주민이다. 사담 후세인은 인구 비례상 소수파인 수니파 출신으로 쿠르드족과 시아파를 탄압하면서 권력을 유지했다. 2003년 미국의 침공으로 후세인 정권이 붕괴되면서 수니파 이슬람교도는 소수파로 전락했고, 사담 후세인 정권의 심장부였던 수도 바그다드 주변의 수니파 집중 거주 지역(Sunni Triangle)은 가장 강력한 반미 저항 지대로 부상했다. 그런데 2006년과 2007년에 있었던 알아스카리 사원 파괴 이후 시아파와 수니파 간에 내전이 발생했으며, 쿠르드족은 독립국가 수립을 위해 자치권을 확대했고 이러한 상황에서 미군은 아무런 역할도 하지 못했다. 이에 이라크를 쿠르드족 지역, 수니파 지

---

22) 무조건적인 국가분할은 자신들의 정치적·경제적 이익을 추구하는 기회주의적 지도자에게 좋은 먹잇감을 제공할 뿐이다. 대표적인 사례는 밀로세비치(Slobodan Milosevic)로서 유고슬라비아 해체 과정에서 세르비아 민족주의를 부추겨 자신의 정치적 야심을 실현했다. 이러한 가능성에 대한 연구로는 Jack Snyder and Robert Jervis, "Civil War and the Security Dilemma," in Barbara Walter and Jack Snyder (eds.), *Civil Wars, Insecurity, and Intervention* (New York: Columbia University Press, 1999), pp. 15~37가 있다.

역, 시아파 지역의 셋으로 분할해야 한다는 제안까지도 논의되었다. 하지만 2009년 현재 이라크는 쿠르드족 출신 대통령, 시아파 출신 수상, 그리고 각각 수니파와 시아파 출신의 부통령 두 명이 중심이 되어 권력공유를 추구하는 행정부가 존재한다. 또한 미국의 군사력은 점진적인 권력공유를 보장하고 새로운 통합정부를 구성하는 기간에 내전 당사자의 안전을 보장하는 '평화유지군' 임무를 수행하고 있다. 특히 2007년부터 미국 전투 병력이 증파되고, 바그다드를 비롯한 주요 지역에서 저항세력과의 전투가 아니라 주민을 위한 치안 및 안전 확보 작전이 이루어지고 있다. 이러한 방법이 성공할지에 대해서는 단언할 수 없다. 그렇지만 이라크 내전 종식을 위해 월터의 처방이 응용되고 있는 것은 사실이다.

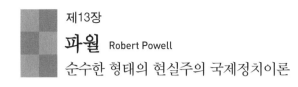

제13장
파월 Robert Powell
순수한 형태의 현실주의 국제정치이론

In the Shadow of Power: States and Strategies in International Politics

Princeton, NJ: Princeton University Press, 1999

오늘날 국제정치이론은 사실상 왈츠에 의해 창시되었으며, 그는 국제적 무정부 상태에서 국가가 어떻게 행동하는지에 초점을 맞추었다. 국가들은 개별 국가 상위의 단위체가 존재하지 않는 상황에서 자신의 생존을 추구하고 이를 위한 수단으로 힘(power)을 극대화하려고 한다. 협력 계약을 강제 집행할 수 있는 권위체가 존재하지 않기 때문에 국제협력은 쉽게 이루어지지 않는다. 결국 무정부적 국제체제에서 국가행동은 상대적 힘의 배분 상태, 특히 강대국의 숫자로 정의되는 국제체제의 구조에 의해서 결정된다. 왈츠는 국제정치와 외교정책에서 나타나는 모호한 부분을 제거하고 국가의 행동을 이해하고자 한다. '만인의 만인에 대한 투쟁'이라는 홉스적 국제체제에서 국가들은 서로 끊임없이 투쟁하고, 매우 한정된 경우에 서로를 신뢰하며 군사력이 가장 중요한 힘의 요소라고 판단한다.

하지만 왈츠의 논의는 논리적으로 모호한 부분이 많다. 과연 어느 정도의 자원을 투입해서 군사력을 구축하려고 하는가? 동맹국의 군사력과 자신의 군사력 가운데 무엇을 선호하는가? 변화하는 세력균형에서 국가는 어떻게 행동하는가? 이와 같은 질문에 대해 왈츠를 비롯한 많은 현실주의 이론가들은 다양한 해답을 제시했으나 확실한 답변을 주지는 못했다. 이에 대해 파월(Robert Powell)은 기본적인 질문을 정형화하고 기초적인 수학을 이용해 균형점을 찾는 방법으로 해결했다. 수학의 명료함으로 지금까지 논란의 대상이었던 여러 사안에 대해 확실한 답변을 제공하고, 이전까지 주목받지 못했던 논리를 밝혀냈다.

1. 왈츠와 파월 – 핵심 질문: 국가는 무정부 상태에서 어떻게 행동하는가

왈츠는 국제체제의 안정성과 국가행동에 대해 어느 정도 예측했지만, 논리와 예측 내용에서는 모호한 부분이 존재한다. 왈츠는 국제적 무정부 상태를 엄격하게 정의하여 연역적인 이론을 도출했으며, 국가행동에 대해 간결하게 예측했다. 하지만 이러한 간결한 예측은 국가의 행동을 구체적으로 분석하는 경우에 대입하면 엄밀하지 않은 부분이 드러난다.

예를 들어 무정부적 국제체제하에서 현실적으로 나타나는 국가행동에 대해 왈츠의 이론은 상당히 모호하다. 국가보다 상위에서 개별 국가의 안전을 포괄적으로 보장하는 단위체가 존재하지 않으며, 모든 국가는 생존을 유지하기 위해 자조의 원칙에 따라 행동한다. 국가는 생존을 위해 군사력 건설에 자원을 사용하고 외부 위협에 저항한다. 하지만 국가가 자신의 안전을 보전하기 위해 어느 정도의 자원을 사용하는지에 대해 논의하지 않았다. 현실적으로 국가들은 자신이 동원할 수 있는 자원 가운데 일부만을 국방비로 사용한다. CIA의 'The World Factbook'에 따르면, 2006년 한국은 국내총생산(GDP)의 2.7%를 국방비로 사용했으며, 이스라엘은 7.3%, 중국은 4.3%, 미국은 4.06%, 일본은 0.8%를 사용했고, 아이슬란드는 국방비를 전혀 사용하지 않았다.[1] 전면전쟁을 치르고 있는 국가도 자신의 전체 생산 모두를 군사비로 사용하지는 않는다. 한국전쟁 당시 한국 정부는 전체 예산 가운데 50%를 군사비로 사용했으며, 전쟁 이후에는 국내총생산의 5% 정도를 국방비로 지출했다. 또한 여러 자료를 종합해보면 북한은 한국전쟁 종결 이후 지금까지 전체 자원의 20% 정도를 군사비로 사용했다. 즉, 북한도 가용 자원의 약 80%를 직접적인 안전 이외의 목적을 위해서 사용했다. 그렇다면 왜 국가들은 군사비 지출에서 차이를 보이는가? 왜 생존이 걸린 전면전쟁에서도 가용 자원 전체를 군사비로 사용하지 않는가? 이러한 문제는 왈츠 이론에서는 설명되지 않는다.

또한 왈츠는 국제적 무정부 상태에서 모든 국가는 외부 위협에 대항한다고 본다. 자신의 생존이 가장 중요한 목표이므로, 자신의 생존을 위협하는 대상에 대해서는 적극적으로 대항하고 균형을 유지한다. 왈츠는 이러한 대항 또는 균형유지 전략에 내부적 균형유지와 외부적 균형유지 두 가지가 있다고 지적했다. 하지만 두 개의 균형유지 전략 가운데 어떠한 전략을 선택하는지에 대해서 왈츠는 명확한 논리를 제시하지 않았다. 왈츠는 동맹국이라고 해도 다른 국가를 신뢰할 수 없기 때문에, 자조 원칙에 따라서 스스로의 군사력 증강인 내부적 균형유지를 동맹 체결과 같은 외부적 균형유지보다 선호한다고 본다. 그렇지만 현실적으로 내부적 균형유지와 외부적 균형유지가 혼재하며, 개별 국가마다 이러한 전략 선택에 차이가 존재한다. 한국은 상당한 정도의 군사비를 사용하고 있으며 동시에 미국과의 군사동맹을 유지하고 있다. 아이슬란드는 북대서양조약기구의 구성원으로 동맹

---

1) http://www.cia.gov/library/publications/the-world-factbook(검색일: 2008년 9월 10일).

을 유지하고 독자 군사력은 보유하지 않으며, 반대로 대만과 이스라엘은 어떠한 국가와도 동맹을 체결하지 않은 상태에서 자신의 군사력에만 의존하고 있다.[2] 이러한 차이는 왈츠 이론에서는 정확하게 설명되지 않는다.

세력균형이 변화하는 상황에서 국가는 어떻게 행동하는가에 대해 왈츠는 정확한 논리를 제시하지 않았다. 예를 들면 왈츠 자신의 이론인 이른바 세 번째 이미지(Third Image)의 가장 오래된 이론가인 투키디데스는 펠로폰네소스전쟁의 원인이 페르시아전쟁 이후에 나타난 아테네 힘의 성장과 이에 대해 스파르타가 갖게 된 공포심이었다고 지적했다. 이와 달리 19세기 말 영국은 미국의 빠른 성장에 특별한 위협을 느끼지 않고 적절한 양보를 거듭하면서 미국이 아메리카 대륙의 지역 패권국으로 부상하는 현실을 수용했다. 하지만 왈츠는 어떠한 경우에 이러한 차이가 나타나는지에 대해 정확하게 설명하지 않았다.

파월은 왈츠가 모호하게 논의했거나 논리적으로 취약하게 다룬 부분을 엄격하게 검토했다. 즉, 국제적 무정부 상태가 무엇을 의미하는지를 명확하게 정의하고, 이 경우에 나타나는 전략적 상황에 대해 논의했다. 그는 매우 제한된 무정부 상태에서 나타나는 국가행동 방식을 게임이론을 통해 가장 명확한 언어인 수학을 사용하여 분석했다. 역사적 사례나 통계 데이터를 사용한 경험적 검증보다 순수하고 추상적인 차원에서 나타나는 국가행동 자체에 초점을 맞추었다. 그의 노력 덕에 이전까지는 모호하게 그리고

---

2) 이스라엘은 미국과 정치적 차원에서는 매우 긴밀한 관계를 유지하고 있지만, 어떠한 형태의 군사동맹도 체결하지 않았다. 대만은 미국과 동맹은 물론이고 외교 관계조차 맺지 않은 상태이며, 오직 대표부 수준의 관계만을 가지고 있다. 즉, 대만에는 미국의 외교 공관(embassy)이 없으며, 미국대표부(American Institute of Taiwan)라는 비영리 민간조직(non-profit private corporation)을 두고 있다.

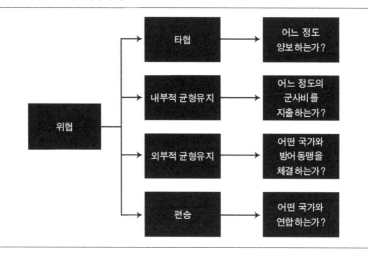

논리적으로 불충분하게 다루어졌던 부분이 분석의 대상에 포함되었다.

파월은 외부의 위협이 나타나는 경우에 국가가 사용하는 전략을 내부적 균형유지, 외부적 균형유지, 타협의 세 가지로 규정하고 이 가운데 어떠한 전략을 선택하는지에 초점을 맞추었다. 달리 말하면, '국가는 외부의 위협에 대항하기 위해서 어느 정도의 자원을 사용하며 어떻게 타협 또는 대항하는가'와 '세력균형이 변화하는 상황에서 국가는 어떻게 행동하고 어떠한 동맹에 참가하는가'라는 두 가지 질문이 파월의 논의에서 중요한 부분을 차지한다. 세 번째 질문은 '외부의 위협에 직면한 국가는 위협의 원천으로서 공격적으로 행동하는 국가와 연합하는 편승 전략, 위협의 원천 국가에 대항하는 균형 전략, 어떠한 국가와도 연합하지 않는 중립 전략 세 가지 가운데 무엇을 선택하는가'이다. 이러한 질문들은 왈츠 이론 이후 국제정치학의 기본 문제였으며, 여전히 많은 논쟁의 대상이 되고 있다. 파월은 수학을 사용해 이러한 질문에 대해서 매우 엄밀한 해답을 제공했다.

2. 완전하게 도식화된 국제적 무정부 상태의 의미

국제적 무정부 상태가 과연 무엇을 의미하는가? 왈츠는 개별 국가보다 상위의 단위체가 존재하지 않는 상황을 국제적 무정부 상태라고 정의했다. 하지만 이러한 정의로는 국가의 행동을 설명하기 어려우므로, 대신 국제적 무정부 상태에서 국가들이 직면하는 전략적 문제(strategic problem)를 논의하는 것이 필요하다. 따라서 파월은 국제적 무정부 상태에서 나타나는 전략적 문제를 검토하고, 이에 기초해 국가행동에 대한 매우 엄격한 모형을 구축하고 명확하고 추상적인 결론을 지극히 연역적으로 도출한다.[3)]

개별 국가들은 국제적 무정부 상태에서 다음과 같은 세 가지 문제에 직면한다. 첫째, 국가들은 자신의 미래 행동을 미리 확정할 수 없다는 약속 이행의 문제(commitment problem)가 있다. 모든 국가가 자신의 미래 행동을 결정하고 이를 정확하게 이행할 수 있다면 모두가 더 나은 이익을 얻게 된다. 하지만 죄수의 딜레마와 같이 모두가 협력하여 묵비권을 행사한다면 전체의 이익이 증가하지만, 묵비권을 행사하겠다는 약속을 하더라도 상대가 이를 정확하게 이행한다는 보장이 없기 때문에 당사자 모두는 협력을 포기하고 자백을 선택하며 모두 불리한 입장에 처하게 된다.

둘째, 정보의 객관성과 관련해 동일한 상황에서도 상대방과 자신이 서로 다른 정보를 가지는 비대칭적 정보(asymmetric information)의 문제가 부

---

3) 왈츠가 제시한 국제적 무정부 상태 개념과 파월이 논의하는 국제적 무정부 상태 개념은 상충되지 않는다. 왈츠가 개념 정의를 시도했다면, 파월은 왈츠의 개념 정의를 수용하고 그 상황에서 발생할 수 있는 전략적 문제 자체를 분석했다는 차이가 있다. 그러나 실질적인 내용은 동일하며, 왈츠의 개념 정의에서 파월이 논의한 전략적 문제들을 추론할 수 있다.

각된다. 특히 국제정치는 관련 국가들이 서로가 추구하는 목표와 힘에 관해 서로 다른 정보를 지닌 상황으로서, 정확한 정보를 가지고 있지 않은 불완전 정보(incomplete information) 또는 정보가 부족해서 발생하는 불확실성(uncertainty)이 존재한다. 상대방이 공격적인 현상타파 국가인지 아니면 방어적인 현상유지 국가인지에 따라 대응 방법은 달라지며, 동시에 상대방이 자신보다 군사력에서 우위에 있는지 아니면 열위에 있는지에 따라서도 대응 방법이 달라진다. 문제는 이러한 평가가 항상 정보의 부족과 불완전성 때문에 정확하게 이루어지기 어려우며, 특히 서로 대립하고 있는 국가라면 상대에 대해 상반된 평가를 내릴 가능성이 크다는 것이다.

세 번째 문제는 상대 국가의 행동을 바꾸기 위해서 사용할 수 있는 군사력이 어떠한 특성을 가지는가와 관련된 강압기술(technology of coercion)이다. 모든 국가는 어느 정도의 군사력을 가지고 있지만, 이러한 군사력은 사용 목적에 따라 효율성에서 차이를 보인다. 즉, 방어 목적에 더욱 효과적인 군사력이 존재하는 반면 공격에 더욱 유리한 군사력이 존재한다.[4]

파월은 국제적 무정부 상태를 이렇게 개념화하면서 왈츠의 주장을 발전시켰다. 1979년 처음 왈츠가 논의했던 국제적 무정부 상태는 약속 이행 문제와 비대칭적 정보를 명시적으로 포괄하지 않았다. 왈츠는 개별 국가의 상위에 폭력 수단을 독점하고 있는 단위체가 존재하지 않는 것이 국제적 무정부 상태라고 정의했다. 그리고 국제적 무정부 상태에서 국가는 자조의 원칙에 따라서 자신의 안보를 추구한다고 단언했다. 하지만 국제적 무정부

---

4) 강압기술이란 군사력 사용 목적에 따른 효율성의 차이를 지칭하며, 보통 반 에베라 등이 주장하는 공격방어 균형 개념과 유사하다. 하지만 파월은 자신의 강압기술이라는 변수를 수학적으로 정의하면서 군사비 지출이 실제 군사력으로 전환되는 비율인 군사력 지수(force multiplier)를 제시한다.

상태에서 국가들이 과연 어떠한 압력에 노출되는지, 그리고 왜 안보 극대화를 위해 노력하는지에 대해서는 자세하게 설명하지 않았다. 이후 왈츠 본인과 왈츠 이론에 동조하는 많은 국제정치이론가들이 이러한 부분을 보완하면서 다양한 논의가 등장했으며, 그 과정에서 상대 국가를 완전하게 신뢰할 수 없다는 측면이 부각되었다.

기존 이론에서 말하는 불확실성은 주로 상대방이 지닌 의도에 대해 정확히 파악할 수 없는 상황에서 발생한다. 즉, 상대방이 지금은 현상유지 국가로서 방어적 방식으로 안보를 추구하지만, 미래에 상대방의 국가 목적 또는 성향이 변화하여 현상타파 국가로서 공격적인 행동을 취할 가능성이 존재한다. 특히 상대가 현상타파적으로 돌변하는 경우에는 매우 치명적인 결과가 발생하기 때문에 완전하게 안심할 수 없다. 다시 말해서 이러한 불확실성은 자신의 행동이 아닌 상대의 행동에 대해 확신할 수 없는 상태를 의미하며, 미래에 어떠한 변화가 나타날지 모른다는 불안의 원천이다. 왈츠 이론의 불확실성은 현재보다는 주로 미래에 나타나는 현상에 대해서 알지 못한다는 사실을 시사한다.

하지만 파월은 이러한 불확실성 문제를 약속 이행의 문제와 비대칭적 정보라는 두 가지 문제로 분리했으며, 이에 추가하여 군사력의 효용과 관련된 강압기술을 분석했다. 우선 모든 국가들의 미래 행동은 통제되지 않는다는 약속 이행의 문제가 존재한다. 이는 현재의 약속을 이후에 철저히 이행하지 못한다는 의미로, 상대의 행동 변화 가능성뿐 아니라 자신도 현재 약속한 부분을 미래 시점에서 확실하게 이행하지 않을 수 있다는 가능성을 포함한다. 즉, 문제의 근원은 상대방의 행동 변화뿐 아니라 자신의 행동 변화일 수 있다는 사실을 명시적으로 인정하고, 국제정치의 문제를 자기중심적으로 이해하기보다는 객관적으로 논의한다.

둘째, 파월은 행동과는 독립적으로 상대의 정치적 목적과 성향 그리고 상대적 힘에 대해 현재와 미래에서 공통적으로 나타나는 비대칭적 정보를 강조한다. 왈츠도 객관적인 현실을 정확하게 인식하지 못하는 문제를 논의하면서, 이것이 오인(misperception) 또는 실수(mistake) 때문에 나타난다고 보았다. 심리적인 차원에서 편견을 가지고 있거나 정치적 이념과 국내정치적 이유로 정보를 처리하는 과정에서 왜곡이 일어나며 인식 오류가 발생한다. 즉, 국제정치와 국가의 행동에는 합리적이지 않은 부분이 존재한다.[5] 하지만 비대칭적 정보는 왜곡이나 오인 때문이 아니라 기본 상태에서 정보가 동일하지 않게, 즉 비대칭적으로 분포되어 있기 때문에 발생하는 문제로, 국가가 합리적인 경우에도 나타난다. 자신의 목적과 상대적 힘에 관해서는 상대보다는 자기 자신이 더욱 많은 정보를 가지고 있다. 설사 미래에 나타난 목적과 힘의 변화 때문에 정확하게 알지 못한다고 해도, 자신의 변화에 관해서는 다른 어떠한 국가보다도 자신이 더 많은 정보를 가진다. 따라서 기본 출발점에서 나타나는 정보의 양과 질에 차이가 있으며, 이러한 초기 정보의 차이는 합리적인 판단 과정을 거친다고 해도 최종 정책 결정에서 큰 차이로 나타난다. 즉, 파월은 국가의 합리성 가정을 유지하면서, 국가가 서로 다른 판단을 내리는 부분을 논리적으로 분석한다.

1979년 왈츠가 제시한 주장과 1999년 파월의 주장이 동일할 수는 없다. 20년 동안 국제정치학도 변화했으며, 새로운 논리가 만들어지고 더욱 정교한 분석이 시도되었다. 파월은 이러한 발전을 적극 수용했으며, 기존에 모호하게 처리되었거나 논리적으로 해결되지 않았던 부분을 명쾌하게 분석했다. 특히 가장 명료한 언어인 수학을 사용했기 때문에 기존 분석보다

---

5) 이에 대한 고전적인 연구로는 Robert Jervis, *Perception and Misperception in International Politics* (Princeton, NJ: Princeton University Press, 1976)가 있다.

는 훨씬 높은 차원의 설득력이 있다. 수학분석(formalization)은 모든 연구가 사용하는 다양한 연구 방법 가운데 하나로서, 다른 분석 도구와 마찬가지로 새로운 아이디어와 통찰력을 검증하는 데 그 목적이 있다. 역사적 사례를 사용하거나 정량화하기 어려운 인터뷰 또는 맥락분석 등을 강조하는 정성적 연구(qualitative methods)와 통계를 사용해 대규모 데이터를 분석하거나 수학을 사용하는 정량적 연구(quantitative methods)는 기본적으로 동일한 논리에 기초해 가설을 검증한다.

이론 모형은 현실의 복잡함을 완전히 설명하지 못한다. 모형은 현실의 복잡함을 버리고 필요한 부분만을 추상화하기 때문에 기본적으로 현실 전체를 설명하지 못한다. 하지만 필요한 부분에 대해서는 놀라울 정도의 명료성과 투명성을 보여주며, 이를 통해 모두가 합의할 수 있는 논의를 진행할 수 있다. 이와 같은 논리적 투명성(logical transparency)은 모든 연구 방법이 추구하는 공통의 가치이며 학문 발전을 위해 필수적인 절차이다.

3. 외부 위협에 대한 대응: 어느 정도의 자원을 투입하는가

파월이 도전한 첫 번째 모형은 '외부의 위협이 존재하는 경우에 국가가 어떠한 방식으로 자신이 지닌 자원을 배분하는가' 하는 질문에 관한 것이다. 흔히 국방–소비 및 투자 자원배분 문제(gun vs. butter problem)라고 불리는 모형에 의하면, 국가의 효용은 소비 및 투자(butter)에 할당되는 자원에 따라서 결정되는데, 이와 동시에 국가는 생존을 위해 군사력(gun)에도 자원을 투입한다. 그렇다면 어느 정도의 자원을 군사력에 투입하고 어느 정도의 자원을 소비하는가라는 문제가 부각된다. 특히 현재의 안보를 위해서 소비와 투자를 희생하면 전체적인 효용이 감소하고 동시에 투자 감소로 미래의 생산이 줄어들어 결국 미래 안보가 위협받는다. 즉, 소비 및 투자와 군사력 증강 사이에는 음의 상관관계(negative trade-off)가 존재하며, 국가는 이 상황에서 자원을 적절히 배분해야 한다. 국내 소비와 경제성장을 희생할 경우에는 현재의 안보와 미래의 안보가 갈등하게 되므로 안보를 위해 어느 정도의 자원을 사용할 것인지는 현실적으로 매우 중요한 문제이다.

이러한 모형은 국제정치에서 나타나는, 많은 경우에 혼동되는 다음과 같은 사실을 명확하게 보여준다. 우선 국가가 추구하는 최종 가치는 소비이며, 안보와 생존은 소비를 유지하기 위한 전제 조건에 불과하고 군사력은 안보를 추구하기 위한 수단이다. 즉, 군사력은 목적이 아니며 그 자체로는 효용을 가지지 않는 수단에 지나지 않는다. 따라서 국가들은 상대적 힘을 극대화하지 않고, 자신이 지닌 자원 전체가 아닌 일부만을 사용해 군사력을 구축한다. 미어세이머와 같은 공격적 현실주의 이론가들은 국가가 힘의 극대화를 추구한다고 보았지만, 자원배분과 관련된 이론 모형은 이러한 주장이 논리적으로 오류라는 사실을 보여준다. 즉, 국가는 상대적 힘의 극대화를 위해서는 노력하지 않는다. 적절한 정도 또는 최적 수준까지만 상대적 힘을 증가시켜서 안보를 추구하고, 나머지 부분은 현재의 소비와 미래의 소비를 위한 투자에 사용한다.

둘째, 상대적 이익에 대한 고려(concern for the relative gains)는 변화하지 않는 상수가 아니라 강압기술 등의 요인에 따라 결정되는 변수이다. 즉, 상대적 이익을 고려하는 정도가 항상 동일하지는 않다. 상황에 따라서, 특히 강압기술의 특성상 방어보다 공격이 더욱 유리하다면, 장기적 충격은 증폭되며 따라서 국가들은 상대적 이익을 더욱 많이 고려한다. 반대로 공격보다 방어가 더욱 유리하다면, 협력의 이익을 배분하는 과정에서 상대적으로 불리하다고 해도 장기적인 충격은 오히려 축소된다. 셋째, 모든 국가가 현재의 군사력에 대한 자원배분을 억제하고 이를 상대방에게 약속할 수 있다면, 현재와 미래에 더욱 많은 자원을 소비와 투자에 사용할 수 있기 때문에 모두가 이익을 본다. 하지만 모두에게 이익을 가져다주는 해결책은 약속 이행의 문제 때문에 유지되기 어렵다. 만약 국가들이 완벽한 억지 능력(perfect deterrent capability)을 가지고 있다면, 안전이 완전하게 보장되며 국가들은 군사비 지출을 줄이고 소비 및 투자에 자원을 집중한다. 그리고 이 경우에 나타나는 국제적 무정부 상태는 현실주의, 특히 공격적 현실주의가 논의하는 국제적 무정부 상태와는 달리 매우 안전하다.[6]

국가는 상대방의 군사력에 맞추어 자신의 안보를 유지하는 데 필요한 군사력의 양을 결정하고 이에 필요한 자원을 군사력 구축에 투입하며 나머지 부분은 현재 소비와 투자에 사용한다. 즉, 국가들은 최적 수준 이상 또는 이하의 군사력을 유지할 경우에 각각 효용 감소와 안보 저해 상황이 발생하기 때문에 자신의 효용을 극대화할 수 있는 최적 군사력(optimal military spending)을 추구한다. 만약 국가들이 군사력을 줄이는 데 합의한다면, 안보를 저해하지 않으면서 소비를 위해 더 많은 자원을 사용할 수 있게 되어 효용을 증대시킬 수 있다. 하지만 군사력 감축에 국가들이 합의한다고 해도 약속 이행의 문제가 발생할 수 있기 때문에 군사력 상호 감축을 통한 효용 증대는 성취하기 어렵다.[7] 다시 말해 모든 국가가 군사력보다는 소비

---

6) Robert Powell, "Anarchy in International Relations Theory: the Neorealist-Neoliberal Debate," *International Organization*, Vol. 48, No. 2 (Spring 1994), pp. 313~344.

7) 엄격하게 말하면, 왈츠와 파월은 국가의 최종 목표에서 차이를 보인다. 왈츠에 따르면, 국가의 최종 목표는 안보이며, 안보를 추구하기 위해 군사력 등의 상대적 힘을 추구한다. 반면 파월은 국가의 최종 목표를 안보가 아닌 소비로 보며, 안보는 소비를 가능하게 하는 수단에 지나지 않는다고 본다. 파월이 단순히 안보가 아니라 안보를 통한 소비를 최종 목표로 삼았기 때문에, '최적 군사력'이라는 개념이 가능

와 투자를 증가시키는 평화 상태는 가능하지만, 약속 이행의 문제 때문에 안정적으로 유지되지 않는다.

동시에 최적 군사력은 강압기술에 따라서 변화한다. 만약 방어에 유리한 강압기술이 등장해 동일한 군사비 지출로도 공격보다는 방어에 더욱 유리한 군사력을 구축할 수 있다면, 최적 군사력의 크기는 감소한다. 또한 이 경우에 국제체제 전체의 군사력 양과 군사력 구축에 투입되는 자원의 양이 줄어들고, 소비와 투자에 사용하는 자원의 양이 늘어나기 때문에 국가들의 효용은 증가한다. 한편 강압기술이 공격에 유리하면 국가들이 자신의 안전을 지키는 데 필요로 하는 최적 군사력의 양은 증가한다. 따라서 국제체제 전체의 군사력은 증가하지만 국가들의 효용은 감소한다. 이 경우에 국가들은 서로 공격 우위의 강압기술을 이용해 상대방을 공격하여 파괴하려고 하며, 국제체제의 무정부성은 더욱 위험하게 변화한다. 즉, 더욱 많은 자원이 군사력에 투입되는 반면, 소비와 투자에 사용되는 자원은 감소한다. 공격이 유리한지 방어가 유리한지에 따라서 국가의 행동이 달라진다는 주장은 이른바 공격방어이론과 많은 공통점이 있다.

4. 상대적 세력균형에 대한 대응: 타협과 전쟁을 어떻게 선택하는가

현실에서 국가 간에는 힘의 차이가 있다. 강대국과 약소국이 존재하고, 동시에 강대국 사이에도 상당한 힘의 차이가 있다. 또한 국가들은 서로 다른 이익을 가지며, 경우에 따라서 전쟁 또는 협상을 통해 문제를 해결한다. 예를 들어 미국은 핵무기를 포함한 대량살상무기의 개발을 둘러싸고 2003

_____
하며, 군사력 감축을 통해 소비를 증진하고 이를 통해 더욱 많은 효용을 얻을 수 있다는 결론이 도출된다.

년 3월 이라크를 침공했다. 하지만 핵무기 개발을 시도했던 북한과 이란에 대해서는 군사력을 사용하지 않았으며 외교를 통해 문제를 해결하려고 했다. 즉, 상대적 힘에 차이가 있다고 해도 문제 해결을 위한 방법에서 무조건적으로 군사력을 사용하지 않으며 외교적 타협이 이루어지기도 한다.

　이러한 현상을 설명하기 위해 파월은 다음과 같은 협상 모형을 제시한다. 협상에 참여한 국가는 상대방의 제안을 수용해 협상을 종식시키고 문제를 해결하거나, 상대방의 제안을 거부하지만 어느 정도의 양보를 역제안하면서 협상을 계속하거나, 군사력을 동원해 전쟁을 함으로써 문제를 해결할 수 있다. 모든 경우에 이러한 세 가지 선택이 가능하지만, 상대방과 자신의 편익과 전쟁 비용, 승리 가능성에 따라 최종 결과는 달라진다. 협상은 상대방과 자신이 평가하는 편익과 전쟁 비용, 전쟁에서의 승리 가능성이 합치되는 경우에 타결된다. 전쟁을 수행하기 위해서는 상당한 자원이 소요되며, 승리에 대한 보장이 없기 때문에 모든 경우에 전쟁은 도박과 같다. 물론 공격적으로 행동하는 현상타파 국가는 전쟁 비용을 과소평가하고 승리 가능성을 과대평가하지만, 전쟁 자체는 항상 상당한 비용을 수반하기 때문에 현상타파 국가를 포함한 모든 국가는 전쟁보다는 상대방이 양보하기를 바라며, 외교적 양보를 선호한다.

　만약 상대방의 편익과 전쟁 비용, 승리 가능성에 대해 완전한 정보(complete information)를 가지고 있다면, 모든 협상은 첫 번째 만남에서 해결된다. 협상이란 지속적인 접촉을 통해 서로가 주관적으로 인식하는 가격에서 일치를 보는 과정으로, 협상의 대상이 되고 있는 사안에 대한 편익과 함께 군사력을 동원할 경우에 소요되는 전쟁 비용, 전쟁에서의 승리 가능성에 대해 상대방이 어떻게 평가하고 있는지를 알지 못하기 때문에 나타난다. 따라서 상대에 대한 정확한 정보가 존재한다면 첫 번째 접촉에서 협상은 타결되며, 전쟁은 발생하지 않고 각자의 편익에 따라서 사안이 분할되어 해결된다.[8) 즉, 전쟁이 일어나는 근본 원인은 세력균형의 유지 또는 파괴 때문이 아니라 상대방에 대한 정보가 부족하다는 사실이며, 따라서 협상을 통해 모든 문제를 해결할 수 있다.

또한 세상에 존재하는 모든 것은 변화하며, 국가의 상대적 힘도 예외는 아니다. 어떠한 강대국도 자신의 우월한 지위를 영원히 유지할 수 없으며, 적응에 실패하는 경우 파멸한다. 예를 들어 19세기 최고의 강대국이었던 영국은 20세기에 두 번의 세계대전을 치르면서 쇠퇴했고, 제2차 세계대전 직후인 1946년 세계 국민총생산(GNP)의 절반을 차지했던 미국도 2006년 세계 경제에서 차지하는 비중이 25% 정도로 감소했다. 이처럼 강대국 지위에 나타나는 변화는 국제정치에 상당한 혼란을 가져온다.

그러나 세력균형이 변화한다고 해서 항상 전쟁이 발발하는 것은 아니다. 쇠퇴하는 국가(declining power)는 시간이 흐르면서 상대적으로 더욱 불리해지기 때문에 가능한 한 빨리 자신의 군사적 우위를 이용하려고 하지만, 부상하는 국가(rising power)는 시간을 벌어서 더욱 유리한 상황을 만들

---

8) 완전 정보가 존재해도 민족주의 또는 종교적 상징이 연루된 문제는 사안 분할이 불가능에 가깝다. 대표적으로 예루살렘이 위치한 템플마운트를 예로 들 수 있다. 이곳은 유태교 최고의 성지로서, 유태교 교리는 세계가 이곳에서부터 팽창하기 시작해 만들어졌으며 바로 이곳에서 신이 인간을 창조했다고 가르친다. 동시에 이곳은 약 3,000년 전에 솔로몬 왕이 신전을 건설했던 장소로서 유태교 신앙의 가장 중요한 상징이다. 하지만 이 장소는 이슬람의 창시자인 무함마드가 신의 사자인 가브리엘(Gabriel)의 인도로 이전의 예언자를 만났던 승천(昇天)의 장소이다. 서기 705년 바로 이곳에 가장 오래된 이슬람 사원인 알아크사 사원이 건설되었고, 이 장소는 현재까지 이슬람 교리에서 메카, 메디나에 이어 세 번째로 중요한 성지이다. 따라서 아랍과 이스라엘 간 분쟁에서 예루살렘 문제는 협상을 통해 해결하기 매우 어려우며, 군사력 동원과 같은 엄청난 비용까지도 감수하는 경향이 있다.

어내려고 한다. 따라서 쇠퇴하는 국가가 전쟁을 하려고 해도 부상하는 국가는 전쟁을 피하기 위해 쇠퇴하는 국가에 상당한 양보를 하기 때문에 전쟁이 즉각적으로 발발하지는 않는다. 어떤 시점을 넘어가면 쇠퇴하는 국가는 전쟁에서 승산이 없기 때문에 부상하는 국가의 요구를 수용하고 전쟁을 회피한다. 상대방에 대한 완전한 정보가 보장된 경우에는 부상하는 국가가 쇠퇴하는 국가에 세력균형의 변화를 상쇄할 정도의 양보를 함으로써 전쟁을 예방할 수 있다. 하지만 세력균형의 변화가 지나치게 빠르게 일어나 이를 상쇄할 정도의 양보가 어렵거나 쇠퇴하는 국가가 초기 상황에 대해서 큰 애착이 없는 경우에는 전쟁이 일어난다. 즉, 세력균형이 변화하고 완벽한 정보가 보장되는 경우에도 전쟁이 발생할 수 있으며, 이것은 국가 간에 나타나는 약속 이행 문제 때문에 일어나는 현상이다.

세력균형이 변화하면 합의를 통한 문제 해결은 어려워지며, 국제체제의 안정성은 줄어든다. 세력균형이 변화하는 상황은 기본적으로 현재의 상태와 미래의 상태가 다른 동태적인 상황(dynamic situation)으로서, 미래에 대한 예측과 함께 미래의 중요성에 대한 평가가 중요한 사안으로 부각된다. 즉, 미래를 상대적으로 중요하게 생각하는지, 아니면 현재의 문제에 매몰되어 미래에 대해서는 심각하게 생각하지 않는지를 표시하는 시평에 따라 국가행동은 달라진다. 예를 들면 세력균형의 변화 속도가 동일하다고 해도 현재 문제에 매몰되어 미래에 근시안적으로 대응하는 국가는 세력균형의 변화에 소극적으로 대응하며 미봉책으로 문제를 회피한다. 하지만 장기적인 시평을 지닌 국가는 세력균형의 변화가 가져오는 전략적인 문제를 심각하게 고려한다. 따라서 상대적으로 쇠퇴하는 국가는 더욱 늦기 전에 자신의 군사적 우위를 이용해 문제를 해결하기 위해서 예방전쟁을 감행한다.

이와 함께 정보의 비대칭성이 존재하여 국가들이 상대방의 선호에 대해 완전한 정보를 가지지 못하는 경우에도 전쟁의 가능성은 증가한다. 특히 어느 정도의 양보를 통해 세력균형의 변화를 상쇄할 수 있는지에 대해 파악하기가 어렵기 때문에, 협상을 통해 모두에게 이익이 되는 합의에 도달하는 것은 쉽지 않다. 부상하는 국가는 가능한 한 적은 부분을 양보하려고 하며, 상대적으로 쇠퇴하는 국가는 최대한 많은 양보를 얻어내려고 한다. 불완전한 정보가 존재하는 경우에 국가들은 상대방이 전쟁의 비용과 승리 가능성에 대해서 어떠한 평가를 하고 있는지 정확하게 알지 못하며, 다만 어느 정도의 범위에서 상대의 전쟁 비용과 승리 가능성에 대해 추측할 뿐이다. 더욱이 문제가 되는 것은 부상하는 국가와 쇠퇴하는 국가는 전쟁 비용과 승리 가능성에 대해 달리 추측하기 때문에 합의가 이루어지기 어렵고 결국 협상을 통해 문제를 해결하기보다는 전쟁을 감행한다.

중요한 의미를 가지는 변수는 전쟁 비용과 승리 가능성에 대한 평가 및 그에 대한 추정이다. 만약 국가들이 전쟁 비용과 승리 가능성에 대해 더욱 비관적으로 평가한다면, 즉 전쟁 비용은 증가하고 승리 가능성이 낮아진다고 평가한다면, 국가들은 더욱 작은 크기의 양보를 주고받으면서 합의에 도달할 수 있고 따라서 협상을 통한 문제 해결이 더 쉬워진다. 여기서 바로 강압기술이 의미를 가진다. 강압기술의 변화로 전쟁 비용과 승리 가능성에 대한 낙관적인 전망이 증가하면 전쟁을 하는 데 더 적은 비용이 소요되므로 승리 가능성이 커진다고 평가하게 된다. 이 경우에 쇠퇴하는 국가는 더욱 많은 양보를 요구하게 되며, 부상하는 국가는 더욱 많은 부분을 양보해야만 협상을 통해 문제를 해결하고 전쟁을 피할 수 있다. 즉, 더욱 많은 양보를 해야 하기 때문에, 차라리 비용이 더 적게 들고 승리 가능성이 높은 전쟁을 통해 문제를 해결하려고 한다.

5. 외부 위협에 대한 동맹 전략: 어떠한 국가와 힘을 합하는가

외부의 위협에 직면한 경우에 국가는 다음 세 가지 정책 가운데 하나를 선택한다. 첫째로 외부에서 위협을 가하는 국가와 공조하면서 편승하거나, 둘째로 비슷하게 위협받는 다른 국가와 연합해 동맹을 선택하거나, 셋째로 어떠한 국가와도 공조 또는 연합하지 않고 철저하게 중립을 고수한다. 이러한 문제에 대해서 기존 이론은 국가가 자신의 안보를 위해서 중립을 고수하거나 위협적인 국가와 공조하는 편승을 선택하기보다는 다른 국가와 연합해 위협에 대항하는 동맹을 선택한다고 보았다. 하지만 이에 대한 논리적 설명은 충분하지 않았다.

파월은 세 개의 국가가 존재하며 이 가운데 한 국가가 공격적으로 행동하고 나머지 두 국가가 편승, 중립, 동맹 중 하나를 선택하는 상황을 상정한다.[9] 개별 국가는 최종적으로 직면하는 결과에 따라서 자신의 행동을 선택한다. 즉, 국가는 최종적으로 더욱 많은 이익을 얻을 수 있는 정책을 선택하며, 특히 자신의 결정에 의해 전체의 힘이 어떻게 변화하는지를 나타내는 규모수확비율(returns to scale)을 중요하게 고려한다. 연합을 통해 두 국가의 군사력 합보다 더 많은 군사력을 만들어낼 수 있는 규모수확체증(increasing returns to scale) 상황과 연합 군사력이 이전 군사력 합보다 감소하는 규모수확체감(decreasing returns to scale)의 경우에 국가의 선택은 다르다.

우선 위협을 가하는 국가의 힘이 강할수록 다른 국가들이 위협적인 국가에 대항하는 동맹을 체결할 때 얻는 편익은 감소한다. 강력한 국가에 대

---

9) 균형유지 정책에는 동맹을 체결하는 외부적 균형유지와 자신의 군사력을 증강하는 내부적 균형유지의 두 가지가 존재한다. 하지만 파월은 내부적 균형유지를 제외하고 외부적 균형유지에 초점을 맞추어 동맹 전략을 분석한다.

한 저항이 성공할 가능성은 크지 않으므로, 동맹을 통한 저항보다 오히려 편승이 더욱 쉽게 나타난다. 하지만 연합 군사력 구축에서 규모수확체증이 존재한다면, 동맹의 편익이 증가하지만 편승의 이익 역시 증가한다. 중립 정책은 전쟁의 승리자가 현상유지 국가인지 아니면 현상타파 국가인지에 따라서 그 편익이 달라진다. 승리자가 현상유지 국가이면 큰 문제가 없지만 현상타파 국가라면 전쟁 종결 이후에 중립국이 상당히 많은 양보를 해야 하며, 그렇지 않으면 더욱 강력해진 현상타파 국가의 공격을 받게 된다. 이와 더불어 규모수확체증인 경우와 규모수확체감의 경우에 따라서도 편익이 달라진다. 규모수확체증이 존재하면, 전쟁 이후 승전국의 힘이 더 많이 증가하기 때문에 중립을 지키는 경우의 편익은 더 감소한다.

따라서 대부분의 경우 위협적인 국가에 대해 편승하는 경향을 보인다. 규모수확체증 상황에서는 동맹의 편익이 증가하지만 동시에 편승의 편익도 증가하며, 따라서 상대적으로 약한 국가와 동맹을 맺는 균형유지보다는 강력한 국가에 편승한다. 중립은 규모수확체감 또는 규모수확불변(constant returns to scale) 상황에서 나타나지만, 규모수확체증이 어느 정도만 나타나면 중립은 사라지고 대부분은 강력한 국가와 연합하는 편승이 등장한다. 하지만 규모수확체증이 매우 높은 경우에는 편승이 아니라 동맹이 가능하다. 위협적인 국가가 강력한 힘을 지녔다고 해도, 나머지 국가가 힘을 합하고 이것이 규모수확체증을 통해 더욱 강력한 군사력으로 이어질 경우에는 동맹을 통한 저항이 가능하다.

동맹을 체결해 외부의 위협에 대항하는 균형정책은 매우 제한적인 경우에만 등장한다. 동맹 체결과 같은 균형정책은 위협적인 국가가 지나치게 위협적인 경우에, 즉 전쟁에서 승리한 다음에 위협적인 국가를 협상을 통해 만족시키는 데 엄청난 양보가 필요한 경우에만 등장한다. 반면 편승은 상당히 광범위하게 나타난다. 군사력 구축에서 규모수확체증이 제한적으로 존재하면 위협적이고 강력한 국가와 공조해 다른 국가를 공격하는 것이 전쟁 비용과 승리 가능성 측면에서 더욱 유리하다. 하지만 전쟁에서 승리한 다음에 위협적인 국가와의 협상을 통해서 평화를 유지해야 하는 문제가 있으며, 이 경우에 위협적인 국가가 지나치게 위협적이라면, 즉 제한된 양보를 통해서 쉽게 만족시킬 수 없다면, 편승을 하기보다는 동맹을 통해 위협적인 국가에 대항하게 된다. 이 과정에서 규모수확은 모든 경우에 적용되며, 그 효과는 특정 수준 이전과 이후가 급격하게 다르지만, 어느 지점에서 효과가 달라지는지를 사전에 정확하게 파악할 수는 없다.

6. 파월 이론의 중요성과 공헌

전통적인 국제정치 연구는 현실에서 벌어지는 다양한 현상을 엄격하게 분석하지는 못했다. 기존 이론들은 너무나 많은 변수들을 동시에 고려했고 덕분에 현실을 풍부하게(rich) 설명한다는 이점이 있으나, 논리적으로 간결(parsimonious)하게 분석하지 못하는 한계가 있다. 국제정치학에서 개별 퍼즐의 원인인 독립변수와 결과인 종속변수를 구분하고 나머지 고려 사항을 완전하게 통제하기는 매우 어려우며, 따라서 정확한 사례 선택이 핵심적인 문제로 부각된다.[10] 하지만 게임이론을 이용하면 현실의 다양성을 과감하게 생략하고 통제할 수 있다. 물론 풍부한 설명은 불가능하지만 개별 변수들의 관계를 명확하고 간결하게 분석할 수 있고, 따라서 사회과학의 핵심

---

10) 이 부분에 대해서는 Gary King, Robert O. Keohane and Sidney Verba, *Designing Social Inquiry: Scientific Inference in Qualitative Research* (Princeton, NJ: Princeton University Press, 1994)라는 탁월한 교과서가 존재한다.

목표인 예측(prediction)이 가능하다는 이점이 있다. 분석상의 명확성과 서술상의 풍부함 가운데 무엇을 선택할 것인지는 개별 연구자의 선호에 따라서 결정된다. 하지만 분석의 간결함과 서술의 풍부함을 동시에 극대화할 수는 없기 때문에, 하나를 추구할 경우 다른 하나는 어느 정도 희생된다.[11]

국가행동에 대한 간결한 분석이라는 측면에서 파월은 독보적인 업적을 보여주었다. 첫째, 이전까지는 국제정치를 분석하기 위해서 다양한 추가 변수들이 사용되었고, 따라서 국제정치이론체계는 상당한 혼란에 봉착했다. 하지만 파월은 국제적 무정부 상태와 개별 국가의 상대적 힘이라는 순수한 현실주의적 변수만을 사용해 국가행동의 상당 부분을 분석하는 데 성공했다. 둘째, 파월은 이전까지 상당한 혼동이 존재하던 부분에 대해 논리적으로 답변했다. 국가가 국제적 무정부 상태에서 자신의 힘을 극대화하려고 시도하는지, 그리고 상대적 이익에 대한 우려가 얼마나 중요한지에 대해 그동안 많은 논의가 있어왔지만, 파월의 분석은 기존 주장의 문제점을 정확하게 보여주었다. 동시에 전쟁의 원인이 단순히 미래에 대한 두려움이 아니라 불완전한 정보라는 사실을 상기시켰으며, 외부의 위협에 대항하는 것이 그다지 흔하지 않은 행동이라는 결론을 도출했다.

---

11) 간결함과 풍부함을 동시에 추구할 경우에는 어느 하나도 극대화할 수 없다. 극대화(maximization)는 반드시 어느 정도의 희생을 동반한다. 파월의 연구와 비슷하게 게임이론을 통해 왈츠 이론에서 두드러진 간결함을 극대화한 최근의 연구로는 Andrew H. Kydd, *Trust and Mistrust in International Relations* (Princeton, NJ: Princeton University Press, 2005)가 있다.

결론

30년간의 변화와 발전

왈츠가 『Theory of International Politics』를 출판했던 1979년, 인간 유전자 지도를 작성하는 휴먼게놈계획(Human Genome Project)은 아직 구상조차 되지 않았다. 6,500만 년 전 지름 10km의 소행성(astroid)이 현재 멕시코 유카탄 반도(Yucatán Peninsula)에 충돌했고 그 충격으로 공룡이 멸종했다는 알바레스(Walter Alvarez)의 논문은 발표되지 않았다. 허블 우주망원경(Hubble Space Telescope)은 계획 단계에 머물러 있었고, 우주의 기원이 대폭발(Big Bang)에서 기원했다는 견해는 물리학계에서 조금씩 정설로 수용되고 있었다. 후천성면역결핍증에 대한 공식 명칭은 존재하지 않았고 에이즈 바이러스는 확인되지 않았다.

지난 30년 동안 분자생물학, 고생물학, 물리학, 의학 등은 새로운 분석 방법과 새로운 아이디어를 수용하면서 높은 수준으로 진보했다. 하지만 모든 분야에서 기본적으로 출발점이 되는 아이디어가 있었으며, 초기 단계에서는 출발점이 되었던 논의에 대한 찬성과 반대 논쟁이 발전의 원동력으로 작용했다. 예를 들어 공룡 멸종과 관련해서도 소행성이 충돌하는 경우에 발생하는 대량의 이리듐(iridium)이 충돌 시점의 지층에서 발견된다는 사실은 알려졌지만, 소행성 충돌 지점은 1990년에 와서야 유카탄 반도로 추정되었다. 또한 대폭발이론은 우주공간 전체에 퍼져 있는 우주배경복사(cosmic microwave background radiation)와 투명한 우주공간(transparency of the space)이라는 경험적 증거가 존재한 덕분에 학자들에게 수용될 수 있었다.

왈츠는 이러한 논의의 출발점을 제시했다. 왈츠 이전의 학자들이 매우 중요한 직관과 분석을 제공했지만, 이러한 논의에 기초해 후속 학자들이 이론체계를 쌓아올리지는 않았다. 모겐소가 현실주의 국제정치이론의 기본 원칙을 제시했지만, 이에 기초한 추가 논의는 진행되지 못했다. 대부분의 현실주의 논의는 시작 부분에서 모겐소의 저작을 참고문헌으로 인용하지만, 모겐소의 논의에 기초해 분석을 시도하지는 않는다. 카의 경우에도 상황은 비슷하며, 프랑스의 국제정치이론가인 아롱(Raymond Aron) 또한 체계적인 후속 연구가 나타나지 않았다.[1] 유럽식 국제사회 외에도 다양한 형태의 국제사회(international society)가 존재했으며 국제사회는 질서(order)의 측면에서 이해해야 한다는 불(Hedley Bull)의 주장은 후속 연구로 이어졌지만, 활발하지는 못했다.[2]

그러나 왈츠는 달랐다. 그는 자신의 이론에서 후속 연구를 낳을 수 있는 논리적 기초인 국제체제의 무정부성 개념을 제시했고, 덕분에 서론에서 논의한 바와 같이 '국제정치이론의 로제타스톤'으로 작동했다. 이후 국제정치이론은 매우 연역적으로 국제적 무정부 상태가 국가행동에 미치는 영향

---

1) Hans J. Morgenthau, *Politics among Nations: the Struggle for Power and Peace*, Brief Ed.(New York: McGraw-Hill, 1993); Edward Hallett Carr, *The Twenty Years' Crisis, 1919~1939: An Introduction to the Study of International Relations* (New York: Harper Torchbooks, 1964); Raymond Aron, *Peace and War: A Theory of International Relations* (Garden City, NY: Doubleday, 1966).

2) 국제사회론의 대표적인 업적으로는 Hedley Bull and Adam Watson (eds.), *The Expansion of International Society* (Oxford: Oxford University Press, 1984)가 있다.

을 분석하고 동시에 국가행동을 더욱 정교하게 설명하는 데 필요한 추가 변수를 찾는 방향으로 발전했다. 모든 이론가들은 왈츠를 비판했고, 어느 누구도 왈츠의 이론을 왈츠가 제시한 형태 그대로 수용하지 않았다. 하지만 왈츠의 이론은 국제정치이론에서 논의가 시작되는 기초였으며, 앞으로도 그러한 역할을 할 것이다. 이와 같은 국제정치이론 내부의 이유 때문에 왈츠 이론은 앞으로도 계속 논의될 수밖에 없다. 그리고 이것이 왈츠의 가장 중요한 공헌이자 위대함이다.

또한 왈츠 이론은 국제정치이론 외부의 상황, 즉 국제정치 현실 세계의 변화 때문에 새롭게 주목받을 가능성이 크다. 2004년 퍼거슨(Niall Ferguson)은 진정으로 21세기가 시작된 것은 미국에 대한 테러 공격이 있었던 9·11(2001년 9월 11일)이 아니라, 베를린 장벽이 무너지고 소련이 몰락하면서 미국이 단 하나의 초강대국으로 부상했던 11·9(1989년 11월 9일)라고 보았다.[3] 하지만 2009년 현재 세계의 가장 중요한 변화는 미국 제국(American Empire)의 상대적 쇠퇴와 중국의 부상이다. 2003년 이후 미국은 이라크전쟁이라는 수렁에서 헤어 나오지 못하고 있으며 자신의 군사력과 자원을 계속해서 소모하고 있다. 침공 이후 지금까지 미국이 이라크전쟁에 사용한 비용은 5,500억 달러 정도로 추산된다. 또한 2008년 세계 금융위기는 미국 경제에 커다란 타격을 주었다. 실업률은 10%에 가깝게 증가했고, 정부 재정 적자는 2008년 현재 10조 달러에 육박하며, 이는 미국 국내총생산(GDP)의 70% 수준이다.[4] 반면 중국 경제는 빠르게 성장하고 있으며 금융위기

---

3) Niall Ferguson, *Colossus: The Price of America's Empire* (New York: The Penguin Press, 2004), p. 27.

4) 미국 쇠퇴에 대한 가장 최근의 논의로는 Christopher Layne, "The Waning of U.S. Hegemony: Myth or Reality? A Review Essay," *International Security*, Vol. 34, No. 1

상황에서 적극적으로 대처해 자신의 경제력을 유지하는 동시에 정치적 영향력을 확대하는 데 성공했다. 9·11이 아니라 11·9의 중요성을 강조했던 퍼거슨은 2008년 11월 차이메리카(Chimerica)라는 표현으로 미국(America)과 중국(China)의 협력을 통한 국제 질서의 부상을 지적했다. 짧은 칼럼에서 퍼거슨은 오바마(Barack Hussein Obama) 당시 대통령 당선인에게 미국과 중국의 양자 회담인 G-2를 개최하라고 촉구하면서 중국의 현실적인 힘을 인정했다.[5]

이러한 현실 세계의 변화는 국제체제의 구조 측면에서 또 다른 양극체제를 가져온다. 즉, 미국 중심의 일극체제가 아니라 미국과 중국이라는 두 개의 강대국이 존재하는 양극체제가 등장할 가능성이 크다. 이러한 중국의 부상에 대해 많은 학자들과 정책분석가들은 불안정성을 예측하지만, 왈츠는 자신의 이론적 결론에 따라서 미국과 중국의 양극체제가 미국과 소련의 양극체제와 마찬가지로 안정적이라고 볼 것이다. 그리고 핵무기가 지닌 안정 효과를 강조하는 왈츠는 미국과 중국이 모두 핵무기를 보유하고 있기 때문에 새로운 국제체제의 구조는 더욱 안정적일 것이라는 낙관론을 개진할 것이다. 이러한 결론에 대해서 많은 학자들은 반론을 제기할 것이고, 그 과정에서 왈츠 이론은 국제정치이론 논쟁뿐 아니라 정책논쟁에서도 핵심 사항으로 부각될 가능성이 크다.

우리는 왈츠의 국제정치이론을 이해해야 한다. 왈츠의 이론을 통해 그리고 왈츠 이론을 둘러싼 논쟁을 통해서 현재 우리가 알고 있는 형태의 국제정치이론이 등장했다는 이론 내부의 이유와 함께 현실적인 필요성이 존재하기 때문이다. 특히 우리가 살아가고 있는 현실 세계는 점차 양극체제

(Summer 2009), pp. 147~172이 있다.

5) Niall Ferguson, "Term 'Chimerica'," *The Washington Post*, November 17, 2008.

의 안정성을 강조했던 왈츠 이론이 좀 더 적실성을 가지는 방향으로 변화하고 있다. 30년 전에 만들어진 이론이 변화하는 것이 아니라 '현실이 이론에 적합하게 변화'하는 역설적인 상황이 나타나고 있다. 따라서 왈츠 이론은 국제정치현실과 국제정치이론의 두 가지 측면 모두에서 30년이 지난 2009년에도 핵심적인 위치를 차지하고 있다.

참고문헌

Abdelal, Rawi, Yoshiko M. Herrera, Alastair Iain Johnston and Rose McDermott. 2009. *Measuring Identity: A Guide for Social Scientists*. Cambridge: Cambridge University Press.

Allison, Graham T. and Philip D. Zelikow. 1999. *Essence of Decision: Explaining the Cuban Missile Crisis*. New York: Longman.

Aron, Raymond. 1966. *Peace and War: A Theory of International Relations*. Garden City, NY: Doubleday.

Axelrod, Robert. 1984. *The Evolution of Cooperation*. New York: Basic Books.

Bahrampour, Tara. 2008.8.25. "An Uncertain Death Toll in Georgia-Russia War." *Washington Post*.

Baldwin, David (ed.). 1993. *Neorealism and Neoliberalism: the Contemporary Debate*. New York: Columbia University Press.

Bates, Robert H. 2008. *When Things Fell Apart: State Failure in Late-Century Africa*. Cambridge: Cambridge University Press.

Biddle, Stephen. 2004. *Military Power: Explaining Victory and Defeat in Modern Battle*. Princeton, NJ: Princeton University Press.

Brooks, Risa. 2008. *Shaping Strategy: The Civil-Military Politics of Strategic Assessment*. Princeton, NJ: Princeton University Press.

Brooks, Stephen G. and William C. Wohlforth. 2000/2001. "Power, Globalization, and the End of the Cold War: Reevaluating a Landmark Case for Ideas," *International Seculaty*, Vol. 25, No. 3 (Winter 2000/2001), pp. 5~53.

Brooks, Stephen G. 1997. "Dueling Realisms." *International Organization*, Vol. 51, No. 3 (Summer 1997), pp. 445~478.

_____. 2005. *Producing Security: Multinational Corporations, Globalization, and the Changing Calculus of Conflict*. Princeton, NJ: Princeton University Press.

Brown, Michael (ed.). 2000. *Rational Choice and Security Studies: Stephen Walt and His Critics*. Cambridge, MA: The MIT Press.

Bull, Hedley and Adam Watson (eds.). 1984. *The Expansion of International Society*. Oxford: Oxford University Press.

Byman, Daniel L. and Kenneth M. Pollack. 2001. "Let Us Now Praise Great Men: Bringing the Statesman Back In." *International Security*, Vol. 25, No. 4 (Spring 2001), pp. 107~146.

Carr, Edward Hallett. 1964. *The Twenty Years' Crisis, 1919~1939: An Introduction to the Study of International Relations*. New York: Harper Torchbooks.

Cha, Victor D. 1999. *Alignment Despite Antagonism: the United States-Korea-Japan Security Triangle*. Stanford: Stanford University Press.

Chandrasekaran, Rajiv. 2006. *Imperial Life in the Emerald City: Inside Iraq's Green Zone*. New York: Alfred A. Knopf.

Checkel, Jeffrey T. 1997. *Ideas and International Political Change: Soviet/Russian Behavior and the End of the Cold War*. New Haven, CT: Yale University Press.

Choi, Ajin. 2003. "The Power of Democratic Cooperation." *International Security*, Vol. 28, No. 1 (Summer 2003), pp. 142~153.

Christensen, Thomas J. and Jack Snyder. 1990. "Chain Gangs and Passed Bucks: Predicting Alliance Patterns in Multipolarity." *International Organization*, Vol. 44, No. 2 (Spring 1990), pp. 137~168.

Christensen, Thomas J. 1996. "Chinese Realpolitik: Foreign Relations with China." *Foreign Affairs*, Vol. 75, No. 5 (September/October 1996), pp. 37~52.

_____. 1999. *Useful Adversaries: Grand Strategy, Domestic Mobilization, and Sino-American Conflict, 1947~1958*. Princeton, NJ: Princeton University Press.

Church, William F. 1972. *Richelieu and Reason of State*. Princeton, NJ: Princeton University Press.

Coase, Ronald. 1960. "The Problem of Social Cost." *Journal of Law and Economics*. Vol. 3, No. 1 (October 1960), pp. 1~44.

Copeland, Dale. 1996. "Neorealism and the Myth of Bipolar Stability: Toward a New Dynamic Realist Theory of Major War." *Security Studies*. Vol 5, No. 3 (Spring 1996), pp. 29~89.

_____. 2000a. *Origins of Major War*. Ithaca, NY: Cornell University. Press.

_____. 2000b. "The Constructive Challenge to Structural Realism: A Review Essay." *International Security*, Vol. 25, No. 2 (Fall 2000), pp. 187~212.

Dahl, Robert A. 1971. *Polyarchy: Participation and Opposition*. New Haven, CT: Yale University Press.

Desch, Michael C. 2002. "Democracy and Victory: Why Regime Type Hardly Matters." *International Security*, Vol. 27, No. 2 (Fall 2002), pp. 5~47.

Diamond, Larry. 2006. *Squandered Victory: The American Occupation and the Bungled Effort to Bring Democracy to Iraq*. New York: An Owl Book.

Downes, Alexander B. 2008. *Targeting Civilians in War*. Ithaca, NY: Cornell University Press.

Doyle, Michael. 1983a. "Kant, Liberal Legacies, and Foreign Affairs, Part I." *Philosophy and Public Affairs*. Vol. 12, No. 3 (Summer 1983), pp. 205~223.

_____. 1983b. "Kant, Liberal Legacies, and Foreign Affairs, Part II." *Philosophy and Public Affairs*. Vol. 12, No. 4 (Fall 1983), pp. 323~353.

Duffield, John. 1995. *Power Rules: the Evolution of NATO's Conventional Force Posture*. Stanford, CA: Stanford University Press.

Elbe, Stefan. 2002. "HIV/AIDS and the Changing Landscape of War in Africa." *International Security*, Vol. 27, No. 2 (Fall 2002), pp. 159~177.

English, Robert D. 2000. *Russia and the Idea of West*. New York: Columbia University Press.

_____. 2002. "Power, Ideas, and New Evidence on the Cold War's End: A Reply to Brooks and Wohlforth." *International Security*, Vol. 26, No. 4 (Spring 2002), pp. 70~92.

Executive Office of the President. 2002. *National Security Strategy of the United States*. September 2002.

Fairbank, John. 1974. "Varieties of the Chinese Military Experience." in Frank Kierman and John Fairbank (eds.). *Chinese Ways in Warfare*. Cambridge, MA: Harvard University Press.

Falkenrath, Richard A. 1995. *Shaping Europe's Military Order: The Origins and Consequences of the CFE Treaty*. Cambridge, MA.: MIT Press.

Fazal, Tanisha M. 2007. *State Death: The Politics and Geography of Conquest, Occupation, and Annexation*. Princeton, NJ: Princeton University Press.

Fearon, James D. 1994. "Domestic Political Audiences and the Escalation of International Disputes." *American Political Science Reviews*, Vol. 88, No. 3 (September 1994), pp. 577~592.

_____. 1995. "Rationalist Explanations for War." *International Organization*, Vol. 49, No. 3 (Summer 1995), pp. 379~414.

_____. 1998. "Bargaining, Enforcement, and International Cooperation." *International*

Organization, Vol. 52, No. 2 (Spring 1998), pp. 269~305.

Fearon, James D. and David D. Laitin. 1996. "Explaining Interethnic Cooperation," *American Political Science Review*, Vol. 90, No. 4 (December 1996), pp. 715~735.

_____. 2003. "Ethnicity, Insurgency, and Civil War." *American Political Science Review*, Vol. 97, No. 1 (February 2003), pp. 75~90.

Feaver, Peter D. 1992. *Guarding the Guardians: Civilian Control of Nuclear Weapons in the United States*. Ithaca, NY: Cornell University Press.

Ferguson, Niall. 2004. *Colossus: The Price of America's Empire*. New York: The Penguin Press.

_____. 2008.11.17. "Term 'Chimerica'." *The Washington Post*.

Foreign Affairs. 2003. "That Was Then: Allen W. Dulles on the Occupation of Germany." *Foreign Affairs*, Vol. 82, No. 6 (Nov/Dec 2003), pp. 2~8.

Fortna, Virginia Page. 2004. *Peace Time: Cease-Fire Agreements and the Durability of Peace*. Princeton, NJ: Princeton University Press.

Fravel, M. Taylor. 2005. "Regime Insecurity and International Cooperation: Explaining China's Compromises in Territorial Disputes." *International Security*, Vol. 30, No. 2 (Fall 2005).

_____. 2007/2008. "Power Shifts and Escalation: Explaining China's Use of Force in Territorial Disputes." *International Security*, Vol. 32, No. 3 (Winter 2007/2008), pp. 44~83.

_____. 2008. *Strong Borders, Secure Nation: Cooperation and Conflict in China's Territorial Disputes*. Princeton, NJ: Princeton University Press.

Friedberg, Aaron L., 2005. "The Future of U.S.-China Relations: Is Conflict Inevitable?." *International Security*, Vol. 30, No. 2 (Fall 2005), pp. 7~45.

Frieden, Jeffry A. and Ronald Rogowski. 1996. "The Impact of the International Economy on National Policies: An Analytical Overview." in Robert O. Keohane and Helen V. Milner (eds.). *Internationalization and Domestic Politics*. Cambridge: Cambridge University Press.

Frieden, Jeffry A. 1999. "Actors and Preferences in International Relations." David Lake and Robert Powell (eds). *Strategic Choice and International Relations*. Princeton: Princeton University Press.

Gaddis, John Lewis. 1986. "The Long Peace: Elements of Stability in the Postwar International System." *International Security*, Vol. 10, No. 4 (Spring 1986), pp. 99~142.

Gartzke, Erik. 1999. "War is in the Error Term." *International Organization*, Vol. 53, No. 3 (Summer 1999).

Gelpi, Christopher F. and Michael Griesdorf. 2001. "Winners or Losers? Democracies in International Crisis, 1918~1994." *American Political Science Review*, Vol. 95, No. 3 (September 2001), pp. 633~647.

Gerschenkron, Alexander. 1943. *Bread and Democracy in Germany*. Berkeley, CA: University of California Press.

Gholz, Eugene and Daryl Press. 2001. "The Effects of Wars on Neutral Countries: Why It Doesn't Pay to Preserve the Peace." *Security Studies*, Vol. 10, No. 4 (Summer 2001), pp. 1~57.

Gilligan, Michael J. 1997. *Empowering Exporters: Reciprocity, Delegation, and Collective Action in American Trade Policy*. Ann Arbor, MI: The University of Michigan Press.

Gilpin, Robert. 1981. *War and Change in World Politics*. Cambridge: Cambridge University Press.

_____. 1987. *The Political Economy of International Relations*. Princeton, NJ: Princeton University Press.

Glantz, David M. and Jonathan M. House. 1995. *When Titans Clashed: How the Red Army Stopped Hitler*. Lawrence, KS: University Press of Kansas.

Glanz, James and T Christian Miller. 2008.12.14 "Official History Spotlights Iraq Rebuilding Blunders." *New York Times*.

Glaser, Charles L. and Chaim Kaufmann. 1998. "What is Offense-Defense Balance and How Can We Measure It?." *International Security*, Vol. 22, No. 4 (Spring 1998), pp. 44~82.

Glaser, Charles L. 1994. "Realists as Optimists: Cooperation as Self-Help." *International Security*, Vol. 19, No. 3 (Winter 1994), pp. 50~90.

_____. 1997. "The Security Dilemma Revisited." *World Politics*, Vol. 50, No. 1 (October 1997), pp. 171~201.

Gowa, Joanne. 1999. *Ballots and Bullets: the Elusive Democratic Peace*. Princeton, NJ: Princeton University Press.

Gray, Colin S. 1990. *War, Peace and Victory: Strategy and Statecraft for the Next Century*. New York: Simon and Schuster.

Greif, Avner, Paul Milgrom and Barry Weingast. 1994. "Coordination, Commitment, and Enforcement: the Case of the Merchant Guild." *Journal of Political Economy*,

Vol. 102, No. 4 (August 1994), pp. 745~776.

Grieco, Joseph. 1988. "Anarchy and the Limits of Cooperation: A Realist Critique of the Newest Liberal Institutionalism." *International Organization*, Vol. 42, No. 3 (Summer 1988), pp. 485~507.

Gries, Peter Hays. 2004. *China's New Nationalism: Pride, Politics, and Diplomacy*. Berkeley, CA: Universityof California Press.

Haas, Mark L. 2005. *The Ideological Origins of Great Power Politics, 1789~1989*. Ithaca, NY: Cornell University Press.

Haftendorn, Helga et al. (eds.). 1999. *Imperfect Unions: Security Institutions over Time and Space*. New York: Clarendon Press.

Hassner, Ron. 2003. "To Halve and to Hold: Conflicts Over Sacred Space and the Problem of Indivisibility." *Security Studies*, Vol. 12, No. 2 (Summer 2003), pp. 1~33.

Herwig, Holger H. 1987. *'Luxury Fleet': The Imperial German Navy 1888~1918*. London: The Humanity Books.

Herz, John. 1950. "Idealist Internationalism and the Security Dilemma." *World Politics* Vol. 2, No. 2 (January 1950), pp. 157~180.

Hoffmann, Stanley. 1966. "Rousseau on War and Peace." Stanley Hoffmann. *The State of War: Essays on the Theory and Practice of International Politics*. New York: Praeger.

Jervis, Robert. 1976. *Perception and Misperception in International Politics*. Princeton, NJ: Princeton University Press.

_____. 1978. "Cooperation Under the Security Dilemma." *World Politics*, Vol. 30, No. 2 (January 1978), pp. 167~214.

Johnson, Carter. 2008. "Partitioning to Peace: Sovereignty, Demography, and Ethnic Civil Wars." *International Security*, Vol. 32, No. 2 (Spring 2008), pp. 140~169.

Johnston, Alastair Iain and Robert S. Ross (eds.). 1999. *Engaging China: Managing a Rising Power*. London: Routledge Press.

Johnston, Alastair Iain. 1995a. "China's New 'Old Thinking': the Concept of Limited Deterrence." *International Security*, Vol. 20, No. 3 (Winter 1995), pp. 5~42.

_____. 1995b. *Cultural Realism: Strategic Culture and Grand Strategy in Chinese History*. Princeton, NJ: Princeton University Press.

_____. 2003. "Is China a Status-Quo Power?." *International Security*, Vol. 27, No. 4 (Spring 2003), pp. 5~56.

_____. 2008. *Social States: China in International Institutions, 1980~2000*. Princeton, NJ: Princeton University Press.

Kalyvas, Stathis N. 2006. *The Logic of Violence in Civil War*. Cambridge: Cambridge University Press.

Kaufmann, Chaim. 1996. "Possible and Impossible Solutions to Ethnic Civil Wars." *International Security*, Vol. 20, No. 4 (Spring 1996), pp. 136~175.

_____. 1998. "When All Else Fails: Separation as a Remedy for Ethnic Conflicts, Ethnic Partitions and Population Transfers in the Twentieth Century." *International Security*, Vol. 23, No. 2 (Fall 1998), pp. 120~156.

_____. 2004. "Threat Inflation and the Failure of the Marketplace of Ideas: The Selling of the Iraq War." *International Security*, Vol. 29, No. 1 (Summer 2004), pp. 5~48.

Kennedy, Paul M. 1980. *The Rise of the Anglo-German Antagonism, 1860~1914*. London: The Ashfield Press.

Keohane, Robert O. and Lisa L. Martin. 1995. "The Promise of Institutionalist Theory." *International Security*, Vol. 20, No. 1 (Summer 1995), pp. 39~51.

Keohane, Robert O. 1984. *After Hegemony: Cooperation and Discord in the World Political Economy*. Princeton, NJ: Princeton University Press.

_____. 1988. "Alliances, Threats, and the Use of Neorealism: Book Review: The Origins of Alliances." *International Security*, Vol. 13, No. 1 (Summer 1988), pp. 169~176.

Kier, Elizabeth. 1997. *Imaging War: French and British Military Doctrine Between the Wars*. Princeton, NJ: Princeton University Press.

Kindleberger, Charles P. 1986. *The World in Depression, 1929~1939*. Berkeley, CA: University of California Press.

King, Gary, Robert O. Keohane and Sidney Verba. 1994. *Designing Social Inquiry: Scientific Inference in Qualitative Research*. Princeton, NJ: Princeton University Press.

Kirshner, Jonathan. 2000. "Rationalist Explanations for War?." *Security Studies*, Vol. 10, No. 1 (Autumn 2000), pp. 143~150.

Kissinger, Henry. 1999. *World Restored: Metternich, Castlereagh and the Problems of Peace 1812~1822*. London: Weidenfeld & Nicolson.

Koremenos, Barbara, Charles Lipson and Duncan Snidal. 2001. "The Rational Design of International Institutions." *International Organization*, Vol. 55, No. 4 (Autumn 2001), pp. 761~800.

Krasner, Stephen D. 1983. "Structural Causes and Regime Consequences: Regimes as Intervening Variables." in Stephen D. Krasner (ed.). *International Regime*. Ithaca, NY: Cornell University Press.

Kydd, Andrew H. and Barbara F. Walter. 2002. "Sabotaging the Peace: The Politics of

Extremist Violence." *International Organization*, Vol. 56, No. 2 (Spring 2002), pp. 262~296.

Kydd, Andrew H. 2000. "Trust, Reassurance, and Cooperation." *International Organization*, Vol. 54, No. 2 (Spring 2000), pp. 325~357.

_____. 2005. *Trust and Mistrust in International Relations*. Princeton, NJ: Princeton University Press.

Lake, David A. 1992. "Powerful Pacifists: Democratic States and War." *American Political Science Review*, Vol. 86, No. 1 (March 1992), pp. 24~37.

Langer, William L. 1956. *European Alliances and Alignments, 1871~1890*. New York: Alfred Knopf.

Layne, Christopher. 1994. ""Kant or Cant: The Myth of the Democratic Peace." *International Security*, Vol. 19, No. 2 (Fall 1994), pp. 5~49.

_____. 2009. "The Waning of U.S. Hegemony: Myth or Reality? A Review Essay." *International Security*, Vol. 34, No. 1 (Summer 2009), pp. 147~172.

Lee, Gerald Geunwook. 2002/2003. "To Be Long or Not To Be Long – That is the Question: A Contradiction in Time-Horizon of Offensive Realism." *Security Studies*, Vol. 12, No. 2 (Winter 2002/2003), pp. 196~217.

_____. 2003/2004. "I See Dead People: Air-Raid Phobia and Britain's Behavior in the Munich Crisis." *Security Studies*, Vol. 13, No. 2 (Winter 2003/2004), pp. 230~272.

Legro, Jeffrey W. and Andrew Moravcsik. 1999. "Is Anybody Still a Realist?." *International Security*, Vol. 24, No. 2 (Fall 1999), pp. 5~55.

Legro, Jeffrey W. 1995. *Cooperation Under Fire: Anglo–German Restraints During World War II*. Ithaca, NY: Cornell University Press.

_____. 1997. "Which Norms Matter? Revisiting the 'Failure' of Internationalism." *International Organization*, Vol. 51, No. 1 (Winter 1997), pp. 31~63.

Levy, Jack S. 1989a. "Domestic Politics and War." in Robert I. Rotberg and Theodore K. Rabbs (eds.). *The Origin and Prevention of Major Wars*. Cambridge: Cambridge University Press.

_____. 1989b. "The Diversionary Theory of War: A Critique." in Manus I. Midlarsky (ed.). *Handbook of War Studies*. Boston: Unwin Hyman.

Lieber, Keir A. 2005. *War and the Engineers: the Primacy of Politics over Technology*. Ithaca, NY: Cornell University Press.

_____. 2007. "The New History of World War I and What It Means for International Relations Theory." *International Security*, Vol. 32, No. 2 (Fall 2007), pp. 155~191.

Lipson, Charles. 1984. "International Cooperation in Economic and Security Affairs." *World Politics*, Vol. 37, No. 1 (October 1984), pp. 1~23.

Luong, Pauline Jones and Erika Weinthal. 2006. "Rethinking the Resource Curse: Ownership Structure, Institutional Capacity, and Domestic Constraints." *Annual Review of Political Science*, Vol. 9, pp. 241~263.

Mansfield, Edward D. and Jack Snyder. 1995. "Democratization and the Danger of War." *International Security*, Vol. 20, No. 1 (Summer 1995), pp. 5~38.

_____. 2005. *Electing to Fight: Why Emerging Democracies Go to War*. Cambridge, MA: MIT Press.

Martin, Lisa L. 1992. "Interests, Power, and Multilateralism." *International Organization*, Vol. 46, No. 4 (Autumn 1992), pp. 765~792.

Mearsheimer, John J. and Stephen M. Walt. 2003. "An Unnecessary War." *Foreign Policy*, Vol. 134 (January/February 2003), pp. 51~59.

_____. 2007. *The Israel Lobby and U.S. Foreign Policy*. New York: Farrar, Straus and Giroux.

Mearsheimer, John J. 1990. "Back to the Future: Instability in Europe after the Cold War." *International Security*, Vol. 15, No. 1 (Summer 1990), pp. 5~56.

_____. 1993. "The Case for a Ukrainian Nuclear Deterrent." *Foreign Affairs*, Vol. 72, No. 3 (May/June 1993), pp. 50~66.

_____. 1994/1995. "The False Promise of International Institutions." *International Security*, Vol. 19, No. 3 (Winter 1994/1995), pp. 5~49.

_____. 2001a. "The Future of the American Pacifier." *Foreign Affairs*, Vol. 80, No. 5 (September/October 2001), pp. 46~61.

_____. 2001b. *The Tragedy of the Great Power Politics*. New York: Norton & Com.

Meinecke, Friedrich. 1984. *Machiavellism: The Doctrine of Raison d'Etat and Its Place in Modern History*. Boulder, CO: Westview.

Miller, Steven E. (ed.). 1985. *Military Strategy and the Origins of the First World War: An International Security Reader*. Princeton, NJ: Princeton University Press.

Miller, Steven E. 1993. "The Case Against a Ukrainian Nuclear Deterrent." *Foreign Affairs*, Vol. 72, No. 3 (May/June 1993), pp. 67~80.

Miller, Steven E., Sean M. Lynn-Jones and Stephen van Evera (eds.). 1991. *Military Strategy and the Origins of the First World War* (Revised and Expanded Edition). Princeton, NJ: Princeton University Press.

Millett, Allan R. and Williamson Murray (eds.). 1996. *Military Innovation in the Interwar*

Period. Cambridge: Cambridge University Press.

Monroe, Kristen Renwick (ed.). 2005. *Perestroika!: The Raucous Rebellion in Political Science*. New Haven, CT: Yale University Press.

Montgomery, Evan Braden. 2006. "Breaking Out of the Security Dilemma: Realism, Reassurance, and the Problem of Uncertainty." *International Security*, Vol. 31, No. 2 (Fall 2006), pp. 151~185.

Moravcsik, Andrew. 2000. "The Origins of Human Rights Regimes: Democratic Delegation in Postwar Europe." *International Organization*, Vol. 54, No. 2 (Spring 2000), pp. 217~252.

Morgenthau, Hans J. 1993. *Politics among Nations: the Struggle for Power and Peace* (Brief Ed). New York: McGraw-Hill.

Morrow, James D. 1993. "Arms versus Allies: Trade-offs in the Search for Security." *International Organization*, Vol. 47, No. 2 (Spring 1993), pp. 207~223.

Narizny, Kevin. 2007. *The Political Economy of Grand Strategy*. Ithaca, NY: Cornell University Press.

Olson, Mancur. 1965. *The Logic of Collective Action: Public Goods and the Theory of Groups*. Cambridge, MA: Harvard University Press.

Oren, Ido. 1995. "The Subjectivity of the 'Democratic' Peace: Changing U.S. Perceptions of Imperial Germany." *International Security*, Vol. 20, No. 2 (Fall 1995), pp. 147~184.

Owen, John M., "How Liberalism Produces Democratic Peace." *International Security*, Vol. 19, No. 2 (Fall 1994), pp. 87~125.

Oye, Kenneth A. (ed.). 1986. *Cooperation under Anarchy*. Princeton, NJ: Princeton University Press.

Pape, Robert A. 1996. *Bombing to Win: Air Power and Coercion in War*. Ithaca, NY: Cornell University Press.

_____. 2005. "Soft Balancing against the United States." *International Security*, Vol. 30, No. 1 (Summer 2005), pp. 7~45.

Peterson, Susan, Michael J. Tierney and Daniel Maliniak. 2005. "Inside the Ivory Tower." *Foreign Policy*, No. 151 (November/December 2005), pp. 58~64

Posen, Barry R. 1984. *The Sources of Military Doctrine: France, Britain, and Germany between the World Wars*. Ithaca, NY: Cornell University Press.

_____. 1993. "The Security Dilemma and Ethnic Conflict." *Survival*, Vol. 35, No. 1 (Spring 1993), pp. 27~47.

Powell, Robert. 1991. "Absolute and Relative Gains in International Relations Theory." *American Political Science Review*, Vol. 85, No. 4 (December 1991).

_____. 1993. "Guns, Butter, and Anarchy." *American Political Science Review*, Vol. 87, No. 1 (March 1993), pp. 115~132.

_____. 1994. "Anarchy in International Relations Theory: the Neorealist-Neoliberal Debate." *International Organization*, Vol. 48, No. 2 (Spring 1994), pp. 313~344.

_____. 1999. *In the Shadow of Power: States and Strategies in International Politics*. Princeton, NJ: Princeton University Press.

Ray, James Lee. 1998. "Does democracy Cause Peace?." *Annual Review of Political Science*, Vol. 1 (1998), pp. 27~46.

_____. 2003. "A Lakatosian View of the Democratic Peace Research Program." in Colin Elman and Miriam Fendius Elman (eds.). *Progress in International Relations Theory: Appraising the Field*. Cambridge, MA: MIT Press.

Reiter, Dan and Allan D. Stam. 2003. "Understanding Victory: Why Political Institutions Matter." *International Security*, Vol. 28, No. 1 (Summer 2003), pp. 168~179.

Ripsman, Norris M and Jack S. Levy. 2008. "Wishful Thinking or Buying Time? The Logic of British Appeasement in the 1930s." *International Security*, Vol. 33, No. 2 (Fall 2008), pp. 148~181.

Rogowski, Ronald. 1989. *Commerce and Coalitions: How Trade Affects Domestic Political Alignments*. Princeton, NJ: Princeton University Press.

Roosevelt, Grace G. 1990. *Reading Rousseau in the Nuclear Age*. Philadelphia, PA: Temple University Press.

Rosato, Sebastian. 2003. "The Flawed Logic of Democratic Peace Theory." *American Political Science Review*, Vol. 97, No. 4 (November 2003), pp. 585~602.

Rose, Gideon, "Neoclassical Realism and Theories of Foreign Policy." *World Politics*, Vol. 51, No. 1 (October 1998), pp. 144~172.

Rosen, Stephen Peter. 1991. *Winning the Next War: Innovation and the Modern Military*. Ithaca, NY: Cornell University Press.

_____. 1996. *Societies and Military Power: India and Its Armies*. Ithaca, NY: Cornell University Press.

Ross, Michael L. 2001. "Does Oil Hinder Democracy?." *World Politics*, Vol. 53, No. 3 (April 2001), pp. 325~361.

Russett, Bruce and John Oneal. 2001. *Triangulating Peace: Democracy, Interdependence, and International Organizations*. New York: W.W. Norton & Com.

Russett, Bruce. 1990. *Controlling the Sword: The Democratic Governance of National Security*. Cambridge, MA: Harvard University Press.

_____. 1993. *Grasping the Democratic Peace: Principles for a Post-Cold War World*. Princeton, NJ: Princeton University Press.

Sagan, Scott D. and Kenneth N. Waltz. 2003. *The Spread of Nuclear Weapons: A Debate Renewed*. New York: W.W. Norton & Company.

Schelling, Thomas C. and Morton H. Halperin. 1961. *Strategy and Arms Control*. New York: The Twentieth Century Fund.

Schmitt, Eric. 2003.2.8 "Pentagon Contradicts General on Iraq Occupation Force's Size." *New York Times*.

Schultz, Kenneth A. 2001. *Democracy and Coercive Diplomacy*. Cambridge: Cambridge University Press.

Schweller, Randall L. 1994. "Bandwagoning for Profit: Bringing the Revisionist State Back in." *International Security*, Vol. 19, No. 1 (Summer 1994), pp. 72~107.

_____. 1996. "Neorealism's Status Quo Bias: What Security Dilemma?." *Security Studies*, Vol. 5, No. 3 (Spring 1996), pp. 90~121.

_____. 1998. *Deadly Imbalances: Tripolarity and Hitler's Strategy of World Conquest*. New York: Columbia University Press.

Shields, John and William C. Potter (eds.). 1997. *Dismantling the Cold War: U.S. and NIS Perspectives on the Nunn-Lugar Cooperative Threat Reduction Program*. Cambridge, MA: The MIT Press.

Smyth, Henry DeWolf. 1945. *Atomic Energy for Military Purposes: the Official Report on the Development of the Atomic Bomb Under the Auspices of the United States Government, 1940~1945*. Princeton, NJ: Princeton University Press.

Snidal, Duncan. 1996. "Political Economy and International Institutions." *International Review of Law and Economics*, Vol. 16, No. 1 (March 1996), pp. 121~137.

Snyder, Glenn H. 1984. "The Security Dilemma in Alliance Politics." *World Politics*, Vol. 36, No. 4 (July 1984), pp. 461~495.

_____. 2002. "Mearsheimer's World – Offensive Realism and the Struggle for Security: A Review Essay." *International Security*, Vol. 27, No. 1 (Summer 2002), pp. 149~173.

Snyder, Jack and Robert Jervis. 1999. "Civil War and the Security Dilemma." in Barbara Walter and Jack Snyder (eds.). *Civil Wars, Insecurity, and Intervention*. New York: Columbia University Press.

Snyder, Jack and Keir A. Lieber. 2008. "Correspondence: Defensive Realism and the 'New' History of World War I." *International Security*, Vol. 33, No. 1 (Summer 2008), pp. 174~194.

Snyder, Jack. 1984. *The Ideology of the Offensive: Military Decision Making and the Disasters of 1914*. Ithaca, NY: Cornell University Press.

_____. 1991. *Myths of Empire: Domestic Politics and International Ambition*. Ithaca, NY: Cornell University Press.

_____. 2000. *From Voting to Violence: Democratization and Nationalist Conflict*. New York: W. W. Norton.

Spiro, David E. 1994. "The Insignificance of the Liberal Peace." *International Security*, Vol. 19, No. 2 (Fall 1994), pp. 50~86.

Stedman, Stephen John. 1997. "Spoiler Problems in Peace Process." *International Security*, Vol. 22, No. 2 (Fall 1997), pp. 5~53.

Stone, Randall W. 1996. *Satellites and Commissars: Strategy and Conflict in the Politics of Soviet-Bloc Trade*. Princeton, NJ: Princeton University Press.

Suskind, Ron. 2006. *The One Percent Doctrine*. New York: Simon & Schuster.

Taliaferro, Jeffrey. 2000/2001. "Security Seeking under Anarchy: Defensive Realism Revisited." *International Security*, Vol. 25, No. 3 (Winter 2000/2001), pp. 128~161.

Tilly, Charles. 1975. "Reflections on the History of European State-Making." in Charles Tilly (ed.). *The Formation of National States in Western Europe*. Princeton, NJ: Princeton University Press.

Tyler, Patrick E. 2004.9.17. "The Reach of War: U.N. Chief Ignites Firestorm by Calling Iraq War 'Illegal'." *The New York Times*.

Valentino, Benjamin A. 2005. *Mass Killing and Genocide in the 20th Century*. Ithaca, NY: Cornell University Press.

Van Evera, Stephen. 1999. *Causes of War: Structures Power and the Roots of International Conflicts*. Ithaca, NY: Cornell University Press.

Wallander, Celeste. 1999. *Mortal Friends, Best Enemies: German-Russian Cooperation after the Cold War*. Ithaca: Cornell University Press.

Walt, Stephen M. 1987. *The Origins of Alliances*. Ithaca, NY: Cornell University Press.

_____. 1997. "Why Alliances Endure or Collapse." *Survival*, Vol. 39, No. 1 (Spring 1997), pp. 156~179.

_____. 2005. *Taming American Power: The Global Response to U.S. Primacy*. New York: W.

W. Norton.

Walter, Barbara F. and Jack Snyder (eds.). 1999. *Civil Wars, Insecurity, and Intervention*. New York: Columbia University Press.

Walter, Barbara F. 2002. *Committing to Peace: the Successful Settlement of Civil Wars*. Princeton, NJ: Princeton University Press.

Waltz, Kenneth N. 1959. *Man, the State, and War: A Theoretical Analysis*. New York: Columbia University Press.

_____. 1970. "The Myth of National Interdependence." in Charles Kindleberger (ed). *The International Corporation: A Symposium*. Cambridge, MA: The MIT Press.

_____. 1979. *Theory of International Politics*. Reading, MA: Addison-Wesley.

_____. 1989. "The Origins of War in Neorealist Theory." in Robert Rotberg and Theodore Rabb (eds.). *The Origin and Prevention of Major War*. Cambridge: Cambridge University Press.

_____. 1990. "Nuclear Myths and Political Realities." *American Political Science Review*, Vol. 84, No. 3 (September 1990), pp. 731~745.

Weber, Max. 1968. *Economy and Society: An Outline of Interpretative Sociology*. New York: Bedminister.

_____. 1974a. "The Meaning of Discipline." *From Max Weber: Essays in Sociology*. London: Routledge & Kegan Paul.

_____. 1974b. "The Social Psychology of the World Religions." *From Max Weber: Essays in Sociology*. London: Routledge & Kegan Paul.

Wendt, Alexander. 1992. "Anarchy is What States make of it: the Social Construction of State Politics." *International Organization*, Vol. 46, No. 2 (Spring 1992), pp. 391~425.

_____. 1994. "Collective Identity Formation and the International State." *American Political Science Review*, Vol. 88, No. 2 (June 1994), pp. 384~397.

_____. 1995. "Constructing International Politics." *International Security*, Vol. 20, No. 1 (Summer 1995), pp. 71~82.

_____. 1999. *Social Theory of International Politics*. Cambridge: Cambridge University Press.

Whitehead, Alfred North. 1978. *Process and Reality: An Essay in Cosmology*. Edited by David Ray Griffin and Donald W. Sherburne. New York: The Free Press.

Wilkenfeld, Jonathan, Michael Brecher and Sheila Moser. 1988. *Crises in the Twentieth Century, Vol. 2: Handbook of Foreign Policy Crises*. New York: Pergamon.

Wohlforth, William C. 1999. "The Stability of a Unipolar World." *International Security*, Vol. 24, No. 1 (Summer 1999), pp. 5~41.

Woods, Kevin et al. 2006. *The Iraqi Perspectives Report: Saddam's Senior Leadership on Operation Iraqi Freedom from the Official U.S. Joint Forces Command Report*. Annapolis, MD: U.S. Naval Institute Press.

Zakaria, Fareed. 1992. "Realism and Domestic Politics: A Review Essay." *International Security*, Vol. 17, No. 1 (Summer 1992), pp. 177~198.

Zelikow, Philip and Condoleezza Rice. 1997. *Germany Unified and Europe Transformed: A Study in Statecraft*. Cambridge, MA: Harvard University Press.

http://www.un.org/Depts/dpko/dpko/co_mission/untac.htm

http://www.olympic.org/uk/games/past/table_uk.asp?OLGT=1&OLGY=1998

http://www.olympic.org/uk/games/past/table_uk.asp?OLGT=1&OLGY=1992

http://www.whitehouse.gov/news/releases/2007/01/20070110-7.html

https://www.cia.gov/library/publications/the-world-factbook/

찾아보기

이근욱　1970년 서울에서 태어났다. 1989년 서울대학교 외교학과에 입학해 학사와 석사 과정을 마쳤으며, 2002년 6월 미국 하버드 대학교에서 국제정치이론과 동맹 문제 연구로 정치학 박사학위를 받았다. 2004년 3월부터 서강대학교 정치외교학과에서 국제정치 및 군사안보 관련 과목을 가르치고 있다.

단독 저서로는 『냉전: 20세기 후반의 국제정치』(2012), 『쿠바 미사일 위기: 냉전 기간 가장 위험한 순간』(2013), 『이라크 전쟁: 부시의 침공에서 오바마의 철군, 그리고 IS 전쟁까지』(전면개정판, 2021), 그리고 『아프가니스탄 전쟁: 9·11 테러 이후 20년』(2021) 등이 있다.

한울아카데미 1183

왈츠 이후
국제정치이론의 변화와 발전

ⓒ 이근욱, 2009

지은이 ┃ 이근욱
펴낸이 ┃ 김종수
펴낸곳 ┃ 한울엠플러스(주)

초판 1쇄 발행 ┃ 2009년 10월 5일
초판 10쇄 발행 ┃ 2024년 9월 13일

주소 ┃ 10881 경기도 파주시 광인사길 153 한울시소빌딩 3층
전화 ┃ 031-955-0655
팩스 ┃ 031-955-0656
홈페이지 ┃ www.hanulmplus.kr
등록번호 ┃ 제406-2015-000143호

Printed in Korea.
ISBN 978-89-460-4470-8 93340

* 책값은 겉표지에 표시되어 있습니다.

문화 코드, 어떻게 읽을 것인가? 2 개정판
문화연구의 이론과 실제

일상의 다양한 문화 코드를 어떻게 이해할 것인가?
기본 이론부터 구체적인 사례 분석까지,
다각적인 관점으로 문화연구를 고찰하다

이 책은 문화연구라는 학문의 성격을 규정하는 논의와 함께 구체적인 문화의 분석, 즉 문화 코드를 어떻게 이해할 것인가에 대한 관심을 흥미롭게 풀어낸다. 이론을 폭넓게 살펴보면서도 2011년 뉴욕의 '월스트리트 점령', 영령 기념일 행사장에 참석한 노동당 당수 마이클 풋과 제러미 코빈의 부적절한 옷차림 등 구체적인 사례를 통해 문화연구를 설명한 것이 이 책의 뛰어난 장점이며 또한 이 책이 기여할 수 있는 부분이다.

또한 입문서로서 문화연구에 대한 다각적인 접근을 가능하게 해줄 뿐 아니라 구체적인 사례 분석이 풍부하고 흥미롭다. 이 책의 원래 제목은 『문화연구의 길잡이(*Introducing Cultural Studies*)』이지만 『문화 코드, 어떻게 읽을 것인가?』로 바꾼 것은 문화연구라는 학문의 성격을 규정하는 논의보다는 구체적인 문화 분석, 즉 문화 코드를 어떻게 이해할 것인가에 대한 관심이 이 책의 뛰어난 장점이며 또한 이 책이 기여할 수 있는 부분이기 때문이다.

지은이
브라이언 롱허스트,
그레그 스미스,
게이너 배그널
게리 크로퍼드
마일스 오그본

옮긴이
조애리 외

2024년 7월 25일 발행
변형 크라운판
392면

천년 역사를 품은 섬나라, 영국

**무엇이 영국을 '해가 지지 않는 나라'로 만들었는가?
영국인들이 성공한 나라를 만들어낸 비결을 밝힌다.**

영국의 역사는 브리튼섬을 두고 수많은 민족이 다투고 경쟁해 온 것으로, 그 과정에서 영국인들은 타협과 합의의 정신을 배양할 수 있었다. 지은이는 이러한 영국인 특유의 타협과 합의의 자세, 이를 통한 중용과 실용의 중시가 영국을 세계적인 모범 국가로 만들었다고 분석한다. 영국이 자랑하는 의회주의, 성공회, 보통법(영미법) 그리고 세계 최초의 복지국가 건설에 영국적 중용의 정신이 반영되어 있다.

이 책은 영국을 의회주의(입법부), 정부론(행정부), 법제도(사법부), 교회(종교), 문화자산(사회문화), 공동체 서비스(복지국가)로 나누어 성공 요인을 분석한다. 저자는 영국의 저명한 정치학자로 자국의 역사 등 모든 것을 다룬 이 책을 솔직한 (때때로 자랑스러운) 태도로 저술했다. 옮긴이는 안경환 서울대학교 법학전문대학원 명예교수로, 1942년 영국에서 나온 초판을 옮기며 오늘날 독자를 위해 여러 상세한 각주를 부기했다.

지은이
어니스트 바커

옮긴이
안경환

2024년 7월 23일 발행
사륙판
280면

인공 인간
인공지능 그리고 마음의 미래

**이 책의 핵심은 철학과 과학 간의 대화이다.
철학, 신경과학의 관점에서 인공지능이
제기할 수 있는 다양한 무거운 문제들을
이해하기 쉽게 풀어내고 있다.**

연구 영역에서만 언급되던 인공지능(AI) 관련 개념들이 어느덧 우리 삶의 전반에 등장하게 되었다. 현재 LLM(거대언어모델)과 Transformer 등의 딥러닝 기술로 이루어진, ChatGPT로 대표되는 인공지능은 우리 생활에 직접적인 영향을 끼치고 있다. 그 결과 인류는 미래의 인공지능에 대해서도 지속적인 발전과 긍정적인 영향을 기대하게 되었다. 그러나 이런 낙관은 단지 우리의 희망일 뿐이며, 인공지능의 미래 모습은 아직 확정되지 않았다.

지은이는 철학, 신경과학의 관점에서 인공지능이 제기할 수 있는 다양한 무거운 문제들을 이해하기 쉽게 풀어내고 있다. 예를 들어, 고도로 발전된 인공지능이 인간의 의식과 같은 것을 가질 수 있는지, 우주에도 인공지능 내지 합성 지능을 가진 개체가 존재하는지, 인간의 뇌 일부분에 마이크로칩을 대체할 경우 그것이 원래의 인간과 동일하다고 볼 수 있는지, 인공지능이 탑재된 인간의 마음은 단지 소프트웨어라서 무한한 업-다운로드가 가능한지 등의 문제를 다룬다.

지은이
수잔 슈나이더

옮긴이
이해윤
김성묵

2024년 5월 30일 발행
사륙판
256면

플랫폼, 파워, 정치
디지털 시대의 정치 커뮤니케이션

**디지털 플랫폼을 중심으로
정치 커뮤니케이션을 이해하는 최초의 교과서!**

이 책은 구글과 페이스북 등 플랫폼이 주도하는 시대의 정치 커뮤니케이션을 다룬다. 디지털 기술이 일상생활에서 중요해지면서 정치 커뮤니케이션은 근본적으로 변화하고 있다. 테크놀로지 플랫폼은 정치, 캠페인, 사회운동, 저널리즘, NGO를 위한 강력한 정치적 도구가 되었다. 플랫폼은 사람들이 정치에 관해 커뮤니케이션하고, 정치적 정보를 접하고 공유하며, 정치적 목표를 추구하기 위해 행동할 때 필수적이다.

저자들은 '플랫폼', '파워', '정치'라는 세 가지 키워드를 중심으로 테크놀로지와 정치 커뮤니케이션의 관계를 풀어간다. 정치 시스템이 플랫폼과 정치 커뮤니케이션을 형성한다. 동시에 플랫폼과 정치 커뮤니케이션은 정치 시스템의 작동, 그리고 잠재적으로는 구조 형성에 영향을 준다. 이 책은 정치와 경제 시스템이 플랫폼을 형성하는 파워와 동시에 플랫폼이 정치와 경제 시스템을 형성하는 파워를 함께 이해하는 데 도움을 준다.

지은이
**울리케 클링거,
다니엘 크레이스,
브루스 무츠바이로**

옮긴이
임정수

2024년 3월 29일 발행
신국판
496면